Über dieses Buch

Wohlwissend um die Schwierigkeiten eines solchen Unternehmens, unternimmt der Autor gleichwohl den Versuch, die »vorherrschenden Denk- und Verhaltensweisen einer Nation, wie sie die öffentliche Moral, die öffentliche Meinung, die öffentlichen Angelegenheiten im Bewußtsein der Mehrheit formen, ... verständlich zu machen«.
Das Ergebnis liegt nun wieder vor: Die Darstellung des amerikanischen Volkes in seinen erregenden Widersprüchen und ständigen Wandlungen, ein Buch, randvoll mit kritisch geprüften Fakten. Einstmals eine Gesellschaft unbegrenzter Möglichkeiten, gilt sie heute als ein Herd unbegrenzter Krisen und Probleme, die ihrerseits das Leben des Durchschnittsamerikaners entscheidend prägen. Dank der profunden Kenntnisse und jahrelangen Erfahrungen gelingt es dem Autor, eine kritische Skizze von der derzeitigen Bewußtseinslage der amerikanischen Nation zu entwerfen.
Das Buch gehört in die vorerst auf fünf Bände angelegte Sammlung von National-Biographien (Die Italiener, Bd. 1901; Die Franzosen, Bd. 1902; Die Skandinavier, Bd. 1903; Die Engländer, Bd. 1905), die in stilistisch wohlgelungener und amüsant lesbarer Mischung aus Feuilleton und Wissenschaft ›typische‹ Eigenschaften von Land und Leuten vorstellen.

Der Autor

Dr. oec. publ. Norbert Mühlen wurde 1909 in Fürth/Bayern geboren. Als Hitler-Gegner mußte er aus Deutschland fliehen und lebt seit 1940 in New York. Er berichtet in führenden amerikanischen Zeitungen und Zeitschriften. Seit Jahren arbeitet er als Amerika-Korrespondent für die ›Deutsche Zeitung/Christ und Welt‹. Beiträge von ihm übernehmen ebenfalls ständig ›Die Welt‹ und die ›Neue Zürcher Zeitung‹. Dr. Mühlen ist Autor zahlreicher Bücher, u. a. von ›Die schwarzen Amerikaner‹.

Norbert Mühlen

Die Amerikaner

Fischer
Taschenbuch
Verlag

Fischer Taschenbuch Verlag
September 1977
Ungekürzte und überarbeitete Ausgabe

Umschlagentwurf: Jan Buchholz/Reni Hinsch
unter Verwendung von Fotos (Fotos: J. Hinsch [6], Scherwath [1], Kellner/Sonnenberg [1])

Fischer Taschenbuch Verlag GmbH, Frankfurt am Main
Lizenzausgabe mit freundlicher Genehmigung des
Heinrich Scheffler Verlags, Frankfurt am Main

Gesamtherstellung: Hanseatische Druckanstalt GmbH, Hamburg
Printed in Germany
880-ISBN-3-596-21904-3

Inhalt

1 Zweihundert Millionen Ausnahmen

Dieses Buch ist weder eine wissenschaftliche Abhandlung noch ein mit Fußnoten dekoriertes Feuilleton. Sein Thema ist nicht Amerika oder seine Geschichte, Kultur, Politik. Ich habe versucht, die Amerikaner zu skizzieren, so wie sie heute sind – in einer freihändig gezeichneten Charakterstudie, nicht mehr, aber auch nicht weniger*.

Natürlich fragt man vom ersten Satz an – und ich gestehe, daß mich die Bedenken bis zur letzten Seite verfolgten –, ob es nach den intellektuellen Anstandsregeln erlaubt, ob es auch nur möglich sei, zweihundert Millionen Amerikaner über einen einzigen Leisten zu schlagen, mit all ihren zahllosen, widerspruchsvollen Leidenschaften, Hoffnungen, Hemmungen, Erinnerungen, Erfahrungen, Erlebnissen, Enttäuschungen, Triumphen, Stimmungen, Gepflogenheiten, Glaubenssätzen, Ängsten, Zielen, Träumen, kurz, ihrem *way of life.* »Diese allgemeinen Charakteristiken sind die Quelle aller Übel. Es gehört mehr als ein Menschenalter dazu, um den Charakter eines einzigen Menschen zu begreifen; und aus Millionen einzelnen Menschen besteht eine Nation.« So Heinrich Heine zu Beginn seiner Schrift »Über Polen«, in der er dann doch, nach einer kurzen Reise durch einen Teil des Landes, eben den Charakter der Polen recht scharfsinnig beschrieb. Ob es um Polen, Amerikaner oder irgendein anderes Volk geht, jeder Volkscharakterdarsteller beginnt mit einer Warnung gegen solch »allgemeine Charakteristiken«, um dann genau das zu tun, was er soeben noch als untunlich abgelehnt hatte. Also muß ein Bedürfnis bestehen, das nach Befriedigung drängt, das Bedürfnis nach Verallgemeinerung.

Seinen schlechten Ruf verdient dieses Generalisieren, wenn sämtlichen Mitgliedern einer Volksgemeinschaft (wie jeder anderen Gemeinschaft) automatisch die gleichen Tugenden oder Laster zugeschrieben werden, als seien sie nicht einzigartige Persönlichkeiten, sondern die willenlosen, seelenlosen Produkte vom Fließband einer Menschenmaschine. Solch ein kollektives Urteil ließ sich bekanntlich nicht einmal ohne weiteres über die Bewohner des Königreichs Sodom fällen, obschon sie doch erheblich geringer an

* Wenn im nachfolgenden Text von Amerika und den Amerikanern gesprochen wird, bezieht sich dies nur auf die Vereinigten Staaten und deren Bürger, nicht auf die anderen Staaten und Bewohner des amerikanischen Kontinents.

Zahl und wohl auch weniger individualistisch gesinnt waren als die Bürger der amerikanischen Republik. Eine Realität hingegen sind die vorherrschenden Denk- und Verhaltensweisen einer Nation, wie sie die öffentliche Moral, die öffentliche Meinung, die öffentlichen Angelegenheiten im Bewußtsein der Mehrheit formen – sie wollen wir verstehen und verständlich machen.

Jeder Feststellung über die bestimmenden Züge der Amerikaner stehen Minderheiten und Ausnahmen im Wege. Die Versuchung ist allgegenwärtig, aus dem Benehmen dreier fremdländischer Touristen am Nebentisch im Restaurant tiefsinnige Schlüsse über ihr ganzes Volk aus dem Stegreif zu ziehen. Die moderne Nachrichtentechnik fördert solch fahrlässig falsche Generalisierungen, oft unbeabsichtigterweise. Im Jahre 1967 zum Beispiel konnte man in der Presse Woche für Woche die Nachrichten, Betrachtungen, Prognosen zum Aufstand der amerikanischen Studenten lesen, die, so hieß es, überall im Lande gegen die bestehende Ordnung rebellierten. Nur nebenher, falls überhaupt, erfuhren Monate später die beunruhigten Leser die Ergebnisse einer sorgfältigen Untersuchung der Studentenverbände (*National Student Association*), wonach insgesamt 2,7 Prozent aller an den betroffenen Hochschulen immatrikulierten Studenten sich an jenen Demonstrationen beteiligt hatten. Da an weniger als einer unter dreißig amerikanischen Hochschulen Unruhen ausgebrochen oder angezettelt worden waren, beschränkte sich deren Teilnehmerzahl auf erheblich weniger als ein Promille der gesamtamerikanischen Studentenschaft. »Verschwindend kleine Minderheiten«, wie man sie früher zu nennen pflegte, gibt es nicht mehr – je winziger, um so beachteter: Wenn ein paar hundert oder tausend sonderbare Schwärmer des Morgens in Washington gegen die Politik ihrer Regierung aufmarschieren, erscheinen sie noch am selben Abend auf den Fernsehschirmen Amerikas und der Welt, ohne daß man die Millionen anderer Amerikaner, die überwiegende Mehrheit, sähe, die jene Regierung gewählt hatten und ihre Politik guthießen. So werden mit mäßiger magischer Mühe manche Trugbilder »der« Amerikaner heraufbeschworen, indem der dominierende Durchschnitt ignoriert wird.

Aber vor ein paar einzelnen farbenprächtigen Bäumen nicht den Wald zu sehen, führt genau so in die Irre wie der umgekehrte Fehler: vor lauter Wald, also der Mehrheit und Gesamtheit der Amerikaner, nicht die atypischen Bäume zu sehen, zumal dieser Wald Amerikas aus so unendlich vielen und vielerlei Bäumen besteht, die sich nach Art, Alter, Herkunft, Höhe auffällig voneinander unterscheiden, während sie miteinander um Licht und Luft und Nährboden kämpfen, oft um ihr Überleben und um die Zukunft; noch öfter aber fördern sie ihr gegenseitiges Wachstum.

Mehr als bei anderen Völkern erscheint diese Vielfalt geradezu als eine Eigenart der Amerikaner, bei denen die Ausnahmen nicht nur die Regel bestätigen, sondern deren Bestandteil selbst sind: Überbleibsel von gestern, Enklaven, die ohne Rücksicht auf ihre Umgebung existieren, oft auch nur erste Sprößlinge, diesen gebührt besondere Aufmerksamkeit, weil das Neue in Amerika überhaupt Vorrang genießt und oft dazu drängt, die Ordnung von morgen zu werden. Ein einziger, zarter, junger Eichbaum kann den Tannenwald, in dem er sproßt, im Lauf der Zeit in einen Laubwald verwandeln. So abartig manche Bäume nebst Sträuchern, Farnen, Pilzen, Blumen und Unkraut im amerikanischen Wald wirken mögen, dieser selbst erlaubt, braucht, verlangt ihr Wachstum, ein ecologischer Wesenszug Amerikas, das der Verfasser des ersten USA-Baedekers, James Fullarton Muirhead, 1898 »das Land der Kontraste« nannte, und 1966 der Romancier John Steinbeck »das Land der Paradoxe«. Wer eine kurze, klare, zu jedem Zeitpunkt und in jeder Lage gültige Formel für das Wesen der Amerikaner sucht, lese deshalb bis hierher und nicht weiter: Es gibt sie nicht. Auch jede Ausnahme steckt wieder voll weiterer Ausnahmen von ihrer Regel, innerhalb aller Minderheiten finden sich von ihnen abweichende kleinere Minderheiten, wie in dem Kinderspielzeug jenes hölzernen Eis, das ein kleineres Ei enthält, dieses wieder ein noch kleineres Ei, und so fort: Die Reihe endet erst bei der kleinsten Einheit des einzelnen Amerikaners.

Unsere Studie beschreibt also die gemeinsamen Züge von zweihundert Millionen Ausnahmen.

In den Augen der Amerikaner schwankt ihr eigenes Charakterbild. Mrs. Abigail Adams, die Frau des ersten Botschafters der Vereinigten Staaten am Hof von St. James, schrieb im Jahre 1786 aus London ihrer Schwester nach Amerika: »Weißt du, daß europäische Vögel nicht halb so melodisch singen wie die unseren? Die Früchte sind hier nicht einmal halb so süß, die Blumen riechen hier nicht einmal halb so lieblich, die hiesigen Sitten sind nicht einmal halb so rein und das hiesige Volk nicht einmal halb so tugendhaft ...« War diese Überzeugung der Amerikanerin, zu Hause sei alles besser und Amerika der übrigen Welt überlegen, auch mit dem Tränensalz des Heimwehs gewürzt, so teilten sie doch die meisten ihrer daheimgebliebenen Landsleute, während man sich im Ausland seinerseits über jenen provinziellen, überheblichen, die Welt herausfordernden, selbstgläubigen Amerikanismus mokierte und ärgerte.

Die Amerikaner, die heute noch ihr Land vergötzen oder auch nur fraglos liebend hinnehmen wie ein kleines Kind seine Eltern, bleiben dem Ausland verborgen. Noch vor wenigen Jahren herrschte, so hieß es weithin, in Amerika eine »nationale Bewußtseinsdepression«, eine »Seelenkrise« habe die Amerikaner erfaßt, während sie »zwischen Unbehagen und Rebellion« sich wänden, dem Zweifel an sich und ihrem Land verfallen, in den Krallen eines nachtschwarzen Pessimismus. Im gleichen Tempo und ähnlich mechanisch wie noch kurz zuvor die amerikanischen Errungenschaften – »die besten Ideale und die höchsten Leistungen der Welt« – rezitierte man jetzt die Krisen und Schwächen des Landes: Krieg in Südostasien, Negerfrage, Rebellion der Jugend, öffentliche Unsicherheit und zunehmende Gewaltverbrechen, Entfremdung der Intellektuellen und Enklaven der Armut in der Wohlstandsgesellschaft, Bedrohung der Volksgesundheit durch die von Großindustrien und Massenmotorisierung verschmutzte Großstadtluft, scheinbare Fiaskos beim Fortschritt zur Freiheit und Gleichheit des amerikanischen Traums, der schon einem Alpdruck ähnele, wie man bitterlich klagte und anklagte. Und die Welt schien willens, solch säurehaltigen Denunziationen und masochistischen Selbstverwünschungen mehr Glauben zu schenken als einstens der sentimentalen Schwärmerei der Mrs. Abigail Adams.

Die Neigung zur Selbstkritik ist heute weit verbreitet unter Amerikanern, ihre Ausartung zum Selbsthaß jedoch unvergleichlich häufiger in der veröffentlichten Meinung als in der öffentlichen Meinung des Landes zu bemerken. Oft verrät die Neigung zur Selbstkritik nur den Reifeprozeß eines Volkes, das kindlicher, kritikloser Prahllust und Sorglosigkeit entwachsen ist – *keep smiling,* jene einstens »typische« amerikanische Antwort auf alles und jedes, ist aus dem Sprachverkehr verschwunden und, vor kurzem noch als Quintessenz des Amerikanertums geltend, nur noch eine komische Redensart der Großeltern. Heute nehmen die Amerikaner ihre Probleme ernster, statt mit übertriebenem Optimismus immerzu zu lächeln. Und viele Schwächen, die sie einst als unvermeidlich angesehen hatten, erscheinen ihnen heute als Probleme, die gelöst werden können und müssen wie andere Probleme zuvor.

Von Ungeduld und Reformwillen getrieben, ätzen sie dann kritische Selbstporträts gern mit Vitriol, um ihre amerikanischen Mitbürger aufzurütteln; und eiligst werden die Erzeugnisse ihrer Wortindustrie von den Massenmedien auf den Weltmarkt geworfen, aber Selbstkritik läßt sich nicht exportieren, ohne daß sich ihr von der heimischen Atmosphäre getragener Gehalt verfälscht wie bei manchen Weinen, wenn sie den Atlantik überqueren. Der zornige Aufruf einer tatenhungrigen Persönlichkeit oder Interessengruppe wird dann im Ausland als objektive amerikanische Selbstdarstellung mißverstanden, eine schrille Stimme, die aus der schweigenden Menge aufsteigt, als die Stimme Amerikas mißdeutet, eine kunstvoll einseitige Karikatur als genaues Abbild der Wirklichkeit gesehen. Der Stil jener Kapuzinerpredigten ist neu, doch die sie beschwingende Unruhe mit ihrem Glauben, Amerikaner könnten jede Schwäche aus der Welt schaffen, wenn sie sich nur daranmachten, wirkt so alt wie die Amerikaner selber. Einstmals das Land der unbegrenzten Möglichkeiten, dann wieder die Gesellschaft der unbegrenzten Probleme und Krisen – zwei Namen für die gleiche Sache, auswechselbar nach der wechselnden Stimmung des Augenblicks.

Während Amerikaner für ihr Porträt sitzen, scheint sich ihre Erscheinung zu verändern. Eben noch auffällige Züge verschwinden, während andere neue Züge ins Auge springen. Sie halten niemals still. Schnappschüsse und Reportagen, zwei ungemein amerikanische Kunstfertigkeiten, können deshalb recht genau das Bild der Amerikaner in einem bestimmten Moment aufs Papier bringen, doch am nächsten Tag wirken sie schon als Kulturkuriosum ohne Bezug zur gegenwärtigen Wirklichkeit. Wie vergilbte Photographien, die man im Eck eines Schubfachs entdeckt, mögen sie den Beschauer nur noch erheitern, rühren, langweilen. Aber beim Durchblättern des ein Leben Schritt für Schritt festhaltenden Photoalbums entdeckt man im Bild des Säuglings und des Schulkinds, des Halbwüchsigen und des reifenden Mannes, nebeneinander und nacheinander wiederkehrend, gemeinsame, bleibende Züge. Auch im amerikanischen Charakter gibt es, hinter seinen Masken, Moden und Metamorphosen des Moments, eine Kontinuität, die dieses Buch aufspüren will.

Kein Amerika-Beobachter ist ganz dem Irrtum entgangen, das derzeit Neueste als das Bleibende im amerikanischen Wesen zu sehen; es tritt so selbstsicher, wuchtig, scheinbar unumstößlich auf, daß niemand seine kurze Lebensdauer voraussehen kann. Deshalb sind manche Darstellungen der Amerikaner, obschon sie hundert oder hundertfünfzig Jahre alt sind, heute noch aktueller als oberflächliche, am Augenblick hängenbleibende Impressionen, die erst vor zwanzig oder zwei Jahren entstanden.

»Amerika ist ein Wunderland, wo alles in konstanter Bewegung ist«, so hatte 1835 der erste, geniale Erforscher Amerikas, der Franzose Alexis de Tocqueville, nach neunmonatigem Aufenthalt erkannt, und diese Feststellung blieb gültig. Der gelehrteste Beschreiber der Amerikaner, der englische Staatsmann, Politiker, Jurist, Historiker, Weltreisende James Bryce, warnte ein halbes Jahrhundert später in seinem großen Werk über Amerika vor der Gefahr, »anzunehmen, daß das, was jetzt gemeinhin wahr ist, wahrscheinlich wahr bleiben wird«. Trotzdem fand er, als er 22 Jahre nachher Amerika wieder besuchte, daß er jetzt eigentlich ein neues Buch schreiben müsse: So viel hatte sich von einer Amerikareise zur nächsten zwischen 1893 und 1905 verändert, daß er sein altes Werk kaum noch revidieren konnte. Das gleiche unverschuldete Mißgeschick traf jeden anderen ehrlichen Amerika-Besucher, als er wiederkam. Der Italiener Luigi Barzini zum Beispiel war 1925 nach Amerika eingewandert, hatte hier fünf Jahre lang studiert und gearbeitet, dann war er wieder in sein Heimatland zurückgekehrt. Zwanzig Jahre später, bei seiner nächsten Reise in die Neue Welt, entdeckte er, daß sie nur noch an der Oberfläche jenem Amerika ähnelte, das er zuvor zu kennen gewähnt hatte: Bei seinem Aufenthalt 1930 und 1950 meinte er »zwei Amerikas« gesehen zu haben. Der Anglo-Ire D. W. Brogan, der während des Zweiten Weltkriegs eine glanzvolle Analyse des amerikanischen Charakters geschrieben hatte, fragte 1956, »ob die großen Wandlungen seither nicht den Amerikaner so tiefgehend verändert hätten«, daß dieser sich zwar immer noch von andern Menschen unterscheide, aber ebenso von jenen Amerikanern, deren besonderen Charakter er zuvor umrissen hatte. Die einstmals zutreffende Beobachtung erhält sich vielfach noch als Klischee, während sie längst ihre Gültigkeit verloren hat, »eine Frage des Überlebens von Tatsachen und Informationen, deren Richtigkeit dreißig Jahre zuvor geendet hatte, vielleicht zehn oder fünf, weil in den Vereinigten Staaten die Dinge sich so rapid wandeln«, wie der spanische Philosoph Julian Marias 1959 nach seinem dritten Amerika-Besuch innerhalb von fünf Jahren erstaunt entdeckte.

Deshalb fühlt sich mit Recht jeder Beobachter der Amerikaner als ein neuer Kolumbus, und deshalb berichten alljährlich mit atemloser Autorität immer wieder neue – ausländische und amerikanische – Entdecker über dieses Volk, als habe niemand vor ihnen es gesehen. Nach ihren Titeln und Thesen scheint jedes Jahr ein Jahr der Entscheidung und Wandlung stattzufinden, in dem Amerika am Kreuzweg, die Amerikaner im Übergang, das Neue im Kommen ist.

Diese Studie beschreibt nicht nur jene Wandlungen, sondern auch und besonders die kontinuierlich bleibenden Züge und Ziele in den zweihundert Jahren sich beständig wandelnder amerikanischer Existenz.

Vieles ist in der Welt der letzten zwanzig Jahre als Amerikanisierung gefördert, beschimpft, bekämpft, gefeiert worden, was lediglich Modernisierung war. Umd manche Neuerung, die zuerst in Amerika das Licht erblickte, haben die Amateurfotografen des Moments als amerikanisches Charaktermerkmal festgestellt, analysiert, erklärt, belacht, bewundert, bestaunt, bis sie dann auch anderswo aufkam, um entamerikanisiert und internationalisiert zu werden. Oft charakterisierte es nicht die Amerikaner, sondern die Bürger der größten nachkapitalistischen Industriegesellschaft der

Welt, deren in einer ähnlichen Ordnung lebende Teile anderswo bald und intensiv ähnliche Züge entwickelten. Nicht alles, was neu ist, ist amerikanisch, doch das Neue, das zuerst in Amerika entstand, entbehrt selten ganz der amerikanischen Elemente.

Die Zeiten, in denen sich die Amerikaner in allem und jedem von der übrigen Welt zu unterscheiden suchten und ihnen dies zum guten Teil gelang, sind vorüber. Aber obgleich sich viele besondere Tendenzen, Entwicklungen und Charakterzüge der Amerikaner bei anderen Völkern in ähnlicher, stärkerer oder schwächerer Ausprägung finden, gehören sie doch zum Wesen der Amerikaner, in deren Porträt sie deshalb nicht fehlen dürfen, oder es verlöre seinen Anspruch auf Ähnlichkeit. Mein Buch versagt sich Vergleiche mit anderen Nationen; sie mag der Leser ziehen. Wenn er meint, die Amerikaner teilten diese oder jene hier beschriebene Eigenart mit seinem eigenen Volk, so hat er damit so recht wie die junge Schönheit, die bemerkt, daß sie dieselbe Haarfarbe und Nasenlänge wie Mona Lisa habe; aber trotzdem wird niemand sie mit jener Frau verwechseln, sie gleicht ihr nicht, erst die Gesamtheit aller ihrer Einzelzüge macht sie zu dem, was sie ist.

Um die Amerikaner zu verstehen, um sie verständlich zu machen, darf man sich weder auf die ausschließliche Betrachtung jener ihrer Wurzeln und Wachstumsformen beschränken, die sie mit niemandem sonst in der Welt teilen, noch auch nur auf ihre anziehenderen oder ihre abstoßenderen Eigenheiten. Warnend wirkt das merkwürdige, ebenso redlich gemeinte wie verhängnisvoll gescheiterte Experiment Hugo Münsterbergs, der aus erzieherischer Absicht versucht hatte, die Wahrheit über die Amerikaner zu halbieren und jede der Hälften den ihrer Bedürftigsten zu servieren, *ad usum delphini*. Der junge deutsche Professor war 1892 von Freiburg nach Harvard berufen worden, um an dieser angesehenen amerikanischen Universität das erste psychologische Institut zu gründen und zu leiten. Nach dreizehn Jahren in der Neuen Welt konnte er, wie seine Witwe erzählt, »nicht länger warten, den Europäern zu berichten, wie verzerrt und voll von willkürlichen Vorurteilen ihr geistiges Bild der Amerikaner sei«. So schrieb er denn in deutscher Sprache ein zweibändiges Werk, betitelt »Die Amerikaner«, gründlich, sachkundig, beseelt von dem Wunsch, den Idealismus und die gewaltigen moralischen, zivilisatorischen, politischen Errungenschaften dieses Volkes zu beschreiben, die seine Landsleute unterschätzten. Gleichzeitig aber veröffentlichte er in englischer Sprache ein zweites Werk, unter dem Titel *»American Traits«* – »Amerikanische Züge«. Geboren aus seiner Überzeugung (wiederum in den Worten seiner Witwe), es sei »heilsam für ein Volk, wenn man auf seine Schwächen hinweist und auf das, was es zu seinem eigenen Nutzen von andern Völkern lernen könne«, kritisierte er – im Gegensatz zu jenem nur für Europäer geschriebenen Buch – in diesem nur für Amerikaner geschriebenen Buch ihr Erziehungswesen, ihre Politik, die Stellung der Frauen und der Kinder, viele weitere ihm bedenklich scheinende Züge und Zustände der Amerikaner in Grund und Boden.

»Ich weiß«, erklärte Münsterberg, »daß diese Methode der doppelten Buchführung mich dem Verdacht aussetzt, widersprüchlich oder gar unehrlich zu sein ... Was ich in Deutschland beschrieb, um alten Vorurteilen entgegenzuwirken, würde auf amerikanischem Boden wie billige Schmeichelei wirken und wäre nicht nur unnütz, sondern stünde Reformen im Weg; andererseits würde das, was ich in Amerika veröffentliche, in Europa wie heftige Verurteilung klingen,. . . und führte dort nur irre, da es von dort bestehenden Vorurteilen übertrieben, durch die Kenntnis der hervorragenden Erfolge nicht ergänzt würde.« Mit einiger Naivität dekretierte daher der Philosoph als sein »letztes Wort«, daß niemand in Deutschland eine Stelle aus seinem amerikanischen Buch zitieren dürfe, und niemand in Amerika aus seinem deutschen Buch; kein Exemplar der amerikanischen Ausgabe dürfe den europäischen Kontinent erreichen, und vice versa. Sogar von allen Zeitungskorrespondenten des jeweiligen Auslandes verlangte er ausdrücklich, keinen einzigen Satz aus seinem Buch ihrem Land zu berichten.

Natürlich kam es anders. Als der Erste Weltkrieg ausbrach, wurde sein Werk übersetzt und in Deutschland veröffentlicht, um dort als wirksames Instrument antiamerikanischer Propaganda zu dienen. Und Münsterberg selber wurde in Amerika, wo er nun die Deutschen gegen die antideutsche Kriegspropaganda verteidigte, als deutscher Propagandist verfemt, seine Kollegen in Harvard schnitten ihn, er starb an gebrochenem Herzen. Er hatte Deutschland geliebt wie seine Mutter und Amerika wie seine Frau. Seine Gefühle sind mir nicht fremd.

Der Gegenstand meiner Darstellung ist »kein ausgeklügelt Buch«, sondern ein Volk mit seinem Widerspruch. Daß weder Amerikaner noch Ausländer mit diesem subjektiven Porträt zufrieden sein werden, muß ich in Kauf nehmen. Es liefert weder eine Karikatur noch ein Propagandaplakat noch eine Abstraktion, aber auch keine Hagiographie, keine Ikone, kein glattes eingängiges Werbeinserat. Selten sagt einem Porträtierten sein eigenes Bild zu, und auch seine Freunde finden es meistens unbefriedigend, von seinen Feinden gar nicht zu reden: Gefiele es ihnen allen, dann dürfte etwas daran nicht stimmen.

Erster Teil: Amerikanische Elemente

2 Der neue Menschenschlag

Sie sehen anders aus. Sie gehen mit anderem Gang. Ihre Rede klingt anders. Sie strahlen ein besonderes Fluidum aus, unverkennbar »amerikanisch« und so vage, daß jeder Versuch genauerer Bestimmung mißrät. Man kennt Fälle, in denen Amerikaner, um sich zu verstecken, in Mexiko, mit Sombrero und weißen Pyjamas angetan, akzentfrei ihren Tequila bestellen und in Oberbayern mit Lederhosen und Lodenhut zünftig jodelnd auf die Berge stiegen: Zu ihrer Enttäuschung erkannte sie nach einem Moment des Zögerns jedermann als *Yanqui* oder *Ami*. Wenn amerikanische Neger Afrika bereisen, entdecken sie bestürzt, daß kein Eingeborener sie für Afrikaner hält; sobald sie dem Zug entsteigen, begrüßt man sie als Amerikaner. Umgekehrt wirkt es etwas komisch und manchmal rührend, wenn sich europäische Jazzbandmusikanten, jüngere Generaldirektoren, Mannequins der Zigaretten-, Whisky-, Autoinserate haargenau wie Amerikaner anziehen und gar nicht oft genug »O. K.« sagen können, um als Amerikaner aufzutreten; die Camouflage gelingt nicht. Sie können niemand über ihr Europäertum täuschen. Selbst der frisch naturalisierte, besonders amerikanisch ausstaffierte Sohn Europas muß zu seinem Leidwesen bei der ersten Besuchsreise in die alte Heimat die erstaunt skeptische Frage über sich ergehen lassen: »Aber Sie sind doch kein Amerikaner?«

Seine Kinder hingegen bleiben gegen solche Anzweiflungen gefeit. Ihnen steht ihr Amerikanertum auf die Stirn geschrieben. Daß »noch die Bildung eines neuamerikanischen Typs kommt«, hatte der Historiker Jacob Burckhardt schon um 1870 bemerkt. Als ein Basler Patrizier, den neue Erscheinungen außerhalb Basels, geschweige denn außerhalb Europas mißmutig stimmten, setzte er schnell hinzu, dies sei ein Typ »von zweifelhafter Art und Dauerhaftigkeit«.

Eine Generation später, nach der Jahrhundertwende, erhielt Burckhardts Einsicht, wenn schon keinesfalls sein Geschmacksurteil, eine wissenschaftliche Sanktion. Sich auf sie berufend, zitieren wissenschaftsgläubige Amerikaner immer noch gern die mehr als ein halbes Jahrhundert alten Forschungen von Franz Boas, der als 29jähriger Dozent der Geographie an der Berliner Universität 1887 Deutschland verließ, um Amerikaner und Anthropologe zu werden. Bald nach seiner Ankunft im neuen Land maß er die körperlichen Merkmale von 17000 Einwanderern und ihren Kindern. Bei deren Vergleich fand er, daß die Kinder nicht notwendigerweise die Schädelbildung und andere physische Eigenschaften ihrer Eltern hatten, wenn und weil sie in anderen, eben in den amerikanischen Verhältnissen aufwuchsen, hingegen zeigten sie häufig gemeinsame neue Merkmale. Es war ein wenig paradox: der Gelehrte war ausgezogen, um mit seinen Forschungen das Axiom der bisherigen angelsächsischen Mehrheits- und Herrschaftsschicht zu entkräften, ihre eigene Rasse sei überlegen, und die der neu einwandernden anderen Europäer ziehe Amerika auf ihr niedrigeres Niveau herab. Erfolgreich wußte er ihnen jetzt zu beweisen, es gäbe in Amerika gar keine solche Kontinuität und Konservation der einzelnen altweltlichen Rassen. Doch dabei stieß er auf eine neue, eben die amerikanische »Rasse« – wennschon er dieses Wort nicht gebrauchte; lange bevor Hitler es ganz salonunfähig machte, war es von der Propaganda gefärbt und der Polemik dienstbar geworden.

Doch die gemeinsamen Merkmale der Amerikaner sind nicht ein paar physische Tendenzen, wie sie die Anthropometrie entdekken mag; ihre Rasse, von Menschen in einer kurzen Frist »gemacht«, gleicht nicht den biologischen Rassen. Die Amerikaner sind nicht nur eine neue Rasse, sondern eine Rasse neuer Art, für die das rechte Wort fehlt: Deshalb wenden wir den altvertrauten Begriff auf eine neue Erscheinung an, was die Gefahr mit sich bringt, daß wir sie gründlich mißdeuten. Dann messen wir nach den Maßstäben jenes ob seiner scharfen Zunge und Beobachtungsgabe gleich bekannten deutschen Schriftstellers, den ich nach seinem ersten Tag im Lande nach seinem Eindruck befragte. Er antwortete prompt, die Amerikaner seien »viel neapolitanischer«, als er sich es vorgestellt habe, diese Entdeckung hatte er bei seinem Spaziergang durch ein paar Straßen Manhattans gemacht. Als ich vorschlug, er solle sich weitere New Yorker Stadtteile ansehen, wo die Leute ganz anders seien, fragte er prompt: »Also englisch?« Daß New Yorker, daß Amerikaner amerikanisch sein könnten, war ihm noch nicht ein- und aufgefallen. Er war kein Sonderfall.

Ein Redakteur, der die Schriftstellerin Simone de Beauvoir nach ihrer Ankunft in New York zum Abendessen einlud, erkundigte sich freundlich, ob sie ein französisches, italienisches oder vielleicht chinesisches Restaurant reize, woraufhin sie dekretierte, sie wolle ein eingeborenes Restaurant aufsuchen. Während ihr Gastgeber etwas zu lange nachdachte, erklärte sie sofort und messerscharf, es gäbe offenbar keine eigentlich amerikanischen Restaurants, also auch keine amerikanische, sondern nur eine von anderswo entlehnte Kultur. Ihr war unbekannt, daß das »französische« Restaurant in Amerika gar nicht dem Bistro ihrer Heimatstadt gleicht; seine Speisen schmecken, und seine Atmosphäre ist so amerikanisch, wie sie es im deutschen, schwedischen, chinesischen Speiselokal Amerikas sind. (Das beliebteste, allgegenwärtige Gericht in allen amerikanischen China-Restaurants, der Chop Suey, wurde in San Francisco erfunden, ist in China unbekannt und wird von Chinesen verschmäht.)

Fast hundert Jahre lang hatten oberflächliche und vorurteilsvolle Besucher gewähnt, die Amerikaner seien nur Engländer – verpflanzte, entlaufene, mißratene Engländer, »die ihnen übrigens ihre schlechtesten Eigenschaften zurückließen«, wie Heine wetterte, oder »hochelektrisierte Engländer«, wie der britische Reisereporter George Warrington Steevens 1898 nach Hause schrieb. Erst langsam begriffen sie, daß die Amerikaner und die Engländer trotz relativ gemeinsamer Sprache (und einiger weiterer wichtiger Ähnlichkeiten) zwei grundverschiedene Völker seien. Auch das kaiserliche und dann das nationalsozialistische Deutschland betrogen sich mit der Illusion, die sogenannten Deutsch-Amerikaner seien »Deutsche im Ausland«, oder, wie sie heute noch in der deutschen Presse oft vorgestellt werden, »Deutsche mit amerikanischem Paß«. In zwei Weltkriegen wurde die Probe aufs Exempel geliefert: sie alle waren Amerikaner.

»Was also ist der Amerikaner, dieser neue Mensch?« Die Vereinigten Staaten waren gerade sechs Jahre alt, als diese Frage zum ersten Mal gestellt wurde. Seitdem unzählige Male wiederholt und zitiert, ist die Frage ein »geflügeltes Wort« der Amerikaner geworden. Fragesteller war ein Mann namens Michel-Guillaume Jean de Crèvecoeur (1735–1813), seine Antwort: »Der ist ein Amerikaner, welcher alle seine alten Vorurteile und Sitten zurückgelassen, neue von der neuen Lebensart empfängt, der er sich ergibt, von der neuen Regierung, der er gehorcht, und der neuen Stellung, die er einnimmt ... Hier werden Individuen aller Nationen in eine neue Menschenrasse eingeschmolzen, deren Werke und Nachwuchs eines Tages große Wandlungen in der Welt verursachen werden ... Der Amerikaner ist ein neuer Mensch, der nach neuen Grundsätzen handelt; er entwickelt deshalb neue Ideen und bildet neue Meinungen.«

»Neu« war das Schlüsselwort und das Leitmotiv – und die Problematik. Crèvecoeur selber fiel die Antwort schwer, ob nach seiner eigenen Definition auch er Amerikaner war, weshalb er sie so eindringlich und einsichtig zu generalisieren suchte wie nach ihm viele andere Bürger der Neuen Welt.

Den jungen Adligen aus der Normandie hatte es im Kriegswirbel seiner Jahre jenseits des Atlantiks verschlagen, wo er blieb, auch nachdem dort die französische Armee besiegt worden war. Er änderte seinen Namen, hieß sich St. John, um seine französische

Herkunft zu verbergen, die ihn ebenso unpopulär gemacht hätte wie seine soldatische Vergangenheit. Nach neugierigen Reisen durch das neue Land siedelte er sich nicht fern von New York, also in der Wildnis an, baute sich ein Blockhaus, lebte als Farmer und heiratete eine gebürtige Amerikanerin. Seine erste Tochter nannte er, ein Patriot zweier Länder, America-Frances. Im Befreiungskrieg seiner amerikanischen Landsleute, mit denen er sympathisierte, überfielen britische Marodeure seine Farm und brannten sie nieder. Crèvecoeur, mit Freibriefen sowohl des Generals Washington wie des britischen Kommandeurs von New York gerüstet, floh in diese Stadt, wo er wegen seiner französischen Herkunft trotzdem sofort verhaftet und ins Gefängnis gesteckt wurde. Dank der Fürsprache von Freunden wurde er entlassen, so daß er nach siebzehn Jahren in Amerika nach Europa entkommen konnte. In London schrieb er ein Buch: »Letters from an American Farmer... Written for the Information of a Friend in England, by Hector St. John, a Farmer in Pennsylvania.«

Dieser erste Bericht über die Amerikaner in ihrem neuen Staat wurde ein europäischer Bestseller, und »der Wilde aus Amerika«, wie man seinen Autor in der alten Heimat zu nennen pflegte, ein Löwe der Pariser Salons. Dort fand er eine einflußreiche Gönnerin, die seine Bestallung als französischer Konsul in New York arrangierte. Wieder in Amerika, fand er ein halbfremdes Land: Nicht nur waren seine beiden Farmen niedergebrannt und seine amerikanische Frau, die er hatte zurücklassen müssen, verstorben; die Regierung, die Ordnung, das Leben in Amerika schienen ihm von Grund auf verändert. Als französischer Konsul diente er sieben Jahre in New York, von den Amerikanern als einer der Ihren angesehen: Der Bundesstaat Vermont ernannte ihn auf Antrag des Befreiungsführers Ethan Allen zum Ehrenbürger; eine neue Stadt wurde nach ihm, nach seinem Amerikanerpseudonym St. Johnsbury benannt. Als in Frankreich die Revolution ausbrach, wurde Crèvecoeur als Vertreter und Sproß des *ancien régime* abgesetzt. Jetzt kehrte er nach Europa zurück, um in Altona, dem Asyl vieler französicher Refugees, ein amerikanisches Reisebuch zu schreiben.

Nach dem revolutionären Terror wieder in Paris, verschaffte er dem neuernannten Gesandten der Vereinigten Staaten, James Monroe, eine Wohnung, Einführungen, Beziehungen; er hoffte, dieser werde ihm eine Stellung in Amerika finden; dorthin wollte er aus seiner Heimat heimkehren. Aber Monroe fürchtete, sich durch offene Förderung seines amerikanischen Mitbürgers, der doch auch ein französischer Aristokrat war, bei der neuen republikanischen Regierung von Paris zu kompromittieren, und zeigte ihm die kalte Schulter. Als doppelter Emigrant zog Crèvecoeur nach München, ein Günstling des Bayernkönigs Maximilian, der seine Bücher über

Amerika auf englisch wie auf französisch gelesen hatte und noch mehr über das neue Volk erfahren wollte. Crèvecoeurs Sohn wanderte zurück nach Boston; Crèvecoeur blieb im bayerischen Exil, das Land der Amerikaner mit der Seele suchend, ein Wanderer zwischen zwei Welten, denen beiden er gehörte und diente, während beide ihn zurückstießen, ein tragischer Amerikaner, der Normanne, Franzose, Europäer blieb.

Als der amerikanische Romancier John Steinbeck im Jahr 1966 die gleiche alte Frage stellte: Was ist der Amerikaner?, antwortete er ähnlich wie Crèvecoeur zweihundert Jahre zuvor: »Ein neuer Schlag, verwurzelt in allen Rassen, befleckt und getönt in allen Farben . . . E pluribus unum.«

Die Einwohnerliste im Telefonbuch des Dorfes Sandisfield in New England, wo ich an diesem Buch schreibe, beginnt mit Adams, und ehe sie etwa hundert Namen weiter mit Zwick endet, enthält sie u. a. Beauregard, Cappabianco, Hryckvich, Lundgren, McBrian, Riiska, Roosevelt, Rubin, Verenko, Wuori. Von Deutschen, Franzosen, Schweden, Italienern, Iren, Polen, Juden, Finnen, Schweizern stammen sie ab. Seit das Dorf zu Beginn des 18. Jahrhunderts von englischen und schottischen Siedlern gegründet worden war, sind deren Nachfahren zu einer Minderheit geschrumpft, da so viele Abkömmlinge anderer Nationalitäten sich in Sandisfield niederließen. Doch die Majestät des Alphabets, das alle Art- und Rangunterschiede und die Abkömmlinge jeder Herkunft gleichmachend durcheinandermischt, regiert nur im Telefonbuch. Ganz so vollkommen ist die egalitäre Verschmelzung keineswegs.

Wie jeder Einwohner von Sandisfield sachlich zu erklären weiß, wohnen etwa »droben am Hügel die Deutschen«, etwas weiter ab »die Juden«, auf der anderen Dorfseite »die Kanaken«, wie die Französisch-Kanadier genannt werden, und nahebei die Leute mit den slawischen Namen, die so schwer auszusprechen sind, daß man sie lieber »Joe, der Elektriker« und »Stanley, der Gasmann« heißt. Ohne den Zwang geschriebener Regeln leben sie zusammen, durch eine ebenso unsichtbare wie hauchdünne Scheidelinie voneinander abgegrenzt, wenn auch keineswegs abgeschlossen. Im Gemeinderat, im Schulrat, in der angesehenen und einflußreichen Freiwilligen Feuerwehr (deren Vorsteher jeden Ortsanwesenden zum Dienst abkommandieren darf) werden Vertreter der verschiedenen Herkunftsgruppen nach einem ungeschriebenen, sorgsam berechneten Proporz gewählt. Im Laden, im Gasthaus, bei gemeinsamen Unterfangen überschreitet man die ethnischen Scheidelinien. Beim Tanz kommt sich die Jugend noch näher, und später heiratet sie manchmal untereinander; auch wer sich außerhalb seiner ethnischen Gruppe niederlassen will, ist dort – falls er ein ordentlicher

Mensch und ein guter Nachbar ist, das heißt, ähnlich lebt wie die Nachbarn und sie nicht stört – willkommen. Aber die Scheidelinien bleiben bestehen und werden respektiert.

Ähnliche halbherzige Aufteilungen findet man im großen Maßstab in jeder Großstadt Amerikas. In New York gibt es arabische, indianische, tschechische, spanische, italienische – genauer gesagt: sizilianische und kalabrische, nebenher norditalienische –, jüdische, schweizerische, irische, französische, deutsche, polnische, chinesische, griechische, syrische, japanische, portorikanische, kubanische Viertel mit ihren eigenen Kirchen, Kinos, Ladenstraßen, Restaurants, Kneipen, Zeitungsständen. Auch das flache Land ist oft von solchen ethnischen Scheidelinien durchzogen. Die Briefkästen am Straßenrand mit ihren groß aufgemalten Namen verraten sofort, »wer hier lebt«, das heißt: welche ethnische Gruppe hier dominiert: Angelsachsen in diesem Dorf, Polen im nächsten. Die Einwanderer der ersten Generation zog es zu ihren »Landsleuten« (als *landsleit*, ein Fremdwort aus dem Jiddischen, in die amerikanische Umgangssprache eingegangen), die sie verstanden und von denen sie verstanden wurden; in ihrem Kreis fanden sie Schutzburgen vor der fremden Umwelt, die oft Ghettos genannt wurden, aber keine sind, da ihre Bewohner aus freiem Willen dort bleiben, was ihnen niemand vorschreibt: Auch Außenseiter können einziehen und die Insassen ausziehen, wenn sie es wollen.

In der nächsten oder übernächsten Generation hat die große Mehrheit ihrer Kinder von dieser Freiheit Gebrauch gemacht und die Siedlung ihrer eingewanderten Eltern verlassen: diese war oder wurde ein Armutsviertel, während die Abkömmlinge in die amerikanische Mittelschicht aufrücken. Sprache und Kultur des Herkunftslandes verschwimmen, bis sie fast verschwinden. Sie erhalten sich nur in Dörfern, Landstrichen, Stadtvierteln, wo die Einwanderung noch relativ neuen Datums ist.

Aber die Scheidelinien verschwinden nicht. Sie ziehen sich jetzt nur um einen weiteren Raum: Wie die Soziologen Nathan Glazer und Daniel Patrick Moynihan in einer bahnbrechenden Arbeit, »Jenseits des Schmelztiegels« (1963), nachwiesen, treten an Stelle der althergebrachten engeren ethnischen neuere, sie zusammenraffende konfessionelle Grenzlinien; innerhalb ihrer leben jetzt vorwiegend protestantische, katholische, jüdische Amerikaner in ihren Stadtteilen und Vororten zusammen. Amerikaner irischer, italienischer, polnischer, deutsch-katholischer Herkunft vermischen sich in Wohnvierteln, Schulen, Ehen, Vereinigungen zur katholischen Gruppe; Amerikaner englischer, schottischer, holländischer, deutsch-evangelischer, skandinavischer Herkunft bilden die protestantische Gruppe. Die Juden deutscher und osteuropäischer Abstammung, die zuerst so fremd, mißtrauisch, scharf voneinander abgesondert geblieben waren wie von beiden Gruppen die sephardischen Juden spanischer und portugiesischer Abstammung, vereinen sich in der dritten neuen Schicht. Als vierte Gruppe – ein Sonder- und Ausnahmefall in jeder Hinsicht – bleiben die Neger außerhalb aller jener Grenzen. (Mehr in Kapitel 16) Nur als zahlenmäßige Minderheit, aber in diesem neuen Gefüge wesentlich, findet man in jeder Stadt auch die definitionsgemäß »gemischten« Viertel und Vororte, in denen eben jene Amerikaner wohnen, die sich keiner religiösen oder ethnischen oder rassischen Gruppe zurechnen wollen, sondern der Bohème, der Oberschicht, den Intellektuellen.

Innerhalb der neuen konfessionellen Scheidelinien bleiben sich aber Amerikaner ihrer »Ethnizität«, des Volkstums ihrer Abstammung, ihres Namens, damit ihrer öffentlichen Zurechnung lebhaft bewußt; sie tragen sie als einen Zug ihres Amerikanertums. Nicht nur im idyllischen Sandisfield, auch in New York und seinen Vororten – die typischer für das heutige Amerika sind, da siebzig Prozent der Amerikaner in städtischen Siedlungen wohnen – beschreibt man einen fremden Mitbürger (und schätzt man ihn ein) als Iren, Juden, Deutschen, Schweden und so weiter, wobei als selbstverständlich vorausgilt, daß jeder von ihnen Amerikaner ist.

Ohne allen äußeren Zwang drängen sich die meisten Amerikaner an die Nachbarn von ähnlicher Art, ob diese nun ethnisch oder konfessionell bestimmt ist; in ihrer Nähe fühlen sie sich selber sicherer und angenehmer. Sie genießen das Recht auf »freiwillige Vereinigung«, nach der Verfassung der Vereinigten Staaten ein Grundstock der amerikanischen Gesellschaft. Deshalb fragen sich Amerikaner, wenn sie einander treffen, mit besonderem Interesse nach ihrer Adresse: Soweit nicht schon der Name es verrät, läßt sie mit ziemlich hoher Wahrscheinlichkeit erraten, welcher Nationalgruppe oder Religion, damit oft auch Einkommensgruppe und Bildungsschicht, jemand angehört.

Hier finden wir einen merkwürdigen Widerspruch. Obschon sie keineswegs dementsprechend leben, glauben Amerikaner an die »Vermischung«, als sei sie moralisch gut. Es ist schwer zu verstehen, warum es verwerflich sein soll, mit Mitbürgern der eigenen Konfession, Herkunft, Kultur benachbart und befreundet zu sein, solange dies freiwillig geschieht und solange daraus anderen Amerikanern kein Nachteil oder Schaden entsteht. Aber zu sagen, daß jemand oder seine Gruppe »clannish« sei, seinem Clan, seiner Sippe, kurz seinesgleichen verhaftet und unter seinesgleichen bleiben wollend, kommt in amerikanischer Denkweise einem schlimmen Tadel gleich (der oft über nahezu jede ethnische Gruppe von ihren Außenseitern gefällt wird). Statt nur jedem Mitbürger, den danach gelüstet, zu gestatten, sich von seiner Herkunftsgruppe abzusondern, machen Amerikaner daraus ein moralisches Postulat für alle, während sich ihre große Mehrheit beständig dagegen versündigt.

Crèvecoeur, der Franzose unter Angelsachsen in Amerika, hatte dies nicht vorausgesehen, als er gegen Ende des 18. Jahrhunderts berichtete: »Alle Religionen werden ebenso wie alle Nationen vermischt; Gleichgültigkeit ihren Unterschieden gegenüber von einem Ende des Kontinents zum andern ist gegenwärtig eines der stärksten Merkmale der Amerikaner.«

Dies war die Wunschvorstellung des Schmelztiegels, wenn auch das Wort erst viel später erfunden wurde. »Amerika ist der große Schmelztiegel, in dem alle Rassen Europas eingeschmolzen und neu geformt werden«, wie der aus England eingewanderte jüdische Schriftsteller Israel Zangwill 1908 in seinem sentimentalen Melodrama »Der Schmelztiegel« frohlockend verkündete. (Später widersetzte sich Zangwill dieser seiner eigenen Einschmelzung und wurde Zionist.)

Vor dem Eintritt Amerikas in den Ersten Weltkrieg wurde jenes Konzept schwer erschüttert, und es konnte nie wieder repariert werden. Damals entdeckten die Amerikaner zu ihrem Entsetzen, daß Mitbürger angelsächsischer Abstammung Amerikas tätiges Einstehen auf seiten der Alliierten verlangten, während die Mitbürger deutscher, skandinavischer, jüdischer Herkunft strikte Neutralität forderten, weil sie entweder ihrem Heimatland im Herzen treu blieben oder die inneren Regimes der Länder, aus denen sie ausgewandert waren, nicht unterstützen wollten. Die damals noch angelsächsische Mehrheit entfachte eine heftige, bald sogar hysterische Hetze gegen die »Bindestrich-Amerikaner«, worunter vorab die deutsch-amerikanischen Bevölkerungsteile verstanden wurden. Daß diese etwa ihre Wurzeln in deutscher Kultur und ihre Vorliebe für manches deutsche Brauchtum sorgfältig konservierten, wurde ihnen als Verrat an Amerika und Aufruhr gegen den geheiligten Gleichmachungsprozeß des Schmelztiegels angekreidet. Manche wurden verfolgt, obgleich während des Krieges selbst die »Bindestrich-Amerikaner« so treu und tapfer für ihr amerikanisches Land kämpften wie andere Amerikaner. Diese Erfahrung wirkte wohltätig: Nach dem Ende des Kriegs und der Kriegshysterie begannen die Amerikaner sich ihrer Vielfalt und deren Vorteile bewußt zu werden, statt sie zu verdammen.

Das lange Zeit so beliebte Schlagwort und Zielbild des Schmelztiegels hat heute unter den Amerikanern Geltung wie Achtbarkeit verloren; setzte es doch voraus, daß alle Gruppen in jenem Behälter ihre Eigenart verlieren und einander gleichgemacht werden sollten, genauer: den angelsächsisch-protestantischen Amerikanern als stärkstem Element jenes Amalgams. Ihre »ethnische Identität«, wie man es heute nennt, ihre kulturelle Eigenart mußten sie verlieren, um Amerikaner zu werden. Doch heute wird diese Identität im Namen des Amerikanertums gehegt und als wertvoller Bestandteil allen Amerikanertums gepflegt.

An Stelle des aus der Welt der Industrie gegriffenen, konkreten, brutalen, jedermann verständlichen Bildes vom Schmelztiegel trat seither der akademische, abstrakte, intellektuelle, von und für Professoren erfundene Begriff des »ethnischen Pluralismus«. In seiner jetzt als erstrebenswert angesehenen Ordnung bestehen und wirken die verschieden bleibenden, gleichberechtigten, gleich mächtigen, als gleich wertvoll geltenden Herkunftsgruppen nebeneinander, um gemeinsam die höhere Einheit zu bilden, die heilige Vieleinigkeit des amerikanischen Volkes. Die Vorstellung ist weniger mystisch, als sie klingt, wie die oft für sie gebrauchten Bilder illustrieren: das Orchester mit seinen verschiedenen Instrumenten; das Baseball-Team mit seinen verschiedenen Spielern; der Regenbogen mit seinen verschiedenen Farben. Die Zäune, die ein amerikanisches Haus mit seinen Vorgärten umschließen – und hinter denen jede Familie auf ihre Art lebt –, stehen nicht der Dorfgemeinschaft im Wege, im Gegenteil: Gute Zäune machen gute Nachbarn, dieses Grundprinzip der Amerikaner gilt auch für ihre ethnisch-religiös-kulturellen Gruppen, die als Nachbarn in der amerikanischen Gemeinschaft wirken. In ihr werden sie – damit hatten Crèvecoeur und Zangwill recht – »neu geformt«, ohne doch, wie jene gemeint hatten, gewaltsam, geschwind und gänzlich »eingeschmolzen« zu werden.

Den Erfolg dieses Unterfangens feiern und demonstrieren die ethnischen Nachbarschaften mit etwas verlegenem Triumph, wenn sie alljährlich in New York ihre rituellen Paraden abhalten. Dann marschieren sie durch diese mit ihren unverschmolzenen und unzählbaren Minderheiten besonders amerikanische Stadt, die Iren und die Puertorikaner an den Namenstagen ihrer Nationalheiligen der alten Heimat oder die Polen und die Deutschen an Gedenktagen von Nationalhelden der Neuen Welt, die ihre Landsleute gewesen waren; der polnische Graf Casimir Pulaski war als polnischer Patriot nach Amerika geflohen und als amerikanischer Held im amerikanischen Unabhängigkeitskrieg gefallen. Den preußischen General Friedrich Wilhelm August Heinrich Ferdinand Freiherr von Steuben hatte nach seinen Diensten für Friedrich den Großen und andere deutsche Potentaten sein Freund, der französische Kriegsminister, überredet, als Freiwilliger nach Amerika zu gehen, wo der Unabhängigkeitskrieg gegen die Engländer begonnen hatte. Der preußische Soldat verwandelte die wilden Haufen der amerikanischen Kolonisten und Abenteurer in tüchtige Kämpfer. Da er kein

Wort englisch sprach, mußte ein Adjutant seine Flüche aus der Potsdamer Kasernenhofsprache übersetzen, wenn er seine Soldaten anbrüllte.

Dieser und anderer Beiträge ihrer Gruppe zum amerikanischen Leben sich zu rühmen, vergessen die Redner ebensowenig wie den stolzen Blick in die alte Heimat. Je mehr sich die Gruppen voneinander abzusondern neigen, um so eindringlicher wiederholen sie, wie mit einer rituellen Formel, daß in Amerika alle Menschen, ungeachtet ihrer Herkunft und ihres Glaubens und ihrer Rasse, in Gleichheit zusammen leben; niemand fragt bei der Tagung des tschechischen Turnvereins, der deutschen Freimaurerloge, des jüdischen Kriegsteilnehmerverbandes, der griechischen Sterbekasse, wenn er diese Worte hört, weshalb sie sich dann in eben diese Sonderbünde abgeschlossen haben – widerspricht das eine dem andern nicht?

Genauso gläubig verkünden die Amerikaner jenes Axiom von der Gleichheit aller ohne Unterschiede der Muttersprache, Hautfarbe, Konfession, ethnischen Herkunft am amerikanischen Nationalfeiertag des 4. Juli, zum Gedenken an jenen Tag des Jahres 1776, als sechsundfünfzig englische Kolonisten – fünfundfünfzig Herren englischer Sprache, Herkunft, Nationalität und Denkweise, teilweise sogar an englischen Schulen und Hochschulen geformt, daneben nur ein einziger nicht-angelsächsischer, italienischer Abstammung – den neuen Staat gründeten. Die offizielle patriotische Rhetorik klingt, als sei Amerika gestiftet worden, um die neue Gemeinschaft der bisherigen Fremden und zuvorigen Feinde der Alten Welt zu schaffen. Eine liebenswerte amerikanische Legende: In Wirklichkeit und im besten Fall war diese Gemeinschaft ein Nebenprodukt der amerikanischen Entwicklung, die sich kein Gründer der Vereinigten Staaten jemals träumen ließ, die jeder von ihnen aufs schärfste abgelehnt hätte, die in bitteren, lange währenden, gelegentlich blutigen Kämpfen erwuchs und die heute noch alle möglichen Spannungen auslöst, ohne sie immer und völlig zu lösen.

Die Vereinigten Staaten waren eine Gründung von Engländern; sie beherrschten nach Rang und Zahl das Land. Wenn sich auch Holländer in New York und New Jersey, Deutsche in Pennsylvania und Maryland, schottisch-irische Siedler von Pennsylvanien südwärts zu den Grenzposten von Virginia und Carolina vorstoßend, französische Hugenotten hier und da ansiedelten, sie bildeten nur mehr oder weniger lässige Enklaven und Ausnahmen. Und lange Zeit nach der ersten Besiedlung blieben Engländer und Schotten die überwältigend starke Mehrheit im Land, sogar noch nach der Gründung der Vereinigten Staaten: Als diese 1820, immerhin schon fast ein halbes Jahrhundert alt, mehr als sieben Millionen amerikanischer Bürger zählten, waren nur etwa 250 000 Ausländer eingewandert, auch sie oft wieder aus den britischen Inseln.

Und selbst damals glaubten die Gründer Amerikas bereits den englischen und protestantischen Charakter ihres neuen Landes eifersüchtig gegen Andersartige verteidigen zu müssen. Als gegen Ende des 18. Jahrhunderts so viele Deutsche nach Philadelphia einwanderten, daß drei der sechs städtischen Zeitungen in ihrer Sprache erschienen und sogar Straßenzeichen in deutscher neben der englischen Schrift angebracht wurden, schrieb Benjamin Franklin an George Washington: »Wenn nicht der Strom dieser Ausländer in andere Kolonien abgelenkt werden kann, wie Sie so weise vorschlagen, werden jene uns bald an Zahl übertreffen, so daß wir alle unsere heutigen Errungenschaften und meiner Meinung nach unsere Sprache nicht werden erhalten können, sogar unsere Regierungsform wird in Gefahr sein.«

Gleiche Warnrufe gegen fremde Eindringlinge erschallten seither ohne längere Unterbrechungen und oft mit schriller Hysterie durch Amerika; nur die Angriffsziele, die jeweils letzten fremden Einwandergruppen, wechselten. Derzeit hallen die Echos von Franklins Alarm durch New York, wo zwei der sechs städtischen Tageszeitungen in spanischer Sprache erscheinen, wo Anschriften an vielen Postämtern, öffentlichen Verkehrsmitteln, sogar an der großen Stadtbibliothek in englischer und spanischer Sprache gehalten sind und wohin innerhalb eines Zeitraums von zehn Jahren ein guter Teil der Bevölkerung von Puerto Rico – sprachlich, kulturell, teilweise rassisch von der Mehrheit noch auffällig verschieden – strömte, die letzte vieler hochschlagender Immigrationswellen.

Wie Europäer die Daten und Schlachten ihrer vergangenen Kriege, lernen die Amerikaner heute in der Schule Zeitpunkt und Herkunft dieser vergangenen Einwanderungen, die zur größten Völkerwanderung aller Zeiten wurden, seit zuerst um 1840 die Iren eintrafen, dann die Juden des Zarenreichs, später die Italiener, Polen, neben ihnen ständig Deutsche und Skandinavier, fast 35 Millionen Fremde, die Amerikaner wurden. Eine fromme Legende, wie Amerikaner sie heute erzählen und glauben, erzählt, das Land habe sie alle mit so offenen Armen empfangen, wie ihr Denkmal, die Freiheitsstatue im New Yorker Hafen, es symbolisiert.

Vergessen ist, daß nicht einmal diese Freiheitsstatue selber mit offenen Armen empfangen wurde, nachdem Franzosen das Werk des Elsässer Bildhauers und einstigen Amerikabesuchers Auguste Bartholdi als Freundschaftsbeweis für die Neue Welt (deren Freundschaft sie nach einem verlorenen Kriege suchten) im Jahre 1866 den Amerikanern verehrt hatten. Das amerikanische Volk, das nach der Absicht der Stifter wenigstens die Kosten für den Sockel tragen sollte, rückte nicht mit seinen Dollars heraus, und auch der

Kongreß verweigerte jeden Zuschuß. Die Statue drohte unerrichtet in einem Lagerhaus zu vermodern, bis der nicht lange zuvor aus Ungarn eingewanderte New Yorker Zeitungsverleger Joseph Pulitzer als Publizitätstrick für »The World«, sein neues Boulevardblatt, eine öffentliche Geldsammlung mit allen Mitteln moderner Massenmarktschreierei begann; so konnte sie doch noch enthüllt werden. Auf ihrem Sockel eingemeißelt waren Verse von Emma Lazarus, einer der ältesten sephardisch-jüdischen Familien New Yorks entstammenden Dichterin:

Ungleich dem Riesen aus der Griechensage,
Der drohend über Land und Meer zu sehen,
Soll unsere Küste überragend stehen
Machtvoll die Frau, die eine Fackel trage,
Vom Blitz entflammt. Nach ihrem Namen frage:
Mutter der Heimatlosen. Ihre Grüße wehen
Weltweit Willkommen – ihre Blicke spähen
Durch Wolken in den Morgen neuer Tage.

»Du alte Welt, behalte deine Pracht«,
Ruft stumm ihr Mund. »Gib deine Massen mir,
Die Armen, Müden, die aus deiner Macht
Nach Freiheit lechzen – laß vom Schiffbruch hier
Das sturmverwehte Strandgut! Durch die Nacht
Strahlt meine Leuchte an der goldnen Tür.«*

Ganz überzeugt von ihrer Vision Amerikas als Sammelbecken des Weltstrandguts blieb die Dichterin selbst nicht; wie Zangwill, der Barde des amerikanischen Schmelztiegels, wurde sie Zionistin. Sie konnte nicht übersehen, daß die große Mehrheit ihrer altansässigen Landsleute ganz anders dachte und ganz anders handelte, als ihr Poem »Der Neue Koloß« an dem Sockel der Freiheitsstatue es verhieß.

»Als der 16jährige Karl Roßmann, der von seinen armen Eltern nach Amerika geschickt worden war, weil ihn ein Dienstmädchen verführt und ein Kind von ihm bekommen hatte, in dem schon langsam gewordenen Schiff in den Hafen von New York einfuhr, erblickte er die längst beobachtete Freiheitsgöttin wie in einem plötzlich stärker gewordenen Sonnenlicht. Ihr Arm mit dem Schwert ragte empor ...« So begann Franz Kafka seinen Roman »Amerika«, wo er nie gewesen war, dessen Bild er sich jedoch mit Hilfe von Ansichtskarten erfand, wobei ihm das Versehen unterlief, die Fackel der Göttin der Freiheit für ein Schwert zu halten – nicht gerade ein Symbol gastfreundlich offener Arme vor der goldenen

* Übertragung von Hertha Pauli

Tür. Was immer diese Fehlleistung in Kafkas Unterbewußtsein erzeugt haben mag, artikulierten die galgenhumorigen Hitlerflüchtlinge mit ihrem Scherz, die Freiheitsstatue brumme jeden neu ankommenden Emigranten sarkastisch an: »Auf dich haben wir gerade noch gewartet.« Wie Kafkas Irrtum kommt dieser Witz der Wirklichkeit Amerikas viel näher als die Legende von der willkommen heißenden Freiheitsstatue. Moderne Einwanderer aus Europa pflegen sie beim Einflug kaum noch wahrzunehmen, anders als ihre sechzehn Millionen Vorgänger, die – ängstlich, elend, hoffnungsvoll – im nahen Ellis Island eingesperrt auf den Zutritt zur Neuen Welt gewartet hatten.

Europäern erschien Amerika als »das Eldorado derjenigen, die in ihrer augenblicklichen Lage sich bedrängt fühlten«, wie Goethe meinte, der selber in jeder schwierigeren Lebenslage mit dem Gedanken der Auswanderung in die Neue Welt spielte – zum erstenmal 1745, als sich seiner Heirat mit der geliebten Lili Hindernisse entgegenstellten, zuletzt noch in seinem siebzigsten Lebensjahr. Die Gründe, ob deren sich Menschen in Europa »bedrängt fühlten«, waren oft nicht weniger persönlich, manchmal ungemein ehrenwert, in anderen Fällen etwas bedenklich: Als Prototyp der Einwanderer erschien europäischen Zeitgenossen die von Daniel Defoe 1722 geschaffene Moll Flanders, »zwölf Jahre eine Hure, fünfmal verheiratet (davon einmal mit ihrem eigenen Bruder), zwölf Jahre ein Dieb, acht Jahre ein Sträfling in Virginia, wo sie reich wurde und starb«, oder Kafkas Karl Roßmann, der, wie wir hörten, zur Zeit des Ersten Weltkrieges ein Dienstmädchen geschwängert hatte. Neben diesen Tunichtguten formten die auswandernden edlen Freiheitssucher im öffentlichen Bewußtsein Europas nur ein schwaches Gegenbild. Um so stärker beeindruckten die Amerikaner die eigentlichen Massen der einwandernden hungrigen, rückständigen armen Teufel. Ob sie ländlicher oder städtischer Armut entflohen, ob der politischen oder der Kriminalpolizei, ob einer sie verfolgenden Volksmehrheit oder einer Regierung, die sie stürzen wollten, ob sie hier Freiheit vom Hunger suchten (wie ihre große Mehrheit) oder Gedankenfreiheit, Glaubensfreiheit, politische Freiheit oder Freiheit zum Abenteuer, jedenfalls stand Amerika ihnen allen weit offen. Man brauchte sie wenigstens bis zum Ersten Weltkrieg, um das Land zu erschließen und aufzubauen, wofür die jeweils letzten Einwanderer billigere Arbeitskräfte lieferten als die Eingeborenen und deren Kinder. Daß sie nicht nur die Eisenbahnen anlegten, in Heimarbeit oder Schwitzwerkstätten sich abschufteten, die Bergwerke und Schwerindustrien in Betrieb hielten, daß sie auch Gelehrte, Künstler, Zeitungsverleger, Journalisten, Financiers, Unternehmer aller und jeder Größe lieferten, entdeckte man ebenso wie ihre lebenswichtigen Beiträge zum amerikanischen Fortschritt erst später. Das Land hatte Platz für sie und Bedarf nach ihnen; nach dem Gesetz wurden sie Amerikaner, sobald sie amerikanischen Boden betraten.

Aber ob der Mythos von Freiheit und Gleichheit, der Geist und die Ordnung der Amerikaner auch für sie gelten könnten, bezweifelten die ältereingesessenen Amerikaner, deren Abneigung, Furcht, manchmal Haß ihnen gegenüber ebenso kolossal anwuchs wie die Zahl der Neuankömmlinge selbst. Den Amerikanern erschienen die neuesten Einwanderer als Barbaren, die die Prosperität, Demokratie, Freiheit Amerikas bedrohten und damit dieses selbst. Die Arbeiter fürchteten ihre lohndrückende Konkurrenz, die Farmer wurden von den andersartigen Fremden in Panik versetzt, zumal sie sich in den unheimlichen bösen Städten zusammenballten. Die Protestanten alter amerikanischer Art verwarfen sie als Anders- und Ungläubige, die amerikanischen Söhne Albions wollten ihre Sprache, Sitte, Erinnerungen rein erhalten und verachteten auf Grund dieser englischen Tradition besonders die Iren (»Iren und Hunden der Zutritt verboten«, wie jene noch um die Jahrhundertwende an ihre Bostoner Türen schrieben), Juden, Latein- und Osteuropäer, also die Mehrheit der Neueinwanderer. Die sozialistischen, anarchistischen, klassenkämpferischen Ideen, die Arbeiter und Flüchtlinge aus Europa mitbrachten, und umgekehrt die autoritätsgläubigen, hierarchischen Haltungen vieler europäischer Bauern wirkten in gleichem Maß als unamerikanische, gefährliche Fremd- und Sprengkörper in der amerikanischen Gesellschaft. Man hielt sich ihnen fern, schaute auf sie herab; traf man sich, so beschimpfte man sich, oft prügelte man sich, gelegentlich explodierte die elektrisch geladene Atmosphäre in Mord und Totschlag.

Die intellektuelle Elite des Landes lieferte geistige Rüstung für den Abwehrkampf der sich als die einzigen Amerikaner deklarierenden älteren Amerikaner. Seit der Mitte des 19. Jahrhunderts wirkten zu diesem Zweck die biologischen Rassentheoreme so brauchbar, modisch und verführerisch wie später die ökonomischen Klassentheoreme, mit denen sie seit der Jahrhundertwende wirksam kopuliert zu werden pflegten. Daß nicht-angelsächsische, nicht-protestantische Einwanderer niemals echte Amerikaner werden, daß sie das Land nur ruinieren könnten, gegen diese Ansicht gab es in der geltenden Wissenschaft und Politik der Einwanderungsjahrzehnte wenig Widerspruch in Amerika.

Die besten amerikanischen Historiker, Anthropologen und Staatswissenschaftler wußten mit ebenso gewaltigem wie zweckdienlichem Aufwand an Gelehrsamkeit zu beweisen, nur die alteingesessenen Amerikaner seien zur Ordnung der Freiheit und Demokratie befähigt, tugendhaft, fleißig, unternehmungsfroh, erfinderisch, gemeinschaftsgesinnt. Es läge im Blut, wenn auch die Theorien, was dieses Blut sei, beinahe mit den Tagesschlagzeilen wechselten: Bald eine komfortabel dehnbare »anglikanische« Rasse (so der vormalige deutsche Revolutionär Francis Lieber), bald exklusiver das »normannische« Blut, dank dem sogar unerwünschbare Briten ausgeschlossen werden konnten, dann wieder der »teutonische« oder »nordische« Schlag, der auch Holländer, Skandinavier, Deutsche (falls protestantisch) umfaßte, oder »angelsächsisches Blut«, das auch die Deutschen den minderwertigen Rassen zuschlug. Als Graf Arthur Gobineau aus der Sprachforschung den Begriff der Arier als neue Rassenkategorie übernahm, lieferte er ein beliebtes neues Blut, oder wenigstens ein neues Wort, zum Gebrauch der Verteidiger des Amerikanismus. Gobineau hatte selber einiges Material für seine Rassenlehre indirekt aus Amerika bezogen: Als er kurze Zeit als Kabinettschef im Ministerium des großen Amerikaforschers Tocqueville diente, lernte er dessen Bericht über die südstaatlichen Sklavenprobleme kennen; er überzeugte ihn von der Minderwertigkeit der schwarzen Rasse, während Tocqueville selber bei aller lebenslänglichen Freundschaft mit Gobineau dessen sozialbiologische Schlüsse ablehnte.

Ob mit oder ohne Rassentheorie, jedenfalls war augenscheinlich, daß die andersartigen neuen Einwanderungsmillionen die ursprüngliche Gestalt des angelsächsischen Amerikas veränderten. Nach einem Besuch in Ellis Island, dessen Insassen man als Sehenswürdigkeiten besuchte wie etwa Irrenhäuser und Galgenexekutionen in England ein Jahrhundert zuvor, notierte 1904 – einem Jahr der Hochflut der Immigration – der erschütterte Henry James: »Ich denke wirklich, die Wirkung von Ellis Island auf jeden empfindsamen Bürger, der dort ›hineingesehen‹ haben mag, ist, daß er von seinem Besuch nicht als die gleiche Person zurückkommt, als die er dort hinging ... Er hatte gedacht, vorher zu wissen ... in welchem Maß es ein amerikanisches Schicksal sei, die Heiligkeit seines amerikanischen Bewußtseins, die Intimität seines amerikanischen Patriotismus mit diesen unvorstellbaren Ausländern teilen zu müssen – aber er hatte die Wahrheit doch nicht mit solch einer Stärke wissen können ... Ein Gespenst in seinem vermeintlich sicheren alten Hause«, so war dem Altamerikaner Henry James die Masse der Neuamerikaner erschienen, dieser Unamerikaner, mit denen er nichts gemein hatte und die sein Amerika in Grund und Boden verwandeln, genauer: verderben mußten.

Daß drei Generationen später die Nachfahren jener »unvorstellbaren Ausländer« Henry James selber zu einem ihrer Kulturhelden erheben, seinen Stil und seine Ironie beinah zu Tode preisen, sogar seine »Xenophobie« und seinen »Antisemitismus« etwas verlegen wegerklären sollten, sah er nicht voraus. Läse er heutige führende amerikanische Intellektuellenzeitschriften, so fände er, daß die Enkel jener Fremden seine Sprache meisterhaft beherrschen, mag auch ihre noch von ihrer Herkunft gefärbte Denkart der seinigen widerstreben. Lord Bryce, der objektive Beobachter aus England, den das amerikanische Angelsachsentum weniger beeindruckte als Amerika und dessen Gabe der immerwährenden Veränderung, hatte schon um 1890 beobachtet, daß die Schulen und öffentlichen Büchereien des Landes mit besonderem Eifer von den Kindern der anschwellenden fremdländischen Einwanderer besucht wurden. Nicht die Gefahr des Analphabetismus sah er deshalb in diesen, sondern Amerikas künftige Kulturträger.

Seit Beginn der dreißiger Jahre unseres Jahrhunderts ist die Einwanderung im traditionellen Sinn, also die Einwanderung aus dem europäischen Kontinent kein Problem mehr für die Amerikaner. Diese selber machten sie energisch zur *quantité négligable*, sobald sie es sich leisten konnten: Hatte die Neue Welt zuerst und lange Zeit jedermann – mit geballter Faust und abweisendem Blick, aber offenen Armen – aufgenommen, der das Fahrgeld und den Mut zur Überfahrt aufbrachte, so begann sie seit Ende des 19. Jahrhunderts, da die Siedlungsgrenzen des Landes erreicht worden waren, wählerischer zu werden. Durch neue Gesetze verschloß Amerika seine goldene Tür zuerst bisherigen Armenhausinsassen, dann den Vorbestraften, bald auch Anarchisten, danach Analphabeten, ferner nahezu allen Asiaten. Und nach dem Ersten Weltkrieg wurden zum ersten Mal Höchstzahlen der alljährlich zuzulassenden Einwanderer festgesetzt; sie scharf begrenzend, schob man vorab dem weiteren Eindringen der vermeintlich unamerikanischen, sogenannten keltischen, slawischen, alpinen, semitischen Blutströme einen Riegel vor. Als 1965 jene Gesetze gelockert und ihre rassenpolitischen Ziele aufgegeben wurden, war die Ära der europäischen Masseneinwanderung schon ebensolange abgeschlossen wie die angelsächsisch-protestantische Ära, die ihr vorausgegangen und von ihr aufgelöst worden war.

Heute trifft alljährlich nur noch ein europäischer Einwanderer auf je tausend schon ansässige Bürger in Amerika ein. Statt nach tagelangem Fegefeuer auf Ellis Island wird er jetzt in fünfzehn Minuten ins Land gelassen. Oft ist er ein alter Verwandter, der seiner Familie in der Neuen Welt »nachkommt«. Jüngere Einwanderer aus Europa sind seit den Nachkriegsjahren häufig schon halb amerikanisiert, ehe sie dem Flugzeug in Amerika entsteigen, wo ihr »job« auf sie wartet.

An Schul- und Berufsausbildung stehen sie nicht mehr hinter den Amerikanern zurück, manchmal sind sie diesen überlegen. Da die Nachkommen älterer kontinental-europäischer Einwanderermassen jetzt echte Amerikaner sind, das Wesen ihres Volkes mitbestimmend, wirken die neuesten Einwanderer kaum mehr als Fremdkörper. Das neue Problem, das die öffentliche Phantasie erregt, wird von den schwarzen Amerikanern geschaffen; sie sind im Land selbst geboren, doch seiner Gesellschaft, Kultur, Politik erst seit kurzem eingefügt und oft noch fremd, so daß sie die Rolle früherer weißer Einwanderermassen auf ihre Art spielen müssen. An Stelle des Einwandererproblems trat das amerikanische Farbigenproblem, das von der immer stärkeren (legalen und illegalen) echten Einwanderung aus Lateinamerika und dem Fernen Osten noch erheblich verstärkt wurde.

Erst seit und weil die Einwanderung keine ernsthaften Probleme mehr stellt und im großen ganzen zu Ende ist, darf die amerikanische Legende das einstmals mit Verachtung und oft Haß übertünchte Bild des Einwanderers heroisieren. Plötzlich und uneingeschränkt überschlägt man sich in seinem Lobpreis: Jedermann, der nach Amerika kam, suchte hier die Freiheit und den Fortschritt, so heißt es jetzt; jede ethnische, nationale, rassische Gruppe leistete ihren Beitrag zum Glück Amerikas. So ist das alte Leitbild in sein Gegenteil verkehrt. Ein Politiker wäre von vornherein erledigt, der heutzutage wie seine Vorgänger ein Jahrhundert lang verkündete, nur die nordische oder auch je nach Geschmack anglikanische, angelsächsische, normannische, teutonische, arische Rasse habe Amerika groß gemacht und könne es noch größer machen. Ebenso würde jeder Universitätsprofessor von seinen Kollegen verfemt, wenn er auch nur in abgeschwächter Form etwa die Meinung des Historikers Frederick Jackson Turner (1893) wiederholte, das Eindringen anderer als englischer Einwanderer sei »ein Verlust für den sozialen Organismus der Vereinigten Staaten gewesen«. Vom öffentlichen Bannfluch getroffen würde jeder Intellektuelle oder Staatsmann, der warnte, Einwanderer zerstörten Amerika, weil sie, da »fremden Bluts, weder Geschicklichkeit noch Energie noch Initiative noch Intelligenz besitzen« – so der Universitätsprofessor der Geschichte Woodrow Wilson, bekannter als der achtundzwanzigste Präsident der Vereinigten Staaten. Doch nachdem er ins Weiße Haus eingezogen und um die Stimmen der fremdblütigen Wähler besorgt war, strich er diese und ähnliche Passagen aus der Neuauflage seiner »Geschichte des amerikanischen Volkes«. In den wenigen Fällen, in denen ein amerikanischer Gelehrter unserer Tage auch nur die Möglichkeit rassischer oder ethnischer Wertunterschiede zuzugeben wagte, hat es ihn sein Ansehen und seine Stellung gekostet. Die intellektuelle Mode und die Gelehrtendiktatur ächten, was bis vor kurzem geachtet worden war, weniger weil sich die Wissenschaft als weil sich die Wirklichkeit verändert hat.

Die Glorifizierung der Einwanderer hat nebenher zur Ignorierung der Rückwanderer geführt. Daß nicht wenige der Sucher nach Freiheit und Fortschritt auf amerikanischem Boden ihn wieder – enttäuscht, bitter, heimwehkrank – verließen, um in die Alte Welt zurückzukehren, wird im Bewußtsein der Amerikaner völlig unterdrückt. Sie passen nicht in vorherrschende Vorstellungen. Ihre Zahl ist nicht festgestellt worden, sie dürfte zwischen fünf und fünfzehn Prozent der Einwanderer liegen, bei manchen Volksgruppen, wie den Italienern, höher, bei anderen niedriger. Manche kehrten Amerika wieder den Rücken, weil sie hier keinen materiell festen Boden unter den Füßen finden konnten, wie des nationalsozialistischen Finanzministers, Hjalmar Horace Greeley Schachts Vater, ein erfolgloser Seifenfabrikant in Brooklyn. Andere gingen zurück nach Europa, weil sie oder ihre Familien in Amerika genügend großen Erfolg eingeheimst hatten, um seine Früchte angenehmer in der Alten Welt genießen zu können, wie Gustav Bohlen-Halbach, der Gatte von Bertha Krupp. Auch viele politische Flüchtlinge in Amerika wollten nicht Amerikaner werden. Von ihren heimischen Aufgaben und Kämpfen blieben sie so tief aufgewühlt und so unauslöschlich abgestempelt, daß sie sich bei erster Gelegenheit aus der amerikanischen Sicherheit in sie zurückstürzten – Louis Napoleon, Ludwig Bamberger, Leo Trotzki, eine endlose Reihe, obgleich viel geringer als die Reihe der Flüchtlinge aus der europäischen Politik, die Amerikaner wurden und blieben. Nicht zuletzt wanderten Europäer nach Europa zurück, weil dessen Luft und Leben ihnen besser behagten als alle amerikanischen Errungenschaften: Ihr Prototyp war Brillat-Savarin, der Meister des Küchengenusses, der während des Pariser Revolutionsterrors in Amerika biwakierend überlebte und hier zu seinem Vergnügen die Köstlichkeit wilder Truthähne und Muschelsuppen entdeckte.

Während aber die große Mehrheit der Einwanderer im Land blieb, entglitt den Angelsachsen allmählich die Vorherrschaft; auch im Zahlenverhältnis sind sie heute nur noch eine Minderheit unter all den anderen Minderheiten. Es gibt keine ethnisch dominierende Mehrheit mehr. Die *Wasps*, aus den Anfangsbuchstaben von »Weißen Angelsächsischen Protestanten« zusammengezogen und zugleich Wespen bedeutend, ist das neue Spottwort für die alte Mehrheit. Während es als immer anstößiger und verwerflicher gilt, Neger als *Nigger*, Italiener als *Wops*, Juden als *Kikes*, Ungarn als *Hunkys*, Spanier als *Spiks*, Iren als *Micks* zu bezeichnen, entbehrt jener Name der *Wasps* älterer, zurücksetzender, gehässiger Beiklänge und wird deshalb höchst ungeniert gebraucht. Symbol der neuen ethnischen Gleichberechtigung aller Amerikaner war der Wahlsieg des ersten den *Wasps* nicht zugehörigen Präsidenten der Vereinigten Staaten, John Fitzgerald Kennedy. Ein Enkel irischer

Einwanderer, die in der Unterwelt von Boston als Kneipwirte ihr Geld verdient hatten, war er selber wegen seiner Herkunft noch als Student in Harvard in keine der gesellschaftlich exklusiven Verbindungen aufgenommen worden. War ihm aber doch wenigstens als Vizepräsident der angelsächsische Lyndon Baynes Johnson zur Seite gestellt, so entbehrt es nicht der Symbolbedeutung, daß bei dessen eigenem Kampf um die Präsidentschaft ihm als die konservativen, also um die Wiederherstellung der traditionellen amerikanischen Ordnung besorgten Gegenkandidaten keine *Wasps* entgegentraten, sondern der Enkel eines jüdischen Einwanderers und als dessen Stellvertreter ein Katholik.

Statt auf die heimatlich getönten, vom einheimischen Stil abgehobenen Siedlungen nationaler Minderheiten verächtlich herabzuschauen und sie zum Fortschritt der Angleichung an die angelsächsische Normalität zwingen zu wollen, wie zuvor üblich, schätzt und schützt man sie jetzt. Die Reste französischer Lebensart in New Orleans, spanischer Mission in Kalifornien, deutschen Bauerntums in Pennsylvania, portugiesischer Fischerei auf dem Cape Cod, sogar chinesischen Kuli-Elends in San Francisco, all die anderen »pittoresken« Enklaven der Großstädte – die Amerikaner sind heute auf sie so stolz, wie ihre Großeltern sich deren Existenz in ihrer Mitte geschämt hatten.

Seit dem 1930 beginnenden Jahrzehnt wird die Wertgleichheit aller ethnischen Gruppen respektiert. Es hatte noch als Sensation gewirkt, als Präsident Franklin D. Roosevelt im April 1938 in einer Ansprache an die (ihm besonders feindlich gesinnten, der angelsächsischen Vergangenheit treuen) »Töchter der Amerikanischen Revolution« erklärte: »Erinnern Sie sich, erinnern Sie sich immer, daß wir alle und besonders Sie und ich von Einwanderern und Revolutionären abstammen.« Seither ist es zum Gemeinplatz geworden. »Niemals seit der Gründung der Republik hat man sich um die Grundprinzipien des Anstands und der Höflichkeit zwischen den ethnischen Gruppen so intensiv bemüht wie heute«, stellte 1963 der Soziologe John P. Roche fest, als Sohn armer irischer Einwanderer, Professor an der jüdischen Brandeis-Universität, Mitgründer und früherer Vorsitzender der politisch weit links stehenden, nationaler Selbstkritik zuneigenden und ethnischen Minderheiten ungemein freundlich gesinnten Organisationen der »Amerikaner für Demokratische Aktion« ein besonders glaubhafter Zeuge. Im großen ganzen ist dieses Bemühen um gute Manieren zwischen den ethnischen Gruppen erfolgreich, nachdem die Abkömmlinge der Einwanderer teils in amerikanischen Kategorien zu denken gelernt, teils aber auch die amerikanische Denkweise in ihrem Ebenbild umgeschaffen haben und seitdem drittens aus pragmatischer Notwendigkeit wirksame Formen des Gemeinschaftslebens auch auf ethnischem Gebiet gang und gäbe geworden sind.

Eine Ordnung, in der sich die verschiedenen Volks- und Herkunftsgruppen so friedlich aneinanderschmiegen wie Löwe und Lamm, Fuchs und Gans einstmals im Paradies, findet sich auch heute nicht in Amerika. Kollektive Abneigungen zwischen den einzelnen Gruppen, die auf alle ihre Mitglieder von vornherein übertragen werden, wuchern weiter, wenn sie auch als Sünde gegen das neue amerikanische Gebot offiziell verdammt werden. Daß man tief verwurzelte und vertraute Vorurteile mit Stumpf und Stiel ausrotten könne, diese bestenfalls harmlose, jedenfalls verwegene Illusion wird in Amerika ständig gepredigt, oft geglaubt, gelegentlich angestrebt. Doch viel, wenn nicht gar alles ist schon erreicht, wenn diese Vorurteile nur in der Gerümpelkammer des Gehirns aufbewahrt und nur im vertraulichen Familien- oder Freundeskreis hin und wieder einmal verlegen, fast schuldbewußt enthüllt werden, etwa nach dem dritten Glase. Wesentlicher scheint realistischen Amerikanern, daß im öffentlichen Verkehr solchen Gefühlen kein Ausdruck gegeben wird, daß sie in der öffentlichen Ordnung ignoriert werden, daß in der Praxis des Alltags auch der nicht zurückgesetzt wird, den man seiner Herkunft wegen nicht besonders wertschätzen zu dürfen meint. An diese Regel halten sich heute die meisten Amerikaner; ein öffentlicher Verstoß wird zum öffentlichen Skandal. Da die Mehrheit der Amerikaner heute Minderheiten angehört, verwirft sie die Zurücksetzung von Minderheiten.

Man versucht, durch Gleichberechtigung der einzelnen ethnischen Gruppen im Staat ihr Gleichgewicht in der Gesellschaft zu sichern. Darum macht in jedem Wahlkampf den politischen Technikern viel Kopfzerbrechen, die »richtig balancierte Liste« aufzustellen, in der die verschiedenen Herkunfts- und Konfessionsgruppen ihrer Stärke gemäß vertreten sind. Hochkompliziert in Großstädten wie New York, wo jede der vier stärksten Minderheiten, Iren, Juden, Italiener und Angelsachsen, jeweils ein Mitglied für Spitzenstellungen aufstellen muß, wobei nur ihre Reihenfolge auswechselbar ist, geht diese ethnische Struktur quer durch die Parteien und überlagert die Parteien. Die Konkurrenz der einzelnen Gruppen um die Macht wird in den Hinterzimmern der politischen Manager mit derselben Schärfe geführt, mit der sie von der Bevölkerung beobachtet und nach außenhin abgeleugnet wird.

Nationalitätengruppen, die erst kürzlich ihren vollen Anteil an der Macht erworben haben, fühlen sich manchmal noch unsicher, was sie zu aggressiver Empfindlichkeit treibt. Die anderen pflegen darauf achselzuckend Rücksicht zu nehmen, um auch den leichtesten Anschein einer Gruppenzurücksetzung zu vermeiden, wie er schon fast automatisch geschaffen wird, sobald die vermeintlichen

Opfer ihren Protest kundtun. Als beispielsweise Vertreter italienischer Gruppen sich gegen die Kränkung verwahrten, die sie zu erleiden meinten, da Gangster in Fernsehfilmen vorwiegend italienische Namen trugen, so wie die wirklichen Gangster der zwanziger Jahre, wurden jene auf englische Namen umgetauft. Jüdische Organisationen sahen sich herausgefordert, weil der Roman »Oliver Twist« oder das Schauspiel »Der Kaufmann von Venedig« in Schulbibliotheken antijüdische Gefühle der Leser erzeuge; um des lieben Friedens willen wurden diese Werke entfernt. Fast jede Woche ereignet sich ein neuer solcher Fall, der dann eine Woche lang großes Aufsehen und viel Bitterkeit auszulösen pflegt, bis er prompt beigelegt wird.

Dabei lassen gerade jene Nationalgruppen, die sich am leidenschaftlichsten für die Toleranz einsetzen, es oft erheblich an Verständnis für berechtigte Äußerungen anderer Gruppen fehlen. Hatte schon die einstige Mehrheit der Angelsachsen lange gebraucht, um jene Toleranz zu praktizieren, obschon doch ihr britisches Erbgut sie dafür vorbereitet hatte, wieviel schwerer noch muß es anderen Minderheiten fallen; ihre im gestrigen Amerika erworbenen Ressentiments wirken noch weiter, und ihre Traditionen des irischen Dorfes, des osteuropäischen Ghettos, des südstaatlichen Sklavenquartiers schulten sie nicht in Kunst und Gewohnheit tätiger Hochachtung für Außenseiter ihrer Gemeinschaft. Mit übertriebenen und unberechtigten Angriffen gegen angebliche Vorurteile provozieren ihre damit hauptberuflich befaßten Organisationen und Wortführer manchmal erst echte Abneigung gegen ihre eigene Gruppe, die nur die eigene Machtsphäre zu bestätigen, ja zu erweitern sucht.

Gewichtig kann der Einfluß von ethnischen Gruppen werden, wenn sie in die Außenpolitik eingreifen, die Interessen ihrer einstigen Heimatländer mit den Interessen der Vereinigten Staaten identifizierend. Ist eine Gruppe zahlenmäßig besonders stark vertreten oder besonders straff organisiert, dann gelingt dies gelegentlich. Mit einiger Übertreibung könnte gesagt werden, daß die Unabhängigkeit von Eire und Israel auf den Trottoirs von New York (und in den Büros seiner Parteibonzen) erkämpft worden ist: Wer gewählt werden wollte, mußte leidenschaftlich für die Wünsche der dort stärksten Wählergruppe auftreten. Auch heute noch spielt der Einfluß einiger – aber nur weniger – Organisationen ethnischer Volksgruppen auf die amerikanische Außenpolitik eine nicht zu unterschätzende Rolle, wenn diese mit Interessen ihres Herkunftslandes befaßt ist; die Vereinigungen von Amerikanern polnischer, griechischer, jüdischer Herkunft machen dann auch heute noch spürbar ihre Wählermacht geltend. Die meisten anderen ethnischen Organisationen aber – vor allem die deutsch-amerikanischen

– haben ihre Rolle in der Außenpolitik fast völlig aufgegeben. Und mit jeder neuen Generation der einstigen Einwanderer schwinden die Bewußtseinsbindungen an das Herkunftsland, das fast niemand mehr *the old country* nennt; soweit sie überhaupt Beziehungen und Erinnerungen aufrechterhalten, bleiben sie sentimentaler oder geselliger Art, reduziert auf Volkstänze und Nationalspeisen (die den Eingeborenen des »alten Landes« mit Recht eher amerikanisch vorkommen). Nur Minderheiten jener Minderheiten bleiben in ethnischen Enklaven.

Die »ethnics«, die etwa seit 1970 in zunehmendem Umfang durch den politischen und sozialen Sprachgebrauch des Landes geistern, haben wenig mit den einstigen »Bindestrich-Amerikanern« gemein. Heute versteht man darunter vor allem eine gesellschaftliche Schicht – Arbeiter slawischer und südeuropäischer Abstammung und katholischen Glaubens, die es zu bescheidenem Wohlstand in der Sicherheit von Suburbia gebracht haben, sozialpolitisch links von der Mitte und kulturpolitisch rechts von der Mitte stehen und die als Wählerblocks gegen Maßnahmen und Experimente, die ihre Lebensformen bedrohen, entschieden protestieren. In vielen Gegenden kann ihre Stimme über Sieg oder Niederlage eines Kandidaten entscheiden; aber mit ihrer nationalen Herkunft hat diese Entscheidung der »ethnics« fast nichts gemein.

In der Zerreißprobe der Nation erweist sich die feste Zusammenfügung all ihrer Herkunftselemente. Wie im Ersten Weltkrieg, ja noch ausdrücklicher konnte man dies im Zweiten Weltkrieg beobachten, wenn sich auch nun die ethnischen Fronten teilweise verschoben hatten. Wieder bezeugten die Amerikaner deutscher und italienischer Abstammung den Vorrang ihres Amerikanertums, auch die Nisei, in deren Fall selbst die amerikanische Regierung es nicht erwartet hatte; aus Zweifeln an der Loyalität dieser 110000 Amerikaner japanischer Abstammung an der Westküste waren bei Kriegsausbruch sie alle in Internierungslager gesperrt und war ihr Eigentum beschlagnahmt worden, ehe ihre Söhne zum Waffendienst antreten und sich in ihm tapfer bewähren konnten: Kein einziger hat sich der Untreue gegen Amerika schuldig gemacht.

Wenn die Nachfahren der Einwanderer ihrer Herkunftsgruppe verhaftet bleiben, so sondern sie sich von anderen Herkunftsgruppen innerhalb der amerikanischen Gemeinschaft, nicht aber von dieser ab. Sie können sich die Absonderung leisten, weil sie wissen, daß sie mit den anderen Amerikanern unvergleichlich mehr und Wesentlicheres gemein haben, als sie von diesen trennt. Ihre Absonderung wird zunehmend abgeschliffen und oberflächlicher, während sie nach der Gleichheit streben und die Freiheit genießen;

Amerikas Mythen, die sie in der Schule erlernten, haben sie auf dem Sportplatz und im Drugstore praktiziert.

Das Leben im neuen Land, ob sie sich ihm begeistert oder unwillig einfügten, hatte die meisten Einwanderer schnell gezwungen, viele ihrer heimischen Züge zu verändern und ein gut Teil ihrer althergebrachten völkischen Eigenarten zu vergessen. Der Boden und die Atmosphäre ihrer Umwelt, der sie sich anpaßten, förderten sie nicht. Die Freude am poetischen Wort verlieren Iren in Amerika so schnell wie Italiener die Kunst des beglückenden Schauspiels. Wo »die alten Volksbräuche« trotzdem am Leben erhalten werden, erscheinen sie bestenfalls tragisch und häufig kitschig; wer sich gar zu fest an seine altweltliche Vergangenheit klammert, wirkt nur als ein trüber Gast auf der amerikanischen Erde.

Wenn amerikanische Kinder die historischen Stätten ihres Landes besuchen, bestaunen sie voller Ehrfurcht die Schlachtfelder, auf denen »ihre Ahnen« die Freiheit erkämpften, und besichtigen bewundernd die Hallen, in denen »ihre Vorväter« die neue Ordnung errichteten – zu einer Zeit, als ihre physischen Ahnen Bauern oder Leibeigene oder Bürger in irgendeinem Winkel Europas, wenn nicht gar Afrikas gewesen sein mochten, ohne jemals von Amerika gehört zu haben. Als Helden »ihres Volkes« sehen sie George Washington, Abraham Lincoln, die Soldaten der revolutionären Armee von 1776 und des amerikanischen Bürgerkrieges. An der »amerikanischen Erbschaft« nehmen sie teil.

Über den Resten ihrer Herkunft lagerte sich ein neuer, stärkerer Wachstumsboden. Bemerken zwei Kameraden in der Armee, daß sie beide schwedischer Herkunft seien, so wechseln sie wohl ein paar Worte über die schwedischen Speisen in ihrem Elternhaus, nach denen es auch sie gelüsten mag; aber sobald sich herausstellt, daß beide etwa aus dem Bundesstaat Minnesota stammen – und jedes andere Eck der Vereinigten Staaten ebenso wie jedes andere Herkunftsland erzeugt dieselbe Wirkung –, genügt es, um ihre Freundschaft zu begründen. Der amerikanische Ort, von dem sie selber kommen, schafft mehr Gemeinsames als das Volk, dessen Namen sie tragen. Nicht der Akzent ihrer Eltern oder Urgroßeltern verbindet sie, sondern der Dialekt ihrer amerikanischen Heimat und der Geist Amerikas. Einmal lauschte ich der Unterhaltung zweier Paare mit wild ausländischem Akzent, die sich an einer Tankstelle in Iowa begegneten. »Wo sind Sie her?« fragten sie sich nach landesüblichem Brauch, und als sich ergab, daß sie alle in New York lebten, fielen sie sich wie Dorfgenossen in einem fremden Erdteil um den Hals; ihres Austausches heimwehkranker Erinnerungen an ihre Stadt war kein Ende. Das eine Paar stammte aus Osteuropa, das andere aus dem Orient – und zusammen waren sie zwei amerikanische Familien.

Wurden alle diese Amerikaner auch Teilhaber der alten »amerikanischen Erbschaft«, so haben sie doch zugleich deren Bestand verändert, in den sie ein gut Teil der nationalen, rassischen oder religiösen, oft ihnen selber unbewußt getragenen Erbschaften ihrer Vorfahren einbrachten. Die neuen Linien und Farben, die die einzelnen neuen Volksgruppen ins amerikanische Antlitz prägten, bis jene es von seiner ursprünglichen Erscheinung tief unterschieden, lassen sich etwas oberflächlich verallgemeinern: Iren veränderten den Stil der Politik, Juden und neuestens auch Neger die intellektuellen und künstlerischen Bereiche, Italiener und Polen den religiösen Charakter des Landes. Von Indianern und Indern bis zu Syriern und Südkoreanern hat jede ethnische Gruppe mindestens einige individuelle Abkömmlinge hervorgebracht, die auf irgendeinem Gebiet Amerikas Bedeutendes leisteten und damit dieses beeinflußten, woran sie ihre Mitbürger mit verständlichem Stolz bei jeder Gelegenheit erinnern.

Dieses heutige Amerika hat nicht mehr viel gemein mit dem Amerika von gestern und vorgestern, wenn man sein »Blut«, das Volkstum seiner Ursprünge vergleicht, und doch wird es noch von der neuen Rasse der Amerikaner bewohnt. Ihren sich rassisch ständig wandelnden neuen Menschenschlag eint nicht die Herkunft ihrer Ahnen, sondern ihre und ihrer Kinder Zukunft, in der sie die Ideale Amerikas verwirklichen wollen. Diese Gemeinschaft der Ziele schafft das Fluidum, das der (evangelisch-schottische) Bankier aus dem Mittelwesten, der (katholisch-französisch-irische) Bauarbeiter aus Neu-England, der jüdische Arzt aus New York und zweihundert Millionen weitere den verschiedensten Klimaten und Völkern entstammende Amerikaner ausstrahlen und das sie alle als Amerikaner erkenntlich macht.

3 Das Unbehagen in der Natur

Wenn alljährlich Millionen aus Amerika ins Ausland reisen, hoffen sie, wie sie schmunzelnd gestehen, endlich einmal keine anderen Amerikaner zu sehen. Ihr Wunsch erfüllt sich selten. Ob sie in einer internationalen Hilton-Hotelfabrik absteigen oder in der »kleinen Eingeborenenherberge«, deren Adresse weniger opulente Amerikaner in jeder Stadt aus dem vielverbreiteten Führer »Europe on Five Dollars a Day« (Europa für fünf Dollar pro Tag) erfahren, sie begegnen doch vorab nur ihren eigenen, gleich vermögenden oder mittelloseren Landsleuten. Leichter fiele ihnen die Flucht vor ihren Mitbürgern, wenn sie zu Hause blieben. Dort brauchten sie sich nur zu Fuß der Natur im Lande zu nähern, um endlich allein zu sein. Solch ein Unterfangen lehnt die überwiegende Mehrheit der Amerikaner entschieden ab. Zutiefst widerspräche es ihrem Charakter.

Zur Beweisprobe besteige man etwa einmal den Mount Monument, zu dessen Gipfel angenehme Pfade führen; ein sonderlicher Millionär hatte sie anlegen lassen, nachdem er den ganzen Berg gekauft hatte, um ihn in seiner Würde und Schönheit unbefleckt und allen zugänglich zu bewahren. Der bewaldete, felsige Berg, im Juni von weiß-rötlichen Pastelltönen der Daphne-Lorbeerbüsche angehaucht, im Herbst in zartrosa, goldbraunen und braun-roten Farben erstrahlend, überragt das Berkshireland von Neu-England. Die dort allsommerlich ausgelöste Kulturexplosion mit ihren Theatern, Konzerten, Tanzfesten, Kunstausstellungen zieht Hunderttausende von Besuchern an. Doch die Höhenwege zum Mount Monument bleiben leer. Nur an einem seltenen Nachmittag mag man hier auf einen anderen Spaziergänger stoßen – etwa einen alten Herrn, der wie zur Entschuldigung einer unanständigen Eskapade schnell erklärt, der Arzt habe diese Anstrengung verschrieben, oder ein paar fröhliche junge Leute, die, sobald sie erfahren, der Anstieg dauere eine Stunde, lachend auf der Stelle umkehren.

So ist es im ganzen Land, auch auf dem längsten Fußweg der Welt: Vom Nordstaat Maine bis zum Südstaat Georgia, über mehr als zweitausend Meilen, so weit wie der Luftweg von Berlin bis Bagdad, zieht sich dieser Appalachian Trail, keine Ortschaft berührend, heute noch so wild wie zu der Zeit, da er von den leichten Sohlen der indianischen Ureinwohner flach getreten wurde. Dutzende Male bin ich auf diesem Pfad gewandert, ohne dort jemals einen anderen Menschen zu treffen. Alle die Bewohner der Stadt New York klagen ständig und glaubhaft darüber, daß sie auf verschmutzten Straßen, auf engstem Raum achtmillionenfach zusammengepreßt in beklemmender Unnatur vegetieren müssen. Wenige New Yorker wissen, noch wünschen sie zu wissen, daß ein paar Kilometer von ihrer Stadtgrenze sie die Wildnis selbst durchstreifen könnten, viele Kilometer weit auf verwahrlosten Pfaden entlang dem Hudsonstrom oder auf den ihn begleitenden steilen waldigen Hängen. An vielen Sonntagnachmittagen begegnete ich dort jeweils kaum einem halben Dutzend anderer Spaziergänger aus der Achtmillionenstadt; wie ihr Akzent beim Gruß verriet, waren sie noch nicht lange im Lande.

Vom Fenster meines New Yorker Arbeitszimmers schaue ich auf die Uferpromenade, die mitten in der Stadt den Hudsonstrom begleitet. Zehn Minuten zu Fuß von der Hauptstraße des Broadway mit ihrem Menschen- und Autogedränge ist sie umsäumt von Bäumen, Gesträuch, Gestein und belebt von vielerlei Vögeln und anderem Getier – ein Streifen grünen Niemandslands, das die Grenze zur Stadt zieht. Die Hochhäuser verschwimmen wie eine ferne Bergkette; manchmal tönt sie die untergehende Sonne in den Glanz der Abendröte. Man kann hier die Salzluft einatmen, die vom nahen Ozean weht; auf dem Strom fahren Schiffe, Schlepper, Boote, und auf der Autostraße nebenan bewegt sich das nie abreißende Fließband der im gleichen Tempo und mit gleicher Zielbewußtheit dahineilenden Wagen: Doch auf der Uferpromenade (in Rio oder Paris wäre sie eine weltberühmte Sehenswürdigkeit und der Stolz der Bewohner) rührt sich nichts; zu keiner Jahres-, Tages- und Nachtzeit betritt sie jemals ein Menschenfuß. Sie sei gefährlich, weil sich in der Nähe allerlei Gesindel herumtreibe und den einsamen Spaziergänger bedrohe, so erklärt man und vergißt, daß dies nur eben die Folge ihrer Verlassenheit ist: lustwandelten dort mehr New Yorker, so wären sie vor Verbrechen gefeit.

Nach Fußwegen besteht in Amerika kein Bedarf, weshalb sie Kuriosität und Rarität bleiben oder nur Überbleibsel einstiger Anlagen, die ihren Zweck erfüllt haben und verwildern: alte Pfade von Indianern und Holzfällern, geschlossene, umgelegte Straßen, die die Natur zurückgefordert hat, Leinpfade entlang ausgedienter Kanäle. Die längst verlassene Silbergräbersiedlung Aspen im Weststaat Colorado wird von reichen Großstädtern seit dem Zweiten Weltkrieg mit schönem Erfolg in ein »amerikanisches Salzburg« verwandelt, mit Freilichttheatern, Konzerthallen, Schweizer Chalets, ein Kultur-, Sommer- und Winterfrischenzentrum mitten in den großartigen Rocky Mountains. Neue Sesselbahnen und Aufzüge tragen die Skifahrer auf die Gipfel, gute Autostraßen die Touristen zu Seen und Pässen. Einen einzigen Spazierweg anzulegen, hielt niemand für nötig. Man kann sich nur, will man trotzdem laufen, den pfadlosen Anstieg zu einem der Hügel, die das Städtchen überragen, mit dem Buschmesser erkämpfen, was kein Eingeborener versucht, von den Touristen ganz zu schweigen. Wer es trotzdem unternimmt, wird selber zu einer Art Sehenswürdigkeit, wird eifrig ausgefragt, warum er denn zu Fuß durch die Wildnis streife, erregt amüsiertes Unverständnis, und sein Bild wird von vielen Kameras zum Andenken festgehalten. Wieder daheim, erinnert es an ein Ferienabenteuer. »Und dies war der Mann, der zu seinem Vergnügen und zu Fuß auf die Berge stieg.«

Der Fußgänger in Amerika ist eine Abnormalität, ein Atavismus, artfremd, unamerikanisch. *Pedestrian,* also fußgängerisch, ist in der amerikanischen Sprache synonym für langweilig, zähflüssig, unbeholfen. Für Spazierengehen fehlt ein rechtes Wort – »to stroll«, was ihm am nächsten kommt, riecht bedenklich nach Bummelei und Zeitverschwendung, die sündhaft ist wie alle Verschwendungen ohne höheren Zweck. *Hikers,* sportlich-ernste Fußwanderer, sind merkwürdige Exzentriker, die man duldet, ohne sich weiter um sie zu kümmern, da es ihrer zu wenige gibt, um sie zum »Problem« werden zu lassen. Die *hitchhikers* hingegen stellt nur die Not auf ihre Füße, damit und bis ein Auto sie aufnimmt, ihrer Bettelei um motorisierte Bewegung willfahrend.

Sogar die Hobos, die Landstreicher der großen Wirtschaftsdepression, reisten traditionsgemäß in leeren Güterwagen; mußten sie trotzdem einmal laufen, so erschienen sie – ihr in ein Taschentuch geknüpftes Eigentum am Stecken über der Schulter tragend und mit weit offen klaffenden Schuhen – als besonders komische Figur des Volkshumors. Daß jedoch Abraham Lincoln zur Schule ging, obgleich er dorthin über eine gewisse Entfernung hinweg buchstäblich – gehen mußte, diese jedem amerikanischen Kind vertraute Merkwürdigkeit beweist seine besondere Größe, denn er ging ja nicht zum Vergnügen, sondern um des höheren Zwecks seiner Ausbildung willen, für die er sogar die schrecklichen Leiden eines Fußgängers in Kauf nahm. Der amerikanische Biograph Albert Einsteins bewies dessen liebenswerte Absonderlichkeit mit einer Anekdote, die Amerikanern amüsant scheint, obzwar sie nur ein Genie, und dazu noch ein ausländisches Genie, betrifft: Wenn die Kollegen den Physiker einluden, ihn von seinem Arbeitsplatz im Universitätsstädtchen Princeton nach Hause zu fahren, eine Distanz von ganzen fünf Minuten auf dem Fußweg, habe Einstein sie mit den Worten abgewimmelt: »Nein, ich muß laufen, ich muß laufen.« Daß in Deutschland viele Leute am Sonntag spazierengehen, schien nicht wenigen amerikanischen Korrespondenten einen längeren Bericht über jene ebenso komische wie fremdartige Perversion wert, und daß französische Familien gar in der freien Natur, irgendwo im tiefen Walde, ihr Picknick zu halten lieben, gehört zu den lustigsten Beobachtungen, die amerikanische Reisende aus Frankreich nach Hause bringen.

Fußwandern in Amerika hat seine Gefahren. Haus- und Hofhunde fallen den Wanderer wütend an: Unvertraut mit einer solch seltenen Erscheinung erwarten sie, daß er Böses im Schilde führe – wer, außer Einbrechern und anderen Unholden, sollte sonst zu Fuß ihrem Haus nahe kommen? Zugleich muß sich der Wanderer der Freundlichkeit seiner amerikanischen Mitmenschen erwehren, die, sobald sie ihn erspähen, annehmen, ein Auto- oder anderer Unfall habe ihn in diese mißliche Lage gebracht, weshalb sie ihm ihre Hilfe, vor allem aber ihr Fahrzeug, aufdrängen. Lehnt man sie ab, dann schütteln sie den Kopf und werden mißtrauisch; nicht selten rufen sie die Polizei, die bald mit Sirenengeheul heranbraust, um den schwerverdächtigen Wanderer zu verhören.

Als Präsident Kennedy die fünfzig Jahre zuvor unter Teddy Roosevelt erlassene Weisung an die Marinetruppe erneuerte, jeder Soldat müsse während seiner Dienstzeit einmal einen Marsch über 50 Meilen ableisten, entflammte dies die Phantasie von Collegestudenten wie ähnlich amüsante Sinnlosigkeiten zuvor – Goldfischschlucken, Telegraphenstangenklettern, Marathontänze –, mit denen sie jeweils ein paar Monate lang ihre Umwelt erheitert hatten. Jetzt unternahmen sie ein paar lange Fußmärsche, bis nach wenigen Wochen auch diese Saisonmode wieder vergessen war. Jedesmal erregte es gewaltiges Aufsehen, wenn jemand durchs Land wanderte, wie in den letzten zwanzig Jahren eine russisch-britische Ärztin, die damit die kräftigende Wirkung des Vegetarismus beweisen wollte, zwei britische Soldaten, die eine Wette abgeschlossen hatten, ein deutscher Schullehrer, der den Weltfrieden zu propagieren wünschte, ein Franzose, um im Auftrag einer Alkoholfreien-Getränke-Firma den Wert ihres Produkts zu demonstrieren – wirksame Werbetricks, weil sie so besonders verrückt erschienen.

Keinesfalls hat es der Erfindung des Motors bedurft, den Fußgänger wie den Ichthyosaurier in Amerika aussterben zu lassen. Längst vor Kraftwagen und Flugzeug begann er aus Amerika zu verschwinden. Edgar Allan Poe hatte um 1835 in seiner Kurzgeschichte »The Elk« (Der Elch) geklagt, die schönsten Teile Amerikas seien unbekannt, weil noch keine Straßen durch sie führten: »Tatsächlich muß der Reisende, der die Schönheit des neuen Landes sehen will, sie nicht mit Eisenbahn noch Dampfboot noch Postkutsche, nicht einmal zu Pferde suchen – sondern zu Fuß. Er muß laufen ... «, was aber niemand tun wollte. Von einem besonders großartigen Tal erzählt Poe, kein Mensch käme dort hin, »weil die Wagenstraße vorher endet«. In England aufgewachsen, betrachtete Poe sein Amerika mit europäisch geschliffener Brille, weshalb ihm die seltsame Fußfeindschaft seiner Landsleute auffiel.

Nicht nur Poe bemerkte sie. Im Jahre 1854 besuchte Isabella Lucy Bird, eine britische Touristin, die Vereinigten Staaten. Dort, so notierte sie, der Amerika sehr zusagte, habe man das Gehen verlernt: »Jedermann, der hundert Yard zu gehen hat, fährt oder reitet.« Und lakonisch berichtete 1898 nach gründlichen Reisen der kluge und kundige James Fullarton Muirhead: »Amerikaner laufen selten, wenn sie fahren können.«

Dafür gab es natürlich stets gute, praktische Gründe: Von vornherein war das Land zu groß, der Abstand zwischen der einen und der nächsten Siedlung zu weit, die dazwischen liegenden Räume zu voll von wilden Gefahren, als daß der Fußgänger es darin hätte weit bringen können. Nur die ersten Missionare, Soldaten, Landvermesser, Pfadfinder kämpften sich zu Fuß durch die Urlandschaft, der sie selber als Legendenfiguren zugerechnet werden. Aber das Bedürfnis nach schneller und sicherer Fortbewegung erzwang Fortschritt, bevor die Fußgängerei eine Tradition hätte werden können. 1869 begann der Betrieb der ersten transkontinentalen Eisenbahn, 1903 wurde das ganze Land zum ersten Mal im Automobil in einundsiebzig Tagen durchbraust. Im gleichen Jahr begann Henry Ford die Entwicklung des Kraftwagens für jedermann.

Der Fußgänger mußte in Amerika aussterben, weil seine Art der »natürlichen« Fortbewegung nicht mehr »fortschrittlich« war. Neben den offenkundigen Gründen, der Weite des Landes und der Größe der Entfernungen, gab es aber einen weiteren wesentlichen Grund, warum sich in Amerika das Laufen niemals eingebürgert hat: Spaziergänger und Wanderer wollen der Natur nahekommen; Amerikaner hingegen trachten, sich von der Natur fernzuhalten und abzusondern oder sie ganz aus ihrem Gesichtskreis auszuschließen, sie zu ignorieren, sie zu verdrängen; denn bei Amerikanern erweckt Natur ein tiefes Unbehagen.

Dieses amerikanische Unbehagen an der Natur ist eine der Ursachen für den totalen Sieg der Motorrevolution. Amerikaner brauchen das Auto wie das Flugzeug, um sich darin vor ihrer natürlichen Umwelt zu schützen und abzukapseln wie in einem Panzer: »My car is my castle«, eine feste Burg ist unser Fahrzeug. In ihm, mit ihm kann man der Natur fernbleiben, selbst wenn man sie durchkreuzen muß. Zu Fuß mag man in Wald und Wiesen streifen, doch im Wagen bleibt man innerhalb seiner eigenen vier Wände und zudem im Schutzgebiet der Landstraße, die ihrerseits der Natur abgezwungen und von ihr abgetrennt ist, ein sie durchziehendes, sie ignorierendes technisches Menschenwerk, ein Korridor durch die Wildnis. Man kann auf den Autobahnen durch das ganze Land fahren, ohne jemals seine Landschaft zu berühren. So sichern sich Amerikaner doppelt vor der Natur, indem sie auf dem eigenen Boden des Autos und auf dem Gemeinschaftsboden der Straße verharren.

In ihren Augen besteht ihr Land aus den Landstraßen: Im Hintergrund liegen Landschaften teils als unvermeidliches Übel (halb versteckt von den Reklameschildern, für die die Werbeindustrie viele Dollarmillionen ausgibt), teils als Dekoration. Schon lange vor der Erfindung des Autos hatten die Amerikaner den »Beobachtungswagen« erfunden, einen glasumwallten Eisenbahnwagen, aus dem der Reisende das Land in bequemem Abstand sozusagen fernsehen konnte. Landstraßen, die durch besonders reizvolle, interessante Gegenden führen, tragen den offiziellen Titel »Scenic Highways«, und die Landschaft selbst nennt man »scenery«; sie wird als Kulisse eines Theaters, als ein ferner, unwirklicher Hintergrund abgewertet. Wirklich ist die nächste Tankstelle, das nächste Motel, die Imbißstelle, an der man, ist sie ein moderner *Drive-In*, nicht einmal sein bewegliches Haus zu verlassen braucht.

Denn sein Auto ist das zweite Haus des Amerikaners. Hatte zuvor die stetige Wohnstätte Nomaden seßhaft gemacht, so gelang mit diesem zweiten, beweglichen Haus der Fortschritt zum Halbnomaden. Mehr als die Hälfte der Amerikaner sind darin alljährlich unterwegs. Ruhelos und die Ruhe hassend, entscheiden sich bei der Wahl zwischen einem festgelegten und einem beweglichen Haus Millionen von Amerikanern für das letztere. Sie erfanden den Wohnwagen, in dem sie leben, auch wenn er oft nur eine Illusion der Beweglichkeit schafft, während er in trüben Massenlagern mit technischem Komfort dem Boden angehaftet wird und dort stehen bleibt. Doch Amerikaner lieben die Bewegung um ihrer selbst willen. Im ganzen Land schmückt man Landhäuser und Gärten mit alten Wagenrädern, häufiger mit neuen Reproduktionen alter Räder, oder fügt sie kunstvoll zu Zäunen. Diese allgegenwärtigen Räder symbolisieren – und erinnern an – die Bewegung, von der man sich beschwingen läßt, sogar wo man sich auf eigenem festem Grund zur Ruhe gesetzt hat. Ein Amerikaner, der stillesteht, hat seinen Zweck verfehlt. Den Schaukelstuhl, der es möglich macht, selbst im Sitzen sich noch zu bewegen, erfand Benjamin Franklin; diese amerikanische Erfindung ist ein Symbol Amerikas. Der Drang zur Bewegung, zum Neuen, zum Fortschritt schafft die merkwürdige, entfremdete, feindselige Beziehung der Amerikaner zur Natur.

Der »Mobil-Guide«, der heute verbreitetste Reiseführer Amerikas, empfiehlt in seinen Vorbemerkungen dem Fotografen, bei allen Landschaftsaufnahmen jedenfalls und stets eine menschliche Figur im Vordergrund mitzuknipsen, durch die ein Bild erst lebendiges Interesse und »action«, Handlung, gewinne: Ohne Menschen wirkt die schönste Natur mindestens langweilig, wenn nicht unheimlich. Amerikaner nennen die »Natur« gern *the outdoors,* also das, was außerhalb der eigenen Haustür liegt, ein Anhängsel und Gegensatz zu ihr, zum Bewohner und seiner Siedlung. Diese haben Vorrang, sie bleiben der Mittel- und Ausgangspunkt. Die »schöne Aussicht«, der zuliebe man in Europa Balkone und Bänke anbringt, um darauf mit der Natur nachdenklich Zwiesprache zu halten, ist in Amerika eher gefürchtet. Nahezu sämtliche Gasthäuser auf dem Land sind so gebaut, daß der Speisesaal die Sicht auf die Straße, von der man kam, bietet; der Blick aufs offene, weite Land wird in die Küche verbannt. Diese Gasthäuser haben keine Gärten: Mit einer Selbstverständlichkeit, die dem amerikanischen Besucher gar nicht mehr bewußt wird, setzt man voraus, er fühle sich wohler und sicherer zwischen vier Wänden, an die zum Schmuck gern eine alte Flinte und ein Pulverhorn aufgehängt werden.

Das moderne Landhaus, vom billigen Reihenhaus angefangen, hat zwar sein »Bildfenster«, durch das man weithin sehen kann – falls nicht nur auf die Häuser, Autos und Kinder der Nachbarschaft wie zumeist, dann doch auf »ein Bild« der Landschaft, die sorgfältig durch die gläsernen Mauern jenes Fensters, das sich nicht öffnen läßt, eingerahmt und weggeschlossen ist. Die Reihenhäuser auf »dem Land«, wie man gemeinhin die städtischen Vororte nennt, die ihrerseits gar keine Vororte sind, sondern endlose, mittelpunktlose Wohnwaben zwischen zwei Großstädten, erinnern an militärisch ausgerichtete Formationen, gegen die natürliche Umwelt aufgerichtet. »People like people« – Leute mögen Leute – ist das bewährte Motto von Mr. Levitt, einem Bauunternehmer, der im ganzen Land seine Levittowns, neue Siedlungen für je fünfzigtausend Familien, errichtet; als erster Schritt ihrer Anlage werden alle Bäume niedergelegt, alle Teiche zugeschüttet, alle Unebenheiten des Bodens abgetragen, bis die Spuren der Natur beseitigt und durch Menschenwerk ersetzt sind, etwa künstliche Plätscherbecken und Spielplätze.

Im Vorgärtchen jedes Hauses wächst ein Rasen, der sorgsam und stetig geschnitten, gepflegt, manikürt wird, bis er, statt wie natürlicher Rasen, einem grünen Teppich zum Verwechseln ähnlich sieht; keine rebellische, ungeplante, vom Winde gepflanzte Blume, kein aus eigenem Willen wachsender Grashalm darf ihn verunzieren. In der Suburbia gilt als ein »schlechter Nachbar« und unerfreulicher Mitbürger, wer seine Freizeit nicht dieser Arbeit widmet und dafür komplizierte, kostspielige elektrische Maschinen ersteht, die er freundwillig dann auch seinen Anrainern leiht. Wie im Innern des Hauses der Teppich »von Wand zu Wand« die Verfeinerung des Besitzers bestätigt, so vor dem Haus der gesäte, dann denaturierte und zur Imitation eines industriellen Erzeugnisses veränderte Rasenteppich. Blumen dienen als Dekoration des Teppichmusters, wobei auch sie möglichst wenig »natürlich« sein müssen: Luther Burbank aus Kalifornien erwarb ein Millionenvermögen, indem er Jahr für Jahr neue Blumen erfand, massenproduzierte, massenvertrieb; sie waren nicht schöner, aber neuer als im Jahr zuvor. Wie blühende Cocktails aus den verschiedensten Arten vermischt, mit der Mode wechselnd, durch menschliche Experimente geschaffen, verkörpern sie den Triumph über die Natur – und die Unterwerfung unter das Diktat des Fortschritts, sogar im Blumenbeet.

Alle ohne menschliches Zutun wachsenden Blumen nennen Amerikaner »wild flowers«, die wilden Blumen; und aller Wildnis, die gleichbedeutend mit der Natur selbst ist, haben die Amerikaner den Kampf angesagt; die Natur ist ein Feind.

Das natürliche Wachstum erscheint als Spähtrupp dieser feindlichen Macht. Solange es Amerikaner gab, empörten sich Europäer über die hemmungslose Lust, mit der jene ihren Wäldern, ja Bäumen zu Leibe rückten. 1831 schrieb Tocquevilles Reisebegleiter, Gustave Auguste de Beaumont, nach wenigen Wochen in Amerika von einem dort herrschenden »allgemeinen Haßgefühl gegen Bäume«. Davon wußte er wahre Schauergeschichten zu erzählen: »Die landbewohnenden Amerikaner verbringen ihr halbes Leben mit dem Fällen von Bäumen, und ihre Kinder lernen schon frühzeitig den Gebrauch der Axt gegen den Baum, ihren Feind ... Die hübschesten Landhäuser entbehren deshalb manchmal des Schattens. Sie (die Amerikaner) glauben, das Fehlen von Wäldern sei ein Zeichen der Zivilisation; nichts scheint ihnen häßlicher als ein Wald; hingegen entzückt sie ein Roggenfeld ... «

Mit ähnlichem Ärger bemerkte 1839 der aus Österreich eingewanderte Francis J. Grund, der begeisterter Amerikaner wurde und doch Europäer blieb – zwischen Crèvecoeur und Münsterberg ein dritter Wanderer zwischen der Alten und der Neuen Welt: »Die Amerikaner haben wirklich eine einzigartige Abneigung gegen Bäume und Sträucher jeder Beschreibung; ihre höchste Idee der Vollkommenheit einer Landschaft ist eine ausgedehnte Ebene, die mit Gras besät ist. Sie betrachten Bäume als ein Wahrzeichen der Barbarei und sind dabei, sie im Zivilisationseifer auszutilgen, wo immer sie sie finden. Die Hügel und Inseln im Hafen von Boston, die einst mit der majestätischen Fichte und der knorrigen Eiche bedeckt waren, sind heute völlig kahl geschoren; die Stadt Albany, erbaut auf einem sanften Hang, der einst mit Mischwald bedeckt war, wird täglich flacher und weniger schattig; die modebewußten Einwohner zahlen mehr für Einebnung des Bodens und Fällungen der Bäume als für den Bau neuer Häuser ... « Obschon kaum an jene Philippika denkend, beschwerte sich mit fast den gleichen Worten mehr als 120 Jahre später der Journalist Elliot Fremont-Smith in der New York Times (27. Juli 1966): »Man nimmt seine Kinder zu einem kürzlich eröffneten Nachbarschaftspark, in dem hohe Schattenbäume kürzlich durch kümmerliche Pflänzlinge ersetzt worden sind und ein natürlicher Hügel ziemlich glatt gewalzt worden ist...«

Als britische Truppen die aufständischen Kolonien Amerikas brandschatzten und plünderten, stellte ihr Kommandant doch eine Schutzwache vor den alten Baum, unter dem William Penn seinen Landkaufvertrag mit den indianischen Ureigentümern geschlossen hatte. Aber die Amerikaner, kaum hatten sie ihre Selbständigkeit ersiegt, holzten diesen Baum ab, genau wie ihren altehrwürdigen »Freiheitsbaum« in Boston, der ja auch bloß ein Baum, also Natur und darum kein erhaltenswertes Monument war. Hundertfünfzig Jahre später mußten ein paar New Yorker darum kämpfen, daß im Riverside Park die letzten alten Bäume nicht niedergelegt würden, um einem moderneren Projekt Platz zu machen – künstliche Spielplätze an Stelle buschiger Hänge, Zement statt des felsigen Gesteins und des frischen Rasens, Fortschritt an Stelle der Natur. Der Plan wurde erst aufgegeben, als vor Gericht nachgewiesen wurde, die Kosten für die Stadt seien zu hoch und außerdem die geplanten Umbauten für spielende Kinder nicht sicher.

Schrecken, Trauer, Empörung – dies sind die Reaktionen eines nicht ganz amerikanischen Betrachters bei der Reise durch das Land. Die Wälder werden sich selber überlassen, bis ihr Boden mit abgestorbenen Stämmen bedeckt wird, Nadel- und Laubbäume sich gegenseitig der Wachstumskraft beraubend erliegen, ganze Forsten von Schädlingen zerstört werden, ohne daß eine menschliche Hand zur Rettung eingriffe. Um ihn zu lichten, brennt man den Wald nieder, und sieht man Gewinn, so trägt man keine Bedenken, die letzten Redwood-Forsten zu fällen, die – Sequoia Sempervivens – schon lange gestanden hatten, ehe der erste weiße Mann seinen Fuß auf amerikanischen Boden setzte. Die Ströme werden mit den Abfällen der Städte und Fabriken vergiftet, ihre Ufer mit Schutthalden gesäumt. In die Bäche werfen die Umwohner ihr Gerümpel, bis sie mit ausgedienten Eisschränken und Autoreifen gefüllt sind. Den Landstraßenrand entlang liegen Bierdosen, sorglos aus den vorbeieilenden Autos geworfen, und deren Kadaver selbst, nachdem sie ausgedient haben, türmen sich in den Autofriedhöfen neben dem Weg – den Überfluß der Wohlstandsgesellschaft läßt man in der Natur verfaulen. Man verwüstet und verwahrlost das Land mit der grausamen Gleichgültigkeit, wie sie einem altbösen Feind in der Schlacht zuteil wird.

Amerikaner behandeln die Natur immer noch so rücksichtslos wie die einstigen Siedler, sowenig wie diese um Erhaltung bemüht, obschon das Land nicht mehr unerschöpflich an Reichtum und die Schändung seiner Schönheit ein schmerzhafter, kritischer Verlust für alle seine Bewohner ist.

Ursprünglich blieb Amerikanern nichts anderes als dieser gnadenlose Kampf gegen die Natur übrig, wollten sie selbst am Leben bleiben. »Das ganze Land ist noch ein einziger Wald«, schrieb Tocqueville seiner Mutter damals aus Amerika. Aber »wenn man auf einem schrecklichen Pfad durch die Wildnis erfolgreich eine Siedlung erreicht hat, findet man zu seinem Erstaunen eine Zivilisation, die fortgeschrittener ist als in irgendeinem unserer Dörfer. Der Bewohner ist sorgsam gekleidet, sein Haus vollkommen sauber, üblicherweise liegt seine Zeitung neben ihm, und sein erstes Anliegen ist, mit dem Besucher über Politik zu sprechen.«

War die Natur der Feind, so nur die Siedlung der Sieg, und gesellschaftlicher Fortschritt das Ziel, während die Amerikaner ihr Land rodend, bebauend, verwandelnd eroberten. Als die ersten Siedler kamen, um in der Neuen Welt ein neues, besseres Leben zu erkämpfen, erwartete sie ein Land in jenem Naturzustand, der gleichbedeutend war mit der Drohung des Verhungerns, Verdurstens, Erfrierens. Diese Natur griffen sie mit der augenblicksbezogenen Brutalität an, wie sie ihr kühner Vorstoß gegen den wilden, übermächtigen Gegner verlangte. Um Siedlungsboden und Straßen zu gewinnen, gingen sie mit Feuer und Schwert gegen die Urwälder los, die das ganze Land bedeckten – ein Eichhörnchen konnte es von Baumkrone zu Baumkrone springend völlig durchqueren, ohne ein einziges Mal festen Boden zu berühren, wie ein phantasiebegabter Chronist erzählt. Berge und Bäume im Weg der Siedler wurden gesprengt. Auf der Suche nach Nahrung erlegte man einen Büffel, schnitt sich ein Stück ab und ließ den Rest des Kadavers verrotten, höchstens seine Haut abziehend und verkaufend. Bald starben die Büffelherden aus, und das Land verlor ihren Dünger, ohne den das Büffelgras, das die Great Plains, die Ebenen des Westens, überwachsen hatte, verdorrte; die Siedler rissen es aus, und der Boden versteppte. Niemand sorgte sich ob dieses Raubbaus; im unermeßlichen, unerschöpflichen Land konnte man immer weiter zu neuen fernen Grenzen ziehen, so wähnte man, doch um zu überleben, mußte man die Natur übermannen, sie vergewaltigen, verwüsten, zurückdrängen und, wo dies nicht ging, sich vor ihr verschließen. Dies war zur gleichen Zeit, als Europa – etwa zwischen Goethe und der Romantik – seine Liebe zur Natur und diese selbst entdeckte.

Aber hat nicht auch Amerika in Henry Thoreau (1817–1862), der heute als archetypischer Amerikaner vorgestellt wird, seinen begeisterten Naturapostel? Als solcher begann er zu gelten, seit er sich in der Waldeinsamkeit bei Concord eine Hütte baute und darin zwei Jahre, zwei Monate und zwei Tage einsam lebte, um die Kraft und Wunder der Natur zu erfahren – und sie in seinem Buch »Walden« zu lobpreisen. Während er Sonnenuntergänge und Sommergewitter mit tiefem Gefühl beschrieb, empfahl er seinen Mitbürgern, zur Natur zurückzukehren; aber er selbst wollte mit seinem kurzfristigen Ausflug vorab beweisen, daß auch der auf sich gestellte einzelne überleben, sogar glücklich leben könne. Thoreau war kaum ein typischer Amerikaner: »Er lernte keinen Beruf, heiratete nie, weigerte sich, dem Staat Steuern zu zahlen, aß kein Fleisch, trank keinen Wein, kannte nie den Tabaksgebrauch ... – er entschied sich weise, und ohne Zweifel nur für sich selber, ein Hagestolz in Denkweise und Charakter zu sein« – so sein Freund und Lehrer Ralph Waldo Emerson. Ein radikaler Sonderling also, lebenslänglich sich von der Gemeinschaft fernhaltend und gegen alles und jedes protestierend, »a minority of one«, die Minderheit des einzelnen, einzigen von Beruf und Berufung, widersprach er der amerikanischen Ethik auch mit seiner Verherrlichung der Natur.

Aber selbst dabei blieb Thoreau noch so tief der amerikanischen Gesinnung verhaftet, daß er – die Ausnahme, die sich doch der Regel fügt – in dieser Natur vor allem ein Feld menschlicher Tätigkeit suchte. Er selbst nannte sein Leben in der Natur, der er aus eigener Kraft Herr werden wollte, ein »Experiment«. Kaum war es halb gelungen, da eilte er zurück in die Zivilisation, mit reporterfleißig geschriebenem Manuskript unter dem Arm, das allerdings – es schien zu exzentrisch – fünf Jahre lang kein Verleger akzeptierte. Ganz richtig – und werbeschlau die Interessen des lesenden amerikanischen Publikums einschätzend – wird heute eine volkstümliche Taschenausgabe seines Werkchens »Walden« angepriesen als ein Mittelding »zwischen den Utopien und den praktischen How-to-do-it-Büchern« (Signet Books, 1949): Selbst der vermeintliche Naturschwärmer hatte ein Buch der Anleitungen zum besseren, tätigen Leben geschrieben, ein Buch zum praktischen Gebrauch für Sonderlinge.

Die Amerikaner sind zu sehr durchtränkt von der Idee des Fortschritts, man könnte sagen, zu verliebt in sie, als daß sie nicht die Natur als ihren großen Antagonisten empfänden, auch heute noch wie eh und je. Ihr Bemühen zum Fortschritt muß auch und gerade die Natur verändern, bis zu ihrer Zerstörung. Für das kontemplative Leben der Naturbetrachtung, sei sie mystisch, romantisch oder nur sentimental, bleibt kein Platz, das tätige Leben fordert zum Kampf heraus. Wie sie es selbst nennen, sind Amerikaner »doers«, Tu-er, in deren Sprache selbst passive Zustände zur scheinbar aktiven Tätigkeit werden, wenn einer, mit dem es vorüber ist, zum »goner«, der sein eigenes Ende betreibt, wird, und wer allein sein will, zum »loner«, ein Einsamkeitsaktivist. Im Auftrag des Fortschritts, der Veränderung, der Neuerung jener Dreifaltigkeit, an die die Amerikaner glauben, falls sie Amerikaner sind, führen sie immer noch den permanenten Krieg gegen die Natur. Keinesfalls gibt sich die Natur geschlagen, wenn sie eine Niederlage aus amerikanischer Menschenhand erlitten hat. Sie geht zum Gegenangriff vor und nimmt sich zurück, was jene ihr geraubt, sobald sie ihre Gelegenheit findet. Die verlassenen Farmhäuser in ihren Lichtungen, deren Bewohner der Straße des Fortschritts anderswohin folgten, werden in wenigen Jahren wieder Teil ihrer Waldwildnis, fast spurlos verschwinden sie, nur der Flieder, den einst die Siedler neben ihr Haus gepflanzt, und überwachsenes, verfallenes Gemäuer verraten die Vergangenheit. Amerika hat so wenige Ruinen, weil die Natur sie so schnell und vollkommen wieder sich selber gleichmacht. Die Orkane des Westens, die Sandstürme Kaliforniens, die Überflutungen des Mississippistroms, die Unwetter überall kommen mit kurzfristiger Regelmäßigkeit, um fruchtbares Land und sicher scheinende Siedlungen zu vernichten. Amerikaner nehmen sie hin wie eine verlorene Schlacht in einem Krieg, der weitergeführt wird.

Amerikas unbewältigte Vergangenheit bleibt seine Natur. Abgesehen von den Enklaven der Siedlungen und Straßen, bedroht sie immer noch die Gegenwart, vom fernen Westen bis zur verstädterten Ostküste, wo sie schon an der Gemarkung ihrer Dörfer und Vororte als »the great outdoors« unwegsam wird: Mit Kompaß und Buschmesser muß man sie aufsuchen, sich hüten vor Gift-Efeu und weiter westlich Gift-Eichen, deren Berührung Ausschläge erzeugt, vor Giftschlangen, vor allerlei wilden Tieren – im Staate New York allein streifen noch 1200 Bären umher. Selbst in den lieblich scheinenden Hügellandschaften wüten von Zeit zu Zeit tropische Stürme, wenn nicht die sommerliche Hitze oder winterliche Kälte freundlichen Umgang in und mit der Landschaft verbieten.

Entlang den Autostraßen sind Picknickplätze errichtet, hier können durchfahrende Familien in frischer Luft ihr Mahl zu sich nehmen. Es sind vorsichtig abgezirkelte, mit Feuerstellen, Tischen und Bänken versehene Sicherheitszonen. Während man hier die Frankfurter und Lammkeulen abkocht, Salben gegen die Moskitos auflegt, sich seiner »gadgets« erfreut, etwa des die Limonade stundenlang garantiert eiskalt erhaltenden Patentkühlers, die Kinder toben läßt, beginnt einige Meter weiter die Wildnis. Doch als wäre vor ihr eine hohe Mauer errichtet, blickt niemand dorthin, noch versucht er gar in sie einzudringen. Am Abend, wenn die Besucher weitergezogen sind, erinnert ihr Picknickplatz an ein Biwak, von dem eine Armee plötzlich zur Schlacht hatte aufbrechen müssen; die Soldaten ließen ihren Ballast liegen, das verlassene

Feldlager im Freien ist bedeckt mit Einwickelpapier, Zeitungsseiten, Bier- und anderen Dosen, angefaulten oder halbverkohlten Speisen, weggeworfenen Kinderspielsachen. Der Wind trägt diese Überbleibsel der Invasionstruppen ins Land, zum Zeichen, daß ein gut ausgerüsteter Stamm von Kriegern hier gewesen – Krieger gegen die Natur, die zu pflegen ihnen nicht in den Sinn kommt. Doch zueinander sind sie so kameradschaftlich wie Soldaten in der Schlacht; während sie sich an der Lagerstätte treffen, wechseln sie ein paar freundliche Worte mit dem Nebenmann, wenn dieser Lust zum Gespräch zeigt, und helfen ihm, wenn er Hilfe braucht, Hornissen ihn stechen, sein Gadget versagt, seine Kinder gar zu laut und lange brüllen, sein Salz verschüttet wurde. »Ich weiß, daß Sie das gleiche für mich täten«, diese ehrliche Dankesbezeigung genügt. Dem Mitbürger gebührt die Rücksicht, die der Natur versagt wird.

Am schlimmsten geht es in den Schwimmbecken und am öffentlichen Strande zu, wo auf engstem Raum energische Massen sich ihr winziges Teil am Wasser und an der Luft zu verschaffen suchen, was ihnen gewaltiges und lautstarkes Vergnügen bereitet. Doch die weiten, ruhigen Seen in der nächsten Nachbarschaft bleiben unberührt. Man zieht ihrer natürlichen Stille das Menschengetümmel vor, bis die Zusammenrottungen wie Pocken auf dem schönen jungfräulichen Antlitz Amerikas ausschlagen.

Die übliche Erklärung, daß es »zu viele Menschen« in Amerika gäbe, ist schlecht erfunden. Das Land – Berge, Wälder, Seen, Dünen, Prärien – hat mehr als genug Platz, auf dem sie alle sich verteilen, einander sogar verlieren könnten; doch diese freie, weite Natur wird nicht betreten, weil man lieber unter sich, in der Gesellschaft der Mitbürger bleibt.

So wild ist Amerikas Natur, daß die Amerikaner sich mit Recht nicht in sie wagen – es sei denn, sie hätten ihre besonderen Gründe: Die Wildnis lockt Wilde an. Man denke an die »Jackson Whites«, wie sie bis in unsere Tage nur eine Autostunde von New York in den Ramaposbergen lebten, seit dem Befreiungskrieg: Damals waren vom hessischen Landgrafen entführte und zum Militärdienst an den König von England verkaufte Soldaten nach ihrer Landung in New York in die nahen Wälder geflüchtet; dort trafen sie Londoner Mädchen, die für die britischen Truppenbordelle nach Amerika verschickt und in gleicher Richtung entlaufen waren; zu ihnen stießen bald flüchtige Indianer, flüchtige Negersklaven, andere Flüchtlinge. Außerhalb des Gesetzes, nur nach ihren eigenen Regeln lebend, vermischten sie sich zu einem neuen Stamm, der nach ihrem ersten Führer Jackson White benannt wurde. Sie nährten sich von den Tieren und Früchten des Waldes, ohne jede Berührung mit der Außenwelt, bis sich im Zweiten Weltkrieg zum ersten Mal

Beamte und Ärzte der Rekrutierungsämter bewaffneten Zutritt verschafften. Sie fanden einen primitiven, friedlichen, kerngesunden Menschenstamm – fremdartig wie afrikanische Dschungelbewohner, in den unwegsamen Wäldern hundert Kilometer von der Großstadt.

Im Jahre 1966 entführte ein geistesgestörter Einsiedler in Pennsylvania eine Mittelschülerin, und während er sich mit ihr eine Woche lang versteckt hielt, konnte ein Riesenaufgebot von Polizei und Freiwilligen mit Flugzeugen und allen militärischen Spürgeräten sie nicht finden, obgleich sie nur wenige Kilometer von einer der verkehrsreichsten Autostraßen Amerikas, der Pennsylvania Turnpike, im Hörkreis der ständig vorbeifahrenden Autos, umherstreiften.

Friedliche Amerikaner kommen der Natur nur näher, wenn sie einen nützlichen Zweck, eine praktische Tätigkeit vorschieben können, etwa um Golf zu spielen, eine Forelle zu angeln, ein paar Hasen zu schießen, im »camp«, dem Sommerlager für Kinder, Jugendliche und manchmal auch Erwachsene, jede Stunde mit organisierten Spielen und Wettbewerben auszufüllen; auch erlernen sie dort nach dem Thoreau-Syndrom »woodsmanship« – Waldbewohnerkünste und andere zum Überleben in der Wildnis nützliche Fertigkeiten. Zudem haben sie gehört, im Sommer sei Landluft gesund, und sie schlucken sie wie eine bittere Medizin.

Den löblichen, nützlichen Zwecken des Fortschritts unterworfen werden sogar die sogenannten Naturzentren, wie sie seit den fünfziger Jahren im ganzen Land entstehen. Statt wie überall anderswo bekämpft, besiegt, aus der Welt geschafft zu werden, wird hier ein winziger Ausschnitt der Natur hinter Gitter gesperrt, unschädlich und lehrreich wie Löwen im Tiergarten oder wie Indianer in ihren Reservationen. »Bürger vieler Städte, alarmiert von dem Tempo, mit dem Autobahnen, Neubauprojekte, Lufthäfen und Ladenzentren das offene Land übernommen haben (rund eine halbe Million Hektar fallen alljährlich dieser Entwicklung zum Opfer), schnappen Stückchen und Fetzchen von dem auf, was übrigbleibt, um es zu erhalten«, frohlockte ein Berichterstatter der »New York Times«. Doch dienen diese Reservate des Naturschutzes, sorgsam umzäunt und konserviert, nicht dem Naturgenuß, wie im gleichen Bericht stolz vermerkt wird: »Die Naturzentren haben einen gemeinsamen Zweck, nämlich die Erziehung: Die dort angestellten Naturforscher führen Besuchergruppen, halten Vorträge, veranstalten Arbeitskurse, wobei sie nicht versäumen, darauf hinzuweisen, daß alle wissenschaftliche Erkenntnis von der Landwirtschaft bis zur Raumschiffahrt durch das Studium der Naturgesetze ermöglicht worden ist, weshalb es einen Platz zu deren Studium geben muß« (New York Times, 10. Juli 1966).

Der Besucher darf keinesfalls nach eigenem Belieben durch diese »Natur« streifen; er muß auf den sorgfältig und wissenschaftlich angelegten Pfaden bleiben. An jedem zweiten Baum belehrt ihn mit schulmeisterliche Strenge und Pedanterie eine Tafel über die Naturgeschichte der »wilden« Blumen, Bäume und Tiere, bis darunter jene selbst nahezu verschwinden. Und nicht einmal bei diesem erzieherischen Zwecke bleibt es. Man höre eine sogenannte Naturwissenschaftskoordinatorin, die New Yorker Lehrerinnen in die Naturzentren begleitet: »Wir sind weniger interessiert, die Flora und Fauna zu bestimmen, als zu beobachten, wie sie miteinander zurechtkommen, wie sie friedlich zusammen leben und überleben« (New York Times, 14. August 1966). So wird den Lehrern und Kindern die ihnen fremde Natur als eine Allegorie der amerikanischen Gesellschaft erklärt, bis die Naturgesetze selbst in Lehrsätze des amerikanischen Mythos verwandelt werden.

Und die berühmten amerikanischen Nationalparks, die trotz ihres Namens keine Parks sind, sondern riesige Wildnisschutzgebiete, deren Schönheiten und Merkwürdigkeiten Bundesgesetze unversehrt erhalten? Viele tausend Kilometer weit bleiben sie menschenleer. Zwar warnt an ihren Eingängen häufig ein Schild: »Stop – überfüllt, Zutritt verboten«, doch die Besucher rotten sich nur an einigen wenigen, eben wieder siedlungsartigen Stellen zusammen. Beispielsweise besuchen im Yosemite-Park von Kalifornien, obzwar er 5000 qkm umspannt, 80 Prozent der Touristen nur eine 18 qkm große Stelle, an der sich jedes Wochenende etwa 50000 Menschen drängen. Die zwei Millionen Besucher des Yellowstone-Parks in Wyoming, mit 8500 qkm der größte und berühmteste der amerikanischen Nationalparks, eilen nur zum Geysir »Old Faithful«. In seinem Umkreis wie in den Touristenzentren aller anderen Parks stehen die Zelte Pfosten an Pfosten, wie in einem Elendsviertel oder einem Kriegslager; die Straße ist kilometerweit von Autos verstopft, Zehntausende von Lagerfeuern verschmutzen die Luft. Die Slums der Städte werden aufs Land getragen und in den Parks aufgeschlagen, außerhalb jener Menschenhaufen hat niemand etwas zu suchen. Auch in den Ferien geht man nicht in die Einsamkeit, sondern rettet man sich vor der Einsamkeit.

Nicht alle Amerikaner freuen sich über die Effekte dieser Vergewaltigung ihres Landes, und als Amerikaner trachten sie, »etwas dagegen zu tun«. Haben sie Erfolg dabei? »Europäische Kritiker pflegten auf Amerika als auf ein Land zu deuten, wo Nützlichkeit alles und Schönheit nichts bedeutet. Niemand könnte heute noch solch einen Vorwurf machen ... Unter den Neuerungen, die der Reisende beobachtet, darf er nicht das Wachstum des Schönheitssinns übersehen, das Bedürfnis, die Schönheit im Lande wiederherzustellen.« Im Jahre 1905 war es, als der englische Reisende James Bryce dies beglückt feststellte. Nachdem er siebzehn Jahre zuvor sein großes Werk über Amerika veröffentlicht hatte, war er bei einer neuen Fahrt durchs Land vom Verschönerungsprogramm der Jahrhundertwende so tief beeindruckt, daß er in einem Zeitschriftenaufsatz, »America Revisited« (Amerika wiederbesucht), das Ende der amerikanischen Landschaftsverwüstung anzeigen zu können meinte.

Aber es führte zu nichts. Weshalb im Jahre 1927 Mrs. John D. Rockefeller jr., die bei einer Autotour durch Amerika von der Verwilderung am Wegrand schockiert war, wieder einen großen Verschönerungsfeldzug begann: Viele Organisationen nahmen daran teil, viele Konferenzen wurden abgehalten, viele Blumen entlang den Autostraßen gepflanzt. Ein halbes Jahrhundert später war davon keine Spur, nicht einmal in der Erinnerung, erhalten. Weshalb nun die Gattin des Präsidenten Lyndon B. Johnson den neuen Kampfruf erhob: »Verschönt Amerika!« Zum ersten Mal, wie es wieder einmal hieß, nahmen viele Organisationen an dem Krieg gegen die Naturarmut teil, wurden viele Ausschüsse ernannt, viele Konferenzen abgehalten, viele Blumen entlang den Autobahnen gepflanzt. »Mindestens die Hälfte der darüber publizierten Presseartikel waren humoristisch gehalten« – dies hatte 1927 Allan Bement, Mrs. Rockefellers Verschönerungsbeauftragter, berichtet, und das gleiche konnte auch 1967 über Mrs. Johnsons Feldzug wiederholt werden. Naturpflege bleibt für viele Amerikaner etwas lächerlich, unmännlich und unpraktisch, wie mit rosa Schleifchen dekorierte Vorhänge an den Fenstern eines Forts, aus dem die Kanonen schußbereit dräuen, da der Feind es belagert.

Erheblich ernster scheint in amerikanischen Augen der Umweltschutz, wie er im letzten Jahrzehnt in Angriff genommen wurde. Kampf gegen Luftverschmutzung durch Industrieanlagen und Kraftfahrzeuge, Kampf gegen Wasserverschmutzung durch chemische Abfälle, Kampf gegen Boden- und Forst-Erosion – alles dies waren Ziele, die weniger der Erhaltung der Natur dienten als dem Schutz vor lebensgefährlichen Krankheiten und wirtschaftlichen Einbußen im Lande; die zu diesem Zweck 1970 gegründete Umweltschutzagentur, mit einem Stab von etwa zehntausend Mitarbeitern und einem Budget von fast einer Milliarde Dollar, ging diesen Bedrohungen zu Leibe, aber, wie sie klagen mußte, ohne daß die Bürger selber tätig ihre Bemühungen unterstützten. Die bisherigen namhaften Erfolge der »Umweltschutzagentur« in der Reinigung von Luft und Wasser Amerikas gehören ins Gebiet der Volksgesundheit und der Sozialhygiene, nicht der Anerkennung der Natur.

Die Haltung der Amerikaner zu ihrer Natur – die Fremdheit bis zur Feindschaft, der Wunsch, sie zu unterwerfen oder verwahrlosen zu lassen – scheint ihrer Haltung zu den Indianern auffällig zu ähneln. Man wird den Verdacht nicht los, daß dieselben Motive und Ziele in beiden Fällen dieselbe Haltung erzeugten. Wie die wilden Wälder und Ströme hatten die ersten Amerikaner diese neuen Menschen, die Ureinwohner, angetroffen; diese waren ein Teil jener Natur, die sie zur Neuen Welt verwandeln und veredeln wollten. Wie die Landschaft, wurden auch die Indianer mit Feuer und Schwert angegriffen, oft freute man sich, wenn man sie vernichten konnte. Nur wenige Amerikaner suchten und achteten die Indianer und wünschten, sie unverändert zu erhalten. Es ist noch kein Jahrhundert her, daß General Philip Henry Sheridan, dem sich der Häuptling der Comanchen Toch-a-way (Schnabeltaube) mit den Worten vorstellte: »Ich Toch-a-way, ich guter Indianer«, antwortete: »Die einzigen guten Indianer sind tote Indianer«; dieses Diktum gehört heute noch zum blutigen Zitatenschatz der Amerikaner und zur Moral ihres alltäglich ferngesehenen Wildwestfilms. Man massakriert die Indianer nicht mehr, deren große Mehrheit in Schutzparks gesperrt ist wie lebenslängliche Kriegsgefangene – und wie die Natur. Des Wahlrechts ebenso ermangelnd wie der Chance zum Aufstieg, bleiben sie als einzige aller einstmals unterdrückten rassischen Minderheiten außerhalb der amerikanischen Gemeinschaft, ohne daß mit Geld, Gesetz und gutem Willen ihre Gleichheit angestrebt würde. Nach der Eingliederung von Alaska in den amerikanischen Staatenbund wiederholte die dortige Regierung den eingeborenen Indianern gegenüber noch um 1960 die gleichen Enteignungs- und Zurücksetzungsmanöver, wie sie zuvor im Rest des Landes an der Tagesordnung waren. Private Vereinigungen und individuelle Fürsprecher, die sich mit ehrlicher Energie um den Schutz und Aufstieg der Altbewohner der Neuen Welt mühten, predigten einer ihnen gegenüber ziemlich tauben Öffentlichkeit, bis in der Periode der späten sechziger Jahre auch unter Indianern, nicht anders als unter Negern und Studenten, die Fackel des Aufruhrs geschwungen wurde; militante Minderheiten indianischer Stammesangehöriger begannen den Aufstand mit den Mitteln der Gewalt. Sie erreichten damit nur, daß auf kurze Frist Schlagzeilen und Nachrichtenprogramme an ihre Existenz erinnerten, ohne für sie Sympathien zu schaffen, und als Amerikas Beruhigungsperiode begann, war ihr Protest bald wieder vergessen. Mit Ausnahme einiger Stämme, denen das Glück Ölquellen in ihren Schutzgebieten und damit Reichtum zuteil werden ließ, blieb das Bild dunkel: Indianer, die – wie die Natur – vor ihnen im Land gewesen und Hemmnisse auf dem Weg des Fortschritts waren, schließen die Amerikaner von ihren Segnungen aus, ohne daß diese sich dessen auch nur ganz bewußt würden.

Die Vorstellung vom »noblen Wilden«, wie sie seit dem 17. Jahrhundert in europäischen Gehirnen grassierte, zumal seit diese etwas später von Jean Jacques Rousseau vernebelt wurden, haben Amerikaner niemals ernst genommen. Nur aus dem transatlantischen Abstand wurde diese Phantasiefigur angehimmelt, doch europäische Träumer auf der Suche nach dem Naturparadies (man denke an den ungarischen Dichter Nikolaus Lenau) flohen schleunigst, enttäuscht, verbittert in die alte Heimat zurück, nachdem sie ihr in Amerika begegnet waren: Statt eines Paradieses hatten sie in Amerika einen Kriegsschauplatz vorgefunden. Amerika bleibt dieser Kriegsschauplatz. Der Kampf der Gesellschaft gegen die Natur wird weitergeführt. Die Amerikaner lieben ihr Land, doch nicht seine Landschaft. Die Liebesbezeigungen zu den Bergen, Küsten, Seen, Wäldern, Strömen, Ebenen, Tälern Amerikas klingen wie Klischees (wobei der Tiefe Süden wie stets und in allem die große Ausnahme bleibt, voller Liebe zu seiner magischen, tragischen Landschaft). Die Amerikaner lieben ihr Land ob dessen, was sie in ihm verändert und errichtet haben, während sie davon träumen, es vollkommen zu verwandeln, bis es vollkommen sein wird. Eine Weltanschauung, die sich auf Blut, Boden, mystische Naturkräfte bezöge, würden die Amerikaner zu Tode lachen.

Die Natur schreitet nicht in Sprüngen voran, weshalb die Amerikaner sie nicht sich selbst überlassen und lieben können. Wie die Meinungsforscher entdeckten, glaubt mindestens die Hälfte aller Amerikaner, auch die menschliche Natur könne verändert werden. Bestenfalls bleibt die Natur ein amerikanischer Poetentraum – also Literatur. Von der Prärie Coopers, dem Meer Melvilles, dem Mississippistrom Mark Twains, den Forsten Faulkners bis zu den Landschaften, die Thomas Wolfe vom Eisenbahnwagen und Kerouac aus dem Auto erschauten, immer wirkt sie als Gegensatz zur Wirklichkeit, die vom Fortschritt erstellt wird.

Doch die Siedlung, die einst den Sieg des Fortschritts über die Wildnis bedeutet hatte, stellt heute sogar diesen Sieg bedrohlich in Frage. Immer noch ein Brückenkopf der Gesellschaft in ihrem Kampf gegen die Natur, wird die Stadt überfüllt, vergiftet, unwohnlich, gesetzlos, »ein Dschungel«, wie das entlarvende Klischee sie nennt, also eine neue Wildnis, die die Menschen selber schufen. Die Amerikaner beginnen erst, die daraus erwachsenden Gefahren für ihre Gesellschaft und deren moralische, psychische, soziale, geistige Zukunft zu entdecken.

4 Vergangenheit als Trödel und Souvenir

Die ersten zwanzig Bände seiner Gesammelten Werke stiftete Goethe im Jahre 1818 der Harvard-Universität mit der Widmung: »Möge mir hierdurch das Vergnügen und die Vergünstigung einer immer näheren Bekanntschaft mit dem wundervollen Land zuteil werden, das durch einen friedlichen, gesetzlichen, ein unbegrenztes Wachstum befördernden Zustand die Augen aller Welt auf sich zieht.« Der große Mann von Weimar schickte das Bücherpaket an seinen Freund, den Harvard-Professor der Mineralogie und Geologie Joseph Green Cogswell, mit dem ihn dieselben wissenschaftlichen Interessen verbanden. Die Vereinigten Staaten hatten Goethe zeitlebens gelockt. »Nordamerikaner, glücklich, keine Basalte zu haben, keine Ahnen und keinen klassischen Boden«, notierte er 1819 – eine geologisch-historische Gleichung, die ihn offenbar faszinierte. 1822 vermerkte er schon wieder: »Übrigens ist jener Weltteil [Amerika] glücklich zu preisen, daß er vulkanische Wirkungen entbehrt ...« Und 1827 verwandte er noch einmal jenes Naturbild als Symbol der Ordnung Amerikas, in seinem – in Deutschland berühmten, in Amerika unbekannten – Gedicht, gewidmet:

Den Vereinigten Staaten

Amerika, du hast es besser
Als unser Kontinent, das alte,
Hast keine verfallenen Schlösser
Und keine Basalte.
Dich stört nicht im Innern
Zu lebendiger Zeit
Unnützes Erinnern
Und vergeblicher Streit.
Benutzt die Gegenwart mit Glück!
Und wenn nun eure Kinder dichten,
Bewahre sie ein gut Geschick
Vor Ritter-, Räuber- und Gespenstergeschichten.

Zwar hat auch Amerika – von Wyoming bis Washington – seine Basalte: »Hier irrt Goethe«, den trotzdem 1826 die Scientific Society of New York zum Ehrenmitglied ernannte. Und heute haben die Amerikaner zudem ihre verfallenen Schlösser, ebenso wie ihre Ritter-, Räuber- und Gespenstergeschichten, mit denen sie sich allabendlich am Fernsehen und in anderen Massenmedien unterhalten, wobei die Ritter und Räuber in Wildwest- oder moderneren Gangster-, Spionen- und Detektivkostümen auftreten, während sich die Gespenster in der Literatur und Wissenschaft umhertreiben.

Genauer als ihre Geologie hat Goethe die Gesinnung der Amerikaner erkannt. Ihre Abneigung gegen unnützes Erinnern entsprach seiner eigenen Denkweise – »übrigens ist mir alles verhaßt, was mich bloß belehrt, ohne meine Tätigkeit zu vermehren oder unmittelbar zu beleben«. Dieses Geständnis Goethes hat dann Nietzsche seiner eigenen Streitschrift »Vom Nutzen und Nachteil der Historie für das Leben« vorangestellt, in der er »den Handelnden« pries – er »vergißt das meiste, um eins zu tun: Er ist ungerecht gegen das, was hinter ihm liegt, und kennt nur ein Recht, das Recht dessen, was jetzt werden soll«. Dachte Nietzsche dabei auch kaum an die fernen Amerikaner, so umschrieb er doch recht genau deren Verhältnis zur Geschichte, um das auch er sie, wie Goethe, beneidet haben muß.

Zwei Jahre zuvor hatte hingegen sein Freund und Kollege Jacob Burckhardt vor Basler Studenten etwas präziser doziert, Barbaren und Amerikaner seien geschichtslos. »Die Größe unserer Verpflichtung gegen die Vergangenheit als ein geistiges Kontinuum, welches mit zu unserem höchsten geistigen Besitz gehört«, so verkündete er, »auf diesen Vorteil verzichten zunächst nur Barbaren«, aber dann fuhr der weltgeschichtliche Betrachter mit kaum verhaltenem Groll fort: »Und sodann verzichten auf das Geschichtliche noch Amerikaner, d. h. ungeschichtliche Bildungsmenschen, welche es dann doch von der Alten Welt nicht ganz loswerden. Es hängt ihnen alsdann unfrei, als Trödel an ... «

Scheinbar widersprüchlich bewunderte Goethe und verachtete Burckhardt die Amerikaner aus dem gleichen Grund, wegen ihrer vermeintlichen Geschichtslosigkeit. Bei vielen Ausländern, vornehmlich Europäern und Intellektuellen, vermischen sich dann die beiden gegensätzlichen Gefühle, während sie bemerken, die Amerikaner seien »unbeschwert« und »unbelastet« von der Geschichte; diese haben keine bleibenden Züge des Leidens und Wissens in ihre glatten, jugendlichen, naiven Gesichter geprägt, unerfahren und gegenwartstrunken verstünden sie den Gang der Welt nicht. An alledem ist manches richtig, vor allem, wenn man über dem Talent der Amerikaner, Unnützes zu vergessen, ihre Kraft zum nützlichen Erinnern übersieht; und diese Versuchung ist um so stärker, als ihre Tradition sie ständig an ihre Pflicht zur Neuerung, zur Veränderung, zum Fortschritt gemahnt. »Was stattfand«, so beschreibt mit einer Kühle, hinter der sich Kummer und Ärger kaum verbirgt, der expatriierte Amerikaner Henry James die amerikanische Geschichte, »was sich ereignete, war eine andauernde Zurückweisung der Vergangenheit, soweit es eine Vergangenheit zurückzuweisen gab, soweit die Vergangenheit eine positive, nicht eine negative Angelegenheit war.«

Gar zu leicht wirft man die Vergangenheit und die Geschichte in einen Topf. Aber wenn Amerikaner »unnütze« Erinnerungen zurückweisen, unter anderem, indem sie sie Trödel werden lassen und entsprechend verwenden, so pflegen sie nicht gleicherweise mit ihrer Geschichte zu verfahren, im Gegenteil: Ihre Geschichte, die sie so gern ihre »Erbschaft« nennen, bleibt ihre lebendige Kraft, führt sie zu den überlieferten Zielen fort, gibt ihnen festen Halt und orientiert sie zur Zukunft, während sie von einer Neuerung zur nächsten gleiten. Doch ist diese Geschichte der Amerikaner bedeckt von – häufig abergläubischen, sentimentalen, protzenhaften, kitschigen, aber auch vielen ergreifenden – Spuren einer Vergangenheit, deren Souvenirs man sammelt, da man sie vergessen hat. Während sie wie Entenmuscheln am Schiffskörper kleben, verbirgt sich hinter ihnen Form und Gehalt des amerikanischen Geschichtsbewußtseins.

Einfach und vergnüglich ist der Ausflug in die Vergangenheit: Ein wenig abseits der großen Landstraße von New York nach Boston, über einen kurzen Fußpfad und eine Brücke, erreicht man das Dörfchen Old Sturbridge in Massachusetts. Es zählt kaum mehr als hundert Einwohner und besteht aus einer Kirche, dreißig Häusern, einem Herrensitz und einer Mühle. Fast fünfhunderttausend Amerikaner im Jahr besuchen mit Kind und Kamera diese Siedlung, sie ist historisch: Seit dem Jahr 1799 scheint sie sich, als sei damals die Zeit stehengeblieben, nicht verändert zu haben.

Die Besucher, die ihre Autos auf einem der riesigen Parkplätze nahebei zurückgelassen haben, sammeln sich auf dem Dorfplatz, wo unter der Linde ein bärtiger Mann einer jungen Dame ohne Make-up alte Liebeslieder zur Laute vorsingt; fast andächtig schauen und hören die Shorts und Sporthemden dem Flirt zwischen Wams und Krinoline zu. Dann schlendern sie in die den Dorfplatz umgebenden Hauser, deren Türen weit offen stehen – hier webt und dort töpfert man, hier schwingt ein Schmied seinen Hammer, dort siedet eine alte Dame Wachskerzen in wohlriechendem, grünlichem Berberitzenbeerensaft. Sie kaufen das Lokalblatt direkt aus der Hand des Redakteurs, der es selber ganz allein geschrieben, gesetzt und auf einer vorsintflutlichen Presse gedruckt hat – es heißt »Massachusetts Spy«, der »Spion von Massachusetts«, und wurde 1799 begründet. Für das Gasthaus des Ortes wirbt darin noch immer die gleiche Anzeige (»Mit den Schuhen im Bett schlafen verboten . . . Scherenschleifer nicht zugelassen«), wenn auch der Preis der

Übernachtung von den damaligen vier Pennies auf fünfzehn Dollar gestiegen ist; Nachrichten aus der großen Welt stehen auch heute noch nicht in dieser Zeitung. Aus der Kirche klingt Orgelspiel, die Mühle klappert am Bach, die Kerzenmacherin unterbricht ihr Tagwerk für einen kleinen Klatsch mit der Nachbarin, die in ihrem Gärtchen Gewürzkräuter zieht, genau wie anno dazumal. Nur der Pranger scheint seinem alten Zweck entfremdet: Diente er einst der Bestrafung von Ehebrechern, sonntäglichen Tabaksrauchern und anderen armen Sündern gegen das puritanische Gesetz, so lassen sich diese selbst heute mit oder von dem corpus delicti vergnügt am Schandpfahl fotografieren. Von solchen Kleinigkeiten abgesehen, wohnen, arbeiten, leben und kleiden sich die Dorfbewohner genau wie in dem Jahre, in dem die Vereinigten Staaten geboren wurden.

Aber noch vor zwanzig Jahren stand hier nur eine Kuhweide; das »alte« Dorf ist in Wirklichkeit ganz neu, kaum fünfzehn Jahre alt. Zwei Industrielle jener Gegend hatten im Jahre 1951 den Grund und Boden erworben, alle Gebäude vom Ende des 18. Jahrhunderts, die sie finden und kaufen konnten, dort hingeschafft und aufgestellt und in eine gemeinnützige Stiftung eingebracht. Was zuvor an jenen alten Häusern renoviert, repariert, dazu- und umgebaut worden war, wurde wieder beseitigt, bis sie genau auf ihren ursprünglichen Zustand zurückgeführt waren. Aus den umfangreichen Kunst- und Antiquitätensammlungen der beiden Stifter wurden sie stilgerecht eingerichtet, und dann zogen die angeworbenen Meister ausgestorbener Gewerbe ein; eine tätige Dorfgemeinde entstand. Seither lebt sie von den Zuwendungen der privaten Sturbridge-Stiftung, die energisch Spenden für große Neuanlagen anderer alter Gebäude (und, was mindestens gleich wichtig scheint, neuer Parkplätze, Lehrräume, Gesellschaftsräume) sammelt. Ein etwas komisches, jedenfalls unterhaltsames Museum, ähnelt dieses Old Sturbridge auf seine Art einem Zoo, wo ja auch allerlei Fabelwesen in kunstvoll reproduzierten Polarmeeren und Dschungeln im gemäßigten Klima hausend zur Schau gestellt werden; nur die Gitter fehlen. Dem Tierpark und dem Naturpark stellen die Amerikaner ihren Vergangenheitspark an die Seite: Ghettos für das Gerümpel der Geschichte.

Mit solchen historischen Enklaven, genauer gesagt: mit solchen wiederhergestellten, sozusagen neuen Anachronismen haben sie seit dem Zweiten Weltkrieg ihr ganzes Land verziert und keine der Phasen seiner Vergangenheit übersehen, bis diese alle jetzt darin gegenwärtig nebeneinanderstehen. Man könnte in ihnen durch die ganze Geschichte Amerikas reisen, beginnend mit der Kolonialzeit, aus der seit 1926 die mehr als 500 Gebäude umfassende, bis zur letzten Türklinke geschichtstreu wirkende Stadt Williamsburg in Virginia zusammengetragen, restauriert und mit dem Leben von

1760 erfüllt worden ist; anderswo entstanden in unserer Zeit aus jener Geschichtsperiode das Bergbauerndorf Weston in Vermont, der Segelschiffhafen Mystic an der Küste von Connecticut, die Pioniersiedlung New Salem bei Springfield in Illinois, das abweisend würdige Deerfield in Massachusetts, ein altes Indianerlager bei Brewster im Wald neben den Sommerhäusern und Vorortsstraßen der New Yorker Großstädter.

Weiter westwärts, wohin nach der Gründerzeit Waldläufer, Lederstrümpfe, tapfere Siedler zogen, wurden jetzt deren Blockhäuser und Lehmhütten – garantiert historisch – von Ohio bis Nebraska neu errichtet. Noch sind die alten Wagenspuren des Trecks zur Wildnis im Erdboden wahrnehmbar – oder hat man auch sie nur wiederhergestellt? Die »Geisterstädte« des Wilden Westens, wo Goldsucher, Abenteurer, Spieler Station gemacht und schnell wieder weitergezogen waren, werden mit neuem Leben, das sich als das alte Leben gibt, gefüllt. Ein New Yorker Unternehmer etwa nahm sich des verfallenen Virginia City in Nevada an, restaurierte Kneipe, Hotel, Wohnhütten und Poststation und brachte es zu neuer touristischer Blüte. In Central City in Colorado ist sogar die alte Oper der Silbersucher neben einem halben Dutzend neuer Saloons wieder eröffnet (allerdings auch eine Galerie moderner Kunst), in der lauten und lustigen Atmosphäre eines historischen Jahrmarktes, genauer eines Jahrhundertmarktes; es stört nicht, daß es in den Saloons nur alkoholfreie Getränke gibt und nur die kleinen Kinder der Besucher an der Bar ihre Spielrevolver auf die hochgeschürzten Kellnerinnen abschießen, die wiederum Studentinnen bei Nebenarbeit sind.

In ihrer restaurierten Vergangenheit sehen Amerikaner vorab den greifbaren Beweis dafür, wie weit sie es seither gebracht haben. Immer wieder werden die Restaurationen deshalb als »educational« angepriesen, dem Zweck der Erziehung und Belehrung dienend, dem Glück der Gegenwart, die das Morgen vorbereitet.

Dabei bleiben sie so gegenwartsbezogen, daß sogar die historischen Museen noch mit dem scheinbar gegenwärtigen Leben durchaus vergangener Zeiten gefüllt werden; selbst geschichtliche Petrefakten müssen dem täglichen Gebrauch und der tätigen Gemeinschaft dienen, damit die Amerikaner ihnen näherkommen können.

Sogar die erst gestrige Moderne gehört schon zur Geschichte, weshalb sie mit gleicher Begeisterung wiederhergestellt und mit künstlich altem Leben gefüllt wird. Im Brandywine-Tal zwischen Pennsylvania und Delaware rauchen seit 1958 die Schlote eines Dutzends alter Fabriken aus dem frühen und mittleren 19. Jahrhundert; nachdem sie schon längst stillgelegt waren, wurden sie hierher verpflanzt, um nach den damals neuartigsten Methoden Schießpulver und Baumwolle, Stahl und Glas zu erzeugen. Die Besucher bewundern sie wie Touristen in Europa alte Ritterburgen und Stadtgassen des Mittelalters. Das Industriedorf Allaire in New Jersey, das 1824 gegründet worden war, ein Eisenwerk, Metallfabriken und 700 Bewohner umfaßte und zwanzig Jahre nach seiner Gründung angesichts der neueren Kohlehochöfen in anderen Landesteilen zusammenbrach, war vor zehn Jahren noch auf keiner Landkarte verzeichnet, eine waldüberwachsene Ruinensammlung, zu der kein Pfad mehr führte; 1956 wurden die Fabriken wieder in Betrieb genommen, die Wohnungen der Arbeiter mit den Gegenständen des vergangenen Jahrhunderts eingerichtet, und die Arbeiter selbst tragen Zylinderhut und Frack auf dem Weg zur Arbeit. Sogar stillgelegte alte Eisenbahnen hat man – mit sorgsam gesammeltem Wagenpark, Stationshäuschen, Stellwerken – in abgelegenen Gegenden wieder aufgebaut; für 20 Cent kann man auf ihnen eine Rundreise unternehmen, die zu keinem Ziel führt.

»Geschichte ist Quatsch«, hatte einst Henry Ford, ein genialer Mechaniker und bis zur Kindischkeit gutgläubiger Mann, gesagt; es blieb ein geflügeltes Wort der Amerikaner. Aber gerade er war es, der nahe seinen Automobilwerken in Detroit das geschichtliche Dorf Greenfield gründete: Auf einer Fläche von zwanzig Quadratkilometern sind dort hundert historisch bedeutende Petrefakten angelagert – das Laboratorium, in dem Thomas Edison die erste elektrische Glühbirne konstruierte, das Gerichtsgebäude, in dem der junge Abe Lincoln als Anwalt praktizierte, die Theaterloge, in der ihn die Mörderkugel traf, der Fahrradreparaturladen, in dem die Gebrüder Wright das erste Flugzeug bauten. Keineswegs widerspricht dieses ummauerte Geschichtsmausoleum der niedrigen Meinung über die Geschichte, wie sie der es mit seinem Nachlaß finanzierende Henry Ford verkündet hatte; man hat endlich einen Platz abseits vom Leben gefunden, an dem man zur Muße einen flüchtigen Blick auf die Vergangenheit werfen kann, ohne daß sie dabei der Gegenwart im Weg steht und ohne daß sie den Fortschritt aufhält. Im Mittelpunkt und Vordergrund bleibt doch die Gegenwart. Anderswo in der Welt dienen Kathedralen, Schlösser, Bürger- und Bauernhäuser aus fernen Jahrhunderten immer noch den Nachfahren ihrer Erbauer, die in ihnen beten, wohnen, tanzen, ohne sie als Merkwürdigkeiten zu betrachten: Ihre Geschichtlichkeit ist zum selbstverständlichen Bestandteil und Fundament der Gegenwart geworden. Die Amerikaner besichtigen ihre Vergangenheit, da sie weder mit noch in ihr leben. Der Besuch im Geschichtsschutzpark bindet sie nicht an die Vergangenheit, sie hat nichts mit dem Hier und Heute zu tun.

Natürlich finden sich auch in Amerika, vor allem in seinen traditionsbewußteren, länger besiedelten Teilen, konkrete Wahrzeichen der Vergangenheit, die nicht nur überleben, sondern noch weiter dem Gebrauch der Gegenwart dienen, weil sie niemandem im Wege standen. Aber auch sie werden gelegentlich in museale Gegenstände verwandelt, so wie umgekehrt die historischen Restaurationen durch aktive Komparsen belebt werden. So geben in den Südstaaten und in Neu-England alteingesessene Familien ihre bis zu 150 Jahre alten Wohnhäuser alljährlich für ein Wochenende der Besichtigung durch Fremde frei, das Eintrittsgeld ist für wohltätige Zwecke der Gemeinde bestimmt. Von Dover in Delaware bis Litchfield in Connecticut muß sich dann der Chauffeur die historische Livree anziehen, um als Diener die Haustür den Besuchern zu öffnen; drinnen sitzen alte Damen und ihre Töchter, mit Kolonialtracht maskiert, steif auf alten Schaukelstühlen (obschon ein indiskreter Blick zeigt, daß sie bei der Lektüre der letzten Ausgabe des »Reader's Digest« unterbrochen wurden). Man wird mit Rokokoverbeugungen begrüßt, bestaunt die Chippendalestühle und das Reveresilber, die seit dem 18. Jahrhundert in Familiengebrauch sind, und im Haus des Pastors trinkt man gar einen Fruchtsaft, der so schmeckt, als sei auch er aus dem 18. Jahrhundert konserviert worden. Antiquare und Neugierige kommen auf ihre Rechnung, doch gerade diese »echte« Altertümlichkeit läßt die lebende Vergangenheit noch künstlicher erscheinen als ihre künstlich restaurierten scheinbelebten Gegenstücke.

Amerika wird mit den Andenken an die alte Zeit verziert wie eine Torte mit Figuren, Ornamenten, Schnörkeln aus (ungenießbarem) Zuckerguß. An zahlreichen Autostraßen stehen seit dem Ende des Zweiten Weltkriegs, von patriotischen Frauenvereinigungen errichtet, in regelmäßigen Abständen Bronzetafeln, die sogenannten historischen Lesezeichen, die einander alle aufs Haar gleichen, nur der Text der ausführlichen Inschriften unterscheidet sie: Wäre es den Fahrern möglich und erlaubt, vor ihnen anzuhalten, was leider der Verkehr und seine Vorschriften verhindern und was angesichts der gebotenen Eile auch nur wenige tun wollen, so könnte man genau erfahren, welcher Siedler an dieser Stelle vor 200 Jahren sein Blockhaus baute und an welch anderem Punkt vor 150 Jahren ein Gefecht begonnen oder wenigstens eine Feldbäckerei aufgeschlagen wurde. Manchmal wird nur mitgeteilt, hier sei vor hundert Jahren ein Kanal gestochen oder vor fünfzig Jahren wieder geschlossen worden. Eine Sekunde lang werden heroische, behagliche, romantische Erinnerungen heraufbeschworen, während man im 80-Kilometer-Tempo ihrem historischen Boden schon wieder enteilt.

Auf der langen Autobahn durch Nebraska weisen riesige Plakate am Straßenrand alle zwanzig Meilen darauf hin, daß man sich dem »Historischen Julesburg« nähere; trifft man dort etwas aufgeregt ein, so stellt sich heraus, daß die Stadt Julesburg vor hundert Jahren erbaut, dann aber von Indianern abgebrannt worden war, um später an einer ganz anderen Stelle neu errichtet zu werden, wo sie bald ein Orkan völlig vernichtete; vor kurzem wurde wieder anderswo eine neue Stadt erbaut und wiederum Julesburg genannt, was ihr mangels anderer Geschichtlichkeit ihren historischen Ruhm verschafft. In der Stadt Little Rock in Arkansas erinnert nicht nur das stolze einstige Staatsparlament an die Zeit des Bürgerkriegs; mit gleichem Stolz verkündet eine eherne Tafel am Hotel, daß dort im Jahre 1928 zum ersten Mal die städtische Elternvereinigung tagte. Im Loop, der Chicagoer Innenstadt, weisen fünfzig Gedenktafeln auf Stätten geschichtlicher Ereignisse, so erklärt das städtische Fremdenhandbuch: Hier wird daran erinnert, daß vor 24 Jahren eine Freimaurerloge gegründet, dort vor 19 Jahren das Büro einer Maschinenfabrik eröffnet worden sei – Steine, die den Hunger nach geschichtlichem Brot kaum stillen können.

Die Gegenwart wird nicht nur im öffentlichen Bereich mit Andenken an das Verblichene und Vergessene ausgeschmückt. Ihren wahren Triumph feiert diese Gewohnheit in den Wohnungen vieler Amerikaner. Seit Ende des Zweiten Weltkriegs säumen amerikanische Landstraßen die Basare der Geschichtsabfälle, in denen sich jedermann sein eigenes Stück Vergangenheit erstehen kann; man schätzt, daß heute mehr als 30000 sogenannte Antiquitätengeschäfte auf Käufer warten. Vornehme alte Damen, weiblich wirkende junge Herren, Farmer auf dem Altenteil, die ein Nebeneinkommen suchen, Rentner und stadtflüchtige Großstädter, geschäftstüchtige Händler, ernsthafte Kenner, Schwindler, sie alle halten Antiken feil, die oft kaum zehn Jahre alt, selten viel älter, zumeist nur Gerümpel sind, das beim praktischen Gebrauch dem Fortschritt hatte weichen müssen wie etwa die leicht beschädigte Kaffeekanne von 1920 oder der vom Versandhaus bezogene billige Aschenbecher von 1910; da die Amerikaner dauernd und aus Prinzip das Neueste zu erwerben trachten, besitzen sie im Überfluß nicht ganz so Neues, das neben jenem fast gleich hochgeschätzt zur Antike ernannt wird.

Es zu suchen, »to go antiquing«, einen nach dem anderen Antiquitätenladen zu besuchen, gehört zum beliebten und üblichen Zeitvertreib moderner Amerikaner, nicht nur der Touristen, sogar der Eingeborenen: der neue Ölmillionär aus Texas sammelt alte Porträts, damit sie als Ahnenbilder sein hypermodernes Glashaus dekorieren; die Kellnerin im neuenglischen Dorfgasthaus (ihre Eltern sind aus Italien eingewandert) sucht in ihrer Umgebung mit Leidenschaft die zwar nicht besonders hübschen, aber doch aufs frühe 19. Jahrhundert zurückgehenden Teetassen aus neuenglischem Bennington-Steingut. Je schwächer die Beziehung zur Vergangenheit, um so stärker die Lust, ihre Reliquien zu besitzen, zu verniedlichen und sie zur zweifelhaften Zierde des Tages zu verfremden. Was an ihnen reizt, ist schwer zu sagen, auch Sammler selbst vermögen es nicht: Sie mögen recht häßlich sein und jeder historischen Bedeutung entbehren, doch mildern sie bescheiden und ungefährlich die herrschende Diktatur des Neuesten, die unerträglich werden könnte. Wie unter der politischen Gewaltherrschaft der Durst nach Freiheit nicht unterdrückt werden kann, so unter der amerikanischen Fortschrittsherrschaft das Bedürfnis nach der Tradition.

Doch die Geltung des Neuesten bleibt in Kraft, sogar im Bereich der Antiken: »Neue Gebrauchsmöglichkeiten für alte Kanonenkugeln«, hieß der Titel eines 1966 erschienenen Buches, in dem den Amerikanern gelehrt wurde, wie sie die sentimentalen Souvenirs unnützen Erinnerns nutzbringend und neuartig verwenden können: Dem Drang, brauchbar Neues zu schaffen, wird selbst der angesammelte Trödel der Vergangenheit dienstbar gemacht. In amerikanischen Wohnungen findet man immer öfter die Resultate solchen Versuchs: Aus der alten Flinte, die ihrerseits auf alte Hufeisen montiert ist, hat mein Nachbar eine Stehlampe gefertigt, ein anderer aus der alten Schusterbank einen Kaffeetisch, aus dem antiken Apothekerschrank eine Hausbar, aus der alten Krippe ein Blumenbrett. Ihrem Zweck entfremdet und ihn spielerisch pervertierend, wird auch noch die Antiquität vom Heute vergewaltigt, bis ein Zwitter aus Tradition und modernster Nützlichkeit entsteht, ohne den Charakter des einen oder anderen.

Nach dem amerikanischen Gesetz werden echte Antiquitäten zollfrei erklärt wie Gedanken. Davon betroffen wurden alle Gegenstände, die vor dem Jahre 1830 hergestellt worden waren, als die Fabrikarbeit Handarbeit zu ersetzen begonnen hatte; um mit der Zeit zu gehen, wurde 1966 das Gesetz revidiert, und eine Sache braucht nur noch jeweils 100 Jahre alt zu sein, um amtlich als antike anerkannt zu werden. Inoffiziell, doch von der Höhe des Preises bestätigt, ist natürlich auch schon ein Grammophon oder ein Kochlöffel von 1900 durchaus »antik« – das Altertum endet mit der vorhergehenden Mitternacht.

Amerikaner finden mit Recht ihre kurzfristige Geschichtlichkeit keineswegs erheiternd. »Zehn Jahre in Amerika sind wie ein Jahrhundert anderswo«, hatte 1834 der frisch aus Deutschland eingewanderte politische Flüchtling Francis Lieber, der dann als Professor an der Columbia-Universität Amerikas politische Wissenschaften gründete, festgestellt. Mit Recht: Je schneller, andauernder und revolutionärer der Fortschritt mit seinen Wandlungen, um so kürzer die Abstände der Geschichte. 60 Jahre später beobachtete dies auch wieder der aufgeschlossene Verfasser des ersten Baedeker-Reisehandbuchs von Amerika: »Wenn Altertümlichkeit von Wechsel und Entwicklung bestimmt wird und nicht vom bloßen Zeitvergehen, können die beiden Jahrhunderte der New Yorker Vergangenheit es mit der Geschichte von China aufnehmen.«

Der weise Amerikaner Dr. Oliver Wendell Holmes erklärte 1890 einem britischen Besucher, Amerikas an Jahreszahlen kurze und Europas so viel längere Geschichte entsprächen sich wie die Skalen verschiedener Thermometer: »Es dauert nicht lange, bis man merkt, daß 25 Grad Reaumur genausoviel Hitze anzeigen wie 90 Grad Fahrenheit.« Wer dies nicht merken will, erinnert an den Helden einer Kurzgeschichte Ernest Hemingways, in der ein kleiner amerikanischer Junge bei einer Europareise mit einem Schnupfen im Bett lag und seinen erschrockenen Eltern erklärte, jetzt sei er auf seinen Tod gefaßt. Hatte er doch gelernt, daß bei einer Körpertemperatur unter 90 Grad (Fahrenheit) jedes Menschenleben ende, während sein Thermometer nur 38 Grad (europäischer Rechnung) anzeigte. Doch selbst die Angleichung jener Wärmegrade ist nicht einfach. Die Frage nach einer simplen Umrechnungsformel, in einem Leserinnenbrief der Pariser Ausgabe der »New York Herald Tribune« nach der Jahrhundertwende veröffentlicht, fand keine befriedigende Antwort, obschon sie jahrzehntelang in jeder Ausgabe im vollen Wortlaut wiederholt wurde.

Noch viel schwieriger ist es, europäische und amerikanische Geschichtsfristen zu vergleichen. Als ich einmal einen Motelbesitzer auf dem Land nach den historischen Sehenswürdigkeiten der Umgebung fragte, nannte er mir deren zwei – ein vor Jahrhunderten von Indianern betriebenes, längst verfallenes Bergwerk und eine sieben Monate zuvor von einer Überschwemmung zerstörte Brücke. Da Wandlung und Neuerung in Amerika so stetig und schnell vollzogen werden, wird die Gegenwart schneller zur Vergangenheit als anderswo – und damit, möglicherweise, zur Geschichte. In amerikanischen Augen beginnt Geschichte mit dem letzten Jahr, und in der Gegenwart beginnt schon die Zukunft.

Ein echter Held der amerikanischen Phantasie, symbolisiert Rip van Winkle dieses Bewußtsein von dem rapiden Versinken alles Bestehenden in die Vergangenheit und Vergessenheit. Wie Washington Irving 1819 erzählte und es heute noch gern gehört wird, war jener Rip, ein braver Landwirt aus den Catskillbergen, vor der Gründung der Vereinigten Staaten eingeschlafen. Als er nach zwanzig Jahren erwachte, sah er ein durchaus neues Land um sich. Im Gastzimmer des Dorfwirtshauses hing statt des Bildes des englischen Königs Georg III. ein Porträt des Präsidenten George Washington. Die Kolonie war jetzt eine Republik und er selbst ein Großvater. Sogar in Amerikas Sagenwelt regiert der Fortschritt, den der Herr den Seinen – den Amerikanern – im Schlafe gibt. Herman Melville erzählte 1890 die letzte – und gleich charakteristische – Episode aus Rips Leben. Ein Fliederbusch, den er vor dem Einschlafen gepflanzt, hatte Hunderte neuer Schößlinge erzeugt, die ganze Gegend in einen Fliedergarten verwandelnd.

Jeder Amerikaner erlebt auf seine Art Ähnliches wie Rip van Winkle, wenn er einen Tag verschläft oder eine Zeitlang verreist. Straßen werden fast über Nacht ausradiert, um- oder neu angelegt, Stadtviertel zeigen alle paar Jahrzehnte ein verändertes Gesicht; »alte Gebäude«, das heißt etwas heruntergekommene Gebäude, können durch Gerichtsbeschluß »verdammt« zum Abbruch verurteilt werden, wie der amerikanische Sprachgebrauch es nennt, als hätten sie, mit der beginnenden Baufälligkeit oder auch nur ihrem Altern den Fortschritt nicht heiligend, ein Verbrechen begangen. Wenn ein besonders ehrwürdiges Gebäude dem Henker zum Opfer fallen soll, erheben sich Traditionalisten und Sentimentalisten – eine kleine Minderheit – zum Protest; er verhallt gegen den Anspruch des Fortschritts wie Vogelsang im Großstadtlärm. Und dann fallen die aus dem späten 19. Jahrhundert stammenden Opernhäuser von Boston oder New York, ein neogotisches Wohnhaus aus der Mitte jener Periode in der Industriestadt Bridgeport, die patrizischen Häuserreihen am New Yorker Washington Square, die Henry James verewigt hat, Frank Lloyd Wrights erstes Bauwerk von Bedeutung, all die historischen Hindernisse auf dem Neubauboden. Wer einen etwas älteren Baedeker als amerikanisches Reisehandbuch benutzt, fährt in ein Nichtmehrland, in dem kaum eine der drei besternten Sehenswürdigkeiten noch an ihrem Platz steht oder gar besteht. Während diese oder jene Kuriosität mumifiziert für den Geschichtsschutzpark erhalten wird, zermalmt den Großteil ehrwürdiger und wertvoller Werke aus der Vergangenheit der Bagger des Fortschritts.

In einer 1960 veröffentlichten Liste von Gebäuden, die wegen ihres historischen, kulturellen oder architektonischen Wertes nicht abgerissen werden sollten, nannte die damit befaßte halbamtliche Kommission auch das Leverhaus und das Seagramgebäude in Manhattan – zwei Wolkenkratzer, deren einer im Jahre 1953, der andere im Jahre 1958 errichtet worden war. Keine zehn Jahre alt, waren sie schon schutzbedürftig vor der Bedrohung durch die Gegenwart.

Selbst die halbherzige Achtung vor ausgewählten Überbleibseln der Vergangenheit, die man in die Schutzparks einsperrt, zur Heimdekoration gebraucht, restauriert oder konserviert, ist ziemlich neu. Zuerst hatte 1905 der sensitive James Bryce zu beobachten geglaubt, daß – im Unterschied zu seinem letzten Besuch, vierzehn Jahre vorher – die Amerikaner nun plötzlich die Denkzeichen ihrer historischen Geschehnisse zu pflegen beginnen: »Hier fühlt man in den Vereinigten Staaten den Atem eines neuen Geistes. Verehrung der Vergangenheit und der Wunsch, jede Form der Verbindung zu ihr zu erhalten, sind nun eine starke und wachsende Kraft unter gebildeten Amerikanern geworden.« Die Neureichen, die sich gern eine persönliche Tradition gekauft hätten, besorgten sich deren sichtbaren Ersatz: J. P. Morgan baute sich in den Adirondacks ein Sommerschloß in Form eines Blockhauses, dessen Mobiliar er sorgfältig und künstlerisch von indianischen Kriegsbeilen beschädigen ließ. Doch nur ganz wenige Amerikaner teilten damals solche Interessen. Das Vergangene war, wie der Titel des beispiellos erfolgreichen historischen Romans von 1936 und Films von 1939 es nannte, »vom Winde verweht«. (Allerdings zeigt man heutzutage dem Besucher von Atlanta im Südstaat Georgia als besondere Sehenswürdigkeit der Stadt jenes »historische« und immer noch bestehende Lichtspieltheater, in dem der Film »Vom Winde verweht« Anno 1939 uraufgeführt wurde.)

Die Erinnerung an die vergessene Vergangenheit wurde erst nach dem Zweiten Weltkrieg zur großen Mode. So offenkundig hatte sich nun der radikale Umbruch im neuen Amerika vollzogen, daß man ein paar Scherben aus der verschütteten Vorzeit ausgraben und bewundern konnte – bald aus Heimweh nach einem verlorenen Paradies, bald aus der Sicherheit der neuen Errungenschaften. Jetzt wurden die letzten echten amerikanischen Antiquitäten aufgekauft (und am Fließband neu produziert); man entdeckte die Kunst des frühen Amerika mit seinen primitiven, oft hochbegabten Kunsthandwerken; Massen historischer Romane, Biographien, Photo- und andere Bildsammlungen eines romantisierten amerikanischen Gestern wurden veröffentlicht und Bestseller. Nostalgie durchklang sie. »Die Suche nach der amerikanischen Vergangenheit wird im Geist sentimentaler Betrachtung statt im Geist kritischer Analyse unternommen«, beschwerte sich 1948 der amerikanische – liberale, fortschrittsbejahende – Historiker Richard Hofstadter. Es erwies sich, daß die Amerikaner nicht alle ihre Vergangenheit vergessen wollten. Mit geschichtlichem Bewußtsein hatte dies wenig gemein – etwa so viel wie das Zinnsoldatenspiel eines kleinen Jungen mit einem Krieg.

Amerikaner nennen ihre Vergangenheit oft »Background«; als »Hintergrund« zur Gegenwart unterscheidet sie sich von Geschichte, die tätig in die Gegenwart wirkend lebendig bleibt. Darin erinnert die amerikanische Haltung gegenüber der Geschichte an die amerikanische Haltung gegenüber der Natur als *outdoors* oder als »Szenerie«.

Man vergleiche Vorträge, Abhandlungen, Bücher amerikanischer und europäischer Autoren. Pflichtgemäß beginnen diese mit einem historischen Überblick, aus dem sie folgern, wie und warum die heutige Situation entstand, die darum genau so sein muß wie sie jetzt ist. Amerikaner hingegen beginnen mit und bleiben in der Gegenwart; hier und da fügen sie vielleicht eine historische Anekdote ein oder weisen auf Irrtümer, Experimente, Fortschritte der Vergangenheit, um zu zeigen, was man daraus lernen muß. Wie die Natur löst auch die Vergangenheit bei Amerikanern ein gewisses Unbehagen aus, fast wirkt sie etwas unheimlich, eine Herausforderung, die durch Neues ersetzt – und vergessen werden sollte.

Amerikaner verstehen deshalb Europäer nicht, die die Geschichte hinnehmen und sich ihr unterwerfen als *force majeure*, die mit der List der Vernunft oder der tragischen Ironie Gottes ihre Bahn zieht. Amerikanern erscheint Vergangenheit als eine Kette von Versuchen und Irrtümern, die die jeweils nächste Generation mit neuen Versuchen korrigiert. Überzeugt, daß das amerikanische Experiment selbst den Weg zum Besseren garantiert, müssen sie verneinen, daß Geschichte Schicksal ist und somit tragisch. Ihre eigene Geschichte führt als *success story* zum *happy ending* des Erfolgs. Amerikaner kennen kein amerikanisches Schicksal *(fate)*, sondern – zielsicher voranblickend und optimistisch – die Bestimmung des »American destiny«, die Erfüllung des amerikanischen Traums.

Angesichts dieser Verneinung des Tragischen in der Geschichte, und des Geschichtlichen selbst, mußte es die Amerikaner einen geschichtlichen Augenblick lang fast lähmen und an ihrer Bestimmung zutiefst zweifeln, wenn anstelle von Erfolg und Fortschritt ein Mißerfolg, ein Unheil, ein zum Scheitern führender Vorgang sie überraschte. Dann wähnten sie, ihr Land sei insgesamt auf immerdar zum Versagen verurteilt – zuletzt wähnten sie es kurze Zeit im Gefolge der Tragödien des Vietnamkriegs und der Watergate-Affären. Bis dann – dank der amerikanischen Vitalität, der strukturellen Stärke der amerikanischen Ordnung, des zurückkehrenden Glaubens an sich selber – die Depression überwunden wird und die Hoffnung wieder regiert.

Kein Wunder, daß die Amerikaner keinen Geschichtsphilosophen, auch keinen Lascaux, Spengler, Toynbee hervorgebracht haben, der, mit seiner Theorie Sinn und Gesetz in den Ablauf der Geschichte bringend, die Lebensdauer von Nationen, Kontinenten, Kulturen vorherzusagen versuchte. Der Untergang Amerikas erschiene Amerikanern als Widerspruch in sich, als Unmöglichkeit. Selbst Spenglers »Untergang« des Abendlandes, zu dem auch sie gehören, milderte der amerikanische Übersetzer ohne pessimistische Endgültigkeit zum »Niedergang«. Darum findet man unter den Historikern Amerikas so viele Nichts-als-Tatsachen-Sammler, die den letzten Uniformknopf der Vergangenheit aufspüren und katalogisieren. Die begabteren und bekanntesten amerikanischen

Geschichtsschreiber hingegen, besonders seit den dreißiger Jahren, schreiben weniger Geschichte als historisch belegtes Propaganda- und Instruktionsmaterial für Gegenwarts- und Zukunftsprogramme. Zum Beispiel besitzt deshalb ein Werk über »das Zeitalter Jacksons« (1820–1837), im Jahre 1947 geschrieben, seinen »Aktualitätswert« für die Politik und Präsidentschaftswahlkämpfe der zweiten Hälfte des 20. Jahrhunderts, als sei es nur für sie geschrieben.

Weil sie so unbelastet von ihrer Vergangenheit sind, pflegen Amerikaner Wunden, Demütigungen, Niederlagen der Vergangenheit nicht »nachzutragen«. Ob sie sie selber erlitten oder andern zugefügt hatten, es war ja nur ein Irrtum gewesen. Ein Experiment war mißglückt und darf nicht wiederholt, sondern muß korrigiert und vergessen werden.

Neben der Statue der Freiheit sollte als Gruß und Symbol der Neuen Welt ein Standbild von Lots Weib errichtet werden; besser noch wäre die Salzsäule, in die jene verwandelt wurde, weil sie zurückblickte zur bösen, vergangenen Welt; ein amerikanisches Symbol, vor dem Gestern warnend, weist sie in die Zukunft. Wer diesem Gebot ungehorsam unnützes (manchmal nur scheinbar unnützes) Erinnern pflegt, den ermahnen Amerikaner mit der beliebten Standard-Redensart: Vergessen Sie es – *forget about it.* Mit dieser Formel wurden wir europäischen Flüchtlinge des Jahres 1940 nach der Landung in Amerika begrüßt; das Herz war uns übervoll von den Nöten und Verfolgungen, denen wir nur ein paar Wochen zuvor entronnen waren, während sie noch unseren Kontinent, den alten, heimsuchten; bei jeder Gelegenheit wollten wir den Amerikanern davon erzählen. Dann wurde uns regelmäßig das Wort abgeschnitten, sie lächelten uns freundwillig, aber doch gebieterisch an: »Jetzt sind Sie hier – vergessen Sie es.« Mein Freund, der Historiker des Nationalsozialismus Konrad Heiden, pflegte zu antworten: »Aber ich will es gar nicht vergessen«, was ihm einen ebenso verständnislosen wie abweisenden Blick eintrug und den Dialog abbrach.

Man wische die unnütze Vergangenheit mit dem Schwamm weg, um die tabula rasa zu schaffen, auf die man Neues und Besseres schreiben wird. Treu diesem Prinzip und dieser ihrer Methode kennt die große Mehrheit der Amerikaner erstaunlich wenig historische Fakten. An Namen und Jahreszahlen folgenschwerer Ereignisse und führender Figuren aus ihrer Vergangenheit erinnern sie sich nicht.

Da sie so schnell, oft und gern Vergangenes vergessen, fällt es ihnen besonders leicht, vieles als völlig neu zu bestaunen, was schon recht alt ist: Sie erinnern sich nur nicht seiner Vorgänger. Der Wunsch nach Neuem, den sie beständig verspüren, ist der Vater ihrer Vergeßlichkeit. Aber diese Vergangenheitsmißachtung ist nur die eine Seite der Medaille, auf die die abgeschliffene, übersehene, höchstens als Zierat gebrauchte nutzlose Vergangenheit geprägt ist. Auf der anderen Seite – vollgültig im täglichen Gebrauch der Amerikaner – bleibt die Essenz ihrer Geschichte ihnen gegenwärtig: die wenigen mächtigen Ideen, Lehren, Errungenschaften, die sie ihre »historische Erbschaft« nennen.

Wie ein Millionenerbe haben die Amerikaner den Bildungsballast, die ausgedienten Uniformen, die Materialien abgeschlossener Experimente, alte Steckenpferde, Überbleibsel kurzwährender Belustigungen, die sentimentalen Souvenirs, die der Verblichene hinterlassen hatte, in die Gerümpelkammer getragen; Familienchronisten mögen sie katalogisieren und Kinder mit ihnen spielen. Die Vermögenswerte, die der Erblasser gesammelt hatte, sucht sein Erbe zu pflegen und zu mehren – im gleichen Geist wie jener, wenn auch oft auf neuen Wegen, wie die neue Zeit sie verlangt. Geschichte ist, was dem Glück der Gegenwart nutzbar blieb.

5 Geschichte als Mythos und Prolog

Wir können das Verhältnis der Amerikaner zu ihrer Geschichte am besten verstehen, wenn wir sie mit dem Verhältnis der Christen zur Heiligen Schrift vergleichen. Führt deren Offenbarung und Überlieferung die Gläubigen, so lenkt die Amerikaner ihre geschichtliche »Erfahrung« und »Erbschaft«. Wenn sie von Zeit zu Zeit neu ausgelegt und Akzente anders gesetzt werden, soll ihre Wirkkraft nicht aufgehoben, sondern erhalten und vermehrt werden. Das Wort bleibt bestehen.

Der Vergleich ist weder blasphemisch noch weit hergeholt. Die wenigen Geschehnisse, Ideen, Lehren, Gestalten, die die Amerikaner aus ihrer Vergangenheit übernehmen, um sie als ihre Geschichte zu kennen und anzuerkennen, drängen diesen Vergleich auf. »Die Vergangenheit, die unser Leben beeinflußt, besteht nicht aus dem, was tatsächlich geschah, sondern aus dem, was Menschen glauben, daß es geschah«, bekannte 1943 der amerikanische Historiker Gerald White Johnson (in »Amerikanische Helden und Heldenverehrung«). Die amerikanische Geschichte selbst deutet seltsame Parallelen zur biblischen Geschichte an, fast wirkt sie wie deren Säkularisierung.

Das Alte Testament der amerikanischen Geschichte beginnt mit der Ankunft der weißen Siedler auf der Suche nach der Neuen Welt. Diesen amerikanischen Stammvätern folgen Amerikas alttestamentarische Propheten; sie verheißen als messianische Zukunft die Heraufkunft des freien, gleichberechtigten Amerikaners in einer Demokratie. Mit der Gründung der Vereinigten Staaten beginnt die zweite, die neutestamentarische Phase der Neuen Welt. Das Heilsereignis, das die Propheten verheißen hatten, vollzieht sich. Zuerst haben an diesem neuen Bund nur die Amerikaner selbst teil, ehe die ganze Welt von ihren Missionaren und ihrem Beispiel dazu bekehrt sein wird. Das Evangelium ist in der Unabhängigkeitserklärung niedergelegt, der Botschaft von Amerikas Geburt. Mit der Verfassung, die die Gebote und Grenzen des neuen Staates verkündet, bleibt sie das Neue Testament der Amerikaner.

Anders als die christliche Heilsgeschichte beginnt die amerikanische Geschichte nicht mit dem Sündenfall, sondern dessen genauem Gegenteil. Es war die Alte Welt, in der die Sünde geherrscht hatte; der amerikanische Adam wurde nicht aus ihr gestoßen, sondern verließ sie aus freiem Willen, um sich von ihrem Fluch zu befreien; er wollte in der Neuen Welt den Gnadenstand finden, den deren neue Ordnung versprach. Hier konnte er sich von Schuld und Schlacken der Vergangenheit reinigen; hier konnte er durch stetes Bemühen und steten Versuch das Neue verwirklichen, bis das Paradies auf Erden geschaffen sei – ein optimistischer Glaube, der alle Tragik aus der Geschichte, ja aus dem Leben verdrängt*.

Von den zwölf gesetzlich anerkannten Feiertagen Amerikas sind nur zwei – Weihnachten und Karfreitag – christlich. Ein dritter Feiertag, der Wahltag, dient dem Geschäft der Gegenwart, während der etwas paradox genannte »Tag der Arbeit« am ersten Septembermontag, nach dem Ende der Sommerferien, als Zugabe dem Nichtstun gewidmet ist. Alle anderen acht Festtage erinnern an große Geschehnisse der amerikanischen Geschichte. Es fällt auf, daß keiner von ihnen kriegerische Ruhmestaten und Waffensiege feiert; weder ihr revolutionärer Krieg gegen England noch die Welt- und anderen Kriege ihrer Vergangenheit sind in die nationale *mystique* eingegangen. Wie der Waffenstillstandstag, der den Wiederbeginn des Friedens feiert, ehren sie alle einen Beginn.

Die Geschichte der Amerikaner beginnt nicht mit den Anfängen Amerikas. Die Schicksale seiner indianischen Urbewohner mit ihren Wanderungen, Feldzügen, Erfindungen, Religionen vor dem Jahre 1492 existieren im Bewußtsein der Amerikaner nicht, sie sind ihnen noch ferner, fremder, unbekannter als etwa die Geschichte Chinas oder Afrikas. Daß mit der Ankunft der ersten Europäer in Amerika sich zwei Kulturen, die eingeborene und die europäische, begegnet seien, wird heute vielfach in Zentral- und Südamerika gelehrt, doch nirgendwo in den Vereinigten Staaten.

In den Augen seiner heutigen Bewohner beginnt Amerikas Geschichte auch noch kaum mit dessen Entdeckung durch die ersten Europäer; diese Periode gehört zur Prähistorie, um die sich Sagen ranken. Es empfiehlt sich nicht, an diesen Sagen zu rütteln; die Amerikaner wollen sie sich nicht von entmythologisierenden Spielverderbern zerstören lassen. Man sah den Beweis etwa im Jahre 1964, als Forscher der Yale-Universität eine historisch beglaubigte Weltkarte fanden, deren Eintragungen bewiesen, daß als erster Europäer der Isländer Leif Ericson schon im Jahre 1000 seinen Fuß auf amerikanischen Boden gesetzt habe. Die Entdecker dieses Entdeckers erlitten das herkömmliche Schicksal von Ikonenzertrümmerern. Der Ruhm der Entdeckung komme dem Genueser »Christopher Columbus« zu, und keine Wissenschaft könne daran etwas ändern, so protestierten voller Wut und Abscheu nicht nur die auf ihre Ahnen stolzen Organisationen der Amerikaner italieni-

* Die eigentlich religiösen Formen und Wirkungen werden im folgenden Kapitel dargestellt, die weltpolitischen im Kapitel 18.

scher Herkunft, deren es unvergleichlich mehr als Amerikaner isländischer Abstammung gibt. Sofort verkündeten auch die Führer der Nation, kein nebelhafter Nordländer dürfe dem Genuesen jene Ehre streitig machen. Leif Ericson und andere Wikinger hinterließen ja keine Spuren, keinesfalls wirken sie kontinuierlich noch in das heutige Amerika, weshalb Erinnern an sie unnütz wäre. Daß sie Amerika Weinland nannten, zeigte schon, wie unamerikanisch sie gewesen sein müssen.

Kolumbus hingegen öffnete die Straße von Europa nach Amerika; den Seeweg nach Ostindien suchend, unternahm er, ohne es zu wollen oder zu wissen, ein Experiment, dessen glückliches Ergebnis ihn seither zur ersten Heldenfigur Amerikas erhob. Ihm zum Gedenken erhielten seinen Namen neue amerikanische Städte in Georgia, Indiana, Mississippi, Nebraska, die Hauptstadt von Ohio, und verschönert als Columbia auch Städte in Missouri, Tennessee, die Hauptstadt von South Carolina, ein Strom, eine Universität, endlich der Regierungsbezirk der Bundeshauptstadt selbst – nur nicht der Erdteil, den er entdeckte. Mit seinem Namen ehrt Amerika den Amerigo (Americus) Vespucci, einen Italiener aus Florenz, der behauptete, fünf Jahre nach Kolumbus gleichfalls auf jenem Kontinent gelandet zu sein; sein Anspruch wird von Forschern seit Alexander von Humboldt bezweifelt, wenn nicht gar bestritten. Jedenfalls erfand Amerigo für Amerika den Namen »Neue Welt«: Im Jahre 1504 erschien er als Titel seines Briefes über Bereiche, die niemand vor ihm gesehen hatte. So erwarb Amerika von dem Manne, der wohl nie dort gewesen war, auch seinen zweiten Namen, der bald eine viel weitere und tiefere Bedeutung erhielt – die Welt, in der das Neue triumphiert. Als der Erfinder ihrer zügigsten Fabrikmarke, als Meister der Selbstreklame, als Schöpfer eines phantasievollen Leitbilds dem wirklichen Entdecker seinen Ruhm erfolgreich streitig machend, hat sich auch Amerigo seinen Platz als amerikanische Heldenfigur verdient.

Den Boden der heutigen Vereinigten Staaten hatten weder Kolumbus noch Amerigo betreten. Erst etwa zwanzig Jahre nach ihnen – im Jahr 1513 – setzte als erster Europäer der Spanier Juan Ponce de Leon seinen Fuß auf deren Boden, wobei sein Entdeckerziel sinnbildlich und vorbildhaft für das Amerika der zukünftigen Amerikaner wirkt: Er war Reisebegleiter von Kolumbus auf dessen zweiter Amerikafahrt gewesen, hatte sie sechzehn Jahre später selbständig wiederholt, wurde Eroberer und erster Gouverneur von Puerto Rico (das damit zur spanischen Kolonie wurde), als er sich mit drei Schiffen auf die Suche nach einem Lande machte, das die Indianer Bimini nannten; wie sie ihm erzählten, sprudele dort die Quelle ewiger Jugend. Auf der Suche nach ihr kam er am 27. März 1513 auf das amerikanische Festland, das er Florida benannte. Dort wurde der Jugendsucher von den wilden Eingeborenen tödlich verwundet; die Quelle der ewigen Jugend hat er nicht gefunden. Seine Suche setzen seither die Amerikaner fort, und bisher genauso erfolglos. Doch weil sie weiterhin glauben, der zauberkräftige Jugendborn sprudele in ihrem Lande, suchen sie ihn immer noch, wobei sie die Hoffnung nicht aufgeben, jedes neueste kosmetische und medizinische Präparat, jedes neueste soziale und kulturelle Reformprojekt werde sie endlich und ewig verjüngen.

Außerhalb der lokalen Bereiche ihrer Besuche vergessen sind heute all die Spanier, Italiener, Franzosen, Portugiesen, die in den hundert Jahren nach Ponce de Leon zuerst andere Teile der endlosen Wildnis Nordamerikas betreten und durchstreift haben. Unter dem Zeichen des Kreuzes, von den Eingeborenen als Götter verehrt, Flaggen ihres Souveräns entlang des Wegs aufpflanzend, waren sie katholische Missionare, Goldsucher, Kolonialreichsgründer, Bannerträger der Alten Welt. Ihr wollten sie den neuen Kontinent zu Füßen legen. Deshalb spüren die Amerikaner keine Gemeinsamkeit mit ihnen, sie bleiben fremdländische Figuren. Man kennt sie nur als Name einer Automarke (nach Hernando de Soto, Entdecker des Mississippi-Stromes nahe Memphis) oder eines Stroms (Henry Hudson) oder einer New Yorker Großbrücke (Giorgio da Verrazano, Entdecker der New Yorker Bucht). Die gleichzeitigen Entdecker der Mississippi-Mündung, großer Teile Floridas, der Küste und des Innenlandes von Texas, der Küste von Kalifornien, des Südwestens, des Colorado-Stroms, des Grand Canyon, der Chesapeake-Bucht, Neu-Mexikos, von Massachusetts – wer nicht gerade seine Doktorarbeit über sie geschrieben hat, hat noch nie von ihnen gehört.

Sogar die frühesten englischen Siedler in Nordamerika gehören nicht ganz zu seiner Geschichte, weil sie nur mit Gewalt und zum Teil dem amerikanischen Mythos dienstbar gemacht werden können. Wenige Amerikaner wissen auch nur, daß im Jahre 1607 auf dem Schiff »Sarah Constant« die ersten – 120 englische – Auswanderer nach Amerika kamen, um hier im Auftrag und mit Freibrief ihres Königs eine Kolonie zu gründen. Nach einer vagen amerikafrommen Legende wurde zwar zu Jamestown in Virginia, der von ihnen gegründeten ersten europäischen Siedlung, das Samenkorn kommender Demokratie gelegt; dort nämlich durften mit königlichem Privileg die Bürger eine gesetzgebende Versammlung wählen. Aber ihre Beschlüsse erlangten keine Kraft, wenn der als Stellvertreter des Monarchen amtierende Gouverneur sie nicht guthieß: »Die Auswanderer waren untertan den Verordnungen einer Handelsgesellschaft, in der sie nicht als Mitglieder tätig werden konnten; der Herrschaft eines Gemeinderats, bei dessen Bestellung sie kein Stimmrecht besaßen; der Kontrolle eines höheren Rats; und endlich, der willkürlichen Gesetzgebung des Souveräns ... Kein Element der Volksfreiheit oder Volksregierung war eingeführt. Und kein Einwanderer durfte Widerspruch zur Staatskirche erheben oder seine Untertänigkeit vom König zurückziehen ...« So 1834 einer der ersten bedeutenden amerikanischen Historiker, George Bancroft.

Und noch herausfordernder widersprachen diese ersten Siedler in allem und jedem Zug dem Bilde, das die Amerikaner von sich und somit ihren Vorvätern sehen wollen: »Keine erhabenen Ansichten, keine geistlichen oder geistigen Vorstellungen walteten über der Gründung dieser neuen Siedlung ... Die Männer, die nach Virginia gesandt wurden, waren Goldsucher, Abenteurer ohne Substanz und Charakter, deren unruhiger Geist den Fortschritt der jungen Kolonie unsicher machte«, meinte Tocqueville. Nach der ersten Beschreibung der Kolonie, auf die er sich stützt, waren sie »bereiter zum Plündern und Zerstören als zur Förderung der Wohlfahrt ihrer Siedlung. Aufsässige Führer verführten diese ganze Bande mit Leichtigkeit zu jeder Form der Ausschweifung.« Die Aufgabe des Aufbaus verachteten sie. Statt Mais und Häuser zu bauen, vergeudeten jene ersten Kolonisten ihre Zeit mit der Suche nach Gold und einer Wasserstraße nach Indien. Zudem war ihnen das Glück nicht hold, nur jeder vierte überlebte Malaria, Hunger und Hitze Amerikas. Das erste auf nordamerikanischem Boden geborene weiße Kind, namens Virginia Dare, holte bald der Tod. Ungern erinnert man sich, daß die Wirtschaft jener ersten Amerikaner auf dem Anbau und Export von Tabak beruhte, somit einem früher als unmoralisch und heute als ungesund geltenden, obgleich einbringlichen Erzeugnis. Gleichfalls als ein bißchen peinlich empfindet man es, daß ein Führer jener Kolonisten, John Rolfe, die indianische Häuptlingstochter Pocahontas heiratete, also eine Mesalliance mit einer eingeborenen »Farbigen« einging; wie neuere rassische Mischehepaare verließen sie bald Amerika.

Auch in Amerika treu der Krone, der Staatskirche, der bestehenden Ordnung Englands, weder fleißig noch strebsam, weder erfinderisch noch vom Glück begünstigt, waren sie nur die ersten europäischen, englischen Siedler in Nordamerika, nicht aber die ersten Amerikaner, diese neuen Menschen. Die amerikanische Geschichte behandelt deshalb die Leute von Jamestown wie eine alte und vornehme Familie einen mißratenen, aus der Art geschlagenen Ahnherrn. Man rühmt, daß eine der Tugenden, auf deren Besitz man selber so stolz ist, schon ihn ausgezeichnet habe, was diesen selbst wohl gründlich erstaunt hätte; doch im übrigen wird das unrühmliche Leben des Vorfahren, der kein Vorbild war, verschwiegen, bis er vergessen wird.

Bis vor wenigen Jahren erinnerte sich auch kaum jemand daran, daß im Jahre 1619 in Jamestown ein Schiff namens Sehnsucht, die »Desire«, eintraf. Es brachte die erste Ladung afrikanischer Sklaven ins Land. Erst als nach 1950 die Revolution der schwarzen Amerikaner ausbrach, entdeckte man dieses Ereignis und seine geschichtliche Bedeutung wieder, vor allem die Negerhistoriker, die daraus zu schließen wußten, die ersten Vorväter der amerikanischen Neger seien nach Amerika gekommen, bevor ein Jahr später dessen Stammväter in Plymouth an der Küste von Neu-England dem Schiff »Mayflower« entstiegen.

Trotz aller historischen Restaurationen, die auch schon wieder zu zerfallen beginnen wie die Originale, ist Jamestown heute meist menschenleer. Hingegen herrscht in Plymouth das Getriebe eines weltlichen Wallfahrtsortes mit allen Rummelplatzauswüchsen und Touristenfallen. Mit frommem Schauder blicken die Besucher auf die Stätte, an der Amerika begann.

Daß mit der Landung des Schiffes »Mayflower« die amerikanische Geschichte begann, meint jeder Schulbub im Land zu wissen. Das Datum war 1620: Nach mehr als dreimonatiger Überfahrt brachte die »Mayflower« eine Gruppe von hundert (oder hundertzwei, wie manche Historiker schreiben) englischen Auswanderern – sie nannten sich die Pilger, und sie waren die eigentlichen Stammväter, aus deren Samen alle Amerikaner sprossen und in deren Geist die Amerikaner auch heute noch zu leben glauben. Sie hatten ihr britisches Heimatland, zwölf Jahre später auch ihr holländisches Exil verlassen, weil sie die Überbleibsel des katholischen Glaubens, die sie noch in der Staatsreligion der englischen Protestantischen Episkopalkirche zu entdecken meinten, nicht hinnahmen. Eifernde »Separatisten« dieser herrschenden Kirche, hatten sie »Unabhängige« (Congregationalistische) Freikirchen gegründet, um nach ihrem eigenen Glauben ungestört zu leben, ungehemmt von der Autorität einer klerikalen Hierarchie, entschlossen, ihre Geistlichen selbst zu wählen und ihre Gemeinden selbst zu regieren im steten Protest gegen die Staatskirche, gegen den sie fördernden König, gegen die ihnen überall sichtbare Korruption. Sie waren »Stiefkinder der Reformation« (Ernst Troeltsch), radikale Neuerer, denen die eben erst anerkannten radikalen Neuerungen nicht genügten, Gläubige eines Naturrechts, dem der Einzelmensch als Träger der absoluten Werte gilt, Europaflüchtlinge aus Gewissensnot. In der Neuen Welt wollten sie ein »Neues Jerusalem« gründen. Finanziert wurde ihre Reise von einem Konsortium britischer Spekulanten. Nach sieben Jahren sollten sie alle Gewinne mit ihnen teilen; die Hoffnung auf Gewinn der einen trug die Hoffnung auf Glaubensfreiheit der andern.

Nicht nur die individuelle Freiheit des Glaubens und der Glaubensgemeinschaft suchten sie in Amerika, brachten sie nach Amerika, führten sie in Amerika zum Triumph, auch die Freiheit und Gleichheit der Amerikaner – so lernen die Amerikaner im ersten Kapitel ihrer Geschichte, mit dem ihr Altertum einsetzt. »Aus kleinen Anfängen sind große Werke geschaffen worden; und wie eine kleine Kerze deren tausend anzünden mag, so leuchtet unser Licht für viele, ja irgendwie unserer ganzen Nation«, sagte ihr Führer William Bradford im Jahre 1634. Als statt der englischen die amerikanische Nation dieses Licht genoß, bestätigte ihr Historiker Bancroft 1834 die Erfüllung jener Voraussage: »Als Führer und Bahnbrecher verdienen die Väter der alten Kolonie Dankbarkeit: Durch Szenen von Not und Elend zeigten sie den Weg für die, die ob ihrer Gewissensfreiheit in die Wildnis gehen wollten ... Sie setzten das Beispiel der Kolonisierung durch freie Grundbesitzer und schufen die Gußform für den bürgerlichen und religiösen Charakter unserer Institutionen ... «

In unserer Zeit preist man modernere, weitergehende, andersartige amerikanische Errungenschaften, deren Führer und Vorgänger jene Stammväter gewesen waren. Man lese etwa die Huldigung eines 1954 erschienenen, in amerikanischen Schulen viel benutzten Geschichtslehrbuchs über die Siedlung der Religionsrebellen: »Wie diese diversen Elemente und Persönlichkeiten, die durch eine gemeinsame Bestimmung verbunden waren, erreichten, miteinander auszukommen, ist eine Lehre in Demokratie und im amerikanischen Ideal. Klassenunterschiede und Verschiedenheiten der Vorbildung mußten vergessen werden. Der Wert, nicht die Geburt eines Mannes zählte in der Wildnis ... « So wird hier die alttestamentarische Verheißung des neuen amerikanischen Bundes gesehen: Das Bild eines Mythos, die Welt und ihre Entstehung deutend, aber außerhalb der Grenzen wahrheitsgemäßer Forschung liegend, ist die Kunstform, die sich die Geschichte schafft, um lebendig die Zukunft zu bestimmen.

Historiker haben an diesem Bild gewichtige Korrekturen eingetragen, gar nicht zu reden von den während der zwanziger und dreißiger Jahre unseres Jahrhunderts in Amerika modischen »Entquatschern« *(debunkers)*, die als Reaktion auf die Säulenheiligen-Verherrlichung geschichtliche Helden nur in ihren schlechtesten, oft hämisch verzerrten Zügen darstellten. Aber trotz alledem erhält sich in den Augen der Amerikaner (wobei die Intellektuellen oft die Ausnahmen darstellen) der Mythos. Phantasie und Wirklichkeit vermischende liebwerte Legenden umgeben diese Pilger mit dem Glorienschein der ersten Amerikaner.

Um dessen Glanz zu erhalten, denken die Amerikaner ungern daran, daß die Pilger gar nicht vom alten Kontinent vertrieben worden waren; in Holland genossen sie Glaubensfreiheit, aber sie konnten sich nicht mit dem Emigrantenlos abfinden, neue Berufe erlernen zu müssen, eine neue Sprache zu sprechen, neue Nachbarn zu grüßen. Obschon die Holländer sie beschworen, in ihrem Land zu bleiben, und ihnen profitable Angebote machten, hielten sie es dort nicht aus. Lieber wollten sie in die »ferne Wildnis von Virginia«, wo doch ihr britischer König regierte und ihre englischen Landsleute angesiedelt waren. Aber Stürme und mangelhafte Navigation trieben sie nordwärts, bis der Zufall auch sie, wie Kolumbus, an neue Ufer trieb. Entsetzen ergriff sie, als sie Amerika zuerst an der dürren und traurigen Küste des Cape Cod mit ihren Sanddünen, auf denen nur Gras und Buschwerk wachsen, erspähten, und im Hintergrund Wälder. Tage vergingen, bis sie eine als Hafen brauchbare Bucht fanden, an der sie endlich landeten. Sie nannten den Platz Plymouth – im Gedenken an den heimatlichen Ort, von dem sie Europa verlassen hatten.

Daß vor ihnen schon französische und portugiesische Fischer dort gewesen waren, daran erinnern sich Amerikaner nicht. Selbst der Name des englischen Abenteurers Bartholomew Gosnold, der achtzehn Jahre zuvor, im Jahre 1602, hier gelandet und umhergestreift war, ist ihnen unbekannt; sogar gebildete Neu-Engländer haben ihn niemals gehört. Was Amerikaner aus ihrer Vergangenheit ausradiert haben, ist so aufschlußreich für ihre »geschichtliche Erbschaft« wie das, was sie darin unterstreichen, hervorheben, glorifizieren: Die Pilger, so stellt es sich ihnen dar, verkörperten den absoluten Neubeginn. Dem Mythos zufolge suchten und fanden jene eine physische tabula rasa in Amerika.

Die unwirtliche, karge Landschaft des Cape Cod – heute eine besonders beliebte Sommerkolonie »fortschrittlicher« Intellektueller und exzentrischer Bohemiens – lieferte ein passendes Szenenbild für dieses mythische Nichts, das die Pilger in der Neuen Welt antrafen. Beredsam und ergreifend schildert die offizielle Rhetorik ihre Arbeitsfreude, Frömmigkeit, Erfinderkraft, Hartnäckigkeit, kurz die alten puritanischen Yankee-Tugenden, dank deren sie überlebten.

Die bald offizielle puritanische Ethik Amerikas – so idealistisch in geistlichen Bereichen wie praktisch, ja materialistisch in der Wirtschaftsführung – zeichnet sich voraus, obschon weniger davon hergemacht wird, daß die Pilger ihr Überleben einem Diebstahl oder, mit einem weniger harten Wort, einem Mundraub verdankten. Kurz nach der Landung entdeckten sie nahe Truro auf Cape Cod ein Lager von zehn Scheffeln Mais, das die Indianer dort unter Sandhügelchen für ihren Winter zur Seite gelegt hatten. Die Pilger nährten sich davon und nannten ihren Fund einen Akt der Vorsehung. Ohne Zweifel arbeiteten sie schwer, doch die Erfahrungen und vorgetane Arbeit der Eingeborenen waren ihr Kapital. Ein

Indianerhäuptling Quanto lehrte sie den Anbau von Mais auf Feldern, die sein Stamm bereits angelegt hatte. So konnte etwa die Hälfte der Kolonisten den ersten Sommer, der unvergleichlich heißer, und den ersten Winter, der unvergleichlich kälter war als daheim, überstehen. Als ihre erste Ernte eingebracht war, feierten sie mit Danksagung und Festessen ihren Erfolg. Das war im Jahre 1621.

Wie eine weltliche Kommunion vollziehen seither die Amerikaner am vierten Donnerstag jedes Novembers dieses Danksagungsmahl nach. Der Tag ist im ganzen Land ein gesetzlicher Festtag. Man feiert ihn, wie der Überlieferung zufolge die Stammväter es taten. Zwar ist der wilde Truthahn nahezu ausgerottet, aber in riesigen Fabriken werden das ganze Jahr Truthähne gezüchtet, um an diesem Tag den Appetit einer feiernden, immer noch hungrigen Nation traditionsgerecht zu stillen, nach unwandelbarem Ritus begleitet von Beeren, Kürbissen und Squash-Gurken, wie anno dazumal. Im Unterschied zu den Pilgern bechern ihre Nachkommen dazu kräftig, und viele Gespräche gelten den Einkäufen, zu denen man sich in der am nächsten Tag nach neuerer Tradition beginnenden Winter- und Weihnachtssaison der Warenhäuser rüstet. Zur Folklore gehört auch der von Überfüllung verdorbene Magen und Katzenjammer am nächsten Morgen. Fast scheinen Speis und Trank im Überfluß als eigentliche Errungenschaft und höchstes Ziel Amerikas gefeiert und genossen zu werden.

Festrednern und Volksglauben zufolge feiern die Amerikaner am Danksagungstag aber auch ihre politischen Errungenschaften; waren doch die Pilger die Propheten und Pioniere der Demokratie – so wird gepredigt. In ihrem »Mayflower-Pakt« hätten sie sie begründet, lernte das gläubige Schulkind, das allerdings ihren Text lebenslänglich zu lesen versäumt. Gewiß, die 102 Auswanderer verpflichteten sich vor ihrer Landung, »gerechtes und gleiches Gesetz« zu entwerfen, »zum allgemeinen Vorteil der Kolonie«. Doch dieser Pakt glich den freikirchlichen Gemeindeverträgen der Alten Welt, wenig Neues war darin zu finden, vor allem zeichnete er keine Linien der kommenden amerikanischen Ordnung vor. Die Pilger bekräftigten nur, »treue Untertanen unseres Königs« zu sein, und ihr Ziel war »die Förderung des Christenglaubens«, wie sie ihn nach ihrem inneren Licht verstanden. Weder beabsichtigten sie die Errichtung einer neuen politischen Ordnung noch versuchten sie sie im Lauf der Zeit.

Die Pilger interessierten sich nicht einmal für politische Dinge; den religiösen Flüchtlingen bedeutete ihr Glauben, der der herrschenden Religion Englands widersprochen hatte, alles; das freie Bekenntnis ihrer neuen Lehre und deren Ausübung genügte ihnen als Grundlage einer neuen Welt. Und die sie begleitenden Londoner Handwerker kümmerten sich genausowenig um die politische

Ordnung; als Neues erhofften sie nur ihre wirtschaftliche Befreiung von der Not.

Nicht einmal die Freiheit des Glaubens für jedermann, nicht einmal deren Duldung, gehörte zu ihrem Programm. Solange sie alle der gleichen Sekte angehörten, gab es kein solches Problem. Dies änderte sich schnell, als die nächsten Jahrzehnte Wellen neuer puritanischer Einwanderer auf der Suche nach Freiheit ihres eigenen Glaubens und auch nach wirtschaftlicher Sicherheit ins Land spülten (obschon andere britische Kolonien wie Barbados in Westindien ihrer noch mehr empfingen). In der Kolonie Massachusetts, in der die Pilger lebten, wurden Sondergesetze gegen Andersgläubige erlassen, Baptisten und Quäker verfolgt, zum Tode verurteilt, ausgepeitscht. Nur ein Eingriff der englischen Krone verbot die schlimmsten Ausschreitungen. Auch anderswo in Amerika verfolgten die Puritaner Andersgläubige so entschieden, manchmal grausam, wie sie selber in der Alten Welt verfolgt worden waren. »Wer so immer einen anderen Gott als den Herrn anbetet«, soll hingerichtet werden, erklärte etwa der Kodex von Connecticut, während in Massachusetts nur Mitglieder der herrschenden Sekte das Wahlrecht besaßen. Auch waren trotz aller Gleichheit Frauen erheblich weniger gleich, wobei man ihre Stellung nach dem Alten Testament festlegte. Die meisten Baptisten, Presbyterianer, anderen Puritaner, die den Separatisten der »Mayflower« nach Amerika gefolgt waren, betrachteten die Freiheit wie die Gleichheit aller Bekenntnisse als Sünde gegen die heilige Offenbarung ihrer Gemeinde.

Lieber hält man deshalb heute die Erinnerung an jene Ausnahmen aufrecht, denen Amerika das damals unerhört Neuartige erlaubte: die Toleranz jeder Glaubensart, in radikalster Abkehr von aller bisherigen und auch der puritanischen Ordnung. Mit berechtigtem Stolz erinnern sich Amerikaner noch des baptistischen Geistlichen Roger Williams, der nach seiner Promotion an der Universität Cambridge nach Amerika ausgewandert war, um dort gemäß seiner Freiheitsidee leben zu können, derentwegen ihn aber seine puritanischen Glaubensgenossen schleunigst ins Gefängnis setzten. Doch nach seiner Flucht aus der Haft konnte er in den Norden ziehen, wo er im heutigen Staat Rhode Island von den Indianern Land kaufte, statt wie damals üblich es ihnen wegzunehmen. Die Stiftungsurkunde des Baptistenstaats mit der Hauptstadt Providence, also »Vorsehung«, den er und seine Glaubensgenossen gründeten, begann im Jahre 1644, mitten im dreißigjährigen Glaubenskrieg Europas, mit den Worten: »Die Regierungsform ist demokratisch.« Kein leeres Wort, da in dieser neuen Kolonie alle andersgläubigen Christen, auch die aus Holland flüchtenden Juden, sogar Häretiker und Atheisten als gleichberechtigte Bürger aufgenommen wurden. Die englischen Katholiken, die 1634 unter Führung des konvertierten Lord Baltimore Maryland besiedelten, beschlossen 1649 nach einigem Zaudern (ein Jahr nach dem Kriegsende in Europa) gleichfalls ein Tolerierungsgesetz, das allen Christen Glaubensfreiheit gewährte. Ähnlich tolerant waren sonst nur noch die Quäker in Pennsylvanien.

Daß diese Ausnahmen die Vorläufer der späteren amerikanischen Norm wurden; daß auf Zickzackwegen der Fanatismus, die Theologie, die amerikanischen Erfahrungen der herrschenden Sekten selbst zu den ihnen scheinbar so fremden Idealen der Vereinigten Staaten führen sollten; daß damals die Grundlagen der kommenden Ordnung – von niemandem geahnt, von niemandem ersehnt – gelegt worden sind: dieser geschichtliche Vorgang ist zu kompliziert, als daß er beim Truthahnessen und im Kindergarten verstanden werden könnte. Sosehr ihn die *mystique* auch vereinfacht, die geschichtlichen Ursprünge ihrer Tradition hält sie im Bewußtsein der Amerikaner fest. Dies war die Verheißung des Neuen Bundes der Amerikaner in den Vereinigten Staaten, die ihr Alter Bund verkündet hatte.

Jeder Amerikaner kennt den Geburtstag des neuen Amerika, den 4. Juli, und zumeist weiß er sogar, daß es der 4. Juli 1776 war, an dem mit dieser Geburt die Neuzeit begann. John Adams, der mit Benjamin Franklin und drei weiteren Ausschußmitgliedern des zweiten Kontinentalen Kongresses der nordamerikanischen Kolonien zu Philadelphia am endgültigen Text der von Thomas Jefferson entworfenen Unabhängigkeitserklärung arbeitete, hatte am Abend des 3. Juli 1776 seiner Frau geschrieben: »Gestern wurde die größte Frage entschieden, die jemals in Amerika zur Debatte gestanden hat, und vielleicht ist niemals eine größere Frage von Menschen entschieden worden, noch wird sie jemals entschieden werden.« Er erklärte: »Eine Resolution wurde angenommen, ohne den Widerspruch einer einzigen Kolonie, daß diese vereinten Kolonien freie und unabhängige Staaten sind und Rechtens sein sollen.« Von einer Vision überwältigt, fuhr er fort: »Der zweite Tag des Juli 1776 wird das erinnerungswürdigste epochale Datum in der Geschichte Amerikas sein. Ich glaube, daß er von den nachfolgenden Generationen als das große Fest des Jahres gefeiert werden wird. Er sollte als ein Tag der Erlösung gefeiert werden, mit feierlichen Handlungen der Verehrung für den Allmächtigen Gott. Er sollte mit Prunk und Paraden gefeiert werden, mit Schaustellungen, Spielen, Sport, Kanonen, Glocken, Freudenfeuern und Illuminierungen, von einem Ende des Kontinents bis zum andern, von diesem Tag bis in alle Ewigkeit.«

Nur mit dem Datum irrte Adams, womit er sich, obschon es im

Augenblick seiner Niederschrift noch keine solche Staatsbürgerschaft gab, als echter, nämlich ungeduldiger Amerikaner erwies. Es dauerte zwei Tage länger, bis nicht nur die Unabhängigkeit der dreizehn Kolonien durch deren Delegierte, sondern auch das erklärende Manifest beschlossen und ins reine geschrieben worden war. Das am 4. Juli (zuerst deutschsprachig in der Zeitung »Pennsylvania-Bote«) veröffentlichte Dokument hat seither den entscheidenderen 2. Juli, an dem Amerika geschaffen wurde, völlig aus dem Bewußtsein der Amerikaner gelöscht. Der 4. Juli, der höchste Nationalfeiertag der Amerikaner, bleibt ihre weltliche Weihnacht, an dem die Heilsbotschaft verkündet, die Neue Ordnung geboren wurde.

Selbst in den Paraphernalien erfüllt der 4. Juli weiter John Adams' Vision: Immer noch werden die Fahnen gehißt, unvergleichlich öfter vor den Häusern auf dem Land und in kleinen Städten als in den Großstädten. Freiwillig, herkömmlich und überall gleich marschieren die Bürger immer noch zur Unabhängigkeitsparade durch die Hauptstraßen: »die Männer von 1776«, hübsch im historischen Kostüm und hoch zu Pferde, an der Spitze; die Pfadfinder und Pfadfinderinnen in ihren Uniformen; die Feuerwehr; die Kriegsteilnehmerverbände; die Elementarschulen; die Mittelschulen; ein paar Politiker und solche, die es werden wollen, im offenen Wagen, mit ungemein herzlichem Grinsen den Zuschauern zuwinkend, der Rest im mehr oder weniger gleichen Tritt. Die Vereinsfahnen und die Nationalflaggen umrahmen Ehrenwachen mit der Flinte über der Schulter. Vor den Kapellen in ihren Phantasieuniformen führt tänzelnd, den Takt schlagend, halbwüchsig, halb bekleidet und eminent zielsicher, wie eine aufgezogene Puppe, die Majorettin, eine Mischung aus Siegesgöttin, Chorgirl und Mittelschülerin; mit ihr triumphieren Sex und Jugend zu Ehren des Vaterlands. Alles ist unkompliziert, selbstsicher, glücklich; ein Widerschein der verblichenen Zeiten, in denen dies die Stimmung der Amerikaner war, als nach sauren Wochen die Farmer und die Handwerker des Landes ihr frohes Fest feierten.

Und die Festredner, die Leitartikler, die Fernsehsprecher, die Geistlichen wiederholten die Worte von 1776 wie von alters her alljährlich an diesem Tag. Doch sie klingen nicht wie alte Phrasen und leere Gemeinplätze, im Gegenteil: Sie wirken so gegenwärtig, aktuell, lebendig wie eh und je.

Daran ändert nichts, daß sich so vieles in Amerika seit John Adams' Brief geändert hat, sogar bei der Feier des 4. Juli: Nicht mehr nur »von einem Ende des Kontinents zum andern« wird gefeiert, sondern weit darüber hinaus; aus den dreizehn Vereinigten Staaten sind fünfzig, aus Amerika ist eine Weltmacht, aus dem Zufallsgemisch von zweieinhalb Millionen unabhängigen Siedlern eine Gemeinschaft von mehr als zweihundert Millionen Bürgern, aus den armen Kolonien ein reiches Land geworden. Und für viele seiner Bürger besteht die Feier nicht mehr in dem gemeinsamen Freudenfest – das ländliche Amerika hat sich in ein Volk mechanisierter Großstädter verwandelt, die am 4. Juli in ihren Autos durchs Land fahren; am nächsten Tag melden ihre Zeitungen, daß der letztjährige Rekord der Verkehrsunfälle des Tages und ihrer Todesopfer wieder gebrochen worden sei. Die Polizei ist in höchster Alarmstufe; brechen keine Unruhen unzufriedener Bürger den Frieden, dann gratuliert am folgenden Tag der Polizeichef seiner Bevölkerung; doch der Gesundheitschef ist besorgt, daß der Abfall, den jene auf Stränden und Straßen hinterließ, die öffentliche Gesundheit gefährde. Die Behörden sind mächtiger geworden, als sie es 1776 waren: In vielen Gemeinden werden angesichts der Brandgefahren Feuerwerke und Freudenfeuer aufs strengste untersagt. Hingegen hat die Regierung das gleichfalls von Adams vorausgehörte freiwillige Glockengeläute »von jeder Kirche, Schule, Fabrik und Feuerwehrstation« anbefohlen, um »das bürgerliche Bewußtsein unserer Erbschaft zu erneuern«, wie es in dem 1963 von Präsident Kennedy erlassenen Gesetz heißt. Und niemals zuvor war die Freude am Fest so groß wie am 4. Juli 1976, als die Vereinigten Staaten ihren zweihundertsten Geburtstag feierten. An jenem Tag entdeckten die Amerikaner, daß ihr Land viel gesünder war, als sie in den turbulenten, von Selbstzweifel und Selbstanklagen, manchmal sogar von Hysterie und Hypochondrie geplagten, einen depressiven Augenblick lang pessimistisch gestimmten vorhergehenden vier Jahren gefürchtet hatten, und sie feierten auch diese Entdekkung. Von dem 4. Juli 1776 zum *»Bicentennial«* zwei Jahrhunderte später ging eine keineswegs gerade, gelegentlich steil absinkende und dann wieder aufsteigende, aber ungebrochene, kontinuierliche Linie.

Sosehr sich Amerika und die Amerikaner auch verwandelt haben, die Botschaft ihres Beginns bleibt unverändert, seit am 4. Juli 1776 die Vorväter beschlossen – und glaubten –, allem Alten zu entsagen, eine neue Ordnung zu errichten, ihr Amerika zu einer eigenständigen Welt zu erklären, dem einzelnen seine gottgewollten Rechte zu gewähren, den Weg zur stetigen Verbesserung, der bisher versperrt gewesen sei, zu öffnen, gemäß der Heilsbotschaft: »Wir halten diese Wahrheiten für selbstverständlich, daß alle Menschen gleich geschaffen sind, daß sie von ihrem Schöpfer mit gewissen unveräußerlichen Rechten ausgestattet sind, daß unter diesen Leben, Freiheit und Streben nach Glück sind. Daß«, so fuhr die Botschaft fort, »um diese Rechte zu sichern, Regierungen von den Menschen errichtet werden, die ihre gerechten Gewalten von der Zustimmung der Regierten ableiten ... «

Etwa einen Monat hatte man zu dem Entwurf, den Veränderungen, den Beratungen gebraucht. Der Hinweis auf den Schöpfer als Quelle aller Menschenrechte wurde im Kompromiß zwischen frommen Christen und skeptischen Deisten eingefügt. Das Verbot der Negersklaverei wurde gestrichen, weil Südstaatler es nicht zuließen. Auch einen Tadel des »englischen Volks« entfernte man aus dem Manuskript, um nur dessen Herrscher und Politik zu verurteilen.

Ausdrücklich wurde die Gültigkeit der neuen Botschaft nicht auf die Amerikaner selbst beschränkt. Sie galt, wie die Erklärung formuliert, für »alle Menschen«. Eine weltliche Universalreligion wurde gestiftet, die den Amerikanern zuerst offenbart und von ihnen zuerst anerkannt worden war, ehe jedermann sich dazu bekehren werde. Wie die Unabhängigkeitserklärung offen erklärte, war sie an die Völker der Welt nicht anders als an die Amerikaner adressiert, als Propaganda ihres Glaubens. »Eine anständige Achtung vor den Meinungen der Menschheit« verlange, dieser die Prinzipien und Ursachen der Trennung der Vereinigten Staaten vom Mutterland vorzutragen; die Ursachen, nämlich die Missetaten und Machtmißbräuche des britischen Monarchen gegen seine amerikanischen Untertanen, wurden in etwa 1450 Worten aufgezählt, während die Prinzipien in ungefähr 50 Worten klargestellt werden konnten. Die Kritik am König galt einmaligen Ereignissen, die, nachdem sie mit der Erklärung der Unabhängigkeit korrigiert waren, kein »unnützes Erinnern« mehr festhält; doch die Präambel bleibt die große Botschaft und Erbschaft der amerikanischen Geschichte; sich ihrer zu erinnern ist nützlich, weil das Glück der Gegenwart auf ihren Prinzipien der Freiheit und Gleichheit, dem Recht und der Würde des Menschen beruht.

Wieder wirkt es wissenswert, was die Amerikaner nicht wissen, genauer gesagt, woran sie sich nicht erinnern wollen, weil es »unnütz« erscheinend ihrem Mythos widerspricht. Als hätten die Historiker unter Ausschluß der Öffentlichkeit Geheimnisse geschrieben, als fehlten die ihre Arbeiten wiedergebenden Seiten in der »Encyclopaedia Britannica« und den volkstümlichen Geschichtsabrissen auf den Bücherbrettern der Amerikaner, wird nicht zur Kenntnis genommen, daß die Unabhängigkeitserklärung der Vereinigten Staaten keinesfalls einen langen und bewußt geplanten Bruch mit der Vergangenheit vollendete: Fast bis zum letzten Augenblick wollte diese Unabhängigkeit nur eine kleine Schar fanatischer Republikaner; auch die amerikanische Revolution war das Werk einer Minderheit, während die Mehrheit unsicher zwischen Zustimmung und Ablehnung schwankte. Noch ein Jahr vor dem Bruch forderten die Kolonisten ihre Rechte als Engländer, nicht als Amerikaner, weil sie sich wirtschaftlich und steuerlich benachteiligt fühlten, weshalb auch sie im Londoner Parlament vertreten sein wollten. Noch als George Washington den Befehl über die aufständischen Kolonisten übernahm, schien ihm die Idee der Unabhängigkeit »abscheulich« *(abhorrent)*; er haßte die Revolution wie die Sünde. Ein Drittel der Einwohner Amerikas fürchtete Demokratie und Mobherrschaft mehr als alles britische Unrecht: Als loyale Untertanen der britischen Majestät stellten sie sich auf die Seite Englands, kämpften oder spionierten für sie, emigrierten nach britischen Kolonien Westindiens. Ein weiteres Bevölkerungsdrittel blieb während der Revolution neutral. Bis die törichte Politik der britischen Krone es unmöglich machte und die Kolonisten zur Unabhängigkeit zwang, hatten die meisten Amerikaner eine Versöhnung mit dem Mutterland erstrebt. Unter den neuen Bürgern der Vereinigten Staaten gab es so wenig Begeisterung für den Befreiungskrieg wie unter ihren Nachfahren für nahezu alle anderen amerikanischen Kriege. Der General George Washington schrieb in Valley Forge, Pennsylvania, wo seine Armee im Winter 1777/78 biwakierte – heute ein Staatspark, natürlich mit einem historisch restaurierten Hauptquartier, ebenso wiederhergestellten Soldatenhütten, einem Museum und vielen patriotisch ergriffenen Besuchern –, seine miserable Armee könne von patriotischen Ideen nicht inspiriert werden, sondern nur »von Aussicht auf Belohnung irgendwelcher Art«, und das hieß: Barzahlung. Geraume Zeit nach dem Sieg mußte vergehen, bis die Mehrheit der Amerikaner entdeckte, daß sie eine neue Ordnung erkämpft hatten. Die geschichtliche Legende verschönt, verkürzt, idealisiert die Stunde der Geburt Amerikas. Wie dem amerikanischen Mythos zufolge die Pilger in Plymouth ein Nichts angetroffen und daraus die Neue Welt geschaffen hatten, so schufen nach dem gleichen Mythos die Gründer der unabhängigen Vereinigten Staaten aus dem Nichts die neue Ordnung.

Die Ideen der Unabhängigkeitserklärung waren weder ausschließlich auf amerikanischem Boden gewachsen noch waren sie ganz so neu, wie seither die Amerikaner glauben. Die Theorie, ja viele Worte hatte ihr Autor Thomas Jefferson von dem fast ein Jahrhundert älteren Werk des britischen Aufklärers John Locke übernommen. Aber zum ersten Mal in der Geschichte wurde diese Theorie als praktischer Bauplan einer Nation angewandt. Und diese Leistung bedeutete mit Recht im amerikanischen Bewußtsein alles: Die politische Tat, ebenso großartig wie neuartig, zählt allein in der Rückschau der Amerikaner.

Radikal neu war der in Amerika zum ersten Mal verwirklichte Gedanke, daß die öffentliche Ordnung verändert werden dürfe. Neu war die erfüllte Forderung, die bisher geheiligten hierarchischen, monarchischen, ständischen Ordnungen zu entthronen und deren moralisches Gebot der Stabilität geringzuachten. Neu war der Vorrang der Rechte des Bürgers vor den Ansprüchen jeder Regierung; neu war die Anerkennung der Ansprüche des einzelnen auf seine Freiheit, Selbstbestimmung, Unabhängigkeit. In dem einen, einzigartigen Moment von 1776 war all dies neu, eine totale Absage an Althergebrachtes und bis dahin Anerkanntes.

Da jene amerikanische Revolution so neuartig war und so radikale Veränderungen brachte, wurde von den Amerikanern ihre Ordnung selbst mit der Veränderung zum Neuartigen identifiziert. In der ununterbrochenen Wandlung erblickten sie ein eigentliches Grundprinzip ihrer Gesellschaft. In ihren Augen wirkte das Neue als der Heilige Geist der amerikanischen Gemeinschaft, es hatte sich ihren Aposteln mitgeteilt, als sie die Unabhängigkeitserklärung verkündeten, es war wesensgleich mit der Gottheit des Fortschritts und der Verbesserung bis zur Vollkommenheit, wie sie das Leben in Freiheit und Gleichheit beseelte. So entstand das Paradox, daß die geschichtliche Erbschaft der Amerikaner andauernd das Neue verlangt, während dieses die geschichtliche Tradition gleich stetig außer Kraft zu setzen sucht.

Die Geschichte als Wissenschaft, die erforschen will, wie es eigentlich gewesen ist, hat gegen diesen Drang einen schweren Stand. Als im Herbst 1967 die Amerikanische Historikervereinigung eine Pazifische Zweigtagung an der Stanford-Universität abhielt, kritisierte ein Dr. Daniel H. Calhoun: »Geschichtsbücher haben immer viel zu großes Gewicht auf das gelegt, was in der Vergangenheit geschah, statt kommende Veränderungen zukünftiger Neuheiten vorwegzunehmen.«

Durch die Geschichte Amerikas zieht sich als einendes Band diese Lust am Neuen: Von ihr erfaßt, jubelte der Hauptautor jener Unabhängigkeitserklärung, Thomas Jefferson, fünfundzwanzig Jahre später in einem Brief an Priestley: »Wir können nicht länger sagen, es gäbe nichts Neues unter der Sonne. Denn dieses ganze Kapitel in der Geschichte des Menschen ist neu ... Vor der Errichtung der Vereinigten Staaten kannte die Geschichte nur den Menschen der Alten Welt, in engen oder überladenen Grenzen zusammengedrängt und mit den Lastern verseucht, die ihre Lage erzeugte.«

Die Neuerung wurde in Permanenz und fast zum moralischen Ziel erklärt, wie 1835 Tocqueville beobachtet hatte: »Amerika ist ein Wunderland«, schrieb er, »in dem alles in steter Bewegung ist und jede Veränderung als eine Verbesserung erscheint. Der Gedanke der Neuheit ist dort nämlich unlöslich verbunden mit dem Gedanken der Verbesserung. Keine natürliche Grenze scheint den Anstrengungen des Menschen gezogen zu sein, und in seinen

Augen ist das, was noch nicht getan worden ist, lediglich das, was man noch nicht zu tun versucht hat.« An anderer Stelle teilte Tocqueville mit: »Alle Amerikaner betrachten die Gesellschaft als einen Körper im Zustand der Verbesserung und die Menschheit als eine sich wandelnde Bühne, auf der nichts von Dauer ist oder sein sollte; und sie geben zu, daß das, was ihnen heute gut erscheint, morgen von etwas Besserem ersetzt werden muß.« Der Franzose, der ausgezogen war, um in Amerika die Zukunft zu sehen, fand sie dort: »Die Amerikaner kümmern sich wenig um das, was gewesen ist, aber sind besessen von dem, was sein wird; in dieser Richtung wächst ihre Phantasie ins Grenzenlose.«

Wie kontinuierlich ist doch diese Abneigung der Amerikaner gegen die Kontinuität, wie alt ihr Antagonismus gegen das Alte, ob es wertvoll sein mag oder nicht. Hundert Jahre nach der Entstehung der Vereinigten Staaten klagte Mark Twain: »Die Welt und die Bücher haben sich so sehr daran gewöhnt, in bezug auf unser Land das Wort neu zu gebrauchen und zu mißbrauchen, daß wir leicht dem Eindruck erliegen, es gäbe darin nichts Altes ... « Im Jahr 1948 stellte der fortschrittsbeflissene Historiker Richard Hofstadter doch etwas unglücklich fest: »Wir Amerikaner lieben alles, was als neu etikettiert wird ...«

Und 1965 jubelte wieder Lyndon B. Johnson in seiner programmatischen Antrittsrede als Präsident der Vereinigten Staaten: »Ist eine neue Welt im Kommen? Wir begrüßen sie.« Sie erstrebt nicht eine Gesellschaft, die »das geordnete, unveränderliche und unfruchtbare Ameisenheer ist«. Ihr Geist ist die Neuerung – »immer werdend, versuchend, vorstoßend, versagend, ausruhend und erneut versuchend, aber stets versuchend und dabei stets gewinnend ... «

Hatten sich die Amerikaner 1776 am Neuen kuriert, gestärkt, gütlich getan wie an einem Wein, an dem sie sich nach gar zu langer Abstinenz betranken, so drohte ihnen seither oft die Gefahr, Gewohnheitstrinker des Neuen zu werden und kompulsiv der Veränderung nachzujagen. Nachdem sie das Alte, dessen logische Antithese selbst die Neue Welt war, bei den Wurzeln ausgerissen hatten, wollten sie die Saat des Neuen fortsetzen, bis die Neuerung zum Selbstzweck zu werden begann. Aber können die Amerikaner diesem Geist der steten Wandlung und zugleich den 1776 neuen, seither aber traditionellen Werten der Würde, Freiheit und Gleichheit in einer und derselben Ordnung treu bleiben? Was in Amerika seither geschah, erwies ihr Bemühen, durch den fortgesetzten Versuch die Frage zu bejahen – in Kriegen, Umwälzungen, steten und großen Umwandlungen.

Der permanente Kampf der Amerikaner gegen das Althergebrachte findet seine Feinde und Schlachtfelder überall, von ihrer

Weltpolitik bis in ihre Schulzimmer und Schlafzimmer. Aber als Gegengewicht und Grenze gegen Neuerungen, die die gesunden, lebensnotwendigen, zu Traditionen gewordenen Prinzipien verdrängen wollen, erweist sich die geschichtliche Verkündung von 1776, die die Rechte des Menschen und seiner Gesellschaft verhieß: Diese Rechte waren ja 1776 das Ziel und die Neuerung nur ein Mittel gewesen. Man beruft sich auf jene, auch wenn man sich gegen sie versündigt. In diesem Fall folgt bald (das heißt, irgendwann) der Gegenschlag: Ist ein amerikanischer Grundsatz im Namen des Neuen verletzt worden, so stellt man ihn im Namen des Neueren wieder her – so wird die historische Erbschaft von 1776 erhalten. Sie wurde seither oft gefährdet, aber nur wenige Amerikaner haben sie vergessen oder wollen sie verlieren.

Die Unabhängigkeitserklärung selbst, ein Pergament mit 56 Unterschriften, fand hundertundein Jahr lang keine permanente Heimstätte. Sie lagerte in zehn verschiedenen Städten, wurde zweimal nahezu vom Feuer zerstört und im Unabhängigkeitskrieg wie im Krieg von 1812 beinahe von den Briten erobert. Nachdem sie fünfzig Jahre lang dem Licht ausgesetzt und häufig aufgerollt worden war, war sie beschädigt und verblaßt: Man verschloß sie in ein Safe im State Department zu Washington. Erst 1921 wurde sie in der Kongreßbibliothek in einen speziell für ihre Erhaltung konstruierten Schauschrank gelegt: Zu diesem Reliquienschrein und Altar *(shrine,* wie er offiziell genannt wird) pilgern alljährlich Hunderttausende amerikanischer Touristen, Schulkinder, Vereinigungen. In der (restaurierten) Halle zu Philadelphia, wo sie angenommen wurde, ist eine täuschend ähnliche Kopie ausgestellt, auf künstlich imitiertem Pergament wird deren Kopie im ganzen Lande verkauft, und am 4. Juli drucken sie alljährlich viele Zeitungen in der Originalschrift ab.

Vor dem Nationalarchiv in Washington, wo die weniger sakrosankten Dokumente der Vereinigten Staaten, wie sie sich seit 1776 angesammelt haben, aufgehoben werden, kann man auf dem Sockel einer weiblichen Statue die Inschrift lesen: »Die Vergangenheit ist Vorwort.« (Eine kürzere Version von Shakespeares Satz im »Sturm«: »What is past is prologue.«) Der lapidare Satz vor dem Lagerhaus der Vergangenheit enthält die Summe der Lehren, die Amerikaner aus ihrer Geschichte ziehen. Wie ein Schild auf der Landstraße mahnt es die Passanten der Zeit: »Vorsicht – Vergangenheit! Bitte nach vorn blicken.«

6 Die Diesseits-Christen

Die Amerikaner haben ihre nationale Geschichte, ihre politische Gemeinschaft, ihre irdischen Hoffnungen mit vielen Zügen einer Religion ausgestattet. Zugleich haben sie den judeo-christlichen Glauben amerikanisiert, bis daraus eine neue, ihnen eigene Religion entstand. Die Mehrheit der Amerikaner hat sie angenommen, lebt ihr gemäß, läßt sich von ihren Lehren leiten, selbst wenn sie sich nicht zu ihr bekennt. Solch ein Bekenntnis ist auch gar nicht notwendig, ja, kaum möglich; denn offiziell gibt es keine amerikanische Glaubensgemeinschaft. Sie ermangelt organisierter Gemeinden, hat keine systematische Theologie, keine Dogmatik, keine Liturgie, keinen Katechismus. Deren Abwesenheit charakterisiert geradezu die Religion der Amerikaner; während sie eine Staatsreligion verwerfen, wirkt sie als ihre Volksreligion.

Natürlich klingt dies wie eine besonders fahrlässige, gewalttätige, einseitige Verallgemeinerung. Wie, so fragt der Skeptiker, kann man »die« Religion »der Amerikaner« generalisieren; haben sie sich doch bis zum heutigen Tage gerade durch die Vielfalt und Vielzahl ihrer religiösen Glaubensgemeinschaften ausgezeichnet. Amerikaner können sich einer von Hunderten ihrer Kirchen, Konfessionen, Sekten anschließen; oft bezeichnen sie ihre Mitgliedschaft in einer unter ihnen als ihre »religiöse Vorliebe« *(religious preference)*, wie wenn ihr Glaube Sache ihres privaten Geschmacks wäre. Wer die Amerikaner von fern her sieht, ist davon besonders beeindruckt. »Am schönsten ist es jetzt in einer Stadt Nordamerikas, von der ich neulich gelesen, daß in ihr an die 60 Kirchen seien, in deren jeder ein anderes Glaubenssystem gepredigt werde; da kann man also an jedem Sonntag des Jahres sich an einer anderen Konfession erbauen«, bemerkte Goethe am 3. Oktober 1826 zum Freiherrn von Löw und Steinfurt. Ein andermal notierte er: »In New York, so sagt man, finden sich 90 christliche Kirchen abweichender Konfession ... Wahrscheinlich ist man der Überzeugung, daß religiöse Gedanken und Gefühle, von welcher besonderen Art sie auch seien, dem Sonntag angehören, angestrengte Tätigkeit, von frommen Gesinnungen begleitet, den Werkeltagen.«

Hundertfünfzig Jahre später ist die Zahl noch bedeutend höher, was Statistiker und Sozialforscher beglückt. Offiziell wurden 1965 im Lande 251 Glaubensgemeinschaften gezählt, davon 222, also ihre große Mehrheit, protestantischer Konfession; doch die katholische Kirche allein ist nur um ein Drittel weniger stark an Angehörigen als alle jene zusammen. In Muncie, Indiana, das als typische amerikanische Stadt gilt, seit 1929 und wieder 1937 das Soziologenehepaar Robert S. und Helen M. Lynd sie unter dem Pseudonym »Middletown« beschrieben, gab es 1967 für 71000 Einwohner 89 Kirchen; 83 gehören den verschiedensten protestantischen Konfessionen, zwei dienen dem katholischen Glauben, während der jüdischen Religion wie den Sekten der Mormonen, der Adventisten des Siebten Tages, der Christlichen Wissenschaft je ein Gotteshaus offensteht.

Fragt man die Gläubigen, worin sich ihre Kirche von den anderen unterscheide, so erhält man geschwind und genau Auskunft über die soziale Stellung und die ethnische Herkunft der Gemeindemitglieder, die Organisation und Finanzlage der Gemeinde, deren Grundstücksbesitz und Baupläne, die Tüchtigkeit und Begabungen ihres Geistlichen als Prediger, Organist, Geschäftsverwalter. Ihre theologischen Lehren erwähnen sie kaum, als ob diese mit Religion – mit ihrer Religion wenigstens – nicht viel zu tun hätten. Im Bewußtsein der Gemeindemitglieder nehmen die Unterschiede der Doktrinen, die sie einst geschieden hatten, nur einen nebensächlichen Platz ein, falls sie überhaupt damit einigermaßen vertraut sind. In ihren Augen ist es nicht so sehr die theologische wie die soziologische Gemeinschaft, die sie in ihrer Gemeinde vereint. Von ihren Aussagen über ihren Glauben auf ihre Konfession zu schließen ist so schwierig wie vom Baustil ihrer Kirchen: Die schlichten, würdigen, weißgemalten Holzkirchen nach neu-englischer Art, die spanischen Missionskirchen Kaliforniens, die neogotischen und die neoromanischen Kirchen, die modernistischen, asymmetrischen, turmlosen Kirchen, sie verraten nicht, ob sie etwa Episkopaliern, Presbyterianern, Baptisten, Methodisten, Congregationalisten, Lutheranern, Adventisten, Jüngern Christi *(Disciples of Christ)*, Kirchen Christi *(Church of Christ)*, Kirchen Gottes *(Church of God)*, Heiligen des Jüngsten Tages *(Latter-Day Saints)* oder sonst einer Gemeinschaft zugehören.

Recht klein geschrieben findet sich auf dem Anschlagbrett am Kircheneingang der Name ihrer Konfession, genannt die »Denomination«, eigentlich nur ihr Nenner, oft in den gleichen auswechselbaren Schriftzeichen, mit denen darunter zum Programm der kommenden Woche geladen wird – »Jedermann willkommen«; zum Gottesdienst mit der thematischen Schlagzeile der nächsten Wochenpredigt (am 17. Juni 1967 in New York zum Beispiel betitelt: »Das Leben kann wirklich wundervoll sein«; »Rußland und die Mittelostkrise«; »Wie Sie Gott finden können«; »Die erfreulichste Wahrheit des Lebens«; »Der revolutionäre Arm der Kirche«), darunter die trostreiche Versicherung »Kirche angenehm klimagekühlt«, oder »Vollklimagekühlt«. In mindestens gleich großer Schrift folgen auf der Tafel an der Kirchentür andere Ankündigungen: die nächsten Tanzabende der Teenager im Gemeindehaus, die Sonntagsschule der Kleinen, denen im öffentlichen Unterricht Religionslehre und Bibelkunde nicht gelehrt werden darf, Glücksspielabende, deren Erlös dem An-, Um- und Ausbau der Kirche und dem Gehalt des Pastors zugute kommt, Film-, Theater-, Ballettvorführungen, Jazzkonzerte, Bibelklassen für jedes Alter, gemeindliche Picknicks, Abendessen, Kuchenbackkonkurrenzen mit Verkauf der preisgekrönten und anderen Apfeltorten, Basare von teils abgelegten, unbrauchbaren und teils neuen, nicht unbedingt brauchbareren Gegenständen. Mit ihren Vergnügungs-, Unterhaltungs-, Unterrichts- und Finanzprogrammen scheinen Kirchen miteinander um Besucher zu konkurrieren, deren geselliges Leben mehr Platz und Zeit beansprucht als ihr geistliches Leben.

Der Gottesdienst verstärkt oft diesen Eindruck. Nach seinem Ende stehen an der Kirchentür die Geistlichen, um jedem einzelnen Besucher beim Abschied mit freundlichem Lächeln die Hand zu schütteln, genau wie ein Gastgeber am Schluß der »erfolgreichen« Party. In der Kirche walten Gemeindemitglieder, mit einer Blume im Knopfloch und gleichfalls freundlich lächelnd, als Platzanweiser, um die Gläubigen zu begrüßen, zu ihren Sitzen zu geleiten, dann die Kollekte vorzunehmen. In manchen Kirchen der Großstädte muß man für den Gottesdienst einen Sitzplatz vorbestellen, als ginge man ins Theater.

Überraschungen erwarten den frommen Besucher. Statt der alten und unwandelbaren Liturgie muß Neueres sein Interesse erwecken. »Mehr und mehr Prediger greifen zu weltlichen Quellen und variieren das Format ihrer Predigten mit dramatischen Formen« (so berichtet die Zeitschrift »Time« am 10. März 1967); denn »viel, viel bedeutsamer für den modernen Menschen als die Heilige Schrift« seien die Comic strips, Rock 'n' Roll, die erfolgreichsten Schlager, Filme, Schauspiele, Romane, Zeitschriften des Tages; ausgiebig, respektvoll, ungeniert werden sie dem Kanzelwort als Text unterlegt, wenn sie nicht gar dieses selbst ersetzen. In manchen modernisierten Kirchen spielen Gemeindemitglieder im Gottesdienst Theater; anderswo werden Szenen sorgsam einstudiert, wie etwa 1967 in der St. Timothy's Episkopalkirche in Cincinnati: Mitten in der Predigt verläßt ein Mann die Kirche; der Pfarrer will ihn zurückhalten; der Mann ruft, die Predigt interessiere ihn nicht; dann erklärt ihm der Pfarrer deren Sinn. Nächste Woche wird eine andere, gleich spannende und lebendige Szene vorgeführt werden.

Die weltliche Schau im amerikanischen Gottesdienst ist weniger neu, als sie scheinen möchte. Um die Mitte des vorigen Jahrhunderts blühte sie schon. Damals kettete der berühmteste Kanzelredner seiner Zeit, Dr. Henry Ward Beecher, in seiner Plymouth-Kirche zu Brooklyn während des Gottesdienstes ein junges Negermädchen an den Altar und führte mit Peitschenknall ihre Versteigerung auf dem Sklavenmarkt vor, um die Unmoral der Sklaverei zu illustrieren, so erklärte er seiner aufmerksamen Gemeinde. Erst viel später konnten Amerikaner ähnliche Szenen in Nachtlokalen bestaunen, wenn dort auch die wenig bekleideten Tänzerinnen und ihre robusten Partner kaum mehr jenes moralische Feigenblatt trugen. Doch die Kirchen-Shows gingen auch mit ihrer Zeit. Wer zum Beispiel im November 1967 eine andere altehrwürdige Kirche im nämlichen Brooklyn besuchte, die 136 Jahre alte Spencer-Memorial-Presbyterianische Kirche, der konnte zusehen, wie der Pastor Zimbeln schlug; die Kanzel war mit Umschlagbildern der Zeitschrift »Time« dekoriert, und drei »Hippies«, Bohemekinder nach der Mode des Tages, wurden der Gemeinde vorgestellt, »kostümiert in ihrer Narrentracht, das Mädchen in einem roten Mikro-Minikleid und mit einer Pfauenfeder in der Hand«, wie die »New York Times« am nächsten Tage ausführlich berichtete. »Sie glauben, Christentum sei langweilig, schal, ein Geschäft, ein Spiel oder nach zu langer Vorführung einfach veraltet«, predigte der Pastor – und gab ihnen recht.

In traditionelleren Gottesdiensten erregt es kein Aufsehen mehr, wenn mit weniger Showmanship andere weltliche Interessen der Gemeinde befriedigt werden. Nachdem am Tage zuvor, zwischen Kinoinseraten und Sportnachrichten, durch bezahlte Anzeigen die zügigen Titel der Prediger angekündigt waren, berichtet die Presse über die aktuellsten, sensationellsten Kanzelworte redaktionell wie über andere *news*. Ein Pastor etwa hat genau erklärt, welche Außenpolitik Amerika in irgendeinem fernen Land betreiben solle, ein anderer Pfarrer legte sozialpolitische Reformpläne in allen technischen Einzelheiten dar, ein Rabbiner wieder besprach den Bestseller-Roman des Augenblicks. Die allwöchentlich von der Kanzel verkündeten konkreten und entschiedenen Meinungen vieler Geistlicher zu allen möglichen Problemen des Tages machen es oft schwer, die Predigt von einem Leitartikel, einer parlamentarischen Rede oder einer politischen Ansprache zu unterscheiden.

Auch dies ist nicht neu. Längst vor der Geburt der Vereinigten Staaten waren schon dem amerikanischen Pastor die Berufsaufgaben des Wochenkommentators zur neuesten Politik, Literatur und Wissenschaft gestellt. Cotton Mather (1683 – 1728), die Leuchte des Puritanismus, berühmt als Theologe und Pfarrer der Bostoner Old North Church, predigte, wie sein Biograph anerkennend mitteilt, »nicht nur Theologie, sondern Analysen der letzten Nachrichten und Leitartikel«.

Damals wie heute betonen die Kanzelredner, daß ihre Meinung den Geboten der Religion, ihrer Kirche oder wenigstens der Ethik entspräche, aber den gleichen Anspruch erheben umgekehrt auch die Politiker Amerikas für sich selbst. Keine Politik also ohne Religion, aber auch keine Religion ohne Politik – wo die Grenzen zwischen beiden zu ziehen sind, wissen die meisten Amerikaner nicht, sie stellen nicht einmal die Frage, weil es für sie solche Grenzen nicht gibt. Wenn, wie bei jedem Wahlkampf, angesehene Kirchenmänner in ihren Predigten einen oder auch beide Kandidaten in Grund und Boden kritisieren, dann mögen einige Amtsbrüder, Gemeindemitglieder, Außenseiter ihr Urteil, falls sie nicht damit übereinstimmen, zurückweisen, doch nur in ganz wenigen Ausnahmefällen wird bezweifelt, ob der Gebrauch der Kanzel als eines Wahlpodiums Rechtens sei; die große Mehrheit nimmt jene Verwischung der Grenzen zwischen staatsbürgerlichen und religiösen Sphären als selbstverständlich hin. Während Gottesmänner die komplizierten öffentlichen Streitfragen in der Predigt entscheiden, mögen Widersprüche gegen ihren Standpunkt erhoben werden, kaum aber gegen ihre Kompetenz, ihre Autorität, ihren Auftrag, in der Kirche und namens der Religion Politik zu treiben.

In den turbulenten sechziger Jahren unseres Jahrhunderts blieb es immer weniger bei jenen verbalen Kundgebungen dezidierter politischer Meinungen innerhalb der Kirchen; nicht wenige Kirchenführer und Kirchenmänner schalteten sich dem damals so modischen linksradikalen Gewaltkult gleich. »Um Religion wirksam zu machen, müssen die Christen als Straßenkämpfer oder Streikposten antreten, als ein beweglicher Kampftrupp, der überallhin eilt, wo eine Aktion im Gange ist«, erklärte 1965 John E. Hines, der Präsidierende Bischof der Protestantischen Episkopalkirche Amerikas. Wenn dieser höchste Geistliche einer einstmals grundkonservativen Konfession die Gläubigen aufrief, weniger in die Kirche und mehr auf die Barrikaden zu gehen, um ihren Glauben im weltlichen Tageskampf der politischen, sozialen, ökonomischen Revolution zu erfüllen, wirkte er schon recht konventionell. Andere Konfessionen erließen vor und nach ihm ähnliche Aufrufe zur Teilnahme an der »gesellschaftspolitischen Aktion«. Die radikaleren, mondäneren und einflußreicheren evangelischen Theologen identifizierten immer mehr aktive Beteiligung an der Reform der Welt mit Religion selbst. Im Oktober 1967 forderte eine vom »National Council of Churches«, der führenden Dachorganisation der liberalen protestantischen Kirchen, unterstützte Entschließung Gewalttätigkeit gegen soziales Unrecht und Asylgewährung für Deserteure als Christenpflicht. Die »Theologie der Befreiung« suchte zu beweisen, proletarische und antikoloniale Revolutionen marxistischen Typs entsprächen modernem Christentum. Und an den führenden Theologischen Hochschulen des liberalen Protestantismus im Lande wurden die revolutionären Gebote als Dogma gelehrt.

Bei dem Wettlauf der »Progressivität« zeigten sich die Geistlichen, die früher konservativer als die Laien zu wirken pflegten, nun radikaler als diese. Lange Zeit war das Gewicht der Gemeindemitglieder in den amerikanischen Kirchen stärker gewesen als in Europa, schon vor der Gründung der Vereinigten Staaten, als die freikirchlichen Einwanderer alle klerikale Autorität leugneten – die Autonomie des einzelnen war ja ein Hauptmotiv, das sie in die Neue Welt getrieben hatte. Und die amerikanischen Kolonisten anglikanischer Konfession unterstanden zwar theoretisch dem Bischof von London, doch angesichts des dazwischenliegenden Ozeans konnten dieser und sie sich nicht viel umeinander kümmern. Gar nach den Befreiungskriegen wurden auch Episkopalier und Methodisten so frei von der britischen Hierarchie wie als Staatsbürger von der britischen Monarchie, nicht anders als ihre von vornherein unabhängigen freikirchlichen Mitchristen. Seither hat die Idealvorstellung gleichheitlicher Demokratie auch die innere Organisation ihrer Kirchen bestimmt; die Autorität der Pfarrer wurde in den kirchlichen Verfassungen beschnitten wie die Autorität des Präsidenten und des Parlaments in der Verfassung der Vereinigten Staaten. Manche Sekten und neu entstehende Konfessionen erkannten gar nur noch Laienprediger an. Vor allem in den gewaltig anwachsenden baptistischen und methodistischen Kirchen hielt man wenig von gelehrten Pfarrern. Bei der Weite des Landes wäre auch gar keine genügende Zahl ausgebildeter Geistlicher für alle Gemeinden vorhanden gewesen, die deshalb aus der Personalnot eine pastorale Tugend machten.

Die Geistlichen waren die Intellektuellen ihrer Gemeinde, und es entsprach der im alten Amerika geltenden Ordnung, wenn man ihnen auch im kirchlichen Bereich eine bescheidene Rolle, hingegen den Männern des praktischen Lebens, also den Laien, einen viel höheren Rang einräumte. Es schien fast natürlich, daß durch die Laienmacht die Gemeinde selbst weltbezogener, welttätiger, also auch politischer wurde, während Theologie und Doktrin auf die Seite rückten. Noch 1926 klagte die angesehene evangelische Wochenzeitung »The Christian Century«: »Es gibt in Amerika eine Tyrannei der Kirchenstühle über die Kanzel (also der Gemeinde über die Geistlichen), die keine Parallele in anderen protestantischen Nationen findet und der nur die Tapfersten zu trotzen wagen.« 1964 aber verlangte der Präsidierende Bischof der Episkopalkirche selbst in seinem bereits erwähnten Aufruf an die Gläubigen zur direkten Aktion für politisch-soziale Ziele: Die »bewegliche Kampftruppe des Christentums muß hauptsächlich laien-orientiert sein«, also von Laien bestimmt und getragen werden. Die anderen Denominationen folgten dem gleichen Ruf.

Wie die Intellektuellen in Amerika überhaupt seit dem Ende des Zweiten Weltkriegs, eroberten sich auch die geistlichen Intellektuellen in ihren Kirchen eine neue Machtstellung. Als liberale protestantische und jüdische Geistliche, auch als »neuer Schlag« katholischer Priester und Religiosen teilten sie deren neues Weltbild (vgl. Kapitel 15), das sie in ihre Kirchen einführten. Sie wurden radikale Prediger gegen alte Sitten, Bindungen, Werte, oft übertrafen sie ihr Laienvolk an Neuerungslust, manchmal plädierten sie für Umwälzungen, die zuvor als religionsfeindlich gegolten hatten. Um den Glauben selbst lebendig zu erhalten, müsse er sich der alten Inhalte entleeren – und in ihrer Sprache bedeutete »alt« von vornherein »veraltet«. Religion müsse ihre Aktualität, ihren Sinn, ihren Nutzen beweisen, indem sie der sozialen, politischen, geistigen Verbesserung dieser Welt voranhelfe.

Wie der evangelische Theologe Paul Ramsey 1967 feststellte, hat selbst in vergangenen Jahrhunderten das Magisterium der katholischen Kirche niemals Staatsmännern so weitreichende, strikte Anleitungen erteilt wie heute die Pastoren evangelischer Glaubensgemeinschaften in Amerika.

Es war der Höhepunkt einer Entwicklung, die tiefe und alte Wurzeln in der amerikanischen Denkart hatte. »Die Religion hat hier weithin aufgehört, ein geistliches Anliegen zu erfüllen, und die sichtbare Kirche blüht unter der Bedingung, daß sie für die gesellschaftlichen Bedürfnisse der Gemeinschaft sorgt ... « Diese Klage, so zeitgemäß sie klingt, kommt aus dem Jahre 1880; damals beobachtete in seiner neu-englischen Heimat William Dean Howells, ein führender Repräsentant der Bostoner Bildungsschicht seiner Zeit, die Verweltlichung seines Glaubens. 1949 war diese schon eine Selbstverständlichkeit, wie der Sozialhistoriker Henry Steele Commager resümierte: »Trotz zahlreicher Versuche, die Sünder zum Evangelium zurückzuführen, verwandelte sich die Religion (in Amerika) zusehends aus einem geistlich-geistigen Erlebnis in eine soziale, sozialpolitische und politische Tätigkeit.« Weniger erfreut meinte 1954 der Ideenhistoriker Morris R. Cohen: »Wir gebrauchen jetzt das Wort Religion für jedes großmütige Gefühl, insbesondere zugunsten sozialer und politischer Reformen ... «

»In den Vereinigten Staaten hat die Religion nur wenig Einfluß auf die Gesetzgebung und Einzelheiten der öffentlichen Meinung, aber sie lenkt die Sitten der weltlichen Gemeinschaft, und durch die Lenkung ihres Lebens lenkt sie den Staat«, meinte Tocqueville 1835.

Ist dies immer noch wahr? Mit den Amerikanern hat sich seither ihre Religion von Grund auf verändert, aber auch und gerade als neue Religion lenkt sie weithin ihr Leben und ihre weltliche Gemeinschaft und durch diese ihren Staat. Aber ist sie noch christlich? George Bernanos' Landgeistlicher würde es bejahen, nachdem er in sein Tagebuch geschrieben hatte (1936): »Ich werde Ihnen ein christliches Volk durch sein Gegenteil definieren: Das Gegenteil eines christlichen Volkes ist ein Volk, das alt und traurig geworden ist.«

Das Land schuf sich seine Religion, nachdem diese das Land geschaffen hatte. Das erste, die bisherigen Religionen aggressiv verwandelnde, ständig neue Formen, Inhalte, Ziele suchende Element dieser neuen Religion ist ihre Diesseitigkeit.

Die calvinistischen Puritaner, die im Jahrhundert vor der Geburt der Vereinigten Staaten Amerikas Leitmotiv setzten, hätten diesen Glauben zwar entsetzt von sich gewiesen und jeden, der sich auch nur seiner verdächtig gemacht hätte, mit furchtbarer Strafe geächtet. Aber ohne es zu wissen oder zu wollen, bereiteten sie doch sein Wachstum vor, wobei die Gedanken vergangener Theologen in seltsamem Zickzack zur heutigen Denkart führen; übrigens wären die heutigen Amerikaner kaum minder entsetzt, wenn sie erführen, daß ihr Diesseitsglaube auf die puritanischen Eiferer ihrer Vorgeschichte zurückgeht.

Man findet Samenkörner dieses Diesseitsglaubens von allem Anfang an im amerkanischen Boden. Jonathan Edwards, der sich über der religiösen Landschaft des vorrevolutionären Amerika mit beherrschender Größe erhebt, wird heute als der letzte und trübste Calvinist abgetan, doch vergißt man, daß er mit kosmischem Optimismus prophezeite, das kommende Königreich des Herrn, »die Glorie des Jüngsten Tages, wird wahrscheinlich in Amerika beginnen«. Als zwischen 1740 und 1750 »Das Große Erwachen«, eine mystische Massenbelebungsbewegung (zwei Jahrhunderte vor Billy Graham), Neu-England, den Süden, einige Mittelwestsiedlungen erfaßte, von seinem Gedanken inspiriert, sahen er und seine Amtsbrüder dieses amerikanische Millennium nicht mehr nur als Wahrscheinlichkeit, sondern als Bestimmung an. Den Egoismus im Wirtschaftsleben wiesen die Puritaner als sündhaft zurück, im Gegensatz zu den rationalen, liberalen, kosmopolitischen Lehren der Proto-Unitarier, die das Recht des Individuums, seine Bibel nach eigenem Licht zu deuten, bis zu dessen Recht auf ungehemmte Unternehmerfreiheit ausdehnten. In den Augen der Calvinisten war der Einzelmensch, sogar der homo oeconomicus, auf Erden ein Glied seiner Gemeinschaft, nur in ihrem Organismus konnte er Gnade finden. Im neuen Land konnten die Menschen zuversichtlich mit Gott arbeiten, um das Werk ihrer Erlösung zu fördern.

So optimistisch diese calvinistischen Puritaner Amerikas auch waren, ihr Optimismus war nicht von dieser Welt. Für sie zählte nicht Wohlstand noch Wissen, nur die innere Bekehrung; »der Himmel war hauptsächlich mit den Armen dieser Welt bevölkert«. Waren sie nach Amerika gekommen, um hier in Freiheit ihrem Glauben gemäß zu leben, so verlangte ihr Glaube eine Theokratie in den Händen ihrer Glaubensgemeinschaft. Für Andersgläubige, ganz zu schweigen von Ungläubigen, gab es darin keinen Platz. Wie Calvin und die englischen Puritaner des 17. Jahrhunderts wollten auch sie Religion und Alltag auf den gleichen Nenner bringen und dem gleichen Gesetz unterwerfen. Auch sie glaubten, wie Calvin gelehrt hatte, daß der einzelne um so besser für den Ruhm des Herrn wirke, je besser er seine weltliche Arbeit tue; da aber nur wenige auserwählt seien, müßten alle auf Erden ihre Bewährung tätig versuchen. Für Calvin und den Calvinisten Europas erschien also die Welt nur als Beginn der Purgatoriums, während um die Besserung der Welt sich doch jedermann bemühen müsse. Dementsprechend handelten die Pilgerväter der »Mayflower« und ihre glaubensflüchtigen Nachfolger in den nächsten hundert Jahren. In ihrem Glauben gab es nicht die zwei artverschiedenen Sphären Gottes und des Kaisers, des Jenseits und des Diesseits, der civitas dei und der civitas terrena, die von keiner räumlichen Koordinate verbunden werden können (wie nicht nur die katholische, sondern auch Luthers Theologie lehrt). In calvinistischer und puritanischer Sicht mußte jeder Lebensbereich den Gläubigen der Gemeinschaft dienen, um sie zu reinigen. Der Calvinist, der Prototyp früher Amerikaner, sah sich vom Herrn die religiöse Aufgabe gestellt, im Diesseits und für den nächsten Tag sein Land, seine Gesellschaft, seine Ordnung zu verbessern.

Mit der politischen Revolution, die die Vereinigten Staaten gebar, vollzog sich zugleich eine religiöse Reformation. Die theoretische Herrschaft des Calvinismus, und des Puritanismus überhaupt, wurde gebrochen, die Staatskirchen, die in neun der dreizehn Staaten, von öffentlichen Steuern finanziert, bestanden hatten, wurden abgeschafft, zugleich wurde neben die calvinistisch-puritanische Denkart auf den Thron, von dem sie das Land regiert hatte, die Philosophie der Aufklärung deistisch oder gar agnostisch, erhoben.

Ihren Glaubenssatz kündete der radikale Republikaner Thomas Paine – er war erst zwei Jahre vor der Amerikanischen Revolution ins Land gekommen, um hier sofort dessen Unabhängigkeit zu propagieren. »Ich glaube«, so schrieb er, »daß religiöse Pflichten darin bestehen, Gerechtigkeit zu üben, Barmherzigkeit zu lieben und sich zu bemühen, unsere Mitgeschöpfe glücklich zu machen.« Auf seine irdische Umwelt, und nur auf sie, richtete sich der Blick des aufgeklärten »neuen Menschen«, dessen Freiheit als Staatsbürger und Unternehmer unbegrenzt sein mußte. Seine Vernunft und Erfahrung, nicht seine vorbestimmte Begnadung soll ihm den Erfolg bringen. Die geistigen und politischen Führer der neuen Vereinigten Staaten waren von der Aufklärungsphilosophie durchdrungen, während der Puritanerglaube aus starken Wurzeln im Land weiterwirkte. Ohne Plan, pragmatisch und dem Gegenwartszweck dienstbar, spannten die Amerikaner Aufklärung und Puritanismus in ein seltsames Zwiegespann*.

Und sosehr sich Puritanismus und Aufklärung widersprachen, sie wurden doch *e pluribus unum, e pluribus novum* zu einer neuen, einer amerikanischen Ideologie vereint, die Züge einer amerikanischen Theologie annahm. Der pessimistische Calvinismus wie die optimistische Aufklärung sahen ja in gleicher Weise die diesseitige Aufgabe des einzelnen, sosehr sie sich auch in ihrer Stellung zum Jenseits voneinander abhoben: Beide stimmten überein, daß jeder Amerikaner sich politisch wie wirtschaftlich anstrengen müsse, um den Erfolg Amerikas zu erringen. Und die Calvinisten selbst zeigten allmählich eine heftige Abneigung gegen alle hochfliegenden theologischen Theorien aus Europa, deren geschichtliche und geistliche Voraussetzungen selbst ihnen so fremd waren wie das Mittelalter, das sie erzeugt hatte. Ihr Überleben hing von der praktischen Bewährung der puritanischen Tugenden ab – Fleiß, Wagemut, Intelligenz, Enthaltsamkeit, die zur Überwindung der feindlichen Natur und zum Erfolg selbst führten. Der geistliche Idealismus erzeugte – und rechtfertigte – einen wirtschaftlichen Materialismus.

So wurde aus beiden Quellen die Religion der Amerikaner trotz und infolge aller calvinistischen Ursprünge eminent praktisch in ihrer Gegenwarts- und Diesseitsbezogenheit. Der Erlösung durch Gnade setzte die amerikanische Ideologie ihren fast instinktiven Glauben an die Erlösung durch gute Werke entgegen, die bald und oft nur noch auf Werke der Arbeit und Leistung zusammenschrumpften.

Im Gegensatz zum pessimistischen Dogma des Europäers Calvin erschien Amerikanern die Erde kaum jemals mehr als ein Jammertal, wenigstens nicht ihre eigene amerikanische Erde; auf dieser schienen ihre glücklichen Erfahrungen eher die optimistische Aufklärungsdoktrin zu bestätigen, wonach die fast unbegrenzt

* Europäische Forscher pflegen nur die eine oder andere dieser beiden Denkweisen im amerikanischen Charakter zu sehen und einseitig damit Amerika zu erklären. Max Weber oder André Siegfried erkannten nur das puritanische Erbe, Ralf Dahrendorf nur die »angewandte Aufklärung«, was ihre Schau halbrichtig bleiben läßt. Wie Europäern so oft, fiel es ihnen schwer, mehr als ein Element in der amerikanischen Mischung wahrzunehmen.

wohltätige Wirkung des Fortschritts in Freiheit und Gleichheit am Ende zum irdischen Paradies führen werde. Ein Nachklang Calvins wieder war ihre aus diesem Erfolg gezogene Überzeugung, daß jener Erfolg selbst eine göttliche Begnadung der Vereinigten Staaten beweise: Ihr Land, ihre Regierungsform, ihre Sozialordnung waren, so unterstellten sie, zum Heilsweg prädestiniert. So wurde Calvin – dessen Prädestinationslehre sich natürlich nur auf den Einzelmenschen beziehen konnte – sozialisiert, man möchte sagen: amerikanisiert.

Dabei verwischte und verlor sich immer mehr die christliche Voraussetzung, daß die menschliche Natur, von der Erbsünde verwundet, an deren Folgen leide. »Die Amerikaner haben alle einen lebendigen Glauben an die Vervollkommbarkeit des Menschen«, wie Tocqueville bemerkte. Er führt zum universellen *happy ending* – ein Begriff, den Amerika der Welt schenkte, und nicht nur in der vulgarisierten Version von Hollywood: In Amerika, so dachten seine Bewohner, steuert die Weltgeschichte selbst ihrem *happy ending* zu, das den irdischen Gottesstaat gründet, eine Gemeinschaft der freien, gleichen und wohlhabenden Staatsbürger, zwischen denen soziale Gerechtigkeit herrscht.

Wie ihre Vorväter, suchen die Amerikaner das Königreich Gottes auf Erden zu errichten, weil sie nicht auf das Millennium, das tausendjährige Reich Christi mit seiner Glückseligkeit für alle Gerechten, warten wollen. Schon ihre Ungeduld hielte sie davon ab. Zum Paradies auf Erden führt der »Fortschritt«, wenn er als Begriff oder gar Wort auch den amerikanischen Evangelisten noch unbekannt war; erst um die Mitte des 19. Jahrhunderts wurde die Idee des Fortschritts aus Europa importiert, wo Herbert Spencer und dann Darwin ihr Naturgesetz entdeckt zu haben wähnten. Aber während nach Spencer »Fortschritt nicht ein Zufall, sondern eine Notwendigkeit« ist, verwandelten die Amerikaner auch diese Fortschrittsidee und amerikanisierten sie; nach ihnen besteht die Mission des einzelnen wie seiner Gesellschaft darin, allen Fortschritt tätig zu betreiben. Dieses Gebot gehört zum Credo der unerklärten säkulären Staatsreligion der Amerikaner. Ihrem Glauben gemäß sind sie überzeugt, Berge versetzen zu können, genauer gesagt: Berge versetzen zu müssen, und nicht nur die Berge, sondern die ganze Natur, einschließlich sogar der menschlichen Natur.

Den Zug zur amerikanischen Diesseitsreligion kann man in den Lehrmeinungen der amerikanischen Theologen verfolgen. Trotz der wissenschaftlichen Disziplin, für die sie sprachen, waren seit dem 19. Jahrhundert ihre bedeutenden Vertreter eigentlich weniger Theologen als Sozialphilosophen; die religiösen Reformatoren des Landes würden anderswo, zu anderen Zeiten als Sozialpolitiker,

Sozialreformer oder politische Revolutionäre gelten. Sieht man von Theologen ab, die aus Europa eingewandert oder von dessen Universitäten geprägt waren – nahezu die einzigen originellen Theologen des Landes –, dann bleibt eine Geschichte amerikanischer religiöser Ideen, die sich immer stärker aufs Diesseits konzentrieren, bis sie dessen Veränderung und Fortschritt im politischen, sozialen, ökonomischen Bereich selbst mit Religion gleichsetzen.

Dabei hat sich die religiöse Lehre mit der Welt radikal verändert; konstant blieb nur, daß sie ihre tätige Rolle in der Welt als ihre Hauptrolle sah. Während der zweiten Hälfte des 19. Jahrhunderts hatte sich der amerikanische Protestantismus mit dem Kapitalismus der bestehenden Ordnung – Produktionssteigerung, Gelderwerb, kühne wirtschaftliche Neuerungen – identifiziert; er versprach Glückseligkeit durch unternehmerischen Fortschritt. Obgleich heute die Prediger häufiger nicht mehr Apologeten der besitzenden Klasse sind, sondern revolutionäre Wortführer ihrer eigenen, neuerungsfrohen Intellektuellenklasse, weisen sie weiterhin den Weg zum Fortschritt ins irdische Paradies.

Man könne die Menschen nur bessern, indem man ihre soziale und politische Ordnung verbessere; soziale Weltverbesserung sei darum die Voraussetzung des individuellen Wegs zum Heil, das nur in der sozial gerechten Gesellschaft erreicht werde: Mit diesen Thesen begründete einer der wichtigsten religiösen Neuerer Amerikas, der Pastor Walter Rauschenbusch, sein »Soziales Evangelium«. Seit der Jahrhundertwende hat es die zur Reform bereiten amerikanischen Protestanten tief beeindruckt und wirkt immer noch kräftig weiter. Erst nach einer politisch-ökonomischen Umwälzung, die Rauschenbusch »kommunistisch« nannte, könne sich die moderne Kirche ihren Zielsetzungen widmen; bis dahin sei die weltliche Revolution dringlicher als die christlich-kirchliche Zielsetzung. Noch radikaler trat bald die sogenannte funktionalistische Theologie auf den Plan. Nach einem ihrer Begründer, Edward S. Ames (1910), bestünde Religion nur in der »Teilnahme an den idealen Werten des gesellschaftlichen Bewußtseins ... Der Mensch, der gründlich in die sozialen Bewegungen seiner Zeit tritt, ist derart wahrhaft religiös, obschon er sich selber nicht so bezeichnen mag.«

Wie fremde Einwanderer kamen die Theologien, die nach dem Zweiten Weltkrieg den Ultraliberalismus in Amerika herausforderten, aus Europa; die Neo-Orthodoxie eines Karl Barth, der religiöse Existentialismus eines Paul Tillich, die aus beiden Lehren gemischte Systematik eines Reinhold Niebuhr, die die absoluten und außerweltlichen Gehalte des Gottglaubens neu zu bestätigen suchten, beeinflußten jüngere amerikanische Theologen. Doch auch sie bekannten sich zum tätigen Eintreten in die Kämpfe für diesseitige Sozialreformen und -revolutionen; sie traten sogar als deren persönliche Wortführer auf. In ihrer Politik, wenn auch nicht in ihrer Theologie, mit der sie ihre Politik zu begründen suchten, ähnelten sie den Aktivisten des sozialen Evangeliums, des Funktionalismus und anderer amerikanischer Diesseitsreligionen.

Eine neue amerikanische Schule, die zu Beginn der sechziger Jahre aufkam, setzt diese Tradition fort. Unter dem Schlagwort »Gott ist tot« veröffentlichten 1964 drei junge Theologen ihre Behauptung, der Glaube an Gott den Vater und an den Heiligen Geist sei dem modernen Menschen verloren; mit erheblicher Verspätung brachten sie Nietzsches Protestphilosophie, Bultmanns Entmythologisierung und Bonhoeffers in der nationalsozialistischen Todeszelle erquälten Zweifel, durchweg europäisches Gedankengut, auf eine ebenso provinzielle wie reklamehafte Formel. Jesus verehren sie nur noch als eine historische Menschengestalt, die weltliche Ansprüche stellt und zur Erlösung in dieser Welt führen soll. Die religiöse Antireligion, die den Glauben abschreibend Hoffnung und Liebe als religiöse Haltung nicht mehr im Menschen, sondern nur noch zwischen den Menschen fordert, nannte sich immer noch christlich. Aber nachdem sie die Grundglaubenssätze des Christentums mit dem chirurgischen Messer entfernt hatte, um ein paar ethische Postulate zu retten, ähnelte sie Christian Morgensterns Knie, das einsam durch die Welt geht. Endstation Diesseits, Ende der Religion?

Der theologische Gegenangriff gegen dieses Diesseits-Christentum ließ nicht lange auf sich warten – etwas mehr als zehn Jahre. 1975, als Radikalismus in Amerika nicht mehr schick war, veröffentlichten 18 christliche Denker aus neun verschiedenen Bekenntnisgemeinschaften einen »Aufruf zur Theologischen Aussage« – Thesen des Protestes gegen glaubensfeindliche, aber kirchlich anerkannte Denkweisen des Säkularismus, gegen die Herabwürdigung der Kirchen zu Agenturen der Sozialreform oder der individuellen Selbsterfüllung, gegen die Leugnung absoluter Gebote und Verbote durch eine »Situationsethik«, gegen die Leugnung der göttlichen Transzendenz. Unter den Unterzeichnern des »Hartford-Aufrufs«, wie er nach dem Theologischen Seminar, in dem seine Verfasser ihn schrieben, genannt wurde, fanden sich jüngere, kurz zuvor noch an der Spitze der religiösen Straßenkämpfer stehende Theologen, denen Zweifel an ihren Zweifeln gekommen waren, ehe sie nun gegen die »kulturelle Kapitulation der Kirchen« protestierten. Zwar bestritten auch sie nicht, daß »Christen aus biblischer Sicht am Kampf gegen oppressive und entmenschlichende Ausdrucksformen – Rassismus, Krieg, wirtschaftliche Ausbeutung zum Beispiel – voll teilnehmen« müssen, aber sie richteten ihren Protest gegen die Verwechslung jener Haltungen in der Welt mit dem Christenglauben selbst. Stellten sie auch noch eine Minderheit im Gefüge der liberalen Konfessionen und ihrer Seminare dar, so hatte ihre Warnung vor den Irrwegen einer selbstzerstörerisch totalen Verdiesseitlichung doch eine starke Wirkung: Sie erinnerten daran, daß auch Amerikas Diesseitschristen vorab und letztlich Christen seien.

Und wie stark doch hinter all den Exzessen des Diesseitsradikalismus christliche Religiosität im Lande überlebt und vielleicht sogar als Antwort auf die Herausforderung sich verstärkt hatte, entdeckten die Amerikaner selber erst, als im Wahlkampf von 1976 Jimmy Carters Bekenntnis als »wiedergeborener Christ« zum öffentlichen Thema wurde. Jetzt stellte sich heraus, daß viele Millionen von Amerikanern – und keineswegs nur Anhänger fundamentalistischer Sekten oder Konfessionen – ähnlich wie er sich einer persönlichen Begegnung mit Jesus Christus bewußt waren, die ihr Leben verändert und bestimmt habe. Besonders im Umkreis von Colleges und Universitäten florierten nun wieder religiöse Buchläden, von jungen Leuten für junge Leute geführt; die strenggläubigen Bücher, die sie verkauften, waren Amerikas heimliche Bestseller – oft mit größeren Auflagen als die berühmtesten Erfolgsbücher des Jahres. Auch die »wiedergeborenen Christen« sehen ihre Sendung vor allem in tätiger Liebe zu den Mitmenschen.

Die Ausrichtung auf Gerechtigkeit, Nächstenliebe, Vervollkommnung der Welt zeigt nur die eine Seite des amerikanischen Glaubens. Gäbe es nur sie, dann wäre er gar keine Religion, sondern eine soziale Bewegung und sonst nichts, materialistisch und den Menschen vergötzend. Doch die andere Seite darf nicht übersehen werden: der Glaube an eine höhere, übernatürliche Macht.

Auf die Frage »Glauben Sie persönlich an einen Gott?« antwortete den Meinungsforschern im November 1944, also vor Kriegsende, nur ein Prozent der Amerikaner mit »Nein«. Drei Prozent waren »unentschieden«. 96 Prozent bejahten. Heute wären ihrer wohl etwas weniger, aber das Mehrheitsvotum, ob 86 oder 96 Prozent, bleibt überwältigend stark; kein amerikanischer Präsidentschaftskandidat hat jemals mit ihm an Stimmstärke konkurrieren können. Natürlich besagt die Statistik nichts über die Tiefe jenes Glaubens, nicht einmal entkräftet sie den Verdacht, daß mancher seinen Glauben nur bezeugte, weil es sich so gehörte; aber gerade dies würde beweisen, wie sehr der Gottesglaube Bestandteil der amerikanischen Ideologie und diese wieder Bestandteil des guten amerikanischen Staatsbürgertums ist.

Am Sonntagvormittag muß der Präsident der Vereinigten Staaten zur Kirche gehen, wie es die ungeschriebene und ungebrochene Regel verlangt. Präsident Lyndon Johnson pflegte dreimal im Monat den Gottesdienst drei verschiedener protestantischer Glaubensgemeinschaften zu besuchen, am vierten einen katholischen. Sie alle, so mochte er denken, und so dachte sein Volk, waren nur verschiedene Instrumente im gleichen Konzert: noch in der Religion – *e pluribus unum*. Franklin Delano Roosevelt, ein zynischer Aristokrat und Volkstribun, pflegte seine Redenverfasser zu ermahnen, sie sollten im Manuskript nicht »the God stuff« zu erwähnen vergessen, das »Gotteszeug«.

Aber ist es der Gott der christlichen Offenbarung, an den jeder gute Amerikaner zu glauben erklärt? Wie die gleichen Meinungsforscher festgestellt haben, glaubten nur 64 Prozent (im Jahre 1936) an »ein Leben nach dem Tode«. Und diese Zahl hat sich seither gewaltig verringert; dies bezeugen nicht nur, sondern besorgen auch angesehene Prediger und Populärtheologen selber, die mit geschicktem Eifer ihren Hörern erklären, die Hölle sei nur ein literarisches Leitbild für irdische Ausweglosigkeit; Unsterblichkeit hingegen erweise sich am Nachlaß und Gedanken der Enkel; und der Himmel sei lediglich ein Symbol für die glückliche Zukunft der Nachfahren.

Auch der Herr wird verdiesseitigt. Die Meinungsfrager haben die Vorstellungen der Amerikaner von den Mysterien des Christentums nicht erforscht – mit Recht: Die Zahl derer, die eine Antwort geben könnten, wäre so verschwindend gering, daß das Unterfangen sich nicht lohnte. Gott erscheint ihnen als der Schöpfer, der große Baumeister, »Der im Obergeschoß« (Titel eines erfolgreichen, als fromm klassifizierten Films), als Prinzip des Guten, »ein Wesen, das größer ist als man selbst«, die oberste Instanz über das sittliche Gebaren der Welt, ein allwissender Präsident der *civitas terrena*, des Erdenstaates – von Wünschen und Phantasie der Menschen zu deren Nutzen erschaffen, gar nicht zu reden von jenen gutgemeinten, blasphemischen Vulgaritäten Geistlicher, die beim Tischgebet etwa des Berufsverbandes der Fernsehproduzenten Ihn als »den besten Fernsehproduzenten« lobpreisen. So geschehen A. D. 1967 in New York.

Während nach der judeo-christlichen Religion der Mensch und die Gesellschaft Ihm dienen, dient Er in der amerikanischen Religion dem Menschen und der Gesellschaft Amerikas. Moderne Theologen verkünden – öfter verteidigen – ihren Glauben nicht mit seiner Wahrheit, sondern mit seinem Nutzwert: Sie preisen Religion als ein praktisches Instrument zur Gewinnung sozialen Friedens, demokratischer Freiheit und jener selbstzufriedenen geistigen Gesundheit, die sie »Seelenfrieden« nennen. Die höheren Religionen werden, wie traditionellere Theologen meinen, mißbraucht, um die weltlichen Interessen des Staates, der Gemeinschaft, des Einzelbürgers zu fördern. Ihre Aufgabe, der civitas dei vor der civitas terrena zu dienen, kommt dabei leicht und oft zu kurz.

Und während die Diesseitsreligion Ihn bis zur Banalität säkularisiert, trägt sie die Amerikaner und ihre Gesellschaft. Man findet ihre Spuren in der Pflicht zum Altruismus, wobei die Nächstenliebe oft zur Nachbarlichkeit wird oder gar zum Geschäft unpersönlicher amtlicher Wohlfahrtsbürokratien, die die Steuermittel verteilen, aber die Liebe nicht. Man ahnt ihre Quellen in dem Trieb zur Ehrlichkeit, der zum amerikanischen Stil gehört. Man findet ihre Wirkkraft in dem nimmer ermüdenden, leidenschaftlichen amerikanischen Missionseifer für Verbesserung aller menschlichen Zustände – im eigenen Land wie im Ausland. Man kann nicht übersehen, daß ihre Folge das idealistische Bemühen um soziale und internationale Gerechtigkeit ist. Kurz, Glaube (an Recht und Freiheit), Liebe (zum Mitmenschen), Hoffnung (auf die bessere irdische Zukunft) – sie kennzeichnen die fides americana.

Man sieht ihr Wirken auch in der Abneigung gegen alle Macht, die Amerikanern immer noch so böse erscheint wie Calvin die libido dominandi, die Herrschlust. Ihre Demokratie beruht auf dieser Haltung, die Calvin (in Institutes IV, 20: VIII) begründet hatte: »Die Sünde der Unvollkommenheit des Menschen«, hatte er argumentiert, »macht es daher sicherer und erträglicher, daß die Regierung in den Händen vieler ist, damit sie einander gegenwärtig Beistand und Ermahnung geben können und damit, wenn jemand sich mehr anmaßt, als recht ist, die anderen als Zensoren und Herren handeln, also seinen Ehrgeiz zurückhalten.« Als die Amerikaner Calvins pessimistisches Mißtrauen gegenüber der menschlichen Natur mit dem Optimismus der Aufklärer, die deren Vervollkommnungsfähigkeit erhofften, verbanden, schufen sie ihren Staat. Um die Bazillen der Selbstvergötzung, wie sie jeder Staat brütet, unschädlich zu machen, erklärten sie immer wieder, daß Gott über dem Staat steht und den einzelnen mit seinen Persönlichkeitsrechten schützt. »Die Bedingung, unter der Gott dem Menschen Freiheit gegeben hat, ist ewige Wachsamkeit; bricht er diese Bedingung, ist Knechtschaft sofort die Folge seines Verbrechens und die Bestrafung seiner Schuld.«

Aber diese Einsicht des Politikers John Philcott Curran aus dem Jahr 1790, kurz nach der Verkündung des säkularen Evangeliums Amerikas, wird heute zumeist kürzer zitiert: »Ewige Wachsamkeit ist der Preis der Freiheit.« Wesentlicher ist, daß jedesmal, wenn diese Freiheit bedroht worden ist, die Amerikaner sie im Namen Gottes verteidigt haben.

Die liberalistische, modernistische, diesseitige Glaubenshaltung beherrscht natürlich nicht alle Amerikaner. Sie herrscht nur vor und prägt sie mit ihren hervorstehenden Zügen. Sie führt auf den breiten Mittelweg, von dessen beiden Seiten die Extreme ihr widersprechen: Auf der einen Seite stößt die winzige Minderheit der offenen, oft fanatischen, jedenfalls lautstarken Atheisten vor. In ihrer kämpferischen Organisation nennen sie sich Humanisten und greifen jede Äußerung, jeden Restbestand der Religiosität und noch mehr aller Rechte religiöser Gemeinschaften in Amerika an: Im Namen der Verfassung, die Staatsreligionen verbietet, kämpfen sie gegen überkonfessionelle Gebete in öffentlichen Schulen, gegen die öffentliche Feier religiöser Feste, gegen die Steuerprivilegien der Glaubensgemeinschaften, die diesen wie allen anderen gemeinnützigen Vereinigungen gewährt werden. Dabei verstoßen sie selbst gegen das Recht der freien Glaubensausübung des einzelnen und der Mehrheit, wie es die Verfassung garantiert; aber es beweist die Angst der Mehrheit vor der Tradition, ihre Neigung zum Säkularismus, ihren Wunsch, Religion zur Privatsache zu machen, daß sie im Prinzip vor der atheistischen Minderheit zurückweicht.

Trotzdem hält der Großteil der Amerikaner an seiner Religion fest, selbst wenn deren Bezeugung nicht ganz gesetzlich geworden: So kümmern sich die Schulbehörden und Elternvertreter in vielen Bundesstaaten und Gemeinden einfach nicht um das Verbot gemeinsamen Gebetes in ihren Schulen, zu Beginn des Tages wird dort in jedem Klassenzimmer weiter gebetet; so wie der Puritanerwille während der Jahre der Alkoholprohibition, wird jetzt umgekehrt der Atheistenwille ignoriert; ein Gesetz, das die Freiheitsrechte verletzt, wird stillschweigend gebrochen.

Doch ein neues Gesetz zu bewilligen, durch das das verfassungsgerichtliche Verbot der Schulgebete aufgehoben würde, ist der traditionell religiös gesinnten Gegenseite auch nicht gelungen. Sie verkörpert das andere Extrem im amerikanischen Religionsspektrum; die zahlenmäßig unvergleichlich stärkere, doch immer mehr in die Defensive und in die Minderheit gedrängte Schicht der Puritaner, Fundamentalisten, Anhänger der »old-time religion«. (»Was gut genug für meine Väter war, ist gut genug für mich«, singen sie in einer ihrer Hymnen.) Wir erinnern uns ihrer Macht in der angelsächsischen Epoche Amerikas: »Wer Ansichten im schlagenden Unterschied zur Mehrheit äußert, muß Schande, Verachtung und Verfolgung erwarten; ob seine Häresie politisch oder religiös ist, er verliert geselligen Umgang und allgemeinen Respekt, vielleicht sogar seine staatsbürgerlichen Rechte«, hatte zum Unabhängigkeitstag von 1837 der junge Vermonter Horace Greeley, Sohn irisch-schottischer Sektierer, selber ein Unitarier und Rebell gegen die puritanische Herrschaft, in seiner damaligen Tageszeitung, »The New Yorker«, geklagt. Noch 1927 berichtete der französische Staatswissenschaftler André Siegfried – er hatte Amerika

1898, dann fünf weitere Male, zuletzt 1925 fünf Monate lang bereist: »Protestantismus ist die einzige nationale Religion [Amerikas] ... Wer andere Systeme, zum Beispiel den Katholizismus, vorzieht, wird als schlechter Amerikaner betrachtet.« Aber zu Beginn seines Buches stellt er die Frage: »Wird Amerika protestantisch bleiben?«

Damals wurde gerade die endgültige Entmachtung des Puritanismus, ja des Protestantismus in Amerika besiegelt – im Jahre 1925 und in Dayton, einer ländlichen Kreisstadt des Südstaates Tennessee: Dort war ein junger Biologielehrer namens Scopes angeklagt, unschuldigen Kindern von Darwins Entwicklungslehre erzählt zu haben. Wie fünf andere Südstaaten hatte Tennessee dies zum Verbrechen erklärt. Unter den Augen einer faszinierten Nation (und dem Spottgelächter des Auslands) wurde der Prozeß gegen Scopes eingeleitet. Der Ankläger, der Volksheld und mehrmalige erfolglose Präsidentschaftskandidat William Jennings Bryan, bekannte sich zum Glauben an die wortwörtliche Wahrheit jedes Bibelwortes; Betzelte wurden um das Gerichtsgebäude aufgeschlagen; und aus dem ganzen Land strömten Fundamentalisten, um für den Sieg des Rechts zu beten. Scopes wurde dann auch prompt verurteilt. Der scheinbare Sieg stellte sich als die endgültige Niederlage der Fundamentalisten heraus, noch ehe ein Jahrzehnt vorüber war. Das Land hatte gelernt, sie auszulachen und der Macht der Gegenargumente (»Wissenschaft«, »Fortschritt«, »die amerikanische Idee«) nicht mehr zu widerstehen. Zugleich vollzog sich die technische und soziale Revolution der Amerikaner, in der das Neue auch »die alte Religion« überwältigte.

Während ihre großen Kirchen, vorab Baptisten und Methodisten, zum Mittelweg abschwenken, konzentrieren sich die letzten Bataillone des Puritanismus immer mehr in kleinen Sekten und einzelnen Landesteilen: Im Bibelgürtel des Mittelwestens und in den Landbezirken des Südens wird auch heute noch der Modernismus und Liberalismus des übrigen kirchlichen Amerika schroff abgelehnt; über ihre selbsterwählten Ghettogrenzen dringen ihre Stimmen nicht mehr ins Land. In ihrer rein religiösen Form als Fundamentalismus, die ihre Entsprechung im katholischen Integralismus und der jüdischen Orthodoxie findet, gelegentlich mit diesen seltsame Zweckbündnisse gegen säkularistische Vorstöße formend, halten sie noch ihre Territorien, doch diese wirken wie abgelegene Inseln, auf die sich eine geschlagene Armee zurückgezogen hat, ohne noch auf die Rückeroberung des Festlandes zu hoffen. Im Widerstand gegen die Säkularisierung des öffentlichen Lebens erleiden sie nur Niederlagen.

Auch der vom Religiösen aufs Politische übertragene Puritanismus der Amerikaner, der mehr als ein Jahrhundert lang ihr Gesetz gewesen und den noch lange danach oberflächliche Beobachter unter jedem amerikanischen Bett sahen, ist am Absterben. Reliquien eines seine Moral zum Gesetz machenden Puritanismus erhalten sich als regionale Sonderlichkeiten – verschrobene Verbote des Alkoholgenusses zu bestimmten Tageszeiten, Verbote öffentlicher Lotterien, Sexualvorschriften aller Art, kümmerliche Petrefakten einer Geisteshaltung, die eine neue Welt geschaffen und regiert hatte. Wie die europäische Gotik des frühen Mittelalters, ist auch die amerikanische Gotik der puritanischen Ära zur geschichtlichen Erinnerung geworden, und Wiederbelebungsversuche führen nur zur kläglichen Kopie.

Die letzten Echos des Puritanismus hört man in den Exzessen, zu denen heute noch ein extremer Antipuritanismus sich hinreißen läßt, während er seinen Kampf gegen einen fast verblichenen Feind führt. Nicht selten wird dabei das Kind, nämlich die gute Sitte überhaupt, mit dem abgestandenen puritanischen Badewasser ausgeschüttet.

Auch viele amerikanische Katholiken, mehr als ein Drittel aller Glaubensgemeinschaftsmitglieder, etwa ein Viertel der Bevölkerung, nähern sich der Volksreligion Amerikas. Nicht nur hat dessen Mehrheit ihre Haltung den Katholiken gegenüber verändert, die Katholiken selbst haben sich amerikanisiert. Sie sind nicht mehr eine von der Mehrheit grundverschiedene, von ihr abgelehnte, oft zurückgesetzte, nicht selten gehaßte Minderheit, die ihrerseits wenig mit der Denkweise der Mehrheit gemein haben wollte. Ihre Gläubigen, als irische, italienische, polnische Einwanderer und deren Nachfahren ethnisch verschieden von der angelsächsischen Mehrheit, waren mit dem Stigma geistiger, sozialer und wirtschaftlicher Zurückgebliebenheit belastet, vor allem wegen der altweltlichen Lehren ihres Glaubens: seine Theologie des Absoluten, seine Symbolik des Mysteriums, seine innere Hierarchie mußte der herrschenden amerikanischen Meinung fremd bleiben. Oft fürchteten Amerikaner ihn als gefährlichen Feind, da er Werte und Ordnungen aufrechterhielt, denen die amerikanischen Stammväter entflohen waren, die sie als »Aberglauben« verwarfen, die sie »abgeschafft« hatten. Die aus Furcht und Unverstand geborene »antipopistische« Stimmung der Mehrheit ähnelte dem europäischen Antisemitismus in vielen Zügen: Antikatholizismus war der Antisemitismus der Puritaner.

Von ihm provoziert und ihn noch weiter fördernd, schlossen sich denn auch die meisten amerikanischen Katholiken in ihre kulturellen Ghettos ein; nur in Ausnahmefällen, etwa in Teilen von Louisiana, Wisconsin, Indiana, Maryland, standen katholische Einwanderer aus Frankreich, Deutschland, England auf gleichem Niveau wie Protestanten und genossen so viel Prestige wie diese.

Die Kirche hatte jeden Kompromiß mit der vorherrschenden Ideologie der amerikanischen Mehrheit verworfen. Als Antwort auf einige sie schüchtern verteidigende katholische Amerikaner verurteilte Papst Leo XIII. (in seinem Apostolischen Brief »Testem Benevolentiae«) »jene Ansichten, die von manchem Amerikanismus genannt werden«, wie der Historiker des amerikanischen Katholizismus Theodore Maynard es definierte, »die Bereitschaft, dem Zeitgeist nachzugeben ...« Kurz danach, im Jahre 1907, warnte die *Encyclica Dominici Gregis* vor modernistischen Häresien, die sich aus der Überbetonung des Diesseitigen im kirchlichen und politischen Leben ergäben. Die Kirche lehnte den Pluralismus Amerikas ab, seine protestantisch gefärbte Weltlichkeit, seinen Fortschrittsglauben.

Wahrscheinlich stimmt nur noch eine Minderheit katholischer Bischöfe, Priester und Laien in Amerika der Feststellung des Jesuitenpaters und führenden Theologen Gustave Weigel zu, daß die Kirche keine öffentliche Politik vorschlagen könne, die zu ihren Zielen führe – dies sei die angemessene und ausschließliche Funktion der säkularen Gesellschaft. Gewiß, die Kirche bleibt unvergleichlich zurückhaltender den meisten öffentlichen Fragen gegenüber als die Mehrzahl der protestantischen Konfessionen. Aber ihre Haltung zu der amerikanischen Ordnung und Ideologie hat sie doch völlig verändert; im Prinzip wie in der Praxis gibt sie dem »Amerikanismus« ihren Segen, und der amerikanische Katholizismus bejaht Amerika mit dessen pluralistischer Gleichberechtigung aller Glaubensgesellschaften ebenso wie – weniger offiziell und offen, doch um so tatkräftiger – sein diesseitiges Credo. »Die Frage ist nicht mehr, ob die Katholiken sicher für die amerikanische Demokratie sind, sondern ob die amerikanische Demokratie sicher für die Katholiken ist«, wie P. John Courtney Murray S. J. warnte.

Und hatte zuvor Rom den »Amerikanismus« verurteilt, so wurde dieser jetzt nach Rom gebracht: Nicht nur wurden amerikanische Erfahrungen und Urteile vom Zweiten Vatikanischen Konzil akzeptiert, viele seiner Neuerungen wurden dort von Amerikanern angenommen und vorangetrieben. Ein amerikanischer Jesuitenpater schrieb aus seiner Erfahrung amerikanischer Gesellschaft den Entwurf des Schemas zur Glaubensfreiheit, das vom Konzil angenommen wurde; ein anderer amerikanischer Jesuitenpater kritisierte als erster die autoritäre Methode, mit der Lehrmeinungen oder Bücher von der zuständigen vatikanischen Kongregation in Acht getan und auf den Index gesetzt wurden, bevor mit seiner Abschaffung eine modernere Form geistigen Dialogs innerhalb der Kirche begonnen und die Meinungsfreiheit anerkannt wurde. Ein dritter amerikanischer Jesuitenpater schlug eine überkonfessionelle Übersetzung und Ausgabe der Heiligen Schrift vor, die dann unter seiner führenden Mitwirkung 1966 begonnen wurde. Richard Kardinal Cushing von Boston verfocht die neue Lehrmeinung, wonach dem jüdischen Volk keine Kollektivschuld an der Kreuzigung anhänge, weshalb es nicht mit ihr beschuldigt werden dürfe. Die neue »Demokratisierung« des hierarchischen Pastoralgefüges, in dem sich eine gewisse »Gleichheit« der Laien gegenüber den Priestern anbahnt, wirkte in den Augen vieler Amerikaner als Annäherung der Kirche an das amerikanische Modell.

Die Liste ließe sich verlängern, wobei die Rolle unterstrichen werden muß, die amerikanische Bischöfe, Experten und andere Konzilsväter bei dem Sieg der Verheutigung, des Aggiornamento, spielten. Es ist selbst schon ein Wort, das noch in italienischer Sprache verdächtig amerikanisch klingt, fast wie eine Übersetzung der Neuerung und ewigen Modernisierung im Credo Amerikas. Natürlich (wenigstens für Katholiken natürlich) bleibt die katholische Kirche gegen den totalen Diesseitsglauben gefeit. Ihre Lehre negiert ihn von vornherein und bis ins letzte. Doch hat sie gelernt, mit ihm zu koexistieren, und macht ihm – aus freiem Willen – Konzessionen, deren Wirkung noch nicht abzusehen ist. In diesem Zusammenhang soll nur die Stärke des amerikanischen Volksglaubens illustriert werden, wie sie sich am Beispiel seines Einflusses selbst auf den amerikanischen Katholizismus erweist.

Antikatholizismus ist in Amerika nicht mehr respektabel, fast ebensowenig wie Antisemitismus. Ob die Niederlage des ersten katholischen Präsidentschaftskandidaten, des aus dem New Yorker Armutsviertel stammenden Al Smith im Jahre 1928, davon entschieden worden war, daß er offener Gegner der damals geltenden (und vom Puritanismus in seiner Todeszuckung erzwungenen) Alkoholprohibition oder daß er Katholik war, darüber streiten Historiker heute noch und werden es wohl nie eindeutig beantworten können; daß seine Zugehörigkeit zur katholischen Kirche mehr oder weniger entscheidend mitwirkte, ist sicher. Gut dreißig Jahre später wurde der katholische Präsidentschaftskandidat John F. Kennedy gewählt, wenn auch mit einer Mehrheit von weniger als einem Prozent. Den Sproß der dritten Generation einer irischen Einwandererfamilie trafen noch starke antikatholische Ressentiments und Befürchtungen (»Werden Sie den Papst aus Rom ins Weiße Haus holen?« stellte ihn ein Baptistenprediger während des Wahlkampfs zur Rede), doch seinem Wahlsieg standen sie nicht mehr im Weg. Andererseits finden sich die katholischen Amerikaner, nicht anders als die große Mehrheit ihrer Mitbürger, nun in jeder einzelnen politischen Gruppierung und Bewegung, demonstrieren wie jene auf der Straße und in ihren Laienverbänden, kämpfen sogar viele Priester und Religiosen für weltliche Reform und Neuerungen. Sie haben ihre Ghettos verlassen; zwischen katholischem Glauben und amerikanischem Staatsbürgertum gibt es keinen Konflikt mehr, im Gegenteil.

Mit der veränderten Haltung Amerikas zum Katholizismus und der katholischen Kirche zum Amerikanismus hat sich die Rolle der Religion in Amerika selbst verändert. Neben den Protestantismus tritt der katholische Glaube als gleichberechtigter und als gleichwertig angesehener Partner, ebenso wie als Dritter im Bunde der jüdische Glaube. Offiziell und faktisch herrscht jetzt das amerikanische Gleichheitsideal sogar im Raum der Glaubensbekenntnisse, die alle nur als verschiedene Formen der einen amerikanischen Religion erscheinen.

Präsident Eisenhower, Antenne und (manchmal von Statik gestörter) Lautsprecher amerikanischer Normalmeinung, sagte 1952: »Unsere Regierungsform ist sinnlos, wenn sie nicht in einem tiefgefühlten religiösen Glauben gegründet ist, und mir ist gleich, was für einer*.« Ein andermal erklärte er: »Ich bin der intensivst religiöse Mensch, den ich kenne, aber das bedeutet nicht, daß ich irgendwelcher Glaubensgemeinschaft angehöre**.« Und endlich, ganz klar: »Die geistliche Bedeutung der amerikanischen Demokratie ist verwirklicht in ihren drei großen Religionen***.«

Innerhalb des öffentlichen, amerikanischen Glaubens unterscheiden sich Protestanten, Katholiken und Juden nach amerikanischer Meinung nur noch in ihren rituellen Überlieferungen und Gruppeneigenschaften, wie etwa Amerikaner englischer, irischer und polnisch-jüdischer Herkunft in ihrer Folklore und ihren Herkunftsmerkmalen. Aber Amerikanern erscheinen diese Unterschiede nicht sehr bedeutungsvoll, oft nur noch malerisch, und sie werden immer geringer. Jedenfalls ist Konfession Privatsache geworden, solange ein Mitbürger nicht gegen die Volksreligion verstößt.

Als Kennedy, der Katholik, am 12. September 1960 als Präsidentschaftskandidat vor der Greater Houston Ministerial Association auftrat, um zu erklären, daß seine Kirche keinen Vorrang vor seinen Amtspflichten und der Verfassung habe, gelang ihm, wie sein Historiker Arthur Schlesinger berichtete, »Religion als intellektuell achtbare Streitfrage aus dem Wahlkampf zu vertreiben«. Sieben Jahre später lehnte der prominente Politiker George Rom-

* Da keine Übersetzung Eisenhowers Diktion ganz gerecht werden kann, sei hier der Wortlaut wiedergegeben:
»Our government makes no sense unless it is founded on a deeply felt religious faith, and I don't care what it is.«

** »I am the most intensely religious man I know, but that does not mean I adhere to any sect.«

*** »The spiritual meaning of American democracy is realized in its three great faiths.«

ney eine Debatte über seine Zugehörigkeit zur Mormonenkirche ab, denn dies würde »die Kirche in die öffentlichen Angelegenheiten schieben«. Das kirchliche Glaubensbekenntnis beeinflußt die Volksreligion des »guten Amerikaners« nicht.

Die amerikanische Volksreligion konnte sich deshalb leichter als anderswo entwickeln, da die Vereinigten Staaten, im Unterschied zu Europa, niemals einen inneren oder äußeren Glaubenskrieg erlitten hatten. In ihrem Bewußtsein gibt es keine schmerzhafte Erinnerungen an blutige Kriege, Bartholomäusnächte, Revolutionen im Namen einer Konfession. Ihre Gründung war schon deren letztes Nachspiel. Protestanten, Katholiken, Juden mögen im Namen ihres Glaubens jahrhundertelang Todfeinde gewesen sein; jetzt eint sie das amerikanische Credo.

Und nach diesem ist sogar die Zugehörigkeit zu einer der Konfessionen erwünscht. Nach dem Krieg verstärkte sich die Mitgliederzahl vieler Kirchen erheblich, man sprach von einer »Rückkehr zur Religion«. Wie sich bald herausstellte, war das Motiv vorwiegend gesellschaftlicher und geselliger Art – die neuen Bewohner der Suburbia waren in den Augen der Nachbarn erst richtig achtbar, wenn sie »kirchlich organisiert« waren.

So überwältigend stark war die Macht des Fortschrittsglaubens in Amerika, daß sogar hier neu gestiftete religiöse Sekten ihn sich einverleibten. »Der Fortschritt wird am Ende allen Irrtum auslöschen«, verkündete 1875 Mary Baker Eddy, Gründerin und Prophetin der gemeinhin »Christliche Wissenschaft« genannten Church of Christ Scientist, die die Gläubigen – auch darin amerikanisch – von Krankheit und Verbrechen zu befreien verheißt. Diese Sekte hält die Zahl ihrer Mitglieder geheim, doch weiß man, daß sie mit fast 2500 Gemeinden eine im Lande weitverbreitete Glaubensgenossenschaft ist.

Diese Sekten existieren am Rande der amerikanischen Religion. Sie sind nicht typisch – vielleicht haben sie weniger als tausend Mitglieder wie die Feuergetaufte Heiligkeitskirche, zweitausend wie die USA-Christliche Nationalkirche, fünftausend wie die Amerikanische Ethische Union, die 1876 vom Sohn eines eingewanderten Wiener Rabbiners gegründet wurde. Sie ist als Glaubensgemeinschaft rechtlich anerkannt, und ihre Geistlichen, die »Führer« genannt werden, leiten Trau- und Begräbnisfeiern, Schulen, »Sonntagmorgenversammlungen« mit Orgelspiel einerseits und »Vorträgen« zu Tagesfragen andererseits. Aus religiösen Doktrinen entstünde Glaubensstreit, aus Gottesglaube Weltflucht, weshalb die »ethische Kultur« als fortschrittliche Verbesserung aller Religionen gelehrt wird. Nur eine winzige Minderheit gehört ihr an, sie ist eine Absonderlichkeit, sie widerstrebt der einen Seite der amerikanischen Religion, dem Gottesglauben, aber um so amerikanischer ist ihre verbleibende Hälfte der Diesseitsreform im Geist der fortschrittlichen Demokratie, der sozialen Gerechtigkeit, der tätigen Menschenliebe.

Beinahe jedes Jahr entstehen neue Sekten, ebensooft sterben sie wieder aus – stetig suchen Amerikaner selbst im religiösen Bereich nach Neuem, unruhig, hoffnungsvoll, zum Experiment bereit, stets in Bewegung, Spannung, Erwartung; Quietismus ist ihnen fremd.

Verschwunden sind nahezu alle die Dutzende religiöser Sekten, die, in Amerika entstanden oder aus Europa verpflanzt, hier Utopien verwirklichen wollten, die von dem amerikanischen Glauben an Fortschritt und von der amerikanischen Diesseitsreligion unberührt blieben. Bald entflohen die Nachfahren ihrer Gründer aus ihren utopischen Kolonien in den anziehenderen amerikanischen Alltag. Nahezu wäre dies auch das Schicksal der Sekte Amana gewesen, einer aus Deutschland geflüchteten radikal reformatorischen »Gemeinde der wahren Inspiration«, in der jeder und aus jedem, so verkündeten ihre Propheten, Gottes Stimme sprach, weshalb sie Geistliche als Mittler verwarf; in strengster Orthodoxie und Enthaltsamkeit lebten ihre Mitglieder in einer urchristlich kommunistischen Gemeinschaft, in der nicht einmal einzelne Familien für sich selbst kochen durften. Ihr Ende schien nahe, als die jungen Leute sie verließen, während die älteren Mitglieder, sich auf die sozialistische Gemeinde verlassend, nichts zu deren Unterhalt beitrugen. Doch dann beschlossen sie auf den Druck einiger realistischer oder, wie sie heute sagen, »fortschrittlicher« Angehöriger, sich der Moderne und Amerika gleichzuschalten: Nachdem die Gemeinde als Aktiengesellschaft umorganisiert, nachdem Privateigentum und kommunale Demokratie eingeführt worden waren, blühte sie plötzlich wieder auf. Der Name der Sekte, genannt nach dem biblischen Berg, auf dessen Spitze König Salomon im Hohen Lied weist, lebt heute nur noch als Fabrikmarke fort. Ein bastelfroher Amane hatte dort die größte Tiefkühlmaschinenfabrik der Welt gegründet. So verwandelte sich die radikale Sekte zur amerikanischen Unternehmung. Wenn auch heute die Gemeindemitglieder immer noch nach ihrer alten Überlieferung im Deutsch des 18. Jahrhunderts beten, ihre Demokratie und ihre Industrie zehren von der amerikanischen Tradition.

Wie ein Gegenbeispiel wirkt die gleichfalls noch überlebende Sekte der Amish, strenggläubige Mennoniten, die, nach ihrem Gründer, dem Schweizer Bischof Jacob Amann, geheißen, gegen Ende des 17. Jahrhunderts aus alemannischen Bezirken nach Pennsylvanien ausgewandert waren, um hier ihrem Glauben ungestört nachgehen zu können. Sie lehnten die damalige Moderne und jede Neuerung seither ab, der Bibel bis zum Buchstaben getreu. Deren

Geboten gemäß scheren sie sich nicht das Haar, verwerfen Blitzableiter, Motorfahrzeuge, Traktoren, kleiden sich noch wie europäische Bauern nach dem Dreißigjährigen Krieg. Da sie mit ihrer Ablehnung weltlicher Vergnügungen und Moden ungemein sparsam, fleißig und enthaltsam sind, konnten sie als tüchtige Landwirte ein gutes Auskommen finden, reichlich erhöht von den Ausgaben der amerikanischen Touristen, die sie als Kulturkuriosum besichtigten und Geld bei ihnen ließen. Sie erhalten sich aus eigener Kraft, bleiben unter sich, stören in ihren pittoresken Enklaven die geltende Glaubensordnung nicht und werden deshalb von dieser gern geduldet.

Denn auch die Toleranz gehört zum Credo der Diesseitschristen; und sie praktizieren sie so ehrlich und eifrig wie ihre anderen demokratischen, fortschrittsfordernden, nachbarlichen, wohltätigen Glaubenssätze. Nicht nur »E pluribus unum« ist auf manche Münzen der Amerikaner geprägt, auf allen ihren Geldstücken und -scheinen jeder »Denomination« (was in diesem Fall Nennwert bedeutet) findet sich das Motto: »Auf Gott vertrauen wir.« Ebenso naheliegend wie verfehlt wirken Spötteleien über dieses fromme Bekenntnis auf dem materiellen Instrument des Alltags: Amerikaner sehen keinen Gegensatz zwischen beiden Sphären, im Gegenteil.

Zweiter Teil: Amerikanische Zustände

7 Alkoholische Exkurse

Ehe wir den Äußerungen amerikanischen Wesens nachspüren, wollen wir eine Exkursion in die Saloons und Cocktailparties der Amerikaner unternehmen, um ihnen trinkend Gesellschaft zu leisten. Der Exkurs ist weniger frivol, als er ungeduldigen Lesern scheinen mag. In den gefüllten Gläsern suchen wir die Spiegelung des amerikanischen Charakterbildes. Wie ein Volk trinkt und was es trinkt, enthüllt manche seiner markanteren Züge.

Man betrete die erste beste Schankstätte. An ihrer langen oder kreisrunden Barriere (englisch: *bar*), nach der die Bar genannt ist, stehen die Gäste, die Ellbogen auf die Theke gestützt oder sich an der ihr entlang gezogenen Metallstange festhaltend; in modernen Etablissements mögen sie sich auch auf einen der in Amerika erfundenen unbequemen, auf dünnen Beinchen balancierenden Barhocker schwingen, doch ziehen Amerikaner gemeinschaftliches Trinken im Stehen vor, als wollten sie diesem Genuß die Permanenz absprechen, um zur Bewegung, zur Veränderung bereit zu bleiben.

Wo der Besucher Platz zwischen zwei anderen Trinkern findet, nimmt er ihn sich, das heißt pflanzt er sich auf, und wenn es zu eng ist, rücken beide Nachbarn etwas auseinander, mit kurzem, konventionellem Lächeln. Anders als in der englischen Klassenordnung des zweigeteilten *Pub*, in dem der *Saloon* nur der besseren Kundschaft dient, anders als im geschlossenen, feststehenden Kreis des deutschen Stammtisches oder im französischen *Bistro* mit seiner Xenophobie trinkt im amerikanischen *Saloon* eine offene Gesellschaft egalitärer Demokraten. Jeder ist gleich willkommen, aber der Fremde wird nicht eigens willkommen geheißen; er wird mit sachlicher und selbstverständlicher Wortlosigkeit als neues Mitglied der Trinkgemeinschaft akzeptiert, solange er sich als »a regular guy« verhält, ein den Regeln dieser Gemeinschaft entsprechender, ihre Regeln einhaltender Bursche, der seit etwa dreißig Jahren auch weiblichen Geschlechts sein mag. Die Regeln verlangen, daß er die anderen nicht stört, kränkt, angreift. Und daß er vorab den Preis für sein Getränk zahlt – den Eintrittspreis. Nach der ungeschriebenen Etikette der Trinker, die jene Regeln garantieren soll, darf er im übrigen sein, tun oder lassen, was er mag. Im Saloon gilt die Gleichheit der Ungleichen; persönliche und soziale Unterschiede, die die Sprechweise und Kleidung verraten, werden mit verstohlenem Blick festgestellt, dann wird darüber hinweggesehen, als gäbe es sie nicht.

Dem schweigsamen Gast läßt man seine Ruhe. Wenn er auf eine Bemerkung des Nachbarn an der Bar demonstrativ kurz angebunden oder überhaupt nicht antwortet, wird er nicht mehr angesprochen und darf ungestört in sein Glas starren. Die Mehrzahl der Gäste verhält sich geselliger. Ihre Konversation klingt grundverschieden vom Gespräch zwischen Fremden anderswo in der Welt, wo sie sich im Café, am Gasthaustisch, im Zug überbetont kalt und abweisend geben, als wollten sie sich mit ihrem Rang hinter Burgmauern und Gräbern verschanzen, wenn sie nicht neugierig bis zur Unverschämtheit ausfragen: Wo sind Sie her ...? Wieviel hat Ihr Kleid gekostet ...? Was sind Sie von Beruf ...? In der Bar gälte es als ungehörig, solche Verhöre anzustellen. Die Privatsphäre des Nachbarn bleibt geheiligt, solange dieser selbst nicht die Tür öffnet. Und dies geschieht oft.

Dann sprechen sich fremde Amerikaner mit einer lässigen Vertrautheit an, als hätten sie sich ihr Leben lang gut gekannt und nicht mehr viel zu sagen – ein paar Worte über das Wetter, das Baseballspiel, den Wahlkampf des Tages, und im übrigen redet jeder nur über sich selbst, bis zum Exhibitionismus offen, wobei der Partner stummes Empfangsgerät bleibt: Mein Wagen ... Meine Frau ... Meine Sorgen ... Meine Kinder ... Meine Gesundheit ... Einsame, selbstbezogene Leute trinken an der Bar, um dort gemeinsam einsam zu sein. Gern, oft und unpersönlich streiten sie nur über Fakten – ob die am Fernsehschirm erscheinende Stadt in Schweden liegt oder in Ungarn, ob der Boxer Schwergewichtsmeister war oder nicht, darüber gibt jeder seine Meinung kund, und wer eine Information beisteuern zu können meint, leitet sie gern mit dem Satz ein: »I got news for you« – ich weiß etwas Neues. Sie alle gehen davon aus, daß jeder die gleichen Sorgen und Wünsche mit sich herumträgt, was ihre Gemeinschaft der Gleichen begründet. Gemeinsam ist ihnen fernerhin ein Gefühl ihres Alleinseins, das auch eine Art von Gemeinschaft schafft.

Ein wenig über all den Gästen steht nur der Mann hinter der Bar; mit einem Schankkellner oder anderen Bediensteten hat er wenig gemein. Ein bißchen herablassend, mit betonter Kameradschaftlichkeit nimmt er die Bestellungen an und bringt er den Drink. Zwischen Getränken und Trinkern waltet er als der Fachmann, was ihm Autorität verschafft, sogar hin und wieder Hoheitsgewalt. Er sorgt für guten Ton – verletzt ihn ein Gast, so mahnt er väterlich: »Watch your language« – Nehmen Sie sich mit Ihrer Sprache in acht! Wenn jener aber gar zu betrunken oder nach Erscheinung und Reputation gar zu offenkundig kein »regular guy« ist, muß er ihn zurechtweisen, wenn nicht gar hinausweisen, was er mit der taktvoll umschreibenden traditionellen Formel vollzieht: »Ich denke, Sie hatten genug.« Den nächsten Drink verweigernd, stößt er den Störenfried aus der Gemeinschaft. Unter der Bar hält er einen Knüppel verborgen, den er hervorholt, wenn jener sich seinem friedlichen Geheiß nicht fügt und droht, mit Gewalt das Gebot zu verletzen: Mit oder ohne Schlagwaffe, mit oder ohne freiwillige Beihilfe der Gäste setzt er ihn dann vor die Tür, mit mehr oder weniger Rauheit oder Roheit, selten mehr als notwendig. Das Gewohnheitsrecht verleiht ihm diese Macht, ist er doch verantwortlich dafür, daß der Friede der andern erhalten und die Regel in Kraft bleibt. Er entscheidet, welches Fernsehprogramm angedreht wird, wobei der Wunsch der Trinkermehrheit ihn bestimmt; die Minderheit, die es nicht sehen will, kann ja ohne Schwierigkeit wegschauen. Weniger leicht ist, die Ohren zu schließen, wenn auch nur ein einziger Gast die Juke-Box plärren und krakeelen läßt, was jedermann gestattet ist, der seine Münze dafür opfert; doch die Mehrheit nimmt daran keinen Anstoß (sonst stünde ja das Instrument nicht an einem Ehrenplatz), und die Musik folgt ihrerseits dem Mehrheitsgeschmack, der allwöchentlich durch statistische Umfragen wie im Mehrheitswahlgang ermittelt wird; nach ihrem Ergebnis werden gehorsam und geschwind die neuesten Platten eingelegt. Mit ihrer Lärmkulisse verhängen sie die Einsamkeit der Trinker.

Der Bartender beteiligt sich auch an den Unterhaltungen der Gäste von gleich zu gleich, wenn ihn nicht einer von ihnen allein in Beschlag nimmt: Wer an der Bar trinkt, genießt das ungeschriebene Recht, vor dem Barmann seine persönlichen Kümmernisse und »Probleme« auszuschütten; im strikten Beichtgeheimnis erfährt dieser, was der Gast anderen nicht zu sagen oder nicht mehr zu wiederholen wagt, weil es sie schon langweilt. Der Barmann gibt lakonisch seine Meinung und Ratschläge kund, doch wesentlicher als diese ist dem Gast sein Gehör; hinter der Bar finden Amerikaner jene scheinbar anteilnahmevollen Zuhörer, die ihnen sonstwo versagt sind, und auch dafür zahlen sie den Preis mit ihrem Drink. Wie der Psychoanalytiker, darf auch der Bartender niemals Erstaunen oder gar Mißbilligung über die Geheimnisse seiner Kunden zeigen. Gingen Psychoanalytiker öfters in Bars, dann würden sie den Barmann wohl eine Vaterfigur nennen; treffender könnte man ihn als den Psychoanalytiker jener Amerikaner, die nicht zum Psychoanalytiker gehen, definieren. Die Ohrenbeichte an der alkoholischen Theke ist billiger und auch angenehmer als auf der Couch, die Hilfeleistung gleich fragwürdig, der Fachmann des überlegenen Mitfühlens und interessierten Zuhörens gleich hoch angesehen.

Nicht immer sind oder bleiben die Gespräche an der Bar so friedlich. Zur Tradition und Folklore gehört, daß hin und wieder ein aggressiver Gast plötzlich alle anderen Trinker mit den Worten, die zeremoniell feststehen wie die Forderung zum Duell, kollektiv herausfordert: »I can lick any guy in this place« – Ich bin in der Lage, jedermann hier zu verprügeln. Mit einer Mischung aus Amüsement und verhaltener Mißbilligung überhören es die also Herausgeforderten oft wortlos, ohne sich weiter darum zu kümmern – der kleine Bulle wird ignoriert. Wenn er sich nicht beruhigt, wird er hinausgeworfen und seine Forderung angenommen, wobei man ihm beweist, daß man mit Störenfrieden fertig wird, indem man sie ihrerseits bis zur Kampfunfähigkeit verprügelt. Auch dabei gilt genaue Etikette: Jedermann muß etwa Gelegenheit gegeben werden, vor dem Kampf seine Brille abzunehmen, die Einrichtung der Bar darf nicht zerschlagen werden, besser noch, man ficht vor der Tür. Völlig ungehörig ist es jedenfalls, die Polizei zu rufen, da man damit die Bar selbst ohne deren Schuld in Schwierigkeiten brächte. Und nach dem Kampf schütteln sich die Teilnehmer die Hand – nichts für ungut.

Der *Saloon,* diese fremdnachbarliche, einsame, individualistische Trinkgemeinschaft mit ihrer Gleichheit der Ungleichen und ihrer ein wenig unsicheren, friedwilligen, schuldbewußten, ungemütlichen Suche nach Entspannung gehört der amerikanischen Mittelklasse – deshalb ist er so typisch für die Amerikaner überhaupt. Die gleiche Luft weht, die gleichen Regeln gelten, die gleichen Trinker finden sich auch in den sich etwas gehobener tuenden Trinklokalen, die sich *Cocktail Lounges* nennen, in den altväterlich aufgemachten *Tap Rooms,* in den einstigen Enklaven von Ausländern (*outlandish* ist im Sprachgebrauch Amerikas synonym mit sonderlich und exzentrisch); auch dort haben sich die deutschen Bierstuben, die spanischen Bodegen, die bretonischen Bistros längst amerikanisiert und den Regeln der amerikanischen Mittelklasse angeglichen. Wo diese im *Saloon* nicht gelten, wo der Fremde scheel angesehen wird, wo Sinnenfremde vom Alkohol befeuert und Gewalttätigkeit von ihm enthemmt wird, hat die amerikanische Mittelklassenkultur, die normale Lebensform der Amerikaner, sich noch nicht durchgesetzt, vorab bei farbigen und halbwüchsigen Minderheiten. Dort bleibt man unter sich.

In echten *Saloons* wird niemals gesungen, lustiges Lachen erklingt selten und erregt allgemeines Aufsehen, stummes Behagen an ihrem Glase ist den Gästen der Bar kaum bekannt. Sie ist nicht eine Stätte der Freude, sondern der Zuflucht – vor den Anforderungen des Berufs, den Fesseln der Familie, dem Gespenst des Alleinseins, der Spannung des zielbewußten Tages. Einige Schuldgefühle begleiten die Flüchtigen in die Bar und hängen über ihr noch muffiger als der Tabaksrauch. Verlegen oder trotzig – eins geht in das andere über –, betont provisorisch, wie für eine kurze Minute, steht man in der Bar, weniger ein fröhlicher Zecher als ein armer Sünder. Und wenn die Skrupel gar zu schwer lasten, erleichtert er sich, indem er sich betrinkt.

Dreizehn Jahre lang waren die Saloons abgeschafft und der Alkohol das vordringliche »Problem« der Amerikaner gewesen. Wie sie dieses Problem schufen, angriffen, wieder wegwischten, wie und wann sie das Trinken aufgaben, besagt so viel über sie wie ihre Trinkgebräuche zuvor und seither.

Die »Prohibition«, Herstellung, Verkauf, Transport und damit Genuß aller alkoholischen Getränke innerhalb der Vereinigten Staaten verbietend, war im Januar 1920 durch einen Verfassungszusatz beschlossen worden. Nur etwa 15 Prozent der Senatoren und Abgeordneten stimmten dagegen, nur zwei der 48 Bundesstaaten lehnten die Ratifizierung ab; die überwältigende Mehrheit im Lande fällte ihr Todesurteil über »berauschende Getränke« in der Neuen Welt, »ein großes soziales und wirtschaftliches Experiment, nobel in seinen Motiven und weitgreifend in seinen Zielen« – so 1928 der damalige Präsident der USA, Herbert Clark Hoover. Seine Definition träfe auch auf so ziemlich jede andere amerikanische Neuerung zu; die Prohibition war ihr Schulfall.

Immer mehr und immer stärkere amerikanische Gruppen hatten sich schon Jahrzehnte zuvor in die Überzeugung verbissen, Alkohol sei die Quelle alles Bösen. Was immer schlecht in Amerika sei, folge aus seinem Genuß. Werde er verboten, so sei der große Schritt zur vollkommenen Ordnung getan. Eine merkwürdige Koalition verlangte diesen Schritt: Hier fanden sich Baptisten und andere puritanische Fundamentalisten, genußfeindlich, enthaltsam, überzeugt, jede Flasche enthalte die Sünde selbst, die von Staats wegen zum Verbrechen erklärt werden müsse. Sozialreformer legten den Alkoholgenuß den kapitalistischen »Alkoholinteressen« zur Last; zu Armut, Faulheit, Verbrechen führe er, zu Arbeiterelend, Familienverfall, Prostitution, die alle mit ihrer alkoholischen Wurzel ausgerissen werden müßten. Frauenvereinigungen haßten den Alkohol als ein Privileg der Männer, gegen die Gleichheit der Geschlechter verstoßend; war diese im selben Jahr durch das allgemeine Stimmrecht bestätigt worden, so sollte sie nun auch durch die allgemeine Enthaltsamkeit erzwungen werden. Im Namen der Ungleichheit hingegen wünschten südstaatliche Weiße ihr Land trockenzulegen, vorab um Alkohol von ihren vormaligen Sklaven und jetzigen Mitbürgern schwarzer Hautfarbe fernzuhalten, da diese in angetrunkenem Zustand gefährlicher waren als in normaler Nüchternheit. Angelsachsen mißbilligten Alkohol als amerikafremdes Artmerkmal der neuen ins Land strömenden Völker, der Iren, Slawen, Italiener, Deutschen (deren Stimmen im Wahlkampf ein republikanischer Kandidat mit dem Slogan umwarb: »Liberty and lagerbeer«, Freiheit und Bier, sogar am Sonntag ...).

In ihrem Verlangen nach dem Verbot trafen sie sich. Wie so oft, neigten die Amerikaner dazu, komplizierte Mißstände in der Gesellschaft einer einzigen Ursache zuzuschreiben, auch wenn diese selbst nur eine Folge anderer Entwicklungen ist; indem sie sich auf ihre Bekämpfung allein konzentrierten, wähnten sie, einen großen Fortschritt vollziehen zu können.

Mit verbissener Kraft und politischem Geschick ging man dem altbösen Feind der »Alkoholinteressen« und ihrer Opfer zu Leibe. Seit dem 19. Jahrhundert hatten die einflußreichen echten Volksbewegungen der Anti-Saloon-Liga, der Women's Christian Temperance Union, der Total Abstinence Brotherhood, der National Prohibition Party mit ihrer Propaganda die Gefahren des Trinkens ins Volksbewußtsein getrommelt. Carry Nation (1846–1911), die Trommlerin der Bewegung, zog (seit der Scheidung von ihrem ersten, trunkfrohen Gatten) durch das Land zum »Kreuzzug« gegen den Alkohol, stürmte zum allgemeinen Gaudium mit ihrer silbernen Axt in die Saloons, schlug darinnen alles kurz und klein, vertrieb die Zecher, gewann die Schlagzeilen, wenn sie nicht gerade als Märtyrerin wegen ihrer Heldentaten im Gefängnis saß oder darüber Volksreden hielt. Wenige wagten sich dieser belächelten, gefürchteten, triumphierenden Furie der Enthaltsamkeit zu widersetzen.

Als im Ersten Weltkrieg Amerika weitgehend trockengelegt wurde, entschuldigte man diese Unterdrückung individueller Freiheit als vorübergehende Notmaßnahme, um die Kriegsproduktion und Kampftüchtigkeit vor der Schwächung durch Trunkenheit zu schützen. Nachdem viele Einzelstaaten und noch mehr Landgemeinden den Alkohol durch Gesetz verbannt hatten, beschloß aber zu Kriegsende das ganze Land mit großer Mehrheit, für allemal den Teufel zu verbannen. Jetzt galten keine halben Maßnahmen, auch keine vorübergehenden Maßnahmen mehr, das Trinken und der Saloon wurden durch den achtzehnten Verfassungszusatz auf immerdar abgeschafft. Die Begeisterung war groß. »Prohibition scheint die Mode zu sein, wie einstmals das Trinken«, leitartikelte die »New York Times«. Nach dem Krieg gegen den Kaiser wurde der Krieg gegen den Saloon gewonnen, um Amerika selber sicher für Demokratie und Fortschritt zu machen. Wie ein Historiker damals feststellte, war »seit der Sklavereifrage im 19. Jahrhundert kein Problem so viel besprochen, so bitter umstritten, mit so großem Idealismus und so starker Entschlußkraft angestrebt worden«. Während bei der Einfahrt in den New Yorker Hafen die letzten Flaschen in der Schiffsbar beseitigt wurden und ein Passagier aus Frankreich die Freiheitsstatue betrachtete, spottete er: »Ja, die

Amerikaner errichten Monumente für ihre großen Toten.«

Während der folgenden trockenen Jahre stellte sich langsam und unverkennbar heraus, daß die Abschaffung der »Probleme« nur zu einem viel ernsteren, schwereren, schlimmeren neuen Problem führte; die Prohibition richtete mehr Schaden an als aller Alkohol. Vor allem funktionierte sie nicht, das Gesetz ließ sich nicht befolgen. Nachdem den Amerikanern die Freiheit – des Trinkens – geraubt worden war, erstahlen sie sie sich zurück. Insgeheim wurde jetzt mehr getrunken als zuvor, jetzt und zum ersten Mal auch von Frauen und Jugendlichen. Sie brauten sich ihren giftigen Gin in der Badewanne, öfters noch erstanden sie ihn konspirativ in den Spelunken, den *Speakeasies*, oder von Schmugglern und Schwarzbrennern. Die Alkoholversorgung wurde zur Domäne von Verbrechern, deren Komplicen die sonst ordnungstreuen Bürger wurden. Unter ihnen galt es jetzt als schick, das Gesetz zu brechen, vor dem die Achtung schwand. Damit Hand in Hand ging die Korruption der neuen Prohibitionsbürokratie und der Polizei. Um die Verfassung zu schützen und das Gesetz der Trockenheit zu retten, berief deshalb jeder der drei Präsidenten immer weitere, mit immer fachkundigeren Namen bestückte Ausschüsse ein, die neue Durchführungsgesetze, Behörden, Erziehungskunststücke zum Erfolg des noblen Experiments vorschlagen sollten. Je verstiegener und unerreichbarer das Ziel, um so weiter, vernünftiger, erfinderischer die Mittel, mit denen man es trotzdem zu erreichen trachtet.

Die Prohibition war und blieb ein Experiment; die Ausländer, die sich über die verrückte Ordnung der zum Durst verurteilten Amerikaner königlich amüsierten, konnten dies nicht verstehen. Experimente müssen, um Fehlerquellen zu verstopfen, mit konzessionsloser Radikalität durchgeführt werden, soll ihr Ergebnis gültig sein. Deshalb sind die Amerikaner zum Experimentieren, nobel oder nicht, so besonders begabt, weil es ihrer Neigung zum Übertreiben entspricht. Dieses Zugs in ihrem Charakter sind sie sich selber bewußt; sie pflegen ihn und verulken ihn zugleich mit ihrem Volkshumor, der die *tall story*, die hochgestochene Geschichte, erfand (so, wie sie die *tall buildings* der Hochhäuser erfanden). Das *overstatement* mit seiner spielerischen Übertreibung gehört zu ihrer Umgangssprache, deren Superlative so wenig bedeuten wie das Schild: »Die beste Tasse Kaffee in der Stadt«, die ein Drugstore an seine Tür hängte. Der benachbarte Konkurrent ließ daraufhin ein Plakat pinseln, das in seinem Lokal »die beste Tasse Kaffee der Welt« verhieß. Woraufhin der dritte Drugstore nebenan ein neues Schild anklebte, das versprach: »Die beste Tasse Kaffee in dieser Straße.« Und nur diese Verheißung, im Unterschied zu jenen eine faktische Feststellung, nahmen die Passanten ernst. Sagt ein Amerikaner von jemandem, es habe »niemals einen netteren Kerl gegeben«, so heißt es nur, daß er recht ordentlich sei, eine Ausdrucksform, die Übersetzern in fremde Sprachen große Schwierigkeiten bereitet. Mit der Prohibition versuchte man, so übertrieben, also so vollkommen wie nur möglich und wie zum Gelingen notwendig, in Amerika die Probe aufs Exempel der Antialkoholprediger zu machen. Und wie jedes neue noble Experiment in Amerika wurde auch dieses mit begeistertem Optimismus begrüßt und begonnen.

Doch die Lust der Amerikaner am neuen Versuch wird begleitet von ihrer Bereitschaft, aus dem Mißlingen eines Experimentes die Lehre zu ziehen und es mit gleich ungehemmter Freude wieder zu beenden; darauf beruht ihre Philosophie und Praxis des Fortschritts. Nach dreizehn Jahren praktischer Enttäuschungen und Fehlschläge sahen sie das Fiasko ihrer Prohibition. Die gleichen erhabenen Ziele, ob deren sie in Kraft gesetzt worden war, forderten jetzt ihre Abschaffung. Als bei der Präsidentschaftswahl von 1932 beide Parteien in ihren Plattformen die Aufhebung des 18. Verfassungszusatzes forderten, zog man die Konsequenzen. Weniger als einen Monat nach den Wahlen beschloß das Parlament einen neuen, die Prohibition aufhebenden Verfassungszusatz. Im Jahre 1933 trat das Bürgerrecht des Trinkens wieder in volle, feuchte Kraft und wurde von mehr Amerikanern genossen als je zuvor. Es war das Jahr, in dem die Sozialreformen des *New Deal* der bisherigen protestantisch-angelsächsischen Ordnung des Landes in allen seinen Bereichen den Boden unter den Füßen wegzogen, eine neue Ära begann.

Heute erinnern sich Amerikaner an ihre Prohibition kaum mehr, höchstens wie an einen kurzen, komischen Seitensprung in ferner Vergangenheit. Die Prohibitionspartei läßt zwar bei jeder Präsidentschaftswahl weiterhin ihren Kandidaten antreten, doch erhält er zu wenige Stimmen, um auch nur in den Wahlergebnissen erwähnt zu werden. Manche damaligen Alkoholschmuggler und Verteiler sind ehrbare Millionäre geworden; doch auch das organisierte, nach modernen Geschäftsmethoden arbeitende Verbrechertum, das in der Prohibition entstanden war, lebt fort. Aus ihm entwickelten sich die Gangs, die nach dem illegalen Alkohol in kriminellen oder scheinbar soliden Geschäfts- und Gewerkschaftszweigen neue Tätigkeitsfelder fanden.

Über den eleganten Restaurants, in die sich viele Speakeasies verwandelten, und den unvergleichlich zahlreicheren Bars, Saloons, Cocktail Lounges, die seither eröffnet wurden, hängt immer noch ein leichter Ruch der angeblichen Verworfenheit von einst. Ihr Inneres bleibt schwach erleuchtet, als wollten die Gäste im Halbdunkel die Schande des Besuchs vor den ehrbaren Außenseitern verbergen. Und viele Amerikaner trinken immer noch mit einem leicht protestierenden schlechten Gewissen, mit dem Trotz des kleinen Jungen, der das väterliche Geheiß mißachtet, mit dem Schuldbewußtsein eines Tunichtguts. Was der Quantität ihres alkoholischen Konsums keinerlei Abbruch tut, im Gegenteil – um so mehr ihrer Fähigkeit zu seinem Genuß.

Nein, ganz verschwunden sind die einstigen Puritanergefühle, die so viel älter und tiefer sind als ihr kurzer Triumph in der Prohibition, nicht überall aus dem amerikanischen Alltag. Im »American Thesaurus of Slang« kann man mehr als tausend Synonyme für das schlichte, sachliche Wort »betrunken« zählen: humorvoll, niedlich, obszön, kraftmeiernd, schüchtern, enthüllen sie nur die alte Angst, die zu Umschreibungen zwingt, zugleich illustrieren sie die bis zur Obsession starke Anziehungskraft der verbotenen Frucht.

Im ganzen Lande kann man Spuren der alkoholfeindlichen Vergangenheit bemerken: Bis zum Jahre 1961 war es Restaurants in Washington verboten, Tische und Stühle auf die breiten und einladenden Boulevards zu stellen, um dort Gäste in freier Luft zu bewirten: Die öffentliche Moral werde gefährdet, wenn allen sichtbar Alkohol getrunken werde, so dekretierten die städtischen Kommissare, bis endlich im Interesse des Fremdenverkehrs und der kosmopolitischen neuen Einwohnerschaft einige wenige Konzessionen erteilt wurden. Aber Freiluftcafés bleiben auf den amerikanischen Straßen noch so selten und seltsam, daß man ahnt, welches Unbehagen sie erwecken.

Mit solchen sonderlichen, lästigen, lächerlichen Gesetzen sollen wenigstens noch Restbestände der öffentlichen Moral verteidigt werden: In Connecticut darf eine Dame nicht an der Bar stehen, sondern nur sitzen; in der Stadt New York wird ein Barbesitzer bestraft, wenn er zuläßt, daß ein männlicher und ein weiblicher Gast, die sich beim Betreten der Bar noch nicht gekannt hatten, gemeinsam das Lokal verlassen; in Nebraska darf kein Speiselokal Alkohol ausschenken, weshalb nahezu jeder Gast es mit einer braunen Papiertüte betritt, um sie züchtig unter den Tisch zu stellen; sie enthält die Flasche Bier oder Whisky, die er im Laden gegenüber gekauft hat. Die öffentliche Ethik erlaubt, die amtlichen Gebote zu mißachten, da sie sinnlos wirken. Weil in Neu-England-Staaten am Tag des Herrn nicht öffentlich getrunken werden darf, verwandeln sich die Saloons am Sonntag in einen geschlossenen Club, dessen Mitgliedschaft man für ein paar Pfennig mit seinem Getränk erwirbt. Und während zum Schutz der Jugend in manchen Staaten auch zwanzigjährige Burschen keinen Schluck im Saloon serviert bekommen dürfen, gibt es kaum einen Jugendlichen, der nicht wüßte, wie man dieses Gesetz umgeht. (Während nahezu alle anderen herkömmlichen Schranken der Sitte und Tradition für die

Jugend niedergelegt sind, bleibt allein diese älteste und wohl widersinnigste noch in gesetzlicher Kraft.) Nur ein geistlicher Herr, der in einem Saloon mit seinen Gemeindemitgliedern oder auf einer Reise ein Glas trinken möchte, erregt immer noch schockiertes Aufsehen; merkwürdig, wie im Niederbruch und Abbruch des Puritanismus dieses oder jenes Steinchen unangefochten stehenbleibt.

Aus einzelnen Bezirken, Städtchen, Dörfern Amerikas, vorab Neu-Englands, des Südens und des Bibelviertels im Mittleren Westen, bleibt der Alkohol auf den Mehrheitswunsch der Bewohner hin weiterhin verbannt. Solche Enklaven des traditionellen Puritanismus wirken als Abnormitäten – seltsame kleine Inselchen, die der Strom der Zeit noch nicht weggespült hat, während er sie ständig verkleinert.

»Eh' der Teufel ausgetrieben wird, spuckt er am ärgsten«, sagt man im Mittelwesten; die puritanische, angelsächsische Prüderie feierte mit der Prohibition ihren letzten Triumph im amerikanischen Leben, zugleich war sie ihr Todesröcheln. Und trotzdem hat die Prohibition bleibende Spuren im Leben der Amerikaner hinterlassen – negative Spuren, die den Boden für ihr Gegenteil vorbereiten. Da das Experiment, jedermanns Moral nach den Maßstäben ihrer Retter durch staatliches Gesetz, Beschränkung der Freiheit, staatliche Zensur der Privatsitte und des Privatgeschmacks zu regulieren, fehlgeschlagen war, begann man das Gegenexperiment, dem einzelnen eine absolute Freiheit in seiner privaten Sphäre einzuräumen und die öffentliche Moral überhaupt als altmodischen Aberglauben abzutun – das Gegenteil eines Irrtums ist ein anderer Irrtum.

Aus der mißratenen Prohibition erwuchs die neue Trinkgemeinschaftsform der Amerikaner, die Cocktailparty. Während der dreizehn trockenen Jahre hatten Widerstandskämpfer gegen die Abstinenzdiktatur, wenn sie sich ihren illegalen Alkohol verschafft hatten, die zuverlässigen Freunde in ein eigens zu diesem Zweck gemietetes Hotelzimmer, in ihren Country-Club, in ihre Wohnung gebeten, um dort hinter versperrten Türen und verhangenen Fenstern dem verbotenen Trunke zu frönen. Man pflegte ihn möglichst geschwind und reichhaltig in sich hineinzuschütten – für genüßlerisches Schlürfen war er zu schlecht, und lange hingezogene Sitzungen erhöhten das Risiko polizeilichen Besuchs. Die Gewohnheit blieb, nachdem mit der Prohibition ihr Anlaß verblichen und die Revolution gegen die puritanischen Sittenreformer gewonnen war. Wie die Bärte, die sich die Revolutionäre während ihrer Kampfzeit im Untergrund hatten wachsen lassen, nach ihrem Sieg zur Mode des Landes werden, so in der neuen Ordnung der Amerikaner ihre Cocktailparty.

Ein wesentliches Ritual amerikanischer Folklore, ist sie von den Soziologen und Anthropologen, die lieber etwa die gleich mysteriösen, gleich aufschlußreichen Festtänze eines Primitiven-Stammes erforschen, bisher ungebührlich vernachlässigt worden – vielleicht, weil jene Gelehrten selber so treu und fleißig, an jenem amerikanischen Ritual teilnehmend, Cocktailparties besuchen und geben. Dafür reizen diese die amerikanische Phantasie um so ausgiebiger. Wahrscheinlich arbeiten in diesem Augenblick einige hundert Doktoranden amerikanischer Universitäten an ihren Dissertationen über »die Rolle der Cocktailparty in der modernen amerikanischen Literatur«. Daß ihre Arbeiten noch nicht vorliegen, mag sich damit erklären, daß das Material so überreich ist und ihre elektrischen Computer die Masse der Romane, Kurzgeschichten, Bühnenstücke, Gedichte, Cartoons, deren Szene die Cocktailparty liefert, noch nicht haben bewältigen können.

Man vergleiche Geist und Formen des Saloons mit denen der Cocktailparty, um die Veränderung der amerikanischen Geselligkeit – und der amerikanischen Gesellschaft – nach der Prohibition zu erfassen.

Der Saloon war nichts anderes als ein aus Europa importiertes und amerikanisiertes Gasthaus, eine Errungenschaft der Alten Welt, die von der Neuen Welt übernommen und auf eigene, neue Art verändert wurde. Die Cocktailparty hingegen ist ein Gewächs des amerikanischen Bodens. Von hier aus ging sie in eine Welt, die keineswegs nur noch aus Europa besteht und ihrerseits seit dem Ende des Zweiten Weltkriegs eifrig das neue Brauchtum Amerikas übernimmt.

Daß die Amerikanerinnen gleichberechtigt und gleich stark vertreten sind, wenn immer eine Cocktailparty abgehalten wird, unterscheidet diese schon vom männlichen Saloon, der ihnen nur zögernd Zutritt gewährt hatte. Aber anders als im Saloon ist bei der Cocktailparty nicht mehr jedermann willkommen. Die Tür steht nicht weit offen, man muß eingeladen sein oder, was genau so gut ist, von einem Geladenen mitgebracht werden, der sozusagen dafür bürgt, daß man auch »dazugehört«, nämlich zur Gruppe des Gastgebers und seiner Gäste. Auf sie ist der Kreis begrenzt. Man will keine Außenseiter bei den Cocktailparties; »die Gemeinschaft«, wie sie es nennen, der Geschäftsleute, der Intellektuellen, der Bohèmiens, der Dozenten, der Einwohner jeder Siedlung von Suburbia, deren Wochenende von einer Cocktailparty zur nächsten führt, der Honoratioren der Kleinstadt, der Collegestudenten, jede ist so exklusiv wie die andere; und nur für ihre Angehörigen übt man sich in jener »good fellowship« freundwilliger Nachbarlichkeit, wie sie im Saloon fast jedermann zukommt. Dieser war von den unteren Schichten – Arbeitern, Farmern, Cowboys, Goldsuchern, Einwanderern – bestimmt und dann zum Treffpunkt der großen Mittelklasse geworden; die Cocktailparty erfanden hingegen die Oberschichten, besonders ihre jeunesse dorée, ehe auch sie zur Institution der großen Mittelklasse wurde. Sie ist durchtränkt von der Suche nach *sophistication*, ein (wie besonders charakteristische Wörter zumeist) nahezu unübersetzbarer Terminus für Verfeinerung, Raffinesse, Weltläufigkeit ihres Besitzers. (Mehr in Kapitel 15.) Nur Gruppen ohne »sophistication« haben keine Cocktailparties.

Bald und leicht kann man sehen, das heißt hören, welcher Gruppe Gastgeber und Gäste der Cocktailparty angehören. Wenn der Anschein eines Gesprächs aufkommt, erschöpft es sich in Anspielungen auf Personen und Ereignisse, über die jedermann in der Gruppe dieselbe Meinung teilt und die von der einen Gruppe zur nächsten grundverschieden sind. Was etwa bei der Cocktailparty der Intellektuellen als sakrosankt gilt, erscheint bei der der Geschäftsleute als Skandal, und umgekehrt. Den Präsidentschaftskandidaten der Gruppe abzulehnen, das Buch, den Film, das Bühnenstück, das bei ihr gerade modern ist, nicht zu kennen oder gar nicht zu schätzen, über irgendein modisches »Problem« anders zu denken als die andern beweist nur, daß der sich damit enthüllende Gast aus Versehen eingeladen, ein Eindringling oder ein Narr ist. Sich in Debatten einzulassen verrät schlechte Manieren; Widerspruch gegen die bei der Party geltende Meinung ist ein schlimmeres Vergehen, als aus der Flasche zu trinken oder eine der geladenen Damen zu belästigen, was nur bei altväterischen, also »reaktionären« Gruppen Tadel erweckt. Indem jedermann die gleichen Lobpreisungen, Verdammungen, Voraussetzungen wiederholt, bestätigt er sich selber und den anderen, daß er nicht allein steht. Ähnlich dem religiösen Ritual primitiver Volksstämme verschaffen die eisernen Tabus der Cocktailparty allen Teilnehmern ein Gefühl der Sicherheit.

Zu etwas längerer Unterhaltung mag man sich nur absondern, wenn es Zwecken des Berufs oder des »Sex« dient. Man knüpft eine Verbindung an, erweitert seinen Kreis, bereitet neuen Erwerb und neue Eroberungen vor. Wie offen und intensiv dies auf der Party betrieben wird, ist ein weiteres Gattungsmerkmal jeder Gruppe: bei der intellektuellen Gesellschaft etwa ist die amouröse Affäre eine nur noch Langweile auslösende, wenn auch unumgängliche Routine, in der Suburbia hingegen eine mit der Begeisterung und dem Ungeschick Halbwüchsiger durchgeführte Aufstandsbewegung gegen jene Regeln des Anstands und der guten Sitten, deren Geltung man nur im einsam-stillen Kämmerlein heimlich anzuerkennen wagt.

Wenn der Gast die Cocktailparty betritt, sind die Räume schon überfüllt, und durch die eng aneinandergedrängten Haufen, hier jemandem das Glas aus der Hand stoßend, dort jemanden beinahe umwerfend, bahnt er sich seinen Weg zur improvisierten Bar; wie ein Soldat im Nahkampf dringt er durch durstige Menschenhaufen, erobert seine Flaschen, mischt sich seinen Drink – hier gilt »Selbstbedienung«: Jeder für sich und jedem das Seine, auf die angenehmere, aber unegalitäre Hilfe freundlicher Kellnerinnen und tüchtiger Kellner muß man verzichten. Das Fehlen der traditionellen Formen geselligen Umgangs von Fremden und Freunden ist der erste Eindruck. Nach der Geburt der Vereinigten Staaten hatten sich ihre freien und gleichen Bürger von den eleganten, hierarchischen Sitten der europäischen Oberklasse lossagen wollen. Aus jener Abkehr von Etikette, von höfischen Formen und ihren bürgerlichen Nachahmungen, von Titeln und Zeremonien ist nun selbst eine neue Etikette geworden. Bei der Cocktailparty wird sie mit größter, aber genauen Vorschriften folgender Formlosigkeit und Zwanglosigkeit zelebriert. Nur mit dem Vornamen wird man sich vorgestellt und spricht man sich an. Wer die eben noch Fremden nicht gleich Joe und Mary nennt, ihnen dabei kameradschaftlich auf die Schulter schlagend, verstößt gegen das neue Protokoll der Protokollosigkeit. An Stelle festlicher Tracht gehört betont saloppe Kleidung zur Cocktailgesellschaft, wie eine Uniform, das kurze, schmucklose schwarze Kostüm der Dame, die Flanellhosen und Sportjacken der Männer. Ein sowjetrussischer Besucher, der in einen der wohlhabendsten Vororte nahe New York geladen war – zu schwerreichen Verlegern, Managern, Künstlern –, meinte dort die Folgen der Ausbeutung in den Vereinigten Staaten zu beobachten: niemand könne sich leisten, einen festlich dunklen Anzug oder ein Abendkleid zu tragen. Solch aufwendige Formalität widerspräche dem amerikanischen Stil. Sich mit Juwelen und auffällig teuren Kostümen zu schmücken verrät Außenseitertum, um so höher geachtet und um so häufiger gezeigt werden jedoch bei der Cocktailparty die protzigen Schmuckstücke der Kultiviertheit, Bildung, Informiertheit, »Sophistication«; wie Neureiche ihre Perlen und Diamanten, tragen die Neukultivierten ihre Vertrautheit mit Kunst und Literatur und Hintergrunden der Politik zur Schau, während sie mit den Namen von Berühmtheiten, Titeln von Bestsellern, den Modeworten des Tages um sich werfen.

Mit Gastlichkeit herkömmlicher Art hat die Cocktailparty so wenig gemein wie mit der Behaglichkeit des Saloons. Sorgfältig sind vor ihrem Beginn alle Sitzgelegenheiten beiseite geschafft worden, um Platz für möglichst viele stehende trinkende Gäste zu schaffen; deren Zahl beweist, wie viele »Freunde« man hat, wie beliebt man ist, wie fest man auf dem sicheren Boden seines Kreises steht. Stundenlang mit dem Glas in der Hand zu stehen fördert weder die

Freude am Trinken noch das Gespräch, denen beiden die Party auch nicht dient. Eingekeilt in die Masse der Mitgäste, gehört sich doch, daß man zwischen diesen von der einen Gruppe der Geladenen zur nächsten, in die der Kreis sich teilt, »zirkuliert«. Stillstehen gilt als Zeitvergeudung; angestrengt bemüht man sich, das amerikanische Nationalgeheiß steter Bewegung zu befolgen. Man grüßt sich mit rituellen Formeln – »Wir haben uns seit Zeitaltern nicht mehr gesehen« (die eine Woche zur letzten Cocktailparty zurückreichen) oder, sollte man selbst diese Worte noch nie miteinander gewechselt haben, also sich noch ganz fremd sein: »Wie geht es Ihnen?« Ohne Zeit mit der Antwort zu verlieren, nickt man lachend und bahnt den Weg zu anderen Teilnehmern, zum gleichen Ritual. Wie ein Steinchen im Kaleidoskop verschiebt sich beständig jeder einzelne Gast, ohne daß doch das Gesamtbild sich verändert. Mit der Lust an Bewegung treibt ihn die Hoffnung auf Aufstieg und Verbesserung – zu interessanteren Männern, hübscheren Mädchen, lohnenderen Minuten.

Vor, während, nach der Cocktailparty gestehen sich die Gäste, daß sie solche Parties haßten. Ihr Besuch ist eine ernste Pflicht, die dem einzelnen auferlegt ist und die er tätig erdulden muß, um seine Zugehörigkeit zur Gemeinschaft der Gleichen und seine »Sophistication« zu bezeugen. Anders als bei der traditionellen Gesellschaft, bei der der Gastgeber seine Gäste nicht hinauszuwerfen pflegt, und anders auch als im Saloon, den der Besucher nach Belieben betritt und verläßt, wird mit militärischer Präzision zu der Party »von 5 Uhr 30 bis 7 Uhr 30« geladen. Ein Anhängsel an die Arbeit des Tages, mehr als ein frohes Fest, versagt die Cocktail-Pflichtübung die Freiheiten der Gastfreundschaft und auch ihre Freuden. Nur noch hungriger werden die hungrigen Gäste von den eigens erfundenen Cocktailspeisen – winzigen Biskuits, mit einem Tropfen zerfließendem Käse bestrichen, Würstchen von der Größe eines Daumennagels, ein sorgfältig abgezirkelter Brotbrocken mit Miniaturbelag. Damit die Party ein »Erfolg« wird, sollen sie nicht wohlschmeckend oder nährend, sondern neuartig sein, und je neuer die dargebotenen Speischen, um so höher das Ansehen der Gastgeberin; wenn sie als erste ihres Kreises etwa jedermann je eine japanische Ameise in Schokoladenguß serviert, beweist sie ihr geselliges Talent, bis alle Nachbarinnen bei ihren eigenen Cocktailparties es ihr nachgetan haben. Wie ein allermodernstes Gemälde, eine mittelalterliche Skulptur oder ein vertracktes technisches Trickwerkzeug ohne praktischen Zweck in der Wohnung, gelten solche Folterspeisen als »conversation piece«, als Konversationsstücke; da Themen und Kunst der Konversation fehlen, muß man ihren fertig gelieferten Ersatz kaufen und darbieten. Auch der Cocktail selbst, der Alkohol, dem die Party gewidmet ist, dient nur als Mittel zum Zweck – die einzelnen zu enthemmen und zu beschäftigen, damit sie die Pflichtübung der Gemeinschaft überstehen. Da dies oft schwerfällt, trinken die Gäste meist mehr, als ihnen bekömmlich ist – was Außenseiter und sie selber zu dem kurzfristigen Irrtum verleitet, Cocktailparties könnten eine heitere Angelegenheit sein, trotz aller ihrer eingebauten Unannehmlichkeiten.

Hungrig, stehend und zirkulierend, gemeinsam mit vielen allein, spült der Gast mit seinen Drinks sein physisches und spirituelles Unbehagen hinweg. Man hat den Verdacht, daß dieses Unbehagen der Preis ist, den er zahlen will, um sich das Recht auf seinen Alkohol zu erwerben. Darin ähneln sich Saloons und Cocktailparties, die gleichzeitig und nebeneinander die Amerikaner unserer Jahre zum Trunk versammeln – im alten Amerika nachbarlicher Individualisten, im neuen Amerika »sophistizierter« Gruppen, das selber schon älter und traditionsgetreu zu werden beginnt. In beiden Ordnungen lassen sich die Amerikaner nicht mehr ihre Freiheit rauben zu trinken, wie, wo, was sie (oder ihre Nachbarn) wollen. Die Mehrheit der Amerikaner spricht dem Alkohol zu: eine starke Mehrheit der Männer, nicht ganz so viele Amerikanerinnen. Die Zahl der (gelegentlich, gewohnheitsmäßig oder zuviel) Trinkenden wird übertroffen von der Zahl derer, die großmütig erklären, daß sie »das Trinken anderer nicht mißbilligen«, aber die Untertöne von Schuld- oder wenigstens Schambewußtsein lassen sich nicht überhören – man will nur nicht zugeben, daß man Alkohol doch als ein Laster, oder wenigstens als eine Schwäche, jedenfalls aber als ein Problem seines Konsumenten ansieht.

Wein blieb lange Zeit ein wenig exotisch, fast snobistisch, sogar leicht unamerikanisch. Noch kurz vor dem Zweiten Weltkrieg führte Thornton Wilder in der Komödie »The Matchmaker« einen soliden Amerikaner vor, der in einem New Yorker Restaurant Wein bestellte, um seiner zur Braut ausersehenen Begleiterin mit solch raffinierter Eleganz zu imponieren. Als der Kellner fragt: »Rhein oder Mosel?« fährt der Gast ihn ungehalten an: »Verstehen Sie denn kein Englisch? Ich habe Wein bestellt, und Wein möchte ich.« Da seither die »Sophistication« um sich griff, servieren moderne Gastgeber ihn zum Abendessen. In einer abgelegenen Ecke jedes Alkoholladens stehen ein paar Flaschen bereit. Wer sich unter deren seltsamen Etiketten nicht zurechtfindet, kann ein billiges Taschenbuch erstehen, dessen vierzig Seiten den Titel tragen: »Alles über Wein, und wie man ihn trinkt.« Doch bleibt es dabei, daß der Wein unter Amerikas Getränken nur Minderheitenrecht genießt.
Wenige Amerikaner wissen, daß in jedem ihrer fünfzig Bundesstaaten mit Ausnahme von Alaska Wein gebaut wird: nicht nur solch rührende und manchmal erstaunlich trinkbare Ersatzweine wie Erdbeerwein in Louisiana, Rhabarberwein in Indiana, Heidel-

beerwein in Pennsylvanien, sondern wirklich aus dem Saft der Rebe gekelterter und deshalb allein seinen edlen Namen verdienender Wein. Aber nur in ein paar Lagen Kaliforniens und New Yorks wachsen Spitzenweine europäischen Maßstabs; die gängigeren amerikanischen Weine werden nicht nach Gewächsnamen, sondern nach den Herstellerfirmen und ihrem Preis unterschieden, im Großbetrieb mit allen technischen Fortschritten hergestellt, gute und schlechte Jahrgänge sorgsam gemischt, um ein ständig gleichbleibendes Durchschnittsniveau des Geschmacks zu erzielen. Im Regime der Gleichheit läßt man der Natur, die oft mindere und selten große Jahrgänge aufwachsen läßt, keinen Spielraum. Manche schrullige alte Einwanderer aus Italien, der Schweiz, Frankreich bauen ihren eigenen Wein, der ihr Heimweh einschläfern soll.

Fast hätte Amerika den Weinen Europas für alle Zeiten ein Ende bereitet, als in den siebziger Jahren des letzten Jahrhunderts eine amerikanische Pflanzlaus namens Phylloxera nach Europa getragen wurde und die dortigen Reben zu zerstören drohte. Doch dann verdankten sie ihre Rettung auch wieder Amerika: Dieses schickte jetzt seine eigenen gegen die Laus schon immunen Reben nach Europa, und kaum waren sie dort den erkrankten Reben aufgepflanzt, als diese wieder gesundeten. Seither scheidet sich die Geschichte aller europäischen Weine an dem Zeitpunkt, zu dem sie an der amerikanischen Hilfe genasen, nachdem sie an der amerikanischen Invasion fast zugrunde gegangen wären: »Präphylloxera« bedeutet für den Wein, was »vor Kolumbus« für die Weltgeschichte bedeutet. Wer Allegorien sucht, mag sie im Wein finden. Für »die Heiligkeit uralten Weinbaus« sei Amerika noch zu jung, vermutete Robert Louis Stevenson im Jahre 1878, als er im Napatal von Kalifornien seinen ersten amerikanischen Wein trank, bei dem »ältesten Winzer des Tales«, einem vormaligen Barbier namens Mr. Schram. Dieser taufte seine Weine mit dem Namen Schramberger: Bei ihm gab es Schramberger Burgunder, Schramberger Rheinwein, Schramberger Chianti. Sie alle, so meinte Stevenson wohlwollend, seien »nur Experimente in einem neuen Land«. Ein Jahrhundert später hätte Stevenson die Früchte jener Experimente genießen können, da nun mit einer Kombination europäischer Einwanderererbschaft und amerikanischer Unternehmungslust manche Weine im Land gebaut wurden, die es mit Spitzenweinen der Alten Welt aufnehmen konnten. Aber nur ein winziger Kreis von Suchern konnte sie finden oder wollte sie finden; der überwiegende Großteil amerikanischer Weine bleibt ein Massenprodukt, meist aus verschiedenen Jahrgängen kunstvoll gemischt. Geduld, Hinnahme des Schicksals, Beschaulichkeit, wie sie vom ernsten Weinbauer wie vom ernsten Weintrinker verlangt werden, sind keine amerikanischen Züge.

Scheinbar gibt es kein bodenständiges Getränk, mit der relativen Ausnahme des aus Roggen gebrannten Rye und des aus Mais gebrannten Bourbon, den zwei Amerikanern in der Familie der Whiskys. Der Schein trügt: Die Amerikaner haben ein Getränk erfunden, das viele Züge ihres besonderen Wesens schillernd spiegelt, eine Epitome ihrer Natur: den Cocktail. Gewiß, seine Ingredienzen entstammen – wie die Völker, die »den Amerikaner, diesen neuen Menschen« formten – selten ihrem eigenen Lande, doch dieses gebar die Idee, sie in ihrer Vielfalt auf verschiedene Weise miteinander zu vermischen, auch und besonders, wenn sie einander fremd, widersprüchlich, ja unvereinbar gewesen waren, bis sie sich in neuer Harmonie zum neuen Getränk fügen. Durch Experiment, Versuch, Irrtum, erfinderischen Wagemut wird das Neue geschaffen, im Cocktail wie anderswo in Amerika. E pluribus unum. E pluribus novum.

Schon wenige Jahrzehnte nach der Gründung der Vereinigten Staaten, im Jahre 1809, wenn wir den Cocktailologen glauben, wurden Name, Methode und Ziel des Cocktails in Amerika erfunden. Die Amerikaner sprachen ihm schnell und begeistert zu. »Die Bar war überfüllt, sogar zur frühen Stunde des Tages, mit jungen Männern zwischen 16 und 24 Jahren, für die der geschäftige Barmann Eispunsch, Mint Julep, Apfelrum, Gin-Sling etc. mit einer Geschwindigkeit herstellte, wie ich es noch nie gesehen habe«, erzählte 1839 der aus Österreich eingewanderte Francis J. Grund von einem Modelokal der New Yorker Gesellschaft. Mit Ausnahme des Mint Julep, immer noch dem ebenso köstlichen wie traditionellen Drink der südstaatlichen Pflanzergesellschaft, die ihrerseits mit ihrer Traditionspflege und Fortschrittsfeindschaft eine Ausnahme unter den Amerikanern bleibt, wird seit langem keiner jener frühen amerikanischen Mischdrinks mehr geboten.

Das zweite, gleichfalls ungemein amerikanische Kennzeichen des Cocktails ist nämlich, daß er aller Beständigkeit entbehrt; ständig sind die Mischer auf der Suche nach neuen Kombinationen. Auch beim Getränk erhoffen Amerikaner, daß das Neue das Bessere sei. An dem Cocktail, den ein Amerikaner am liebsten trinkt, läßt sich ziemlich genau feststellen, wann er jung war und seinen Geschmack erwarb, falls er nicht, die Quelle ewiger Jugend im Cocktail suchend, den im laufenden Jahr und in seiner Gruppe gerade modernsten, allerneuesten automatisch vorzieht.

Da es in der Welt Tausende verschiedene Schnäpse und Spirituosen gibt, von Fruchtsäften, Suppen, Wässern, anderen alkoholfreien Flüssigkeiten, die der Mischung beigefügt werden können, ebenso zu schweigen wie von den Oliven, Zwiebeln, gepökelten Kirschen, mit denen man sie schmücken und veredeln kann, wird die potentielle Zahl der Cocktails zur mathematischen Preisfrage.

Schon ihre bisher geschaffene Zahl und Vielfalt ist Legion; oft schmeckt die neue Harmonie der Mischung besser als ihre einzelnen Teile. Wenn ein Cocktail neu ist, findet er Trinker; seine Beliebtheit erhält er sich nur, wenn er ihnen schmeckt. Die Popularität jedes Cocktails ergibt sich aus einem Mehrheitsvotum der Konsumenten; die Manipulatoren des Massengeschmacks, trotz gewaltiger Werbemittel und glänzender Werbemethoden, können ihnen nicht einreden zu trinken, was ihnen nicht zusagt. Durch seinen möglichst frappierenden, herausfordernden, als »conversation piece« dienenden Namen, den sein Mischer erfindet, wirbt der Cocktail für sich: »Bloody Mary«, »Bull Shot«, »Moskauer Maulesel« – welch Vergnügen, solche Wörter auszusprechen, noch ehe man ihrem Inhalt zuspricht. Ein Jahr später wird der neue Name langweilig, die neue Mischung vergessen sein.

Sogar beim Cocktail entstehen Traditionen, die der Suche nach Veränderung, der Neugier, dem Experiment ein Gegengewicht setzen. Einigen ihrer Mischgetränke sind die Amerikaner seit mehr als einer Generation treu geblieben – dem Dry Martini und dem Manhattan, dem Old Fashioned und dem Daiquiri und einem halben Dutzend mehr; sie sind die Klassiker, die neben den alljährlichen Neuerscheinungen ihre Geltung behalten. Um zu zeigen, daß man mit der Zeit geht und dem Neuen dienstbar bleibt, mag man auch sie am Rand erneuern: Eine Zwiebelschnitte statt der klassischen Olive im Dry Martini verwandelt ihn zum Gibson und erringt neue Triumphe unter den Trinkern.

Hektisch und kurz wirkt ein Cocktail auf seinen Trinker. Amerikaner sitzen nicht behaglich einen Abend lang über ihm vor dem Kaminfeuer oder am alten Gasthaustisch, träumend, nachdenkend, sich an dem Gespräch um seiner selbst willen erfreuend. Wenn sie müde von der Arbeit kommen, stürzen sie in Eile einen oder mehrere Cocktails mit großen Schlucken hinab wie Medizin, um sich für die nächsten paar Stunden die notwendigen Kräfte einzupumpen. Das Mittagessen der hektischsten, neuigkeitsversessensten aller amerikanischen Berufe, der Massenmarktschreier der Madison Avenue, besteht nach folkloristischer Überlieferung aus drei Doppelcocktails und sonst nichts. Cocktails wirken wie eine Spritze übertriebener Vitalität, die bald Müdigkeit und Langeweile auslöst; sie können nur durch die Spritzen weiterer Cocktails überwunden werden.

Und trotz alledem machen sie das Leben der Amerikaner erträglich, stärken es mit »sofortiger Energie«, erleichtern ihr Vergessen des Unnützen und Unerträglichen, treiben sie zu neuen Taten. Sie feuern den Trinker an, die Zäune seiner Einsamkeit zu überspringen, um sich in die Gemeinschaft mit seinem Nächsten zu fügen, beflügeln seine Träume, befreien seine Phantasie, lassen ihn dankbarer für sein Leben werden, schenken einen neuen Genuß, den die Alte Welt nicht gekannt hatte, bis die Amerikaner ihn entwickelten.

So ungefähr läßt sich die Frage beantworten: Was also ist der Cocktail, dieses neue, dieses amerikanische Getränk? Sie erinnert an die berühmte Frage, die der erste Beobachter und Beschreiber der Amerikaner im Jahre 1780 gestellt hatte: »Was also ist der Amerikaner, dieser neue Mensch?« Die Antwort soll im Verlauf dieses Buches gegeben werden.

8 Zäune, Mauern, Stacheldrähte

Ungern und selten ist ein Amerikaner allein. Vom Alleinsein ist nur ein kurzer Schritt zur Einsamkeit, vor der er eine Höllenangst hat. Sie drückt auf seine Stirn das Kainszeichen des Sünders gegen das erste amerikanische Gebot: »Du sollst ein guter Nachbar sein, auf daß du gute Nachbarn habest auf Erden.«

Deshalb sucht ein Amerikaner ständig der Einsamkeit zu entfliehen. Nur nicht zum »loner« werden, wie man ihn sonst nennen würde, oder mit einem noch bezeichnenderen, gängigen Bild, nur kein »lone wolf«: ein einsamer Wolf, der Rotte seiner Gleichen abtrünnig, wird als besonders böse und bedrohliche Bestie gefürchtet. Wenn Amerikaner einem sichtlich einsamen Wolf begegnen – einem Eigenbrötler im Wald, auf der Großstadtstraße, im Beruf –, werfen sie einen kurzen verstohlenen, unruhigen Blick auf ihn, in dem sich Angst und Mitleid mischen und auch ein bißchen unbewußte, unterdrückte Bewunderung, wie sie desgleichen einem berüchtigten Schwerverbrecher oder einem illustren Immoralisten widerwillig gewährt wird.

Statt eines unheimlichen »loner« will der Amerikaner als dessen Gegensatz anerkannt werden, ein »mixer«, der wie ein Bestandteil im Cocktail einen Teil seiner Eigenart aufgibt, um in der größeren Einheit aufzugehen. Gelingt ihm dies, dann erfüllt sich der lebenslängliche amerikanische Ehrgeiz, »popular« zu sein: Wie jedes amerikanische Schulkind weiß, obschon seinem Lexikon die Definition schwerfällt, bedeutet dies, die Gunst und Achtung aller Mitmenschen – nicht nur der Freunde, und nicht ihre Liebe – zu besitzen. Wer gar als ein »good mixer« gelobt wird, hat seine Gabe bewiesen, mit den verschiedensten, gegensätzlichen Partnern in harmonischer Verbindung zusammenzuwirken. Ihm bringt das Volk der Individualisten jenes Vertrauen entgegen, das es dem »loner« versagt.

Die Angst vor dem Alleinsein treibt den einzelnen Amerikaner zur ständigen Suche nach Gesellschaft. Als begänne sie eine Stunde nach der Geburt, wird er neben und mit anderen Säuglingen eingereiht, noch ehe ihn die Arme der Mutter und der Schoß der Familie aufnehmen. In der Krippe unter seinesgleichen, säugt er an Stelle der Muttermilch mit einer vom Fachmann verordneten persönlichen Nähr-»Formel« den Gemeinschaftsgeist ein.

Von Kindesbeinen an und noch bevor er diese recht zu gebrauchen weiß, lernt der Amerikaner, nicht allein zu sein. In den »Nursery Schools« wird dem Dreijährigen (neben individuellem Selbstausdruck) das Leben in der Gemeinschaft tätig beigebracht. Um in die modisch angesehensten, also »fortschrittlichsten« New Yorker Kindergärten aufgenommen zu werden, muß er sich schon als Zweijähriger von einem Fachmann interviewen lassen, der – ich habe es selbst gesehen – dann einen Antragsteller zum Unglück seiner Eltern zurückweisen mag, weil sein »Sozialbewußtsein« zu schwach entwickelt ist: Der unglückliche Säugling hatte vorgezogen, in einer Ecke allein zu spielen und seine Mitsäuglinge keines Blickes zu würdigen.

Man beobachte Amerikaner, die an der Haltestelle auf einen Autobus warten. Bei solcher Gelegenheit pflegen Araber einen wilden Knäuel zu bilden; Deutsche formieren sich streng ausgerichtet in Reih und Glied, bis – sehr bald – ein paar zu schimpfen beginnen, ihr Vordermann dränge sich listig und brutal vor, wenn sie selber ihn nicht auf gleiche Art zu überrunden suchen. Engländer, so groß auch die Menge sein mag, stehen stocksteif, als wären sie allein auf weiter Flur in ihrem Haus, das ihre Burg ist, zugleich bemühen sie sich um gute Haltung, als müßten sie zahllosen sie beobachtenden fremden Augen eine gute Schau liefern. Franzosen drängeln ungestüm, bis die Obrigkeit Ordnung in das Chaos bringt, der sie sich gefügig unterwerfen. Amerikaner hingegen placieren sich – instinktiv, so scheint es – ein paar Schritte voneinander entfernt, in genügendem Abstand, um Bewegungsraum für jeden zu wahren, doch nicht so weit, daß er die einzelnen voneinander trennte. Sobald sich ein Vorwand ergibt, reden sie miteinander wie Nachbarn über den Zaun zwischen ihren Häusern. »Gute Zäune machen gute Nachbarn«, diese amerikanische Volksweisheit aus einer Zeit, als die meisten Amerikaner auf dem Land lebten, wird auch noch anerkannt, während die Mehrheit in Städten wohnt oder in Suburbia, diesem Mittelding zwischen Stadt und Land.

Zäune, wie sie um die Farmen und Vorstadthäuser im ganzen Lande errichtet sind, scheinen die Grenzen nur lose anzudeuten: Ihre Latten stehen in ziemlich weitem Abstand voneinander, dazwischen ungemein viel »Zwischenraum, hindurchzuschaun«. Nur auf kurze Zeitdauer hat man diese Zäune geplant; deshalb müssen sie ständig geflickt und ausgebessert werden. Auch tüncht man sie jedes Jahr wieder frisch mit weißer Farbe; sie gibt ihnen ein freundliches, einladendes Aussehen. Hin und wieder findet man an Stelle dieser klassischen, landesüblichen, provisorischen, gut instand erhaltenen Zäune niedrige Hecken und in alten Anwesen Neu-Englands noch niedrigere Barrieren aus Steinen, die, von den

Feldern entfernt, kunstvoll zusammengefügt wurden, ohne Mörtel und nicht höher als ein kleines Kind. Jedenfalls kann man sie wie den Zaun mühelos überspringen. Er markiert nur den Umfang einer rechtlichen Sphäre, in der er dem Eigentümer ungestörte Freiheit garantiert. Aber er schließt die »Kommunikation«, den Verkehr mit den Anrainern, nicht aus, im Gegenteil: Am Zaun treffen sich nach amerikanischer Folklore die Nachbarn, über ihn hinweg tratschen die Nachbarinnen, flirten ihre Kinder, tauschen die Männer ihre Maschinen, ihre Informationen, ihre Meinungen aus. Wer hinter guten Zäunen – weder zu hoch noch zu unsichtbar – lebt, läuft nicht Gefahr, allein zu sein, also einsam.

Der Zaun liefert ein Leitbild amerikanischer Gesellschaftsordnung, die Nachbarlichkeit ist ihre Grundform. Der Zaun, dieses Ursymbol der Amerikaner, unterscheidet sich durchaus von einer Mauer, die befestigte Grenzen zieht; über sie dringen nur Einbrecher und feindliche Invasionstruppen. Wer mit Außenseitern nichts zu tun haben will, sperrt sich hinter die Mauer: »Dick und breit, die Steine mit Verachtung gesetzt und mit Stolz verputzt«, so erscheint sie der Amerikanerin Elizabeth Cutter Morrow in ihrem »Die Mauer« betitelten (und oft zitierten) Gedicht. Eine Mauer zieht ihre schroffen, schweren Trennungslinien gegen die Nachbarn; sie dient dem Schutz vor und Trutz gegen die Mitwelt. Auch strebt die Mauer nach Dauer, sie fügt sich nicht dem schnellen und häufigen Wechsel wie der Zaun. Muß ein Zaun oft erneuert werden, so soll die Mauer auf immer bestehen.

Man findet in Amerika Mauern nur um die Behausungen neureicher Snobs aus der Jahrhundertwende; während sie sich in Milwaukee englische Herrenhäuser, am Hudsonstrom Rheinburgen, in Pittsburg burgundische Schlösser, mitten in der Stadt New York sogar ein erstes riesiges Apartmenthaus mit Zugbrücken, Schilderhäuschen und, vor allem, hohen Mauern erbauten, wollten sie eine Aristokratie nach dem längst verblichenen Stil Europas kopieren: Wie beabsichtigt, wirken ihre Mauern fremdartig, feindselig, »unamerikanisch«.

Und der Stacheldraht, der das ganze Land durchzieht, scheinbar freundwilligen Nachbargeistes bar und von Amerikanern erfunden? Die drei Farmer, die seltsam gleichzeitig im Jahre 1873 die ersten Stacheldrähte patentieren ließen, nachdem sie auf einem Jahrmarkt in DeKalb, Illinois, sechs Monate vorher eine handgemachte Konstruktion bewundert hatten, dachten nicht an menschliche (oder unmenschliche) Verwendungsmöglichkeiten: Ihr Stacheldraht sollte die Herden in den Weiden ihres Besitzers halten und erwies sich als billiger, schmerzloser, wirksamer Schutz gegen Verlaufen und Raub von Vieh, bei der Weite des Landes eine stets gewärtige Gefahr. Mit dem Stacheldraht sichern die Nachbarn ihr

Eigentum gegen Bedroher, mit den Zäunen jedoch ihre Gemeinschaft mit den Nachbarn.

Sie mögen viele Kilometer voneinander leben. »Wenn du den Rauch deines Nachbarn sehen kannst, bist du zu nahe«, pflegten die britischen Siedler im 17. Jahrhundert gern zu erklären, besonders wenn sie am Tisch des Gasthauses gemeinsam ihren Rum tranken. Das Land bietet nicht mehr ganz soviel offenen Raum; doch ist es noch weit genug für diese meilenweite Ellbogenfreiheit; im Mittelwesten und im Westen sehen die Farmer auch heute noch den Rauch ihres Anrainers nicht, öfters allerdings erblicken sie sein Privatflugzeug.

Häufiger wohnen sie weniger als hundert Schritte voneinander entfernt – in der Suburbia, den Kleinstädten, den Reihenhaussiedlungen. Sie sehen nicht nur den Rauch aus den Kaminen der Nachbarn, auch die Windeln seiner Säuglinge und die Kleider ihrer Frauen an der Wäscheleine und ihre Autos, die immerzu abfahren und zurückkommen. Aber ob eine Meile oder eine Minute Abstand zum Nachbarn, es herrscht die gleiche nachbarliche – das heißt: freundliche – Haltung.

Die Nachbarlichkeit ist Teil der amerikanischen Erbschaft. Für die ersten Siedler war sie eine Notwendigkeit zum Schutz gegen Mißernte, Hunger, Räuber, Indianer, Unwetter, Unerfahrenheit: Nur wenn der eine dem andern half, konnten beide überleben. Von Jamestown und Plymouth Rock zu den Pionieren des mittleren und ferneren Westens fielen den Nachbarn oft jene Aufgaben zu, für die in Europa die Obrigkeit, die Polizei, die Familie, der Lehnsherr, der Fürst zuständig waren. Nachbarliche Freundwilligkeit blieb lebensnotwendig, nachdem jene primitiven ländlichen Umstände nicht mehr vorwalteten. Auch die Massen der städtischen Einwanderer, die nach Amerika strömten, waren auf die Hilfe ihrer Nachbarn angewiesen, die ihre Sprache sprachen, sie in die Neue Welt einführten, ihnen eine Zuflucht boten. Ohne sie wären die blutjungen, bettelarmen Neuankömmlinge verhungert und verkommen.

Ob Abkömmlinge der frühen Siedler oder der späteren Einwanderer, der Zug zur Nachbarlichkeit steckt Amerikanern immer noch in den Knochen; sie bietet Selbstschutz gegen die Gefahren des Allein-, Verlassen-, Einsamseins. Nach diesem Leitbild erscheint ihnen nicht nur der Kreis der buchstäblichen Nachbarn, sondern bald die Stadt, die Nation, die ganze Welt als Nachbarschaft. Die einzelnen wie die Sozialgruppen und die Völker sollen sich gute Zäune zimmern, damit sie hinter diesen ihren Besitz und ihre spezifischen Rechte genießen können, doch Mauern darf es nicht zwischen ihnen geben. Je größer die Gemeinschaft, um so nützlicher werden diese Zäune.

Gute Nachbarn zu haben und ein guter Nachbar zu sein, beides sieht ein Amerikaner nicht nur als Voraussetzung, sondern auch als Ziel und beglückenden Beweis seines Erfolges.

Außerhalb der Großstädte, in denen heute etwa ein Fünftel aller Amerikaner lebt, während noch ein Fünftel auf dem Lande wohnt, die Mehrheit in dem beide kombinierenden vorstädtischen und landstädtischen Gürtel, bleibt die Nachbarlichkeit eine Selbstverständlichkeit. Und im amerikanischen Sprachgebrauch ist diese Nachbarlichkeit synonym mit »Gutnachbarlichkeit«. Der Nachbar ist ein Freund – man kennt ihn nicht als den gefährlichen Burschen, als der er etwa im deutschen Zitatenschatz auftritt: »Es kann der Frömmste nicht in Frieden bleiben, wenn es dem bösen Nachbarn nicht gefällt.« Mit diesem Wort paraphrasierte Wilhelm Tell nur ein älteres deutsches Sprichwort, das auch mehr Mißtrauen als gute Gefühle verrät: »Niemand kann länger Frieden haben, als es seinem Nachbarn beliebt.« Im amerikanischen Leitbild erscheint der Nachbar als das Gegenteil des Störenfrieds.

Kaum war ich in das abgelegene Häuschen in Neu-England eingezogen, als jeder meiner neuen Nachbarn zu Besuch kam, sich vorstellte, seine Hilfe für den Fall, daß ich sie brauchte, anbot; in den nächsten Wochen brachten sie dann eine selbstgeangelte Forelle, ein Stück ihres frisch gebackenen Kuchens, viele gute Ratschläge zum Schutz gegen die nicht geringen technischen, klimatischen und anderen Unbilden des Landlebens; stets wurde jeder Besuch mit der Formel eingeleitet: »Aber ich will Sie nicht stören.« Da Amerikaner ständig umziehen – mehr als fünfunddreißig Millionen im Jahr wechseln ihren Wohnsitz, und im Jahre 1965 wohnte die Hälfte aller New Yorker nicht mehr am selben Ort wie 1960 –, ist die Ankunft neuer Nachbarn ein Alltagsereignis; die Alteingesessenen (ob ein Jahr oder fünfzig Jahre lang, spielt keine Rolle) warten nur darauf, ihnen zu helfen. Seit vierzig Jahren dient der Begrüßung, Beratung, Beschenkung von Neuankömmlingen eine eigene, das Land umspannende Organisation, der »Willkommenswagen«. In mehr als zweitausend Gemeinden warten ihre sechstausend »Empfangsdamen«, doch in der ganzen Stadt New York nur sieben. Der Name erinnert an einen alten Brauch der westlichen Grenze; wenn vom Osten kommende Reisende erspäht wurden, schickte ihnen die Gemeinde einen Planwagen mit Vorräten entgegen, um sie zur Niederlassung in ihrer Mitte zu bewegen.

Amerikaner erweisen ihre Nachbarlichkeit, weil diese in ihrem eigenen Interesse liegt, wie sie fest glauben:

»All are needed by each one,
Nothing is fair or good alone.«
(»Jeder kann nur dank allen bestehen,
Wer allein ist, dem ist nichts gut oder schön.«)

dichtete 1847 Ralph Waldo Emerson – dieser Reim blieb ein geflügeltes Wort der Amerikaner. Hier ist die Wurzel der oft überwältigenden, rührenden, effektiven Hilfsbereitschaft der Amerikaner. Daß man bedürftigen Nachbarn in jeder Notlage beisteht, scheint ihnen so selbstverständlich, daß sie dafür keinen überschwenglichen Dank erwarten. Die Danksagung wird fast verlegen weggewischt mit den Worten: »Ich weiß, daß Sie dasselbe für mich getan hätten, wenn ich in Ihren Schuhen steckte.« Diese tätige Freundlichkeit der Amerikaner beeindruckt selbst die ausländischen Besucher so stark, daß sie sie mit großer Regelmäßigkeit rühmen, mögen sie im übrigen nur zum besten geben, was alles in Amerika sie schlecht gefunden haben. Nach langen und oft ungerechten Beschwerden, Klagen, Vorurteilen unterlassen sie nahezu nie, hervorzuheben, wie herzlich und energisch ihnen überall die Bewohner zur Seite gestanden und unter die Arme gegriffen hätten, wenn sie Hilfe brauchten. Auch den Fremden im Land betrachten und behandeln Amerikaner als einen Nachbarn.

Ob man die Ursachen begrüßt oder die Folge beklagt, die modernen Amerikaner finden immer weniger Gelegenheit zum Beweis ihrer Nachbarlichkeit. Ein Grund ist der Wohlstand als Normalzustand. Von ihrer Nachbarin hatte sich die Amerikanerin das Salz oder Brot geliehen, wenn es ihr ausgegangen war; jetzt ist ihre eigene Küche ein stets überfülltes Vorratslager von Notwendigkeiten und Feinschmeckereien, für Wochen ausreichend. Früher hatten die Nachbarn der Familie beigestanden, die in eine Notlage gekommen war; heute übernimmt eine öffentliche Wohlfahrtsbehörde diese Aufgabe, nachdem der Antrag gestellt, die Untersuchung durchgeführt, die Vorschriften erfüllt sind. Der Nachbar rät höchstens, wie aus dieser Behörde möglichst viel herauszuholen sei, er verwandelt sich also in einen Komplicen.

Nachbarlichkeit war gemeinsamer Schutz gegen Gefahren, gegen die auch der Stärkste nicht am mächtigsten allein war. Gegen viele moderne Gefahren bietet sie so viel Sicherheit wie eine Ritterrüstung gegen Raketengeschosse. Wie wenig kann ein Nachbar gegen gesichtslose Giganten – Big Government, Big Business, Big Labor, Big Welfare – beistehen, wenn sie ihre Tankregimenter gegen den einzelnen anrollen lassen. Und jede Großstadtgefahr wird »big«, eine Großgefahr – von den Straßenräubern bis zu technischen Katastrophen, die den Gang der Gemeinschaft lahmlegen, der große Schneefall, der große Kurzschluß im Elektrizitätswerk, der große Orkan, der große Streik einer an Mitgliedern winzigen Gewerkschaft, der die Versorgung mit lebensnotwendigen Gütern oder Leistungen stoppt, wie sie alle etwa die New Yorker im kurzen Zeitraum von fünf Jahren erlitten.

Im großstädtischen Leben gedeiht die Nachbarlichkeit nur wie ein bescheidenes Zimmerpflänzchen auf dem Fensterbrett: zu wenig Sonne, zu viel Schmutz in der Luft, zu wenig Feuchtigkeit im überheizten Raum. Mit um so mehr Liebe und Sorgsamkeit wird sie gepflegt, bis doch ein paar neue Blätter sprießen. Wenn sich ein rechter Anlaß bietet, ergehen sich auch die großstädtischen Amerikaner in demonstrativer Nachbarlichkeit; man spürt, wie dankbar sie sind, das ansonsten unterdrückte Bedürfnis endlich zugeben und befriedigen zu dürfen. In meinem New Yorker Apartmenthaus kennen sich normalerweise wenige seiner zweihundert Bewohner oder grüßen sich auch nur, wenn sie sich im Aufzug begegnen, doch als ein Streik die städtischen Verkehrsmittel nicht mehr laufen ließ, hefteten die Autobesitzer des Hauses Zettel in die Eingangshalle mit der Mitteilung, wohin sie am nächsten Tag fahren würden, mit der Einladung an alle Mitbewohner, mitzufahren, wenn sie auch dorthin wollten. Und als ein Streik der Hausbediensteten die Aufzüge, Müllabfuhr, Versorgung mit warmem Wasser lahmlegte und die Mieter zwang, bis zu fünfzehn Stockwerken die ansonsten verlassenen Treppen emporzusteigen, schlug nachbarlicher Hilfsgeist hohe Wellen: Der eine stellte Stuhl und Tischchen vor seine Tür auf den Treppenabsatz mit der Aufforderung an die müden Kletterer, hier zu rasten und sich der dargebotenen Zeitschriften, Zigaretten, Bonbons zu erfreuen; ein anderer malte zwei Dutzend lustige Plakate und hängte sie an die Treppenwand, um die Hausgenossen zu erheitern; ein dritter rief alle Mieter in seine Wohnung zur Versammlung, und mit Abstimmungen, Ausschüssen, Delegationen wurde dem Notstand der Kampf angesagt. Der endete zwar erst, als die anonyme Gewerkschaft ihren Streik beendete, aber währenddessen waren die Notleidenden zu Nachbarn geworden. Sie sammelten genug Geld, um zwei Bäumchen vor ihrem Gebäude zu pflanzen, verbanden sich mit anderen Anwohnern, um einen städtischen Plan vor Gericht verbieten zu lassen, nach dem im nahen Park ohne Notwendigkeit zerstörerische Umbauten vorgenommen werden sollten, kurz, sie spielten traditionelle Gemeinschaft. Nicht weniger rührend ist der Versuch, über das eigene Haus hinaus die Großstadt in »Nachbarschaften« aufzuteilen, um die ansprechende, gemütliche Sicherheit des alten Dorfs zurückzubeschwören.

Weil dies selten gelingt, sind die amerikanischen Großstädter versucht, Mauern um sich zu ziehen, um sich vor und in der unorganischen, unnachbarlichen Masse zu schützen; aber es stimmt sie unglücklich. Sie verwerfen die Alternative der Großstadt, sich entweder als »loners« selber einzumauern oder in der anonymen Grenzenlosigkeit zu verlieren; beides scheint ihnen gleich schlimm. Zu ihrem Glück gibt es für Amerikaner nicht nur jene Wahl zwischen zwei Formen der Einsamkeit.

Wer kein »loner« sein will, wird zum »joiner«. Er schließt sich mit Eifer jeder Vereinigung an, deren Statuten es erlauben und deren Ziele ihm zusagen. »Amerikaner sind joiners«, behauptet schmunzelnd, etwas verlegen und doch stolz, ein amerikanisches Klischee. John Dewey, der im Guten wie im Schlechten ungemein amerikanische Sozialphilosoph, vielleicht der einzige echte amerikanische Philosoph, dessen Philosophie großenteils aus Gemeinschafts- und Erziehungstechnik besteht, bestätigte es 1930 in »Individualism Old and New«: »Individuen, die nicht in Vereinigungen – ob kommunaler, wirtschaftlicher, religiöser, politischer, künstlerischer oder erzieherischer Art – zusammengeschlossen sind, sind Monstrositäten.« In den Vereinigungen verstärkt, ersetzt, übersteigt der Amerikaner die physische Nachbarschaft, zumal wenn diese in der städtischen Lebensform verschwindet und die Nachbarn zur Masse verschwimmen.

Etwas paradoxerweise führt diese Vereinsmeierei der Amerikaner ihren Individualismus weiter. Je mehr Vereinen ein »joiner« angehört, um so eindrücklicher ergibt sich wieder sein persönliches Profil. Wie man das Kaleidoskop nur ein wenig zu drehen braucht, damit aus seinen bunten Glasstücken sich neue, jedesmal verschiedene Bilder ergeben, so erwächst aus den wechselnden Kombinationen seiner Vereinigung die Gestalt eines individuellen Amerikaners. Mr. A. (und nur er) gehört einer Presbyterianergemeinde, Fabrikantenvereinigung, Freimaurerloge, der Republikanischen Partei, der Hausbesitzervereinigung, den »Elchen«, dem Country Club, Briefmarkensammlerverein, Dienstag-Lunch Club, Frontkriegerverband American Legion, einem halben Dutzend weiterer Organisationen an. Seine Frau ist Mitglied der Damenabteilungen mehrerer Vereine, ferner des Gartenclubs, der Patroninnen des Kunstzentrums, eines Buchclubs, drei wohltätiger Vereine, des Donnerstag-Lunch Clubs – ich habe wohl einige vergessen. Ihr Nachbar ist Mitglied mehrerer dieser, aber auch diverser anderer Organisationen. Hingegen zahlt der ein paar Straßen entfernt wohnende Bekannte nur an eine von diesen, aber an acht weitere Vereine seine Beiträge. In manchen ist er aktiv und nimmt an jeder ihrer häufigen Veranstaltungen teil, ist auch Funktionär einiger ihrer Ausschüsse, deren Zahl so gewaltig ist, daß ihre Liste und Angehörigen meist Seiten füllen, wenn ein Club ein Abendessen gibt: der Ausschuß für Tischordnung, ein zweiter für Speisefolge, ein dritter, um die Ehrengäste in den Saal zu geleiten, und so fort; die Mitglieder werden gewählt und arbeiten eifrig an ihrer Aufgabe. Mr. A. gehört mehr solchen Ausschüssen an, als er aufzuzählen weiß. In einigen anderen Vereinigungen läßt er es bei der Mitgliedschaft bewenden.

Der Verein, der Ausschuß, die Versammlung mit ihren parlamentarisch-demokratischen Regeln, Redeweisen, Ritualen setzt im Umgang zwischen Amerikanern den Ton, weshalb die Kunst der Konversation in Amerika weithin wenig bekannt und kläglich unterentwickelt ist. Amerikaner haben selten Sinn für Zwiesprache, um so mehr für Monologe und Ansprachen an die organisierte Gruppe; daraus und aus den gleichartigen Gegenreden mischt sich, was als Unterhaltung gilt. Wenn ein Amerikaner jemandem unter vier Augen seine Meinung darlegt, so scheint er sich an einen vollen Saal zu wenden, den er mit parlamentarischer Geübtheit zu überzeugen trachtet. Im Nächsten sieht er den Stellvertreter einer Gruppe, mit der er umzugehen versteht.

Nicht Herdentrieb, sondern Gemeinschaftsbedürfnis führt ihn in die Vereinigungen mit ihrem demokratischen Ritual, das er längst nicht mehr im *Town Meeting* – von der Schweizer Landsgemeinde inspiriert und nur noch in wenigen Orten abgehalten oder abhaltbar – praktizieren kann. Stundenlang in der Ersatznachbarschaft des Vereins darüber zu debattieren, ob zur Ehrung eines Mitglieds ein Mittag- oder ein Abendessen geplant werden soll, den eigenen Vorschlag, den man so glanzvoll vorgetragen, von der Mehrheit niederstimmen zu lassen, dann aber mit aller Begeisterung an der Ausführung dieses Mehrheitsbeschlusses mitzuarbeiten: wer dies alles gelernt hat (und die meisten Amerikaner haben es gelernt), braucht keine theoretischen Ermahnungen mehr über staatsbürgerliches Verhalten in der Demokratie.

Überall suchen sie eine Gemeinschaft und meinen sie deshalb überall zu sehen. Ihre Ausdrucksweise verrät sie, wenn sie die Völker der Welt mit Vorliebe die »Gemeinschaft der Nationen« nennen oder von der Geschäftsleutegemeinschaft, der akademischen Gemeinschaft, der Nachrichtendienstgemeinschaft, hundert anderen »communities« sprechen, als schaffe ein einziges gemeinsames Anliegen schon eine Gemeinschaft.

Da der Begriff der Gemeinschaft durch übertriebenen Gebrauch etwas schlaff und schludrig geworden ist, erfanden sie ein knapper sitzendes Wort; genau gesagt, ein Reklamefachmann mit mehr Gefühl für die Bedürfnisse seiner amerikanischen Kunden als für die Schönheit seiner amerikanischen Sprache erfand es um 1955, und bald wurde es volkstümlich. »Togetherness«, also Zusammenheit, ist der Gegensatz der Einsamkeit, so, wie Nachbarschaft Gegensatz des Alleinseins ist. Schnell stellte sich heraus, daß man mit der Verheißung der Zusammenheit Zeitschriften, Bräute, Zahnpasten verkaufen könne, sogar den Kirchenbesuch (»The family that prays together stays together«, heißt ein Slogan kirchlicher Werbeplakate). Durch Zusammenheit zu Glück und Glauben.

Wie das Auto gegen die amerikanische Angst vor Behäbigkeit,

Verharren, Stillstand, wirkt das Telefon gegen die amerikanische Angst vor dem Alleinsein. Daß die Kinder in ihrem Zimmer, in dem sie spielen oder Schulaufgaben machen sollen, stundenlang miteinander Ferngespräche führen, genauer: abwechselnd fernplappern, finden Amerikaner ein wenig ärgerlich, wenn sie gerade selber einen wichtigen Anruf erwarten, im übrigen aber ganz natürlich: Instinktiv verstehen sie den Zwang, unter dem ihre Sprößlinge den Hörer nicht aufzuhängen wagen, weil sie sonst allein wären. Um des lieben Friedens im Hause willen erhalten nicht selten die Kleinen als Geschenk ihren eigenen Telefonanschluß, was nur altbackene Ausländer absonderlich finden. Das Telefon liefert einen Gemeinschaftsersatz, erzwingt die Illusion eines Zuhörers, läßt Stimmen über die imaginären Zäune des Individuums dringen und schützt vor der Einsamkeit: Wer Selbstmord begehen will, wer geistlichen Zuspruch braucht, wer eine politische Brandrede nach eigenem Geschmack oder ein paar Koseworte vor dem Einschlafen hören will, wählt die entsprechende Nummer und erhält (auf Schallplatten) den Antwortmonolog, den er braucht.

Dem Fremden, den sie nicht in ihr Haus bitten würden, leihen sie über das Telefon offene Ohren. Sie beschweren sich nicht, wenn unverschämte und oft schwindelhafte Hausierer aller möglichen Waren und Leistungen von Tanzstunden bis zur medizinischen Behandlung oder aufdringliche Spendensammlerinnen für jeden wohltätigen Zweck unter der Sonne beim wehrlosen Telefonbesitzer mit ihren vom Öl künstlichen Nachbartons triefenden Stimmen eindringen. Die obszönen Anrufe einsamer Unbekannter von einer Küste des Landes zur anderen haben dank der automatischen Anonymität solche Ausmaße angenommen, daß besondere Sicherheitsdienste sie seit kurzem aufspüren und besondere Staatsgesetze sie bestrafen. Sie achten nicht die Zäune um die »privacy«, der jetzt, obschon die Väter der Verfassung nicht an sie gedacht hatten, der Rang eines Grundrechts zugestanden wird.

Solch starke Ansprüche stellt die Gemeinschaft an den einzelnen Amerikaner und so willig erfüllt er sie, daß er kaum bemerkt, wie ernsthaft seine »privacy«, einst ein nebensächliches Eck im Raum seiner Unabhängigkeit, bedroht wird. Dieser »Zustand der Zurückgezogenheit von der Gesellschaft anderer oder vom öffentlichen Interesse«, wie der alte Begriff der »privacy« im Oxford-Dictionary definiert ist, wird erst seit kurzem und nur von einer empfindsamen, gebildeten Sonderschicht verteidigt – ihr Preis, wie der der Freiheit, ist stete Wachsamkeit. Und an vielen Fronten wird sie bedroht: die verschiedensten Amtsbehörden, Unternehmungen, Schulen, Meinungs-, Haltungs-, Kreditforscher rücken gegen sie an. Die spionierenden Fragebogen, heimliche Elektronenaugen und -ohren, die ums Eck und im Dunkeln und über das Telefon mitsehen und -hören, heimliche Schnappschuß- und Schallplattenaufnahmen, die Intelligenz- und Persönlichkeitstests, die die geheimsten Triebe, Überzeugungen, Träume des Schulkinds und Stellenbewerbers erkunden, sie alle reißen die Zäune um das Individuum nieder. Nackt an Körper, Kreditlage und Seele steht es vor der Welt. »Die letzte Bastion des Individualismus«, klagt die Spötterin Mary McCarthy, »ist die Toilette.«

Wie bereitwillig die große Mehrheit der Amerikaner auf ihre »privacy« verzichtet, erfuhr ich während meiner jahrelangen Arbeit bei einer New Yorker Unternehmung, die im Auftrag von Rundfunkstationen feststellte, wie groß die Hörerschaft jeder Programmsendung war. Die »Interviewer«, die nach sorgfältig auskalkulierten Plänen in die Wohnungen Fremder geschickt wurden, um festzustellen, was sie in der vergangenen Woche gehört hätten, kamen stets mit genau ausgefüllten Fragebogen zurück, die, wie häufige Stichproben ergaben, der Wahrheit entsprachen. Höchstens zwei oder drei unter hundert Befragten weigerten sich, den Fremden an der Wohnungstür die geforderten Angaben zu machen; jene Sonderlinge erregten nur teils amüsiertes, teils schokkiertes Unverständnis. Die überwältigende Mehrheit der Ausgefragten war stolz und glücklich, über ihren Geschmack und ihre Gewohnheiten ausführlich berichten zu dürfen, wobei sie die Ausfrager wie Hausfreunde behandelten und ihnen vieles – bis zur »Intimsphäre« – erzählten, wonach sie zu ihrer Enttäuschung gar nicht gefragt worden waren. Später erfuhr ich im kleinstädtischen und dörflichen Amerika, wenn ich oft genug zum Wirtshaus, Laden, Postamt gegangen war, um als Nachbar akzeptiert zu werden, daß es dort um die »privacy« nicht besser bestellt war: Jedes Geheimnis jedes Haushalts wurde mir ohne weitere Bitten bis ins Detail enthüllt. Nicht etwa durch neugierige Fragen erfuhr ich deren innere Finanz-, Berufs-, Kinder-, Ehe-, Liebes-, Trink- und andere Verhältnisse, denn offene Neugier bleibt verpönt. Nein, die Beklatschten selber hatten ihre Fenster und Türen weit offengelassen und über die Zäune den Nachbarn alle ihre Probleme genauestens gestanden.

Seltsame Zäune sind notwendig, um die letzten Zonen amerikanischer »privacy« einigermaßen zu schützen. Wo sonst in der Welt gäbe es ein Gesetz gegen die »Peeping Toms«? Ihr Urvater war der ebenso neugierige wie legendäre Schneider von Coventry gewesen, der um das Jahr 1040 aus seinem Fenster guckte, um die völlig von ihrem Haupthaar umwallte, anderweitig aber unbekleidete Lady Godiva vorbeireiten zu sehen; sie hatte zuvor die ganze Stadt gebeten wegzuschauen, während sie diesen Opferritt unternahm, den ihr Gemahl als Bedingung für Steuererleichterungen gestellt hatte. Durch ein Wunder wurde, so erzählt man, der guckende

Thomas mit Blindheit geschlagen. Und nach dem Gesetz werden seine amerikanischen Nachfahren mit Gefängnis bestraft, wenn sie heimlich und sehfreudig wie jener die Nachbarn (und Nachbarinnen) durch deren hell erleuchtete, weit offene Fenster beobachten. Statt auf Mauern oder auch Rolläden verlassen Amerikaner sich auf die Zurückhaltung der Mitbürger und, wo diese versagt, auf das Gesetz. Die Voyeure, vor denen es gewisse Bereiche der »privacy« absichern wollte, brauchen heute jenes Gesetz gar nicht mehr zu brechen; am Strand und auf der Straße kann jeder amerikanische Tom während der wärmeren Jahreszeiten ganz legal seinen Spähtrieb befriedigen. Sex, einstmals das einzige Schutzgebiet puritanischer »privacy« in Amerika, wird nicht mehr vor der Öffentlichkeit abgezäunt – im Gegenteil.

Wo die Grenze zwischen legitimer Privatsphäre und ebenso legitimer Sphäre der Gemeinschaft zu ziehen sei, darüber wechseln die Regeln mit der Stimmung des Tages: Ein junger Individualist, der sich weigerte, bei der Volkszählung von 1960 die erwünschten Angaben über die sanitäre Inneneinrichtung seines Hauses zu machen, weil er dem Staat das Recht auf diese Anfrage absprach, wurde 1964 zu einer Geldstrafe verurteilt. Die »privacy« ist gefährdet, weil die meisten Amerikaner sie nicht respektieren, oft nicht einmal erwünschen.

Daß die Angst vor der Einsamkeit stärker ist als das Bedürfnis nach »privacy«, erfährt der Europäer in einer amerikanischen Wohnung; alle Türen bleiben offen, als seien sie ein überflüssiges Dekorationsstück; sie zu schließen, so heißt es, verrate »unfreundliche Gefühle«.

Amerikaner nennen sich Individualisten. Das Wort, erst um die Mitte des 19. Jahrhunderts aufgekommen, ist jünger als ihre Nation und kurzlebiger. Wenn immer ein Volk sich einer Tugend recht laut zu rühmen beginnt und sie gar als sein Monopol preist, läutet es eine Warnungsglocke: Es steht im Begriff, sie zu verlieren, falls es sie je besessen hat. Man hörte dieses Signal, als der Präsident Herbert Clark Hoover in einer Wahlrede 1928 »das amerikanische System des rauhen Individualismus« lobte und verhieß. Mit seinem persönlichen Beispiel schien er dieses System zu illustrieren und zu propagieren: aus eigenen Stücken hatte der bescheidene Bergwerksingenieur Dollarmillionen und das Weiße Haus gewonnen. Das System, dessen Prophet er war, beschrieb er später: »Während ich nicht beanspruchen kann, den Ausdruck ›rauher Individualismus‹ eingeführt zu haben, wäre ich stolz, wenn ich ihn erfunden hätte. Er ist von Führern Amerikas mehr als ein halbes Jahrhundert lang zum Lob jener gottesfürchtigen redlichen Männer und Frauen gebraucht worden, deren Ausdauer und Charakter und furchtlose Durchsetzung ihrer Rechte sie dazu geführt hat, es auf ihrem Lebensweg aus eigenen Stücken allein zu schaffen.« Als Hoover dies schrieb, 1934, war er schon kein Präsident mehr. Franklin D. Roosevelt hatte ihn und seine Prinzipien zwei Jahre zuvor geschlagen. Jetzt verkörperte Hoover die Tragödie des rauhen Individualismus: Er war das Opfer einer Wirtschaftskrise, die außerhalb seiner Einflußsphäre entstanden war und ohne seine Schuld wütete; aber Parlament und Wähler machten ihn persönlich verantwortlich.

Nach dem rauhen Individualisten muß man lange suchen. Auf den Laden-, Büro-, Autostraßen, bei der Arbeit, bei der Unterhaltung und Erholung eilt der einzelne Amerikaner im gleichen Schritt und Tritt voran, wie alle andern, mit allen andern, und jeder scheint gleich zielbewußt und ruhelos die gleiche Richtung wie das gleiche Tempo gewählt zu haben. Für den »Junior Executive« im Versicherungskonzern, der jeden Morgen mit dem 8-Uhr-15-Zug aus seinem Vorort zur Stadt an die Arbeit und um 6 Uhr 15 wieder nach Hause fährt; für die Stenotypistin, die seit zwanzig Jahren im gleichen Büro nach dem Sprechband anonymer Chefs Briefe tippt und einmal in der Woche ins Kino geht, an welchem Abend sie nicht vor ihrem Fernsehapparat sitzt; für den Volksschullehrer, der seinen täglichen Kampf mit der Klasse, mit den auszufüllenden Formularen der Berichte, Anforderungen, Beschwerden, Vorschlägen, Umfrageantworten, mit den Verwaltungsbeamten und Schulpolitikern führt; für viele weitere Millionen Amerikaner, wahrscheinlich für ihre überwältigende Mehrheit, ist Hoovers heilige Ordnung des amerikanischen Individualismus nur noch ein Witz, und nicht einmal ein guter. Vor ihren Augen beschwört er Phantasiebilder aus einer ebenso fernen wie völlig verlorenen Vergangenheit: der Pfadfinder, der im selbstgefertigten Lederwams aus der Haut selbsterlegter Büffel durch die Urwälder streift und allabendlich mit einer anderen Indianersquaw schläft; der Goldsucher, der seinen Weg nach Kalifornien erkämpft und dort Hunger und Dursttod für plötzlichen Reichtum wagt; der Erfinder, der allgemeiner Skepsis zum Trotz einen Motorwagen baut und mit dessen Herstellung ein Multimillionär wird; der Finanzzauberer, der mit ungehemmter Brutalität, Schlauheit, Spürnase ein Wirtschaftsreich erwirbt; auch der eigene Großvater, der aus der Alten Welt, »aus Bayern oder Holland, glaube ich«, ohne einen Pfennig nach Amerika kam und hier als Besitzer eines großen Landhauses nebst großem Vermögen starb – sie waren rauhe Individualisten. Ihr letztes Bild liefert die Greisin, die mit dem Schießgewehr auf der Veranda die Arbeiter wegtreibt, die ihr Haus abreißen wollen, damit die neue Autobahn über ihren Grund gehen kann. Das Gericht beschließt ihre polizeiliche Entfernung, und sie endet in der Anstalt für Geistesgestörte.

Auch als Individualist will oder kann der Amerikaner nicht mehr allein bleiben. Die »Selbstbeschäftigten«, also unabhängigen Erwerbspersonen, schrumpften zwischen 1940 und 1960 von 26 Prozent auf 16 Prozent der berufstätigen amerikanischen Bevölkerung. Wesentliches Merkmal des Erfolgs und eine Hauptfrage vor der Anstellung ist, ob ein Amerikaner die Gabe besitzt, »to get well along with others«, mit anderen gut auszukommen, sich umgänglich in eine Gemeinschaft zu fügen, die in diesem Fall »das Team« heißt. Im Gegensatz zur Nachbarschaft steht das Team im beständigen Kampf und übernimmt in der korporativen Ordnung der Großunternehmungen die Rolle des Individuums, das jetzt mit seiner Gruppe und in ihrem Namen gegen die anderen Teams kämpft. Doch das Bild der sportlichen Mannschaft verherrlicht und verhübscht seine Funktion etwas: Bei aller notwendigen Treue zum Team kämpft sein einzelner Teilnehmer doch auch gegen die anderen einzelnen Teamgenossen. Sein Aufstieg vollzieht sich innerhalb der Mannschaft, oft mit all den Waffen, die nach der Regel und Praxis des Sports mit Acht belegt würden. Die Form des Teams gebietet Zusammenarbeit, Freundlichkeit, gegenseitige Hilfe für den gemeinsamen Zweck; wie jedes Teammitglied weiß, muß er trotzdem auf Leben und Tod kämpfen, weil sein eigener Platz vom Hintermann begehrt wird, während selber den Platz des Vordermanns zu übernehmen sucht. Bei jeder Beratung, bei jedem scheinbar freundlichen Geschäftslunch, noch beim vorgeblich geselligen Zusammensein wird dieser Kampf geführt; das Gift, das die Borgias ins Glas des Gastes träufelten, droht auch im Cocktail, von dem das Team sich nährt.

Anderer individueller Initiative ist dieser Wettbewerb im Team weniger zuträglich. Gewiß, mit einer neuen Idee, einem besseren Plan, einem fortschrittlichen Programm kann der einzelne seine Karriere fördern; doch die Gefahr, daß jene von den Vordermännern zurückgewiesen werden, bedroht seine Laufbahn mehr. Viele ziehen es deshalb vor, das Risiko der Ablehnung zu vermeiden, indem sie nicht für das eintreten, was ihnen besser scheint, sondern für das, was keinen Widerspruch erwecken kann. Sie müssen sich anpassen und einfügen; die Gruppe, erklärt C. W. White, ist »ein Freund und auch ein Tyrann«.

Dieses Eingehen auf die Gruppe, bis zum Aufgehen in der Gruppe, ist dem jungen Amerikaner frühzeitig anerzogen worden. Doch zugleich wurde er für seinen persönlichen Wettkampf trainiert wie ein Kampfhahn, während er um die Aufnahme in Schulen und Colleges, bei Wettbewerbsarbeiten, Schulnoten, Persönlichkeitsbeurteilungen, Job-Suche ständig mit seinen Kameraden konkurrieren mußte. Ist er stark, selbstbewußt, unternehmungsfähig, intelligent genug, um ohne Korsett einer Gruppe, aus eigener

Initiative und aus eigener Kraft wagemutig seinen Erfolg zu suchen, kann er noch Raum für seinen Individualismus finden. Daß dies möglich ist, zeigen nicht zuletzt die »success stories«, die regelmäßig von neuen Millionären, neuen Unternehmern mit neuen Ideen, neuen Siegern im Kampf um den Erfolg zu erzählen wissen. Die Reporter haben so fleißig nach ihnen gesucht wie Kinder nach vierblättrigen Kleeblättern, und die Lesermassen bestaunen diese Wundergeschichten. Mit einigem Glück und Wagemut, so soll es ihnen scheinen, können auch sie dasselbe erreichen. Aber öfters noch hören sie Entzauberungen jener Erfolgssagen, bittere Kritiken der Freiheit des Unternehmers, der erfolgfähigen Minderheit, der individualistischen Ingenieure des Aufstiegs und die Behauptung, der traditionelle Individualismus sei entweder unmoralisch oder unmöglich geworden.

Ein Individualist althergebrachter Art wirkt als Don Quijote des modernen Amerika. Er will nicht sehen, daß die Zeiten vergangen sind, in denen der »rauhe Individualist« von nichts und niemandem abhängig sich seine Nahrung erjagt, sein Haus erbaut, seine Lösung für alles ge- und erfunden, mit seiner berühmten Yankee-Erfindergabe die ganze Welt beglückt hatte. Aber warum sollte er heute Zeit und Kraft dafür verschwenden? Die Fachleute übernahmen seine Rolle, er kauft ihre Produkte und ihre Lösungen, die so viel besser und billiger als die seinen sind. Don Quijote, solchem Fortschritt gegenüber blind, erscheint als Held – und als Narr.

Statt sich zum Gespött des praktischen, pragmatischen Realisten Sancho Pansa zu machen, kanalisieren die Amerikaner ihre Nostalgie, die die verlorene Unabhängigkeit immer noch erzeugt, in harmlose Tätigkeiten: Das »Do-it-yourself« ist ein Lieblingszeitvertreib ihrer Mußestunden. Einer baut sich in drei Jahren sein Harpsichord, dessen Bestandteile er fertig gepackt mit Gebrauchsanweisung gekauft hat. Sein Nachbar legt im Keller ein Spielzimmer an. Im nächsten Haus zimmert der Besitzer seine Biedermeiermöbel. Das »Do-it-yourself« grassiert in allen Schichten. Doch auch noch dieses Spiel üben sie sorgsam und gehorsam nach den Vorschriften des Fachmanns, wie sie in unzähligen, jedes Tätigkeitsgebiet erschöpfenden, alljährlich neu erscheinenden und auf dem Massenmarkt abgesetzten sogenannten »How-to-do-it«-Büchern gegeben werden: Wie man seine Möbel selber zimmert, wie man sein Dach selber repariert, wie man wie Rembrandt malt, der Fachmann hat es dem Individualisten vorgeschrieben.

Der Fachmann kocht auch für ihn (und der Individualist kauft sein »home-cooked« daheim gekochtes fertiges Mahl in Dosen), richtet seine Wohnung ein, findet mit den modernen Mitteln des psychologisch getesteten Fragebogens und des elektronischen Computers die rechte Braut, schreibt seine vorgeschriebenen und vorgedruckten Glückwunsch-, Gruß-, Dank-, Beileids-, Beschimpfungskarten an jeden denkbaren Adressaten zu jeder denkbaren Gelegenheit, rettet sein Einkommen, seine Ehe, seine Kinder, seinen Seelenfrieden, seine Bäume, seine Bildung, sobald diese gefährdet scheinen. Der Individualist mag nur – schüchtern, mit dem letzten Rest seiner Eigenständigkeit auftrumpfend – die Produkte, Gefühle, Lösungen der Fachleute mit einem Tropfen seiner selbst würzen. Dem gedruckten Satz »Ich mag dich« auf der Grußkarte fügt er dann sein Ausrufezeichen hinzu, der tischfertig gekauften Hühnersuppe einen Schuß Wein – wie auch dies in speziellen Koch- und »How-to«-Büchern gelehrt wird.

Und selbst der erfolgreiche Fachmann ist selten der »rauhe Individualist« der Vergangenheit; im Gegenteil, je tüchtiger der Spezialist, um so mehr und enger ist er auf andere Spezialisten angewiesen – ein Mitglied des Teams, ein Rädchen in der gemeinschaftlichen Maschine: Der amerikanische Arzt, Anwalt, Werbefachmann, Konstrukteur, Gelehrte – sie alle, früher Einzelgänger, können jetzt am besten in einem arbeitsteilig organisierten, engverknüpften großen Fachmannskollektiv wirken. Waren sie einst oft »Originale«, so sind sie heute »Organisationsmenschen«; die etwa 1967 modisch gewordene Bestrebung, über die Fachmannsgrenzen hinaus »Generalisten«, also einen Fachmann für die Gebiete aller Fachleute, zu entwickeln, ist ein anderes Zeichen der Nostalgie um die verlorene Vergangenheit.

Der unabhängige, aus eigener Kraft getriebene, erfolgreiche Amerikaner, den seine Landsleute und die Welt bestaunt und meist bewundert hatten, hat sich in den einsamen, »atomisierten«, »entfremdeten« Amerikaner verwandelt. Sein Comic-strip-Bild, massenproduziert und made in America, ist ein gängiger Artikel im Warenhaus der internationalen Klischees. Man kennt ihn aus tausend Romanen, soziologischen Reißern, mondänen Predigten: Er ist die neueste Version des »rauhen Individualisten«, statt durch die rosige Brille durch giftgrüne Gläser gesehen; durch sie erscheinen seine vormals kräftigen Züge als Schwächen, seine bisher besten Taten als Laster, sein Stolz als Schande.

Ganz so unabhängig und unbedroht, wie es im Rückblick erscheint, ist der individualistische Amerikaner nie gewesen. Wenn er die Religion, die Politik, die Sittengesetze, die Weltansicht der Mehrheit geringachtete, wenn er nach Abstammung oder Tätigkeit ein Außenseiter war, mußte er sich gegen die Hexenjäger verteidigen. Um so vollere Freiheit genoß er damals im Erwerbsbereich, bis mit dieser der amerikanische Individualismus selbst identifiziert wurde – irrtümlicherweise: Der Wirtschaftsindividualismus war nur eine zeitbedingte Äußerung, wie sich heute erweist.

»Big Government«, »Big Business«, »Big Labor«, »Big Welfare«, die vier Großmächte der Regierungs-, Unternehmungs-, Gewerkschafts- und Sozialbürokratien, haben seine wirtschaftliche Freiheit aus dem grenzenlos weiten Raum in ein bescheidenes Eck abgedrängt, und er hat sich daran gewöhnt. Zugleich aber hat sich der früher so beschränkte Bereich seiner geistigen, moralischen, kurz privaten Unabhängigkeit gewaltig erweitert. Dabei ist sie aus der Sphäre der Arbeit in die nicht minder anstrengende, nicht minder energisch eroberte Sphäre der Freizeit verlegt worden. Statt des Büro- und Bankerfolges mag er Bett- und Bildungserfolgen nachjagen, ohne sich um die Umwelt zu kümmern; diese wird sich genausowenig ob seiner Vorstöße erregen. Auch dieser neue Individualismus wird oft übersteigert, während er die soziale Verantwortung leugnet. Im alten wie im neuen Fall bleiben die Super-Individualisten eine Minderheit.

Die große Mehrheit der Amerikaner beklagt aber weder ihren verlorenen Individualismus noch ihre vermeintliche Atomisierung. Neue Beschränkungen ihrer persönlichen Reichweite und Wirkkraft nehmen sie gelassen hin. Niemand ist ja gezwungen, sich ihnen zu unterwerfen. Über das Ende der Unternehmerunabhängigkeit wird zumeist von gewohnheitsmäßigen Reaktionären lamentiert, über die verlorene Persönlichkeitssphäre – ein anderes Wort für denselben Begriff – von eingefleischten Fortschrittsradikalen. Mit einem Begriff, der zurück zu den Zeiten der Pilgerväter reicht, nennen sie sich Nonkonformisten. Im Unterschied zu jenen Nonkonformisten des 17. Jahrhunderts, denen das Brauchtum der Kirche von England zu lax war, ist in ihren Augen das Brauchtum Amerikas zu streng, und wie jene wollen sie es ändern oder ihrer Volksgemeinschaft den Rücken kehren, oft beides zugleich.

Gerade an diesem Protest der Nonkonformisten beweist sich ihr Konformismus, der bald als Ersatz, bald als Zerrbild, bald als neue Form ihrer Gemeinschaftssehnsucht wirkt. Die rebellischen jungen Leute, die seit der Nachkriegsperiode die althergebrachten Normen verwerfen und im Widerspruch zur »Massengesellschaft« ihre Individualität retten möchten, regimentieren sich freiwillig im gleichen Schritt und Tritt; sie unterwerfen sich mit absolutem Gehorsam der letzten »nonkonformistischen« Mode, in Tracht und Tanz nicht weniger als in Denkart und Lebenszweck; sie folgen dem Führer, der geboten hat, keinem Führer zu folgen. Die nihilistischen, destruktiven »Beatniks« der fünfziger Jahre und die ihnen folgenden, in Liebe, Rauschgift und Kindertrotz schwelgenden »Hippies« ebenso wie die etwa seit 1975 deren Rolle übernehmenden Jünger der verschiedensten religiösen oder pseudoreligiösen Gruppen, Sekten, Orden, ob sie sich auf

Buddhismus, Christentum, orientalische Kulte beriefen (deren legitime Vertreter ihrerseits vor ihnen warnten): auch sie und ihre Mitläufer erhalten das alte amerikanische Prinzip, nach dem der einzelne aus freiem Willen sich einer Gemeinschaft von Nachbarn anschließt.

Das gilt sogar, mag es auch paradox scheinen, für die einer verbleichenden Neuen Linken in den Jahren nach 1973 immer mehr um sich greifende Tendenz zum solipsistischen Rückzug in die eigene Persönlichkeit. Von den Kommunisten als »Privatismus« denunziert, von dem Sozialkritiker Tom Wolfe als Merkmal der »*Me Generation*«, der sich nur um das eigene Wohlergehen und Vergnügen kümmernden neuen Generation karikiert, wird doch auch diese scheinbar gemeinschaftslose Haltung in Gemeinschaften gelehrt und gepflegt – zahlreiche Schulen mit verschiedenen Methoden versammeln allwöchentlich oder gar allabendlich die Novizen des Kultes der Selbstischkeit im geselligen Kreis mit sozialem Anspruch.

Weil der Sog der Gruppe so überwältigend ist, wird der selbständige, ihr widersprechende und widerstehende einzelne Amerikaner vom Staat pfleglich geschützt, gepriesen, erhalten, ob er dessen würdig ist oder nicht; daß sein Wert oder Unwert nicht berücksichtigt werden darf, wenn es um die Verteidigung seiner Persönlichkeitsrechte geht, ist ein Axiom, an dem niemand rütteln mag, der nicht selbst des Verstoßes gegen die Freiheit bezichtigt werden will. Die Gruppe mit ihren Maßstäben und Vorurteilen hat in Amerika zu allen Zeiten den »loner« zu verfolgen getrachtet, doch am Ende hat er, mit neuen Ideen, auf neuen Gebieten, in neuen Formen, überlebt.

Nur wenige Amerikaner sehen einen Gegensatz zwischen sich und ihrer Gemeinschaft. Sie empfinden ihn nur dann, wenn sie in eine Gemeinschaft gezwungen werden sollen, die sie ablehnen, oder wenn eine Gemeinschaft sie zu Handlungen zwingen will, die sie verwerfen. Dann wollen sie ihre Gemeinschaft ändern oder eine neue Gemeinschaft gründen. Und bis ihnen dies, wie sie hoffen, gelungen sein wird, sind sie – vorübergehend, faute de mieux – Einzelgänger.

Worauf es Amerikanern ankommt, ist ihr freier Wille, mit dem sie sich zur Nachbarschaft, Gruppe, Gesellschaft, Gemeinschaft zusammenfinden, um sich ihr einzufügen. Er öffnet dem einzelnen die Tür zur Vereinigung mit anderen Individuen. Voraussetzung seiner Freiheit ist und bleibt, daß er nicht von Mauern auf seinen Grund und Boden gebannt wird. Jederzeit will er die Chance haben, seine Zäune niederzulegen oder zu überspringen, zum Aufstieg, zum Fortschritt, zum Umzug, schlechthin zum Neuen. Je freizügiger er ist und je freiwilliger er nach dem Gebot seines freien individuellen Gewissens handeln kann, um so erfolgreicher fühlt er sich. So verstehen Amerikaner ihren Individualismus: Der einzelne kann gehen, wohin er will, und sein, was er will, wenn er es will und falls es ihm gelingt.

9 Die verbotene Frucht der Gewalt

So stark wie die Angst der Amerikaner vor der Einsamkeit wirkt ihre Furcht vor der Gewalttätigkeit. In der bis zur Langeweile wohlregulierten friedlichen Suburbia, auf den hektisch überfüllten Großstadtstraßen, sogar auf dem menschenleeren flachen Land verfolgt sie die Amerikaner.

Unter dem gemeinsamen Nenner der »Gewalttätigkeit« verwerfen sie jeden Gebrauch physischer Kraft, mit der einem Mitmenschen oder seinem Eigentum Schaden zugefügt wird, ob durch einen Rowdy oder in Kriegen und Aufständen. In jedem Fall sehen Amerikaner einen »Ausbruch« und »Exzeß«, eine Abweichung von Norm und Recht, eine Entgleisung. Sie konnte geschehen, so glauben sie, weil im jeweiligen Fall die Schienen des Fortschritts einen Produktionsfehler gehabt hatten oder von einem törichten Wärter falsch gestellt worden waren: In jedem Fall müßte es möglich sein, den Konflikt schleunigst und völlig wieder zu entschärfen, bis er mit Nachbarlichkeit, Überredung, Rechtsbewußtsein in die friedliche Atmosphäre der Verhandlungszimmer, der Wahlzellen, der Leitartikel zurückgebracht werden kann wie Genien in ihre Flasche.

Neuerdings hoffen Amerikaner, daß neue Techniken, »Konfliktmanagement« oder einfach »human relations« genannt, den Erfolg eines gewaltlosen Lebens bewerkstelligen können. Je kläglicher die sich dafür als zuständig anpreisenden Sozial- und Psychologiefachleute bisher versagt haben, um so höher steigen die Hoffnungen (überreich finanziert von Stiftungen, Behörden, Wohltätern), daß die Wundermänner eines Tages doch die Zauberformel aus ihren statistischen Reihen und Tiefenanalysen destillieren werden.

Der demokratische Prozeß, dieser gesichtslose Held der Amerikaner, schließt Gewalt aus; wo sie trotzdem angewandt wird, hat jener versagt, also, so denken die Amerikaner, haben sie selber versagt. Die Angst vor der Gewalt ist eine Angst vor dem Mißerfolg ihrer Ordnung und ihrer selbst.

Selbst »gute« Zäune, die ja »gute Nachbarn« schaffen, schützen nicht vor Verbrechern, ob »loners« oder organisiert. Und je mehr in der modernen Gesellschaft Amerikas Zäune verfaulen, niedergewalzt, schadhaft bis zur Unbrauchbarkeit werden, um so breiter öffnet sich die Straße der Gewalt.

Auch die Gewalt gehört zur historischen Erbschaft der Amerikaner, sie erwuchs sogar aus ihrem Geist der Nachbarschaft. Vier Jahre nach der Erklärung der amerikanischen Unabhängigkeit beschlossen die Einwohner des Bezirks Pittsylvania in Virginia, »da viele von uns große und untragbare Verluste von einer Rotte gesetzloser Männer erlitten haben . . . , daß wir entschlossen sind, den frevelhaften Praktiken dieser ungesetzlichen Schufte ein Ende zu machen, zu diesem Zweck uns vereinigen und, wenn sie nicht ihre Untaten aufgeben werden, wir ihm oder ihnen eine körperliche Züchtigung zuteil werden lassen, wie sie ihrem Verbrechen oder angerichteten Schaden entspricht«. Kapitän William Lynch, der Autor dieses Manifestes, mag ein Ehrenmann gewesen sein, der gegen Gesindel, Räuber, Marodeure, wie sie nach dem Befreiungskrieg das Land unsicher machten, gemeinschaftlichen Selbstschutz nach dem alten britischen Prinzip der Nachbarschaftspolizei organisieren wollte. Aber »Lynch's Gesetz«, nach dem Leute wegen wirklicher oder angeblicher Vergehen gegen das Gesetz ohne Rechtsprozeß bestraft wurden, wurde bald zum Inbegriff der Gewalt in Amerika. Schon 1811 erwähnte es ein amerikanischer Autor als »wohlbekannt und vor wenigen Jahren häufig unter Verletzung jeden Grundsatzes der Gerechtigkeit und Jurisprudenz angewandt«; mehr als hundert Jahre später schrieben andere Autoren immer noch den gleichen Satz. Die Vereinigung der ehrsamen Nachbarn strafte nach eigenem Ermessen Störenfriede, Bösewichte, Viehdiebe, bald auch Mitbürger, die sich mehr um die Schnapsflasche als die Familie kümmerten oder sonstwie gegen die Puritanerordnung verstießen, andere Außenseiter und im Laufe des 19. Jahrhunderts statt der bisherigen weißen Opfer vor allem schwarze Amerikaner. Sie wurden Opfer der nachbarlichen Haßgewalt, während der Lynchmob das Gesetz in die eigene, brutale, grausame Hand nahm. Die amerikanische Umgangssprache ist voller Redensarten für jenen Gewaltgebrauch, wie er buchstäblich an der Tagesordnung gewesen war: da wird geteert und gefedert, auf einem Brett aus der Gemeinschaft gefahren, mit Revolvern, Peitsche, Henkerstrick das Urteil gefällt und zugleich vollzogen, in einer Apotheose der Gewalt.

Auch ohne die perversen Formalitäten des Lynchgerichts, das allmählich zu einer südstaatlichen Spezialität wurde, triumphierte anderswo im Lande die Gewalttätigkeit der Gruppen in wilden, gesetzlosen Ausbrüchen; stetig begleiten sie die amerikanische Geschichte, ohne sie zu bestimmen, wie dumpfer Trommelschlag ein Symphonieorchester. Amerikaner rebellierten gewalttätig gegen Akzisen, gegen den allgemeinen Militärdienst, gegen das Auftreten ausländischer Schauspieler, gegen neu einwandernde fremdstämmige Minderheiten – Chinesen, Iren und natürlich Neger, gegen seltsame Sektenprediger und gegen Organisatoren der Arbeiterbewegung – alles dies vor 1940. Bald, und seit 1940 immer mehr, brach umgekehrt die Massengewalt der Außenseiter und Minderheiten gegen die Ordnung und die Angehörigen der Mehrheit aus. Kein Volk kennt wohl solch eine blutige Geschichte der Arbeiterbewegung wie die Amerikaner.

Und die Frühgeschichte Amerikas ist voll von Gewaltproben mit äußeren Feinden; es gibt wenige Stellen auf amerikanischem Boden, auf denen nicht Blut in erklärten und unerklärten Kriegen geflossen ist – gegen Indianer, Briten, Franzosen, Mexikaner. Ohne die einst gebrauchte Gewalt bestünde das heutige Amerika nicht.

Krieg in jeder Form, zwischen Bürgern oder Bürgergruppen Amerikas ebenso wie mit fremden Nationen, verstehen Amerikaner niemals wie Clausewitz in seiner klassischen Formel als »eine Fortsetzung des politischen Verkehrs mit Einmischung anderer Mittel«, sondern wie der als Pazifist erzogene General und Präsident Eisenhower einmal erklärte, als ein Versagen der Politik durch Anwendung »undenkbarer« Mittel. Glauben auch Amerikaner zu tief an ihr demokratisches Gemeinschaftscredo, um Gewalt anzuerkennen oder gar zu glorifizieren, so ist ihre Vitalität, ihr Wille zum Überleben, ihr Drang zum Erfolg zu stark, als daß sie vor der Gewalt die Waffen streckten und selber ganz auf sie verzichten könnten, doch dann mit der Entschuldigung, daß es zur dauernden Abschaffung der Gewalt notwendig sei.

Dem kleinen Amerikaner wird beigebracht, seinen Mann zu stehen, sich seiner Haut zu wehren, zurückzuschlagen, wenn er angegriffen wird; mag seinem Vater auch das Herz bluten, die Etikette der Erziehung verlangt, daß er den Sohn, der vor dem Angreifer davongelaufen ist, zurück ins Gemetzel schickt. Nur so lerne der Knabe den Instinkt der Verteidigung, glaubt man weithin, und wenn er ein »Sissy« genannt wird, ein unmännlicher Weichling, ein Drückeberger, ist es der schlimmste Schimpf. Zugleich wird diesem kleinen Amerikaner gepredigt, jeder Konflikt lasse sich durch vernünftige Debatten und Kompromisse beilegen; Gewalttätigkeit sei ein Zeichen seiner Schwäche und böse. Nachdem er überzeugt worden ist, daß er sich mit seinen Fäusten sein Recht erhalten müsse, wird ihm gepredigt, daß Amerikaner sich niemals ihrer Fäuste bedienen sollten. Kein Wunder, daß er lebenslänglich zwischen beiden Maximen schwankt. Caspar Milquetoast, der sanfte, friedliche, alles hinnehmende Mann, ist der Anti-Held eines Comic strips, ebenso beliebt wie belacht und ungemein volkstümlich – als komische Figur.

Um so ernster nehmen Amerikaner die wilden, gewalttätigen

Helden, von denen es in ihren Träumen, ihrer Literatur, ihrer Folklore wimmelt. Als starker Zug im amerikanischen Nationalcharakter in die Bereiche des Verbotenen gedrängt, erweckt die Gewalt zugleich die Phantasie und die Furcht der Amerikaner. In jedem Amerikaner steckt mehr oder weniger ein Walter Mitty, der als Held einer Kurzgeschichte (des Humoristen James Thurber, 1894–1961) zur populären Figur wurde und in der Umgangssprache weiterlebt. Walter Mitty ist ein braver, friedlicher, nachbarlicher Mann, ein Durchschnittsamerikaner, der, während er etwa auf seine einkaufende Frau wartet und andere Pflichten in gutartigem Gehorsam erfüllt, sich an seinen Tagträumen ergötzt; in diesen stellt er dann als Kampfflieger, Gangster, rauher Gangsterbekämpfer seinen Mann, mit überwältigender Gewalt.

Von den Comic strips und Fernsehfilmen bis zur Literatur und in dieser wieder von Hemingway und Faulkner bis zu den derzeit modischen Nachahmern des Marquis de Sade unterhalten sich Amerikaner mit Gewaltphantasien. Seinen Triumph feiert dieser heimliche, starke, als Sünde – und wie versucherisch anziehend sie ist – verworfene Zug zur Gewalt im amerikanischen »Murder Mystery«. Der Detektiv oder Spion, der ihr Held ist und den sentimentalen Bedürfnissen der Heldenverehrung Genüge tut, ist mit all den Talenten und Triumphen ausgestattet, die seine Verehrer für sich selbst ersehnen, während sie ihrer im wirklichen Leben so traurig ermangeln. Während sie von ihm lesen, erleben sie selbst in spielerischer, stellvertretender Teilnahme seine Abenteuer und Siege; für einen kurzen Augenblick können sie sich mit ihm identifizieren. Seine (vornehmlich englischen und französischen) Vorgänger hatten, um Verbrechen aufzudecken und Verbrechen aufzuspüren, nur ihren unsäglich scharfen, beobachtungs- und kombinationsfähigen Verstand walten lassen, als Hohepriester im Zeitalter der Vernunft. Sie haben wenig gemein mit dem Detektivhelden amerikanischer Provenienz, der ihnen etwa seit 1930 nachfolgte. Er, wie einer seiner Erfinder, Dashiell Hammett (in einer Einleitung zum »Maltese Falcon«) notierte, »will nicht ein gelehrter Löser von Rätseln in der Sherlock-Holmes-Manier sein; er will ein harter und gerissener Bursche sein ...« Nach diesem Rezept des Klassikers der Gattung gehen seither Tausende seiner Jünger vor, Gesetze mißachtend, zuschlagend und geschlagen werdend, mit sichtlichem Vergnügen an Blut und Tod, mit dem Verstand eines Spatzen, der Pranke eines Tigers, der Harthäutigkeit eines Elefanten, dem Arsenal eines Waffensammlers – aus Liebe zur Gewalt. Seit den dreißiger Jahren beherrscht dieser »tough guy« die amerikanische Buch-, Film-, Fernsehproduktion: die Phantasien seiner Bewunderer, wie es in seinem Genre heißt, verraten sich an den Fingerabdrücken und Fußspuren, die er auf dem öffentlichen

Bild hinterläßt.

Dem widerspricht nicht, daß auch die Ideologie – und Phantasie – der Gewaltlosigkeit von einem Amerikaner stammt. Ihr Autor, der Neu-Engländer Henry Thoreau, hatte sich 1846 geweigert, seine Steuern zu zahlen, um damit gegen die Regierung zu protestieren, die die Sklaverei noch nicht abgeschafft habe. Er wurde in eine Haftzelle gesteckt, aber eine Tante beglich seine Steuerschuld, und nach genau einer Nacht wurde er wieder freigelassen. Seine weder besonders mutige noch wirksame Geste, die nur seinem Egozentrismus wohltat, genügte dem merkwürdigen Märtyrer, um an ihrem Beispiel eine neue Doktrin des gewaltlosen Widerstands zu verkünden: Sein Traktat vom »Bürgerlichen Ungehorsam«, in dem von rettenden Tanten wenig die Rede war, um so mehr von der Macht der ungesetzlichen Gewaltlosigkeit und dem Recht des einzelnen, sich ihrer zu bedienen, wurde bald publiziert. Aber in den ersten acht Jahren nach dem Erscheinen verkaufte der Verleger nur zweitausend Exemplare; Thoreau war (vgl. Kapitel 5) ein Sonderling, seine Theorie klang sonderlich; Amerikaner wußten wenig damit anzufangen, sie interessierte sie nicht.

Erst als der Inder Mahatma Gandhi sie aufgriff und von diesem sie der Negerführer Martin Luther King übernahm, wurde Thoreaus Schrift eine Anleitung zum Handeln für einige wenige Amerikaner. Doch nur in engumgrenzten Situationen konnte sie wirken – wenn der gewaltlose Protest eine schon schwankende Ordnung noch weiter schwächte, und wenn deren Verteidiger duldsam genug waren, um die gewaltlosen Widerständler nicht physisch zu liquidieren. Schon nach einigen Jahren verlor die gewaltlose Kampfweise wieder ihre amerikanischen Anhänger selbst unter schwarzen Amerikanern. Für Dr. Martin Luther King war sie zu einer religiösen Glaubenslehre geworden, doch machten andere, jüngere Negerführer bald klar, daß sie die Gewaltlosigkeit nur als eine unter vielen Waffen, in einer bestimmten Situation wirksam, gehandhabt hätten: Auf die Dauer verlängere die Gewaltlosigkeit die alte Entmachtung und Entmannung der Farbigen. Wie schwarze Amerikaner verkündeten, würden die weißen Amerikaner, die selber so tief an die Gewalt glaubten, ihre farbigen Mitbürger dann erst als ihresgleichen betrachten, wenn auch diese mit der Gewalt drohten oder zu ihr griffen.

Auch für die Gewalt, wie im puritanischen Amerika für den Sex, gilt: Je stärker die Anziehungskraft, um so stärker das Verbot; und je stärker die Versuchung der verbotenen Frucht, um so stärker die Furcht vor ihr, die Phantasien um sie und ihr häufiger, heftiger Ausbruch aus dem Untergrund.

Während diese geächtete, verbannte Gewalt in Amerika untergründig schwelt und lauert, kann sie sensible Nerven erschrecken.

Man kann ihre Drohung beim nächtlichen Straßenspaziergang, in der Antwort eines ärgerlichen Arbeiters, beim Protest einer Versammlung spüren, auch wenn man ihren Ausbruch nie erlebt, auch wenn sie sich nicht verwirklicht. Dazu kommt die heimliche, aber unmißverständliche Glorifizierung in den Massenmedien der Phantasie, die Ausländer, der Korrektur der Wirklichkeit ermangelnd, für die amerikanische Realität selbst halten. »Die Gangster von Chicago«, heute amerikanische Sagenfiguren und Märchengestalten für kleine und erwachsene Kinder, werden deshalb vielfach als normale Passanten des amerikanischen Alltags betrachtet.

Alle paar Jahre wieder entdecken Amerikaner eine »Verbrechenswelle« und damit ein »Problem«, über das sie so viel sprechen und klagen, daß bald die ganze Welt meinen muß, Amerika sei ein Dschungel, in dem überall und allezeit die Maschinenpistolen knattern und niemand seines Lebens sicher sei. Die internationalen Kriminalstatistiken, die in allen Ländern und sogar Städten auf verschiedenen Gesetzen, Polizeiprozeduren, Meldevorschriften beruhen, sind notorisch unzuverlässig. Mit ihnen kann bewiesen werden, Amerika sei gewalttätiger als andere Länder; ebensooft und nicht minder korrekt ist auch das Gegenteil bewiesen worden. Individuelle Verbrechen und Gewaltausbrüche, in ihrer Mehrzahl von und an Mitgliedern der untersten Außenseiterschichten und dort wieder an Angehörigen des Familien- oder engsten Freundeskreises begangen, erreichen relativ hohe Zahlen. Die große Mehrheit der Amerikaner liest mit dem gleichen Schauder wie der Rest der Welt, doch ohne deren gelegentliche Schadenfreude und Überlegenheitsgefühle, jedenfalls aus der Ferne, von den Gewaltausbrüchen in ihren eigenen »Subkulturen«; ihre Anthropologen und Soziologen erforschen sie wie fremde Stämme, so verschieden sind ihre Gebräuche einschließlich der stets bereiten Mordwaffe von der amerikanischen Mehrheitskultur.

So wie in jeder Lotterie die Erwartungen eines Gewinns dessen Chancen vieltausendfach überschreiten, ist die Furcht vor der Gewalt im Einzelfall unermeßlich größer als deren faktische Gefahr. Aber daß sie eine potentielle Gefahr für jeden Amerikaner darstellt, läßt sich nicht bestreiten, und dabei wirkt nur als schwacher Trost, daß sie ein Nebenprodukt – und die Kehrseite – mancher der positivsten amerikanischen Werte und Institutionen ist: Die Achtung der bürgerlichen Rechte des einzelnen, die dem Verbrecher zugute kommt, wenn ihre legalistische Anwendung ihn vor Strafen schützt; die Achtung der Meinungs- und Ausdrucksfreiheit, die oft noch aufrechterhalten wird, wenn sie zerstörerisch wird; die Achtung vor dem Aufstieg von vormals zurückgesetzten Minderheiten, auch wenn er auf dem Weg der Gewalt beschleunigt oder erzwungen werden soll; die Achtung vor der jüngsten Generation, in deren Kreis die meisten Gewaltakte begangen werden; das Mißtrauen gegen alle Behördenmacht, die die Handlungsfähigkeit der öffentlichen Ordnungsorgane oft arg lähmt.

Die Zeit des Aufruhrs, der zwischen 1965 und 1971 in vielen Farbigenvierteln und Colleges des Landes ausbrach, hat bei vielen Beobachtern nicht nur das Bild jener Periode bestimmt, sondern das Bild Amerikas selber, das haftenblieb, auch nachdem jene Feuer längst schon wieder gelöscht waren oder sich ausgebrannt hatten. Während die Gewaltaktionen das Land damals erschütterten, wurde oft vergessen, daß nur Minderheiten der Farbigen und der jungen Generation sie billigten, und noch viel geringere Minderheiten sich an ihnen beteiligten. Eine Studie an vierhundert Colleges, bei der 75 000 sorgfältig ausgewählte Studenten und Dozenten befragt wurden, ergab etwa, daß 1969 – während des Höhepunkts der Unruhen – 75 Prozent der Studenten Gewaltanwendung zwecks politischen Wandels ablehnten; im Jahre 1975 lehnten gar 89 Prozent der Befragten die Gewaltanwendung ab.

Viel eindrucksvoller, wichtiger und vielsagender, obgleich weniger sensationell und weniger publiziert, ist der Erfolg, mit dem Amerikaner die Gewalt aus ihrem Leben zu verdrängen wissen. Dies wird stillschweigend hingenommen, als selbstverständlich betrachtet, kaum mehr wahrgenommen.

Im amerikanischen Alltag, trotz aller Spannungen, wie sie sich aus dem Zusammenleben so verschiedener ethnischer, konfessioneller, sozialer Schichten im steten Wandel ergeben, findet Gewalt selten Platz. Seit vielen Jahrzehnten haben weder Wahlkämpfe noch Sportwettkämpfe in Amerika zu physischen, blutigen Zusammenstößen der Parteigänger geführt. Sie begnügen sich mit verbalen Exzessen und reagieren damit ihre Angriffslust ab: Je lauter sie brüllen, ihr Gegner gehöre ausgeprügelt und umgebracht, um so weniger meinen es die Amerikaner und noch weniger tun sie es. Der uneingeweihte Zuschauer muß erschrecken, wenn er das Baseballpublikum im Chor seinem Favoriten zurufen hört: »Kill dem bums« – kill die Nichtsnutze! Das Publikum selber lacht über dieses sehr humorvolles Ritual und wäre entsetzt, wenn dem Gegner ein Haar gekrümmt würde. Zur Gewalttat sind Amerikaner in ihrer großen Mehrheit erst bereit, wenn sie ihre Ordnung gegen Gewalttäter verteidigen zu müssen glauben.

Am Tage nach der Ermordung des Präsidenten Kennedy durch den geistig labilen, von kommunistischen Ideen beeinflußten Lee Harvey Oswald wußte der damalige indische Regierungschef Nehru zu erklären, hier habe sich ein Zug des amerikanischen Charakters, nämlich dessen Gewaltliebe, enthüllt; daß Nehru selbst sein Amt innehatte, weil Mahatma Gandhi das gleiche Schicksal von der

Hand eines indischen Mörders bereitet worden war, und daß deshalb der gleiche falsche Schluß auf sein (wie auf jedes) Volk gezogen werden könne, übersah er in der Erregung des Augenblicks. (Erregte Augenblicke enthüllen oft Vorurteile, die sonst sorgsam verdrängt bleiben.)

Ein »loner«, wie er im amerikanischen Buche steht, war Oswald für nichts und niemanden typisch; und »loner« wie er waren – mit einer Ausnahme – sämtliche Amerikaner, die in den letzten hundert Jahren Attentate gegen ihre Präsidenten, Gouverneure, Bürgermeister begingen oder versuchten. Umgekehrt sind für nahezu alle in den letzten hundert Jahren vollzogenen oder versuchten Morde an gekrönten und gewählten Häuptern europäischer Staaten organisierte, ideologisch ausgerichtete Verschwörergruppen verantwortlich gewesen. Im Mord an Kennedy und im nachfolgenden Mord am Kennedy-Mörder symbolisiert sich die Außenseiterrolle der Gewalt in Amerika.

Geistesgestörte Außenseiter, die mit ihren Mordwaffen die Gesellschaft selber vernichten wollen, gibt es in jeder Nation, aber die Amerikaner in ihrem Unglauben an das Böse und in ihrem Vertrauen auf die Lösbarkeit jedes »Problems« fühlen sich für die ihrigen schuldig, womit sie den Schuldspruch des Auslandes provozieren. Wie nach dem Kennedy-Mord pflegen sie sich dann nach jedem großen Verbrechen an die Brust zu schlagen: Hätten wir den Verbrecher nachbarlicher behandelt, hätten wir ihm Erfolg geschenkt oder wenigstens eine psychiatrische Behandlung, hätten wir unsere Pflicht an ihm erfüllt, dann hätte er seine Tat nicht begangen. Mit diesem Chor der Selbstanklage zeigen die Amerikaner nur, wie überspannt sie sich als Hüter ihres Nachbarn, und ihre Gesellschaft für das Tun aller Bürger verantwortlich betrachten.

Dieser Chor kann bis zur hysterischen Proklamierung einer eigenen Kollektivschuld führen, wie nach dem tragischen Tode von Robert F. Kennedy, den doch ein Fremder – weder in Amerika geboren noch amerikanischer Bürger geworden, auch nicht in amerikanischen Kategorien denkend, ein geistiges Opfer der fernen Palästinakriege – gemeuchelt hatte; allein daß die Untat in ihrer Mitte geschehen war, verführte viele Amerikaner zu dem phantastisch unangemessenen Schluß, ihre Gesellschaft müsse »krank« sein.

Jedenfalls gab es ihnen das Gefühl, ihre Ordnung müsse von Grund auf gestört oder gar zerstört sein, als in jenem »Jahrzehnt der Ermordungen« nach John F. Kennedy und seinem Bruder Robert dann der führende Prophet der farbigen Gleichberechtigung Pastor Martin Luther King ebenso wie der führende Demagoge des rassistischen Populismus, Gouverneur George Wallace, Opfer von Attentätern wurden, und auch der radikale Führer der Negersekte der

»Schwarzen Muslims«, Malcolm X., den eine geisteskranke Angehörige seiner eigenen Rasse mordete. Aber während die terroristischen Minderheiten jener Jahre, die die Gesellschaft mit ihrer direkten Aktion umwälzen wollten, bald wieder von der Bildfläche verschwanden, endete auch die Kette jener Untaten, die jene inspiriert haben mögen, indem sie die Atmosphäre des Terrors von Minderheiten – und auch, ja gerade Einzelgängern – schufen. Die Untaten der fünf Psychopathen, die aus den verschiedensten Motiven ihre Waffe gegen prominente Führerfiguren richteten, können kaum als Symptom eines systemimmanenten Gewaltkultes in einer Gesellschaft von zweihundert Millionen Amerikanern gedeutet werden – im Gegenteil: es war ja gerade diese Gesellschaft, gegen die sie mit ihren Mordwaffen protestierten.

Die meisten Gewaltverbrechen werden nicht von abnormalen »loners« begangen, sondern von Mitgliedern der jüngsten Altersklasse und von Außenseitergruppen, in deren »Subkulturen« solche Taten respektiert werden. Ihnen gegenüber versagen die Regeln und Normen der Gutnachbarlichkeit; sie sind Fremde, vor denen man solche Angst hat, daß man nicht einmal dem von ihnen attackierten Nachbarn zu Hilfe zu kommen wagt: Solche Fälle der »schlechten Samariter« erschrecken von Zeit zu Zeit die ganze Bevölkerung. In ihrer Mitte wird ein Mädchen vergewaltigt, ein alter Mann gejagt, eine Frau langsam erstochen, doch die Hilfeschreie verhallen; die Nachbarn hören weg, schließen die Fenster, drehen den Fernsehapparat lauter an – sie wollen nicht »involved«, hineingezogen werden. Statt der Zäune hat man Stacheldraht um sie gezogen. Denn die Gewalt, die in Suburbia verfemt ist, wird in manchen Elendsvierteln der Großstadt zur normativen Voraussetzung des Erfolgs, auch wenn dieser nur in physischem Überleben und gestohlenen Genüssen bestehen mag. Gestern bei einer winzigen Minderheit unter irischen, jüdischen, italienischen Einwanderern und ihren Söhnen, wuchert heute diese Gesinnung in einer kleinen Minderheit schwarzer und portoricanischer Amerikaner, die ja auf ihre Art auch Einwanderern in die weiße Gesellschaft ähneln und deren ganze Gruppe als »loner« in der gesamtamerikanischen Nachbarschaft lebt. Die Mehrheit der Amerikaner, einschließlich der Farbigen selbst, sieht die Schuld in den »Mauern« der Ghettos, in die jene gesperrt seien oder sich selber sperrten, ehe sie zum Angriff gegen die Nachbarschaft vorprellen.

Die Gewalttätigkeit halten Amerikaner für die Folge der Ungleichheit. Wo die Menschen (oder Nationen) noch nicht zur Gleichheit aufgestiegen sind, setzt sich wie eine Strafe die Gewalt durch. Wieder das alte Leitbild: Gleich sind sich die Nachbarn in ihren wesentlichen Glaubenssätzen, Verhaltensweisen, Umständen, Gewohnheiten, Hoffnungen, weshalb Zäune ihre individuelle

Eigenart wie ihre Gemeinschaft sichern können.

Diese Gleichheit – persönliche, soziale, bürgerliche Gleichheit als Voraussetzung und Ziel der amerikanischen Ordnung – ist der Schlüssel.

10 Arm oder reich, aber gleich

Selbstbedienungs-Supermärkte, Selbstbedienungs-Restaurants, fertiggekochtes Essen aus der Konserve und dem Tiefkühlschrank, Geschirrwäscher, Waschmaschinen, Mähdrescher, Sicherheits- und elektrische Rasierapparate, Rasenmäher, automatische Selbstbedienungsaufzüge, hundert weitere technische Neuerungen, die von Amerikanern erfunden wurden – sie alle sind Monumente zu Ehren der in Amerika regierenden Gleichheit. Persönliche Dienstleistung bedingt persönliche Unterordnung; Gleichgestellte bedienen einander nicht. Mit jeder Maschine und jeder Organisationsform, die Menschen einen Dienst abnimmt, wird ein Sieg über deren Ungleichheit gewonnen.

Amerikaner, die dienen und bedienen, sind stets selten gewesen; heute sind sie am Aussterben. Über den Mangel und die Mängel häuslichen Dienstpersonals haben Ausländer und Neuamerikaner jeder Generation aufs neue geklagt wie über etwas ganz Neues. Im Jahre 1834 wurde aus Washington berichtet: »Die fremden Botschafter sind in schrecklichen Dienstbotennöten. Kein Amerikaner will eine Livree tragen, und es gibt keinen Grund, warum irgendein Amerikaner dies tun sollte. Aber der britische Botschafter muß livrierte Diener haben ..., er ist gezwungen, sein Personal unter den Ausländern zu suchen, die für kurze Frist ein Auskommen suchen und ihn mit Sicherheit wieder verlassen, sobald sie eine Anstellung finden, in der keine Livree getragen zu werden braucht.«

Als im Jahre 1892 William James den Professor Hugo Münsterberg aus Freiburg einlud, nach Harvard zu ziehen, warnte er: »Ich rate Ihnen, wenn Sie einen guten Dienstboten haben, besonders eine gute Köchin, sie mitzubringen. Unsere Dienstboten sind der schwächste Punkt unserer Zivilisation ... Meistens irisch, schlecht geschult, sehr unabhängig und enormen Lohn verlangend ... Andererseits wird unsere Hausarbeit leicht gemacht durch eine Anzahl mechanischer Arrangements, die möglicherweise in Deutschland noch nicht so üblich sind. Aber falls Sie zwei treue Dienstboten haben, bringen Sie sie mit!« Um jene Zeit wurde Lord Bryce, der die Amerikaner so gut kannte wie sie ihn, zum Botschafter seines Königs in Washington ernannt: Bei all seiner Freude über die Berufung war Bryces einziges Bedenken, er werde dort keine anständigen Arbeitskräfte für seinen Haushalt finden. Und dies war kurz nach der Negerbefreiung: Immerhin standen noch die gutgeschulten vormaligen Haussklaven zur Verfügung, auch die aus Europa ins Land strömenden Bauernmädchen und Handwerkertöchter, die neben den Negern bis vor kurzem die letzten Reservoire persönlicher Dienstleistung in Amerika lieferten.

Einige Jahre später entwickelte Henry Ford seinen billigen funktionellen Modell-T-Wagen und schaffte damit den Beruf des Chauffeurs ab. Amerikaner saßen von Anfang an selber am Steuerrad.

Schon der Wortgebrauch verrät die Gesinnung: »Womit kann ich dienen?« fragt die Verkäuferin in Europa; »Kann ich Ihnen helfen?« ihre Kollegin in Amerika. Der amerikanische Knecht ist »the hired hand«, eine gemietete Hand, also kein Knecht. Die Schankkellnerin und die Flugstewardeß nennt man »Gastgeberin«, das Dienstmädchen heißt Haushaltshilfe, Stellen werden angeboten unter der Überschrift: »Hilfe gebraucht«. Man »hilft« sich unter Nachbarn, man »dient« den Höhergestellten. Die amerikanische Sprache kennt deshalb nur den Dienst, der der Gemeinschaft geleistet wird: Der Präsident dient seinem Volk, der Senator seinen Wählern, der Soldat in der Armee.

Wenn Amerikaner doch – aus Not oder Neigung – einen »Dienstleistungsberuf« ausüben, demonstrieren sie eindringlich, daß sie trotzdem keine Diener sind. Wer Servilität, Unterwürfigkeit, auch nur deren stillschweigendes Ritual sucht, bleibe dem Land fern. Die Verkäuferin im Warenhaus, der Kellner im Restaurant, das Stubenmädchen im Hotel, der Taxenfahrer oder der Tankstellenwart, also die traditionellen Bedienstetenberufe, die anderswo Ergebenheit gegenüber ihrem Herrn und Meister mimen, trachten in Amerika mit jedem Wort und jeder Bewegung nachzuweisen, daß dieser nur ihr augenblicklicher Geschäftskontrahent ist und sie »so gut« sind wie er, also seinesgleichen.

Um nicht einen Anschein der Dienstfertigkeit aufkommen zu lassen, schlagen die Bediener im Umgang mit ihren Kunden oft einen Ton an, der um mehrere Grade weniger freundlich ist als sonsthin unter Amerikanern üblich. »Verkaufsdamen« (Salesladies) im eleganten Geschäft und Kellner in Luxusrestaurants sprechen Kunden mit salopper Herablassung an: »Was soll's sein, Leute?«, und kaum hat man ihnen geantwortet, dann erklären sie schon ungefragt, was sie selber am liebsten essen oder benutzen – eine Konversation unter Gleichen, die oft scheinbar und fast so oft wirklich in Grobheit, nicht selten in Frechheit ausartet. Ein sozialistischer Minister der deutschen Bundesrepublik erzählte mir selbstzufrieden bei seinem Besuch in Amerika, hier trage er schmutzige Schuhe, weil er es verschmähe, diese, wie die Amerikaner, von Negersklaven putzen zu lassen, die er nicht erniedrigen wolle. Als ich ihn trotzdem dazu überredete und er sich in dem Operationsstuhl niedergelassen hatte, studierte der junge, farbige Schuhputzer die noch vom Staub Europas bedeckten Schuhe kurz, dann fuhr er seinen Patienten an: »Schämen Sie sich eigentlich nicht, Mann, so dreckig herumzuschlampen?« Mehrfach schüttelte er mißbilligend den Kopf, ehe er energisch zu seinem Handwerkszeug griff und trostreich erklärte: »Jetzt brauchen Sie sich aber nicht mehr zu genieren, ich bin ein Spezialist und werde schon fertigbringen, daß Sie halbwegs anständig aussehen.« Der Herr Minister war verlegen und in seiner Würde gekränkt: Der vermeintliche Diener hatte sich als gar zu selbstbewußt und gleichgestellt erwiesen. Abgegriffen zu einem jahrhundertealten Gemeinplatz sind die Witze erstaunter ausländischer Besucher, die ihre nach internationalem Gebrauch nachts vor die Hoteltür gestellten Schuhe dort am nächsten Morgen unberührt und ungeputzt vorfinden, es sei denn, eine »Säuberungsdame« habe sie für Abfall gehalten und weggeworfen. In neuen Motels und vielen Hotels liegt im Zimmer das Schuhputzhandwerkszeug für den Gast bereit, zur Selbstbedienung – falls er es nicht vorzieht, einem stolzen und fähigen Fachmann jenes Handwerks das Säuberungsgeschäft zu übertragen.

Lieber strengen sich Amerikaner mit unbequemer »Selbstbedienung« an, als daß sie das unwürdige Sichbedienenlassen erdulden. Ihr Appetit wird nicht verdorben, wenn sie in der Cafeteria oder dem Automatenrestaurant in langen Reihen stehend warten müssen, bis sie endlich ihr Tablett füllen und zum Tisch balancieren können. Das Selbstbedienungsleben verliert an Grazie und gewinnt an Würde.

Die Idee der gesellschaftlichen Gleichheit durchdrängt das Leben der Amerikaner so sehr, daß sie es oft beherrscht – und Besucher von anderswoher ein wenig erschreckt. Oder sie, wie Lord Bryce, als »die Annehmlichkeit des amerikanischen Lebens« anspricht, bis sie in der Gleichheit »den Reiz Amerikas« entdecken. Man sieht auf einen anderen Amerikaner weder herab, weil er zur Unterklasse gehört, noch zu ihm auf, weil er höher gestellt ist. Als diese Haltung in Amerika zuerst praktiziert wurde, war sie revolutionär; vielleicht ist sie immer noch einzigartig.

So fremd wie Bedienstete ist den Amerikanern deren Gegenstück, eine Aristokratie. Auch sie konnte hier keinen Wachstumsboden finden. »Als Adam grub und Eva spann, wo blieben da Bürger und Edelmann?«, diese Frage des aufsässigen englischen Bauernführers von 1381 hatten die Amerikaner 1776 beantwortet: In ihrem neuen Staat und ihrer Gesellschaft der Gleichen gab es weder Bauern noch Edelmann, hier war jeder ein neuer amerikanischer

Adam und seine Eva: ein Bürger – nicht der mittelalterlich-ständische Stadtbürger *(burgher)*, auch nicht der Bourgeois der industriellen Klassengesellschaft, sondern ein *citizen*, der die gleichen Rechte und den gleichen Rang besaß wie alle anderen Amerikaner.

Eine hochgeborene Standeskaste, wie sie in Monarchien erwuchs, konnte in der Ordnung Amerikas auch seither nicht aufkommen. Aber in manchen Zügen begannen doch jenem Adel die alten Familien Amerikas zu ähneln, die seit dem 18. Jahrhundert und länger im Land gelebt hatten und hier Vermögen, Bildung, Leistung von einer Generation zur andern weitertrugen – die sogenannten Bahminen von Boston, die holländischen Padroons im Hudsontal New Yorks, die ersten Quäker von Pennsylvania, die Plantagenbesitzer von Virginia. Ihre Nachfahren formen fast eine amerikanische Aristokratie, und sie sind sich dessen bewußt. Aber die Funktionen, der Rang, selbst die inoffiziellen Vorrechte einer Aristokratie gehen ihnen völlig ab. In der großen amerikanischen Gesellschaft der Gleichen, die alle Bürger umfaßt und in der es viele Nachbarschaften gibt, stellen sie keine »high society«, nicht »die« Gesellschaft dar. Sie bleiben nur der Nachbarnkreis der ältesten Familien. Unvermeidlicherweise ziemlich exklusiv, provinziell und etwas museal, leben sie abseits von dem Rest der nach vorn blickenden, nach vorn eilenden, gesellige und gesellschaftliche Schranken geringachtenden Amerikaner.

Die amerikanischen Aristokraten kennen keinen »Almanac de Gotha«, kein Äquivalent von *Burke's Peerage:* Solch ein Handbuch brauchen sie nicht, da sie sich sowieso kennen, miteinander verschwägert sind, die gleichen Privatschulen – kaum ein Dutzend, die zählen – besucht haben, zu den gleichen Clubs gehören. Außenstehende hingegen interessieren sich nicht dafür, wer zur Gesellschaft der amerikanischen Aristokratie gehört. »Diese Gesellschaft«, so stellt schon 1898 der gebildete Verfasser des ersten Amerika-Baedekers fest, »wird von neun Zehnteln der Bevölkerung ignoriert, wenn nicht gar verachtet; sie zählt nicht wirklich. Wie ernst diese kleinen Cliquen von New York, Boston und Philadelphia sich auch selber nehmen mögen, vom Rest des Landes werden sie nicht ernst genommen ... Ohne den passenden Hintergrund eines Königs und Adels ist das ganze System lächerlich, es hat keine nationale Basis, es ist vom wirklichen Körper der Demokratie geschieden.«

Heute kennen die Amerikaner den Nachfahren jener »Gesellschaft« gegenüber nicht einmal Ressentiments oder Neid, wie sie in Europa angesichts einstmals höherer Schichten vielfach fortschwelen; in Amerika verbinden sich mit ihren Namen keine ärgerlichen Erinnerungen, ihre Namen selbst besagen der großen Masse nichts mehr.

Bekannt, einflußreich, angesehen werden Urenkel der Männer,

die Amerikas Elite gründeten, nur, wenn sie sich zum Dienst an der Öffentlichkeit stellen; dann müssen sie sich als Gleiche um die Wählergunst bemühen, erstaunlich oft mit Erfolg. Die Familien Saltonstall, Lodge, Cabot, Adams, Howe, Quincy aus Massachusetts, die Byrd von Virginia, die Scranton von Pennsylvania, die Frelinghuysen von New Jersey haben unter sich dem Lande Dutzende Präsidenten, Vizepräsidenten, Senatoren, Gouverneure, Kabinettsmitglieder, Abgeordnete geliefert. Doch genauso häufig wird im egalitären Wahlkampf einer von ihnen durch einen Rivalen besiegt, dessen Name, so heißt es dann in ihrem Club, »noch nie jemand gehört hat« – etwa ein Long, einer obskuren Farmerfamilie aus Louisiana angehörend, die ihrerseits zwei Gouverneure und fünf Volksvertreter nach Washington geschickt hat, oder gar ein Kennedy aus Boston. Einer alten, um das Land verdienten Familie anzugehören ist nicht die Schuld ihres Sprößlings, wie Amerikaner – nicht nur Vorrechten, auch Nachteilen der Geburt abhold – zugeben; aber wenn ein Sprößling sich auf seinen alten Stammbaum beruft, auf die Vergangenheit statt in die Zukunft weisend, wird er als unamerikanisch verworfen.

Wie krampfhaft, künstlich und leer der Versuch ist, eine gesellschaftlich führende »Oberschicht« in Amerika zu etablieren, zeigt das *Social Register;* ein dickes und teures Buch, wird es alljährlich von anonymen Autoren in New York, Boston, Washington, sogar Brooklyn und einigen anderen Städten gesondert veröffentlicht, mit dem Anspruch, alle Mitglieder ihrer örtlichen »guten Gesellschaft« zu verzeichnen. Wer sich gegen deren Kodex verging, wenigstens in der Meinung der selbstherrlichen Herausgeber, wer etwa im Jahr zuvor aus einem Nachtclub geworfen, zu oft geschieden oder einer Mesalliance für schuldig befunden, vielleicht gar durch eine spitze Bemerkung über Society oder »Social Register« selbst bekannt wurde, wird gestrichen. So erneuert und verwandelt sich die alte Gesellschaft mit jedem Jahr. Gekauft und studiert wird dieses Buch manchmal von einigen der darin Aufgeführten, öfter von den Managern eleganter Juwelier- und anderer Spezialgeschäfte, die die Kreditwürdigkeit Schulden machender Kunden und deren eventuellen Reklamewert nachprüfen, endlich und häufig von Parvenüs, um zum Schmuck ihrer Party ein paar akkreditiert feine Namen herauszuklauben; diese »Gesellschaftskletterer«, wie man sie nennt, wirken auf Amerikaner ebenso lächerlich wie verächtlich, weil ihr Bemühen mit dem allgemein erstrebten sozialen Aufstieg zur erfolgreichen Gleichheit so wenig gemein hat.

Ihr Ehrgeiz, am Ende selber im »Social Register« aufgeführt zu werden, erfüllt sich selten; neben Geduld, Gastgeberei im Großbetrieb und einigem guten Geschmack (den die zu diesem Zweck angestellte »Gesellschaftssekretärin« besorgt) brauchen die Kletterer dazu »altes Geld«; ihr Ahnherr, der stolz auf seine Rolle als Selfmademan gewesen war, muß sein Vermögen doch wenigstens zwei Generationen zuvor erworben haben, ehe dessen frischer Glanz die alten Familien nicht mehr stört. Die meisten reichen Amerikaner lächeln über solch ehrgeizige Schrullen ihrer Sozialnachbarn, die niemanden beeindrucken. Die Nachfahren der Mechaniker, die in Detroit Autos bauten, die Sprößlinge der Brauer, die man in Milwaukee Bierbarone nennt, die Enkel der Chicagoer Großschlächter, die sich als neue Renaissancefürsten fühlen, die Abkömmlinge der irischen Kneipwirte und Wahlstimmenhändler von Boston, der deutsch-jüdischen Bankiers und Händler von New York, der Eisenbahn- und Versicherungsgründer in den Finanzzentren – sie alle denken gar nicht daran, sich als neuer Geldadel zum Uradel schlagen zu wollen; sie bleiben lieber unter sich, in ihren eigenen Wohnvierteln und Steuergruppen. Dies wird als ihr Recht hingenommen. Aber wenn sie Gesellschaft spielen und eine Elitestellung beanspruchen wollen, zucken heute alle anderen Amerikaner, ob sie nun neueren oder älteren, reicheren oder ärmeren Familien entstammen, so ärgerlich gelangweilt mit der Schulter wie zu Ende des 19. Jahrhunderts Mrs. Burton Harrison, eine Grande Dame aus einer der vornehmsten New Yorker Familien, der eine junge Neureiche gestand: »Jetzt, da die gute Gesellschaft in New York so groß wird, muß man irgendwo eine Linie ziehen; von nun an werde ich nur noch Leute besuchen und einladen, die mehr als fünf Millionen Dollar besitzen.« Nach jeder Hochkonjunktur seit 1830 waren diese Neureichen emporgeschossen wie Pilze nach dem Regen, und ungefähr bis 1930 wollten sie ebenso schnell wie sichtbar dartun, wie hoch sie über der gemeinen Masse stünden – was diese nicht weniger als die alten aristokratischen Amerikaner irritierte.

Vom ersten Augenblick ihres Auftretens – nach 1830, als das einfache Handwerkszeug der Kolonisten komplexen Maschinen und die ebenso einfachen Gasthäuser am Straßenrand »Palasthotels« zu weichen begannen – stießen ihre Geldadelsaspirationen auf Protest und Widerstand ihrer Mitbürger. Unter Präsident Andrew Jackson, der um 1830 die Herrschaft »des gemeinen Mannes« ausrief, wurde eine erste Probe dieses Kampfes begonnen. Er wurde ernsthafter aufgenommen, nachdem im Bürgerkrieg die südstaatliche Pflanzeraristokratie enteignet worden war und der Reichtum wie die Zahl nordstaatlicher Unternehmer gewaltig anwuchs. In dem »vergoldeten Zeitalter« der amerikanischen Wirtschaftsexpansion formten sie eine »Geldklasse«, die die Gleichheit und Freiheit der Amerikaner des Landes an ein »Kreuz aus Gold« schlagen wollte, wie der Volksmann William Jennings Bryan anklagte. Nicht gegen ihre Wirtschaftsfreiheit erhoben sich die Amerikaner, sondern gegen die Ansprüche einer sozialen Selbsterhöhung jener sogenannten »Mußeklasse« oder »Upper crust«, was nicht nur »die obere Kruste« bedeutet, sondern im amerikanischen Slang auch »obere Frechheit«. Wir ihr Kritiker Thorstein B. Veblen, ein origineller Nationalökonom, der Karl Marx zu amerikanisieren versuchte, behauptete, war ihr Merkmal »die auffällige Verschwendung«. In ihren Schlössern, Stadthäusern, Prunkbauten unterhielten sie die Nation mit ihrem Luxus, ihren Festen, ihren Extravaganzen, die meist nur zu vulgären und noch öfter jämmerlichen Karikaturen eines vergangenen europäischen Feudalismus wurden. Eine Generation lang konnten sie die übrigen Amerikaner teils amüsieren und unterhalten, teils auch anekeln und aufbringen, während sie den Tugenden des alten Amerika und vor allem seiner Gleichheit mit ihrer Lebensform ins Gesicht schlugen, noch schlimmer mit ihren geschäftlichen Praktiken und politischen Machteingriffen. »Die Öffentlichkeit mag der Teufel holen« *(»the public be damned«)*, diese Antwort William H. Vanderbilts an einen Zeitungsreporter etwa 1883 war ihr Motto, genauer gesagt das Motto, gegen das die Mehrheit zu Felde zog.

Präsident Theodore Roosevelt, ein amerikanischer Aristokrat aus alter Familie, trat tätig mit seiner Regierung gegen die Privilegien und Machtmißbräuche jener wirtschaftlichen Oberschicht auf, die er als »Missetäter mit großen Mitteln« diffamierte. Ihre öffentliche Abwertung wurde in den Jahren nach 1933 mit der neuen Ordnung des *New Deal* besiegelt, worüber sich der Liquidator der amerikanischen Oberklasse, Franklin Delano Roosevelt, ebenso schadenfroh wie königlich amüsierte: Er selber gehörte zur echten Aristokratie der holländischen Ursiedler, das Familienvermögen hatten die Vorfahren seiner Frau im Sklavenhandel erworben.

Die letzten neureichen Amerikaner, die mit auffälliger Verschwendung ihre Überlegenheit über die Mehrheit öffentlich zur Schau stellen wollten, wirkten schon als Akteure im Satyrspiel, das in Amerika nicht der Tragödie, sondern der *Success Story* folgt. In den zwanziger Jahren vor der Wirtschaftskrise spielten Gangster und Filmmoguln noch einmal jene Rolle mit grotesker Übertreibung. Neureich auf ihre Art und meist Neueinwanderer oder deren Kinder, unterhielten sie die Mehrheit mit ihren weithin publizierten hundert Anzügen im Garderobenschrank, ihren Riesenautomobilen und Schau-Mätressen, ihren Prunkbeerdigungsfeiern; aber die Mehrheit sah in ihnen Außenseiter, Auswüchse, Augenblickserscheinungen, Ausläufer einer überwundenen Epoche. Heute sind selbst ihre im organisierten Verbrechen und der Filmindustrie tätigen Nachfolger sorgfältig auf die äußeren Formen der Gleichheit mit den normalen Mitbürgern bedacht; in ihren soliden

Vorstadthäusern leben sie wie jene und suchen mit aller Kraft der Aufmerksamkeit der Öffentlichkeit zu entgehen. Manche bezahlen zu diesem Zweck einen Fachmann der Öffentlicheitsarbeit.

Soziale Überlegenheit, Überheblichkeit, Übermacht des amerikanischen Reichtums sind beseitigt, wie eine bösartige und häßliche Geschwulst, so meinen die meisten Amerikaner, während eine kleine Zahl unzeitgemäßerer Betrachter hinter verschlossenen Türen murmeln mag: Wie eine schöne Bergkette, die abgetragen, eingestampft, dem Erdboden gleichgemacht wurde, um langweiliges Flachland zu schaffen.

Schnell und gründlich legt der Reichtum die Paraphernalien seiner Selbstadlung wieder ab. Die großartigen Kunstsammlungen, die die Krösusse J. P. Morgan, Henry Clay Frick, Andrew Mellon und andere Multimillionäre kurz vor und nach der Jahrhundertwende zusammengekauft hatten, stifteten ihre Nachfahren den öffentlichen Museen; sie gehören »dem Volke«. Ihrem Beispiel folgend haben selbst die nach dem Zweiten Weltkrieg reich gewordenen neuen Sammler im Großformat wie der in Lettland geborene »Uraniumkönig« Joseph Hirshhorn oder der kalifornische Konservenmagnat Norton Simon ihre zu Tausenden erworbenen Kunstwerke schon zu Lebzeiten der Öffentlichkeit übereignet. Die Schlösser und Herrensitze mit ihren hundert Zimmern und ihren Parks, durch die private Eisenbahnen gefahren waren, werden nicht mehr von den Erben ihrer stolzen Erbauer bewohnt. Sie sind verkauft oder verschenkt worden (was die Steuerlasten des Stifters verringert). Fährt man jetzt entlang des Hudson oder durch Long Island, so kann man noch viele dieser Herrensitze sehen; aber sie gehören Hochschulen, religiösen Orden, Erholungsheimen. Andere sind niedergerissen, um an ihrer Stelle Hunderten von Suburbia-Häusern Platz zu machen. Aus den Städten sind die Millionärspaläste schon verschwunden, die neuen Wolkenkratzer löschten sie aus. Die großen Vermögen selbst werden in »gemeinnützige Stiftungen« verwandelt, deren Zahl sich in den letzten zwanzig Jahren vervielfacht hat.

Das alles heißt nicht, daß manche Amerikaner nicht erheblich reicher bleiben als die Mehrheit ihrer Mitbürger; aber weder rühmen sie sich ihres Reichtums in der Öffentlichkeit als auffällige Verschwender, noch erheben sie den Anspruch auf eine besondere Macht. Wer einer schwerreichen Familie entstammt, macht möglichst wenig davon her, wenn er Ansehen bei seinen Mitbürgern sucht. Gilt es als nichts besagend, daß seine Familie seit Jahrhunderten im Lande gewohnt hat, so scheint es schon etwas anrüchig, wenn Vorfahren besonders reich geworden waren. Innerhalb der eigenen Mauern mag der Erbe oder neue Selfmademan so aufwendig leben, wie er mag, doch in der Öffentlichkeit tritt er mit einstudierter

Bescheidenheit auf, um zu beweisen, wie sehr er sich den andern gleich fühlt. Weshalb viele Träger großer Vermögen in der Politik auf der liberalen, linken, sozialreformerischen Seite stehen. Ihre Vorbilder reichen von Franklin Delano Roosevelt (alte Familie) mit seinen Helfern und Gutsnachbarn Averell Harriman und Henry Morgenthau (neue Vermögen, zweite Generation) über die Brüder Kennedy und Rockefeller zu vielen weiteren Erben von Seifen-, Automobil-, Makler-, Schwerindustrievermögen.

Bezeichnend ist, daß das sogenannte »Establishment« der Republikanischen Partei, aus Finanziers, Pressemagnaten, Wirtschaftsgrößen und Anwälten der Ostküste bestehend, seit 1940 den linken Parteiflügel bildet; die Republikaner des Mittelwestens, vorwiegend Farmer und Kleinindustrielle, stehen viel weiter rechts. Der angebliche Reaktionär Goldwater, wie zuvor der konservative Senator Robert Taft 1948, wurden als Präsidentschaftskandidaten von den reichen Republikanern aufs schärfste abgelehnt, sie zogen »liberale« Kandidaten vor.

Die meisten Amerikaner können heute nicht einmal mehr einen oder gar mehrere Namen ihrer schwerreichen Mitbürger nennen; als bescheiden sich im Hintergrund haltende Großunternehmer und als Manager von Konzernen, an denen sie selber beteiligt sind, verschwinden auch jene in einer Anonymität, aus der sie sich weder gesellschaftlich noch politisch über andere erheben. Man erinnert sich heute nur jener einstmals neuen Multimillionäre, die vor mehr als einem halben Jahrhundert ihre große Rolle gespielt hatten, mit einer aus schmunzelndem Stolz und verblichenem Ressentiment gemischten Sentimentalität, wie man anderswo einstmals notorischer Raubritter gedenkt.

Selten hört man jetzt in Amerika das stolze Wort, daß die Unternehmer, die Kapitalisten, die wagemutigen Wirtschaftsführer »das Land groß gemacht« haben, was ohne Zweifel der Wahrheit entspricht; heute sieht man nur noch die antisozialen, herrischen und überheblichen Machenschaften der »Kapitalisten«, wie sie deren Triumphe wirklich oft begleitet oder nach sich gezogen hatten. Mißtrauisch werden die Millionäre überwacht, ob sie nicht noch einmal Vorrechte für sich selbst beanspruchen oder durch ihr Verhalten zu demonstrieren suchen: Die große Mehrheit ließe es sich nicht gefallen.

Der Erfolg, zu dem Amerika gemäß der calvinistischen Doktrin als Beweis göttlichen Segens aufgesehen hatte, oder zumindest als Beweis der Intelligenz, Strebsamkeit, weiterer irdischer Tugenden seines Besitzers, erhält nun den Beigeschmack einer Sünde; wer oder wessen Ahnen es weiter gebracht hatten als die anderen, hat gegen die Gleichheitsmoral und damit »die Gemeinschaft« selbst verstoßen und erweckt den Verdacht der Privilegisierung. Nach dem langen Kampf gegen die vom Erfolg geschaffene Ungleichheit ist ein Trauma zurückgeblieben; es drängt die einstige Oberklasse nicht nur, jede Unterscheidung von der Mehrheit überängstlich zu vermeiden; sie will gar noch ein wenig gleicher sein als die große Mehrheit der Gleichen. Dieser umgekehrte Snobismus, der immer nach unten schielt, imponiert Amerikanern mehr als sein aristokratisch tuendes, vornehm getöntes Gegenteil. Er entspricht ihrer Ordnung, in der die Gleichheit am Ende wiederhergestellt wird.

In den siebziger Jahren hat sich in Amerika ein neues Schlag- und Schimpfwort eingebürgert – »Elitismus«. Es wird gegen alle jene geschleudert, die sich auf die Werte einer Elite berufen und diese gegen »die Masse« verteidigen wollen. Ob sie eine soziale, eine bildungsmäßige, eine moralische Wertwelt als überlegen betrachten mögen und sich selber als deren Vorkämpfer, dem »elitistischen« Verdammungsurteil liefern sie sich in gleicher Weise aus. Die Frage wird kaum gestellt, wie eine Elite geformt wurde, ob durch einen wirkkräftigen Ausleseprozeß »die Besten« ausgewählt werden, ohne deren Führung eine gesunde Gesellschaft nicht leben kann; obschon der Anwurf des »Elitismus« in der amerikanischen Rhetorik mehr Gewicht hat als in der amerikanischen Wirklichkeit, deren Eliten nicht zugeben, daß sie es sind, erweist er einen der Irrwege, auf den der Gleichheitskult führen kann.

»Ich glaube«, schrieb Jefferson an Madison, »daß unser Land viele Jahrhunderte lang tugendhaft bleiben wird, solange seine Bürger hauptsächlich in der Landwirtschaft tätig sind; und dies wird der Fall sein, solange es offene, leere Räume irgendwo in Amerika geben wird. Wenn sie aber in großen Städten aufeinandergehäuft sein werden wie in Europa, dann werden die Amerikaner so korrupt werden wie die Europäer.« Dies war die gleichartige Gesellschaft des amerikanischen Beginns, vorwiegend protestantisch, angelsächsisch, agrarisch – nicht etwa Bauern, die es in Amerika nie gab, es sei denn als Schimpfwort, sondern kleine Unternehmer der Scholle; Farm und Firma haben die gleiche Wortwurzel. Doch nicht erst nach Jeffersons optimistisch »vielen Jahrhunderten«, schon nach Jahrzehnten wandelte sich dieses Gleichgewicht; dies war unvermeidlich in einem Land, das den Fortschritt und den unternehmerischen Erfolg ebenso groß schrieb wie die Gleichheit. Seit kurz nach der Gründung der Vereinigten Staaten die Besitzenden das Wahlrecht der Besitzlosen abschaffen wollten, mußten die Amerikaner ihre bürgerliche Gleichheit verteidigen, und zwar an ständig neu entstehenden Fronten.

Wie erkrankte Körperteile trachten sie die von Ungleichheit befallenen Glieder ihrer Gesellschaft, die den ganzen amerikanischen Sozialkörper zu verseuchen drohen, zu kurieren oder zu amputieren. Auch dabei konzentrieren sie sich, wie immer, wenn es um »die Lösung eines Problems« geht, fast nur auf ein einziges Ziel, das ihnen am dringlichsten oder auch nur interessantesten vorkommt. Hatten Amerikaner zuerst hundert Jahre lang einer privilegierten und übermächtigen Oberschicht die Zähne, mit denen sie die Mehrheit bedrohte, zu ziehen oder abzustumpfen unternommen, so trachten sie heute, einer mit weniger Erfolg gesegneten Unterschicht die ihr fehlenden Zähne, wie die Mehrheit sie besitzt, einzusetzen und ihr Wachstum mit tausend Patentmedizinen zu fördern. Denn heute sieht man das Ideal der Gleichheit von dieser Unterschicht so bedroht wie zuvor von der Oberschicht.

Nachdem die Amerikaner die soziale Ungleichheit an den Gipfelpunkten der Gesellschaft abgetragen haben, machen sie sich daran, umgekehrt auf Armut beruhende Ungleichheiten zu beseitigen, indem die Unterschichten auf die höheren Ebenen der Mehrheit erhoben werden. Ganz in Anspruch genommen vom Kampf gegen die Ungleichheit der Erfolgreichsten, hatte sich Amerika zuvor weniger um die Ungleichheit gekümmert, wie sie sich aus dem Mangel an Erfolg ergab. Man hatte erwartet, daß die Besten aus der Unterschicht aus eigener Kraft schnell und tüchtig, die großen Gelegenheiten nutzend, zur Mehrheit aufsteigen würden, was vielen auch gelang; soweit sie aber die Verheißung der Neuen Welt nicht erfüllten und arme Teufel blieben, war dies ihre Schuld, und sie verdienten es nicht besser, so glaubten ihre glücklicheren Mitbürger. Sie halfen jenen mit der amerikanischen Lieblingsbeschäftigung privater Wohltätigkeit, um wie gefallene Mädchen auch gefallene Nachbarn – vom Gnadenstand des materiellen Erfolgs gefallen – nach oben zu ziehen oder wenigstens ihr Elend zu mildern. Not, Schmutz, Zurückgebliebenheit, Laster der Armen, vorab der Neueinwanderer, daneben verarmter Farmer und Arbeiter, galten entweder als kurzfristige Durchgangsstationen ihres individuellen Aufstiegs oder für die dazu Unfähigen als eine Strafe des Himmels, die man durch Almosen im Multimillionenumfang nach Möglichkeit linderte. Erst mit der großen Depression der dreißiger Jahre begann man, sich von dieser Haltung abzukehren: Denn jetzt erfuhren viele Amerikaner, daß höhere Mächte auch ihnen plötzlich den Erfolg rauben und sie zur Not verdammen konnten. »Ich sehe ein Drittel der Nation schlecht behaust, schlecht gekleidet, schlecht ernährt«, erklärte Präsident Franklin Delano Roosevelt – und sah sie nicht als Schuldige, sondern als Opfer der Gesellschaft. Nur noch die Form des freien Wettbewerbs aufrechterhaltend, verkauften die plötzlich verarmten Amerikaner auf der Straße Äpfel – als wollten sie beweisen, daß sie sich nicht in ihre Armut ergeben hätten. Doch dies half ihnen wenig. Damals setzte das staatliche, offizielle Unterfangen an, die Ärmsten der erfolgreichen Mehrheit anzugleichen.

An Stelle freiwilliger Wohltätigkeit einzelner und ihrer Vereinigungen für »würdige Notleidende« trat das amtliche Wohlfahrtswerk für alle Armen, ohne Rücksicht auf ihre Tugenden. Die Geber wurden so anonym wie die Empfänger; die neue Sozialversicherung, manche neuen Gewerkschaften, die Wohlfahrtsbürokratie wirkten zusammen, um ihnen eine stärkere und etwas sicherere Stellung in der Gemeinschaft zu verschaffen. Zum ersten Mal in der amerikanischen Geschichte wurde den Armen ein kollektiver Rechtsanspruch auf soziale Gerechtigkeit zugestanden, wenn auch noch nicht auf soziale und ökonomische Gleichheit. Dafür wurde erst der Boden beackert und der Samen gelegt. Und so blieb es, während unter den Präsidenten Truman und Eisenhower jene sozialen Reformen konsolidiert und verbessert wurden.

Es entbehrt nicht der Ironie und entspricht dem Mechanismus aller Revolutionen, daß die ersten Signale der Gleichheitsrevolution der Unterschicht zuerst in dem von ihr angegriffenen Lager laut wurden, und in einer scheinbar recht unpassenden Umgebung: Zwischen den Inseraten von Parfüms, teuren Whiskys und Brillantbroschen, deren Snob-Appeal einen wesentlichen Reiz der Obermittelklassenzeitschrift »The New Yorker« ausmacht, erschien die lange Besprechung eines zuvor kaum beachteten Buches, in dem der radikale Sozialist Michael Harrington Umfang und Wirkung der – angeblich weitverbreiteten – Armut in Amerika beschrieb. Das in jenem die Urbanität fast zum Fetisch erhebenden Unterhaltungsorgan beleuchtete Thema kam für viele einem neuen Problem gleich, das ihr stets lauerndes schlechtes Gewissen aufrührte und zur Lösung reizte. Kurz zuvor war in der gleichen Zeitschrift eine Artikelfolge des Negerschriftstellers James Baldwin veröffentlicht worden, die, wiederum zum ersten Mal, den Sturmruf der Gleichheitsrevolution der schwarzen Amerikaner bei der weißen Mehrheit erschallen ließ und den Beginn dieser Revolution einleitete. Vom Gleichheitsstreben der amerikanischen Mehrheit getragen, waren Kampf gegen Zurücksetzung der Armen und der Neger im wesentlichen aufs gleiche Ziel gerichtet, da die meisten armen Amerikaner auch schwarze Amerikaner waren.

Als Präsident Kennedy vom neuen Problem der amerikanischen Armut hörte, fragte er, ob dies nicht eine gute politische Planke für ihn abgäbe, was seine Berater bejahten. Ihnen folgend erklärte Präsident Johnson den Krieg gegen die Armut, um gegen sie wie gegen die Negerungleichheit zum ersten Mal mit großem Aufwand an Energie und Mitteln ernsthaft anzugehen. In den Augen und Methoden der Amerikaner wird der Krieg gegen die Armut weniger aus Wohltätigkeitstrieb oder dem Wunsch nach sozialer Gerechtigkeit geführt als in Befolgung des egalitären Gebots: Nicht dem

Nächsten in Not zu helfen, sondern die unterste Gruppe der Mehrheit gleichzumachen ist sein Ziel.

Definitionsgemäß ist nicht mehr arm, wer Hunger leidet, friert, kein dichtes Dach über dem Kopf und kein ordentliches Bett im Haus hat oder auch nicht die Schuhe, um darin zur Schule zu gehen, sondern eine statistisch errechnete Gruppe, die weniger verdient und besitzt als »der Durchschnitt«. Nach der Feststellung, daß der Durchschnitt amerikanischen Familieneinkommens bei den letzten Erhebungen 6882 Dollar betrug, die eine Hälfte der Bevölkerung also mehr, die andere Hälfte weniger als diese Summe im Jahr verdiente, wurde mechanisch die untere Hälfte dieser unteren Hälfte zu der Schicht der Armen erklärt: acht Millionen Familien mit einem Jahreseinkommen von 3000 Dollar oder weniger, insgesamt 14,4 Prozent der weißen Bevölkerung und 36 Prozent der farbigen Bevölkerung. Würde sich plötzlich das Gesamteinkommen aller Amerikaner verdoppeln, dann wären die Armen von morgen genauso gut gestellt wie heute die Normalfamilie, aber trotzdem würden sie noch als arm gelten.

Zwischen 1965 und 1975 verringerte sich die Zahl der offiziell als Arme registrierten Amerikaner um 30 Prozent, aber wenn zu deren Einkommen die ihnen zusätzlich zukommenden Sozialrenten, direkte Wohlfahrtsunterstützung, »Medicaid« (Krankenkassenleistungen für Unbemittelte), Nahrungsmittelfreikarten addiert werden, verringerte sie sich immerhin um 60 Prozent. Von 9,5 Millionen armen Familien im Jahre 1965 war deren Zahl 1975 auf 5,4 Millionen – oder 6,9 Prozent aller amerikanischen Familien – gesunken.

Gemeinsam haben diese armen Amerikaner nur ihre ökonomische Ungleichheit im Vergleich mit der Mehrheit. Die verschiedensten Schichten werden ihnen zugerechnet – viele, obschon nicht alle Neger mit ihrer »Subkultur« der Elendsviertel, unfähig und unwillig, durch ständige Arbeit ihre Lage zu verbessern, ferner die vorübergehenden oder dauernden Opfer wirtschaftlich-technischer Strukturwandlungen, wie sie der Fortschritt mit sich bringt – frühere Arbeiter in geschlossenen Fabriken Neu-Englands und Kohlenbergwerken von Appalachien oder in mechanisierten Agrarbetrieben der Südstaaten; weiterhin kranke und (oder) alte Leute, das eigentliche Proletariat der Altersklassengesellschaft Amerikas; endlich jene von dem Machtspruch der Statistiker und dem Zufall des Durchschnitts zu Armen ernannten Amerikaner, die selber gar nichts anderes sein wollen, weil ihre Bedürfnisse befriedigt werden und eine andere Lebensform ihnen mißfällt; zu ihnen gehören beispielsweise Bergbauern von West Virginia, die sich mit Händen und Füßen gegen eine Umsiedlung in Industriestädte wehren, wie die Armutskrieger es verlangen, weil dort ihr Einkommen so hoch steigen würde wie das der Mehrheit. Suchte man die Ursachen der Armut einzelner Amerikaner, so fände man bald unverschuldetes, bald selbstverschuldetes Unglück, Belastung durch Elternhaus und Nachbarschaft, schlechte Schulung, verkümmerte Initiative, geringere Begabung, beabsichtigte Bescheidung, lebenslänglichen Mißerfolg und hundert andere Gründe, für die der einzelne oft, vielleicht zumeist nicht verantwortlich gemacht werden kann, was keine Behörde, auch kein Nachbar, oft nicht einmal der Arme selbst zu entscheiden vermag.

Die öffentliche Wohlfahrtsbürokratie sorgt dafür, daß diese Amerikaner in ihrer überwiegenden Mehrheit vor Hunger, Kälte, Krankheit geschützt werden. Sie haben ein Dach über dem Kopf, wenn auch in Landarbeiterhütten von Mississippi und einigen, vorab New Yorker Elendsquartieren oft traurige, kaum menschenwürdige Behausungen; die europäischen Einwanderer um die Jahrhundertwende hatten in ähnlichen Wohnungen gelebt, ehe sie sich aus eigener Kraft emporarbeiteten. Moderne Arme besitzen allerlei Annehmlichkeiten, die jenen noch fremd waren: Wassertoiletten, elektrische Eisschränke, Rundfunk- und Fernsehgerät. Ihre Kleidung ist billig, aber oft der letzten Mode gemäß.

Indem die »Armut« nicht mehr als Schuld oder Unglück oder Durchgangsstation des einzelnen angesehen wird, sondern als Versagen der ganzen Gesellschaft in ihrem Gleichheitsexperiment, verliert sie ihre soziale Mindergeltung. Dies wurde bewiesen, als im »Krieg gegen die Armut« unter Präsident Johnson den »Armen« das Recht zugestanden wurde, sich selbst an der Planung und Verwaltung des Programms ihres Aufstiegs zur künftigen Gleichheit zu beteiligen; in einzelnen Fällen wurden diese ihnen völlig selbst überlassen. Sie selber, so hieß es, wüßten am besten, was sie zu jenem Ziel brauchten und erhalten müßten; auch verstoße es gegen ihre Gleichheit, wenn sie von anderen, von Sozialpflegern und Wohlfahrtsspezialisten abhängig wären; diese dürften ihnen nur die Mittel liefern, die sie selber anforderten und einsetzten. Verteidiger der alten Ordnung wandten ein, den Armen diese Rolle einzuräumen sei etwa so zweckmäßig, wie wenn man Kranken ihre eigene medizinische Betreuung und Krankenhausverwaltung, Schulkindern den Unterrichtsbetrieb, Häftlingen die Bewachung und Leitung ihrer Gefängnisse übertrage. In der Praxis erwies sich nach der Übergabe des Kommandos im Krieg gegen die Armut an die Armen, daß einige von ihnen als neue Kommandeure bald so gut bezahlt und je nachdem so ehrlich, tüchtig oder nur demagogisch wirkten wie ihre bisherigen Sachwalter aus der Mehrheitsschicht. Nicht selten fanden auch politische Machtjäger oder Korruptionspolitiker aus jener Mehrheitsschicht die lockende Gelegenheit, durch ihre Identifizierung mit der Sache der Armen selbst zu profitieren.

Bei alledem steigt die gesellschaftliche Geltung der Unterschicht ebenso, wie die der Oberschicht schon verringert ist. Man pflegt nicht mehr nur die Gleichheit des Bankiers und des Tunichtguts vor Gott anzuerkennen, wie es die judeo-christliche Religion lehrt; auch nicht mehr nur die Gleichheit ihrer Stimmen in der Wahlzelle und ihres Rechts vor dem Gesetz, wie die Verfassung es verlangt, auch nicht mehr nur die gleiche Chance ihrer Kinder, sich je nach ihrer Begabung im Leben zu bewähren, wie es sich nach dem amerikanischen Sozialethos gebührt; man gesteht ihnen den gleichen Rang, die gleichen Ansprüche, die gleichen Lebensformen wie allen anderen Amerikanern als ihr Recht zu, wie es die neuangewandte Doktrin der Egalität proklamiert. An Stelle des ethnischen Schmelztiegels, der versagt hatte, wird ein neuer Schmelztiegel aufgebaut, um darin die wirtschaftlichen und gesellschaftlichen Verschiedenheiten der Amerikaner aufzulösen und sie alle gleichzumachen.

So wenigstens dachte und plante man in den sechziger Jahren unseres Jahrhunderts, als Präsident Kennedys Verheißung der »Neuen Grenze« und dann Präsident Johnsons Prophezeiung der »Großen Gesellschaft« eine Unzahl ebenso kostspieliger wie weitgreifender öffentlicher Projekte gebaren – alle mit dem Ziel, möglichst über Nacht mit staatlichen Mitteln die in Einkommen und Schulung unteren Schichten zu wohlhabenden, konkurrenzfähigen Mitgliedern der Mittelklasse zu erheben. Den Programmen war der gewünschte Erfolg versagt, was in den folgenden acht Jahren den beiden republikanischen Präsidenten zur Last gelegt wurde, obschon der Mißerfolg in einer Vielzahl immanenter Umstände begründet und unvermeidlich war. Als dann mit Jimmy Carter wieder ein demokratischer Präsident ins Weiße Haus einzog, gaben die gesellschaftspolitischen Ingenieure und Reformer plötzlich zu, daß sie aus jenen alten Erfahrungen gelernt hätten, der schnellen und völligen Wandlung durch Gesetze, Geld und guten Willen seien doch gewisse Grenzen gesteckt, die es einzuhalten gelte. Aber das alte Ziel blieb – mit neuen Methoden und Terminkalendern – doch weiterhin in Geltung.

Wenn Demoskopen die Amerikaner fragen, welcher Gesellschaftsschicht sie sich zurechnen, dann antwortet die überwiegende Mehrheit: zur Mittelschicht. So erklärten auch alle Befragten, die nach objektiven Merkmalen zur Oberschicht oder Unterschicht, zu den Reichen oder Armen, zur Arbeiterschaft oder Unternehmerschaft gezählt werden müßten. Ginge es nach ihrer Auskunft und Ansicht, so bestünde ganz Amerika fast nur aus einer einzigen Mittelklasse und würde damit zu einer klassenlosen Gesellschaft.

In ihrem Lebensstil trachten sie wirklich alle, sich jenem kleinen

Kern anzugleichen, der den Idealtyp des *americain moyen* abgibt und dessen Bild scharf umrissen vor den Augen aller Amerikaner steht. Weder reich noch arm, hatte er etwa im Jahre 1976 ein Einkommen zwischen achttausend und zwanzigtausend Dollar im Jahr; er besitzt sein eigenes Haus mit mehreren Schlafzimmern, ein Auto und oft zwei, die wichtigeren technischen Haushaltsmaschinen vom Geschirrwäscher bis zur Ölheizung, zahllose technische *gadgets* vom elektrischen Dosenöffner bis zur automatischen Filmkamera, die sich alljährlich, vorab am Weihnachtsfest, vervielfachen; er gehört mehr als einer Vereinigung geselliger, wohltätiger, ethnischer, beruflicher Art an, besitzt eine oder mehr Versicherungspolicen, hat aber auch Schulden bei einer oder mehr Banken, mit denen er größere Anschaffungen finanziert, die er aus späteren Einkünften zurückzahlen will. Vor allem hat er (oder haben ihn) zwei bis drei Kinder, die die Mittelschule besuchen (wie zwei Drittel aller heutigen Jugendlichen), wahrscheinlich auch ein College (wie heute nahezu die Hälfte jener Altersklasse); er arbeitet elf Monate im Jahr, der zwölfte gehört dem Urlaub, der im Land verbracht wird, häufig im eigenen Landhäuschen. Einmal ist er mit seiner Familie durch Amerika bis zur Küste gefahren, jetzt erholt er sich in der Nähe seines Wohnorts, wo er, von einer Vergnügungsfahrt ins Ausland träumend, mit Kameraden oder mit seiner Familie fischt, jagt, Auto fährt, schwimmt und Whisky trinkt. Er glaubt an den goldenen Mittelweg, ist Extremen abhold und will sich nicht von seinen Nachbarn unterscheiden, weder gar zu weit vor ihnen voraus, noch auch nur einen Schritt hinter ihnen her.

Die große Mehrheit der Amerikaner, auch der armen, auch der reichen Amerikaner, lebt nicht viel anders. Kaum wahrnehmbar sind die Unterschiede im Leben der Besitzklassen, wie sie vor fünfzig Jahren noch so auffällig ins Auge gesprungen waren. Damals hatte der Journalist-Poet Franklin Pierce Adams geschrieben:

»The rich man has his motor car,
His country and his town estate.
He smokes a fifty cent cigar,
And jeers at Fate –.«

»Der Reiche hat sein Automobil,
Sein Landgut und sein Stadthaus.
Er raucht eine Fünfzig-Cent-Zigarre
Und lacht das Schicksal aus.«

Keine einzige Zeile stimmt mehr. Natürlich hat heute jeder Amerikaner sein Automobil, aber der Reiche kein Stadthaus mehr; wie andere Amerikaner wohnt er in Suburbia oder in großstädtischen Apartmenthäusern; nur der Eingeweihte kann sagen, ob die turmhohen, ihre Mieter in engen Waben aufstapelnden Massengebäude für »Luxus«, »Mitteleinkommen« oder »niedriges Einkommen« vorgesehen sind, so ähnlich wirken sie in ihrer Bauweise. Ihre Bewohner bedrücken die gleichen Ärgernisse: Luftverschmutzung, Bazillen und Viren, Gefährdung durch Gewaltverbrechen. Nicht nur die vermögende Minderheit entflieht in den Sommerferien und am Wochenende in das eigene Haus auf dem Lande, das, ob es einen einzigen primitiven Raum oder zwanzig Zimmer enthält, Hütte genannt wird, Bungalow, Versteck. Reicher Mann, armer Mann, kurz: jedermann pflegt Zigaretten gleichen Preises zu rauchen, und wer ungewöhnlich teuren Tabak konsumiert, macht sich verdächtig.

Früher hatte die Frau des Millionärs Seidenkleider getragen, die Durchschnittsbürgerin ihr hausgeschneidertes Baumwollkleid oder billiges Fähnchen, die Arme war verlumpt. Heute kann nur ein Fachmann an Schnitt und Material erkennen, wer eine billige Kopie, wer das teure Originalmodell trägt. Und es bleibt verborgen, daß die weniger begüterte Amerikanerin nur drei, die wohlhabende hingegen dreißig Kleider in ihrem Schrank hängen hat. Mit auffällig kostspieligen Kleidern oder Autos verraten meist Angehörige von Unterschichten, daß sie gerade den ersten Schritt zur Mittelklasse getan haben, ohne noch ganz bei ihr angekommen zu sein – besonders oft auf dem Weg aus den ethnischen oder farbigen Ghettos. Ein anderes, gleichfalls neues Unterscheidungsmerkmal: War einst in der Volksvorstellung (und heute noch in der kommunistischen Propaganda) der reiche Mann dick, der arme Mann mager, so findet sich heute Fettleibigkeit unvergleichlich häufiger bei den Armen; weniger eitel und gesundheitsbedacht, essen sie nach Herzenslust, und ihre Nahrung ist nicht so sorgfältig nach dem Kaloriengehalt ausgesucht. Und leiden die Armen nicht mehr an Hunger, Kälte, unbehandelten Krankheiten, so immer noch mehr als andere Schichten unter der sommerlichen Hitze, da ihr Wohnraum enger und noch nicht von Klimaanlagen gesegnet ist. Doch die Gemeinsamkeiten überwiegen, die Gleichheit ist sichtbarer und eindringlicher.

Arme, Reiche und Mittelklassen begegnen sich an hundert Stellen von gleich zu gleich: In manchen Zügen der New Yorker Untergrundbahn, wo Wallstreet-Millionäre, unwillig, im Auto auf den verstopften Straßen Zeit zu verlieren, und ihre Botenjungen nebeneinandersitzen und sich gegenseitig über die Schulter in ihre Zeitungen sehen, am Straßenrand, wo »Damen der Gesellschaft« und »Putzdamen« auf die seltenen Taxen warten, bis der Fahrer dann je nach Laune und Geschmack die eine oder die andere einsteigen läßt; auf den Zuschauertribünen des Baseballspiels, wo Amerikaner jeden Einkommens, jeder Bildungsschicht, jeder Herkunft zusammengewürfelt ihrem Team zujubeln – zu gleichen Eintrittspreisen; in den Imbißstätten, wo Millionär und Wohlfahrtsempfänger Seite an Seite stehend ihre »Frankfurter« (Würstchen) herunterschlingen und sich das Senfglas reichen; auf der Landstraße, wo die letzten Klassenmerkmale zwischen den Autos und ihren Insassen überfahren werden.

Aber während die Amerikaner die Gleichheit der Ungleichheit erzwingen, bemühen sie sich mit endloser Energie, eine Ungleichheit der Gleichen zu schaffen und vor allem sichtbar zu machen.

In der unübersehbar weiten Gemeinschaft der Gleichen sucht der einzelne Amerikaner seine soziale Nachbarschaft; auch vor der sozialen Einsamkeit hat er panische Angst. So fast selbstverständlich die Zugehörigkeit zur Mittelklasse ist, so wichtig, anstrengend, befriedigend für den einzelnen Amerikaner ist seine erwiesene Zugehörigkeit zum engeren Kreis innerhalb dieser Klasse, die die Soziologen die »Peer Group« nennen, sozusagen die ganz und gar Gleichen.

Tocqueville hatte dies 1835 schon scharf beobachtet: »Die Amerikaner, die sich so bereitwillig in ihren politischen Versammlungen und Gerichtshöfen vermengen, neigen dazu, sich sorgsam in kleine, deutlich bestimmte Kreise aufzuspalten, um in diesen ihr Privatleben zu genießen. Jeder von ihnen erkennt bereitwillig alle seine Mitbürger als seinesgleichen an, aber wünscht nur eine sehr begrenzte Zahl von diesen als seine Freunde oder Gäste zu empfangen. Dies scheint mir durchaus natürlich«, fügte Tocqueville hinzu: »In dem Maße, in dem der Kreis der öffentlichen Gesellschaft erweitert wird, mag erwartet werden, daß die Sphäre privaten Verkehrs zusammengezogen wird; fern davon, zu vermuten, daß die Mitglieder der modernen Gesellschaft am Ende gemeinsam leben werden, fürchte ich, daß sie zuletzt nur noch kleine Cliquen bilden werden.« Man wundert sich fast, daß der geniale Prognostiker nicht auch die Entwicklung vom Saloon zur Cocktailparty voraussah, die seine These illustriert.

Neuerer Provenienz sind Name, Funktion, Umfang der stolz und öffentlich zur Schau getragenen Abzeichen der Zugehörigkeit zum jeweilig engeren Kreis, die »Statussymbole«. In einem Amerika, aus dem die alten Merkmale des Besitzers weitgehend gelöscht sind, müssen sie als neue Merkmale künstlich geschaffen werden, um (wie das Oxford-Dictionary »Status« definiert) »die eigene Beziehung zu anderen«, »die relative Wichtigkeit« des einzelnen zu demonstrieren. Sie wechseln nicht nur von Gruppe zu Gruppe, sondern auch von Zeit zu Zeit, deren Abstände ungemein kurz sind. Indem der einzelne Amerikaner sich diesem Wechsel fügt, beweist er, daß er bereitwillig und erfolgreich »mit den Johnsons« Schritt hält; er bleibt nicht hinter den Nachbarn zurück, zollt wie diese dem Neuen seinen Tribut, mag ihnen dabei sogar einen Schritt voraus sein, keinesfalls aber mehr. So erweist er den amerikanischen Geboten des Fortschritts und der Gleichheit mit einem Schlag tätig seine Reverenz.

Die Kenntnis der Statussymbole ist eine Wissenschaft geworden, in der Oberkellner und Soziologen miteinander wetteifern. Die Oberkellner, die auf Grund jener Kenntnis ihre Trinkgelder vorausberechnen können – und Trinkgelder sind ihrerseits ebenso wichtige Statussymbole der Geber wie der Empfänger –, sind allerdings den Soziologen überlegen: Angesichts des ständigen Wechsels entdecken, tabellieren, analysieren die Soziologen Statussymbole oft erst dann, wenn sie schon keine mehr sind.

Alles dient dem Amerikaner als Statussymbol, das die Funktionen einer Visitenkarte und einer Mitgliedskarte im Club der Nachbarn zugleich erfüllt: Die Lage seines Hauses oder seiner Wohnung, die »Adresse«, ihr Preis, die Zahl der Schlafzimmer, Badezimmer, Garagen, die technischen Neuerungen und Erfindungen in der Küche, der Garten, das Fernseh- oder HiFi-Gerät, Größe und Form des Schwimmpools – ein Blick auf sie genügt, um den sozialen Standort der Bewohner genau einzuschätzen, was bald zur Gewohnheit wird. Der gleichen Aufgabe dient sein zweites, das bewegliche Haus, also sein Auto; dessen Marke, Stil, Alter, Größe sind Merkmale ihres Besitzers, bis es als Gebrauchtwagen an etwas weniger vermögende Mitbürger übergeht, um auch ihnen als Statussymbol zu dienen. Da sich die Mehrzahl der Amerikaner im großen ganzen in Einkommen und Weltansicht so sehr ähnelt, müssen die Unterschiede ihrer nachbarschaftlichen Statussymbole oft künstlich geschaffen werden, damit ein Auto, ein Whisky, eine Zigarette sich von anderen Autos, Whiskys, Zigaretten abhebe – der Industrie und Werbetechnik öffnet dies ein weites Feld. (Manche Kritiker verwechseln Wirkung und Ursache und beschuldigen die Hersteller, Verkäufer, Reklamekünstler, die scheinbar neuartigen und scheinbar verschiedenen Waren dem Konsumenten aufzuschwatzen, während sie doch nur im harten Wettbewerbskampf deren Bedürfnisse befriedigen.)

Immer mehr verlieren diese materiellen Statussymbole an Gewicht neben den neueren kulturellen; sie bestätigen nicht das Eigentum und Einkommen ihres Trägers und seines Kreises, sondern deren *sophistication* – die Verfeinerung der Bildung, des Geschmacks, der Meinung, der Lebensform. Ob ein Amerikaner der Umwelt die Solidität seines Bankkredits oder die *sophistication* seines Bildungsgrades unter die Nase reibt, ist schon sein Statussymbol der Zugehörigkeit zu einer altmodischen, konservativen, vormals sozial unteren Schicht oder zu einer modernen, fortschrittlichen Gruppe. Beide dünken sich selber der anderen Art von Amerikanern turmhoch überlegen; wenn sie aufeinander herabschauen, bringen sie nicht viel Toleranz füreinander auf. Die »althergebrachten, amerikanischen Amerikaner« verachten die »Eierköpfe, Beatniks und Kulturgeier« nicht minder als diese »zivilisierten Amerikaner« jene »Primitiven, Neandertaler, Bauern«. Man sieht: Die Schimpfworte für die anderen gelingen ihnen besser als die Selbstbeschreibung. Die Statussymbole der anderen erwekken bei ihnen sofortige Ressentiments; sie finden keine gemeinsame Sprache. (Mehr über »sophistication« vgl. Kap. 15)

Der gelernte Statussymbol-Benutzer, und das sind die meisten Amerikaner, läßt keinen Zweifel, ob er dieser oder jener Gattung angehört. Die Zeitschriften, die er liest (oder abonniert hat), die Bücher, die er kennt (oder auf dem Kaffeetisch dekorativ auslegt, als sei er gerade bei ihrer Lektüre unterbrochen worden), die Fernsehprogramme und Filme, die er kürzlich sah; die Bilder an seiner Wand, die Schule seiner Kinder, die Ferienreiseziele seiner Familie, die Speisen und Getränke, vor allem wenn er Gäste hat, seine Ansichten zum letzten Skandal, Wahlkampf, »Problem« – er pflegt und trägt sie wie Menschen des Mittelalters das Kostüm ihres Standes. Im Gegensatz zu diesen wechseln die Statussymbole jedes Jahr; das oberste Statussymbol ist die rechtzeitige, richtige Auswechslung der Statussymbole von gestern.

Den Ton setzt die Gesellschaft der Suburbia, die der Gleichheit wie dem Fortschritt und Aufstieg am radikalsten verschworen ist. Gegründet und besiedelt von den jungen, kinderreichen Familien, die bei der nächsten Beförderung in eine bessere, teurere Vorstadt mit leicht veränderten Statussymbolen umziehen, herrscht hier die Gleichheit in einer Diktatur, der sich alle freudig fügen; Eigenbrötler haben darin keinen Platz und suchen ihn auch selten.

In einer Suburbia-Siedlung empörten sich die Nachbarn, weil einer von ihnen neben sein Haus einen abgetakelten Güterwagen in seinen Garten gestellt und als Werkzeugschuppen eingerichtet hatte; er schände damit die hübsch ordentliche Nachbarschaft, weshalb sein Güterwagen oder er selber den Platz verlassen müßte. Ein paar Monate später wurde in einer anderen, materiell etwa gleichgestellten Suburbia-Siedlung ein Nachbar von der Gemeinschaft öffentlich wegen seines originellen Beitrags zur Kunst der Dekoration geehrt – er hatte einen Güterwagen in seinen Garten gestellt.

Der Amerikaner, dessen Geschmack und Stil in der Suburbia gar zu ungleich und deshalb untragbar wirken, findet sich anderswo mit seinesgleichen zusammen: In seiner neuen Nachbarschaft gelten dann alle die Gewohnheiten, die in der Suburbia als zu puritanisch-altmodisch oder umgekehrt als zu individualistisch-sittenlos abgelehnt werden, als modische Statussymbole. Der fashionable New Yorker Damenfriseur, der öffentlich erklärte, daß er Kundinnen mit Handtaschen aus Plastik prinzipiell nicht bediene, schließt damit die Mehrheit der Amerikanerinnen aus, hingegen nicht die Nachbarinnen der Park Avenue. Ihre Ehemänner betrachten ein buntgemustertes Sporthemd als Kriegsbemalung eines anderen Stammes, während es in der Suburbia comme il faut bleibt.

Nur äußerlich und scheinbar sind die Statussymbole Kastenzeichen; wie seinen Kreis, kann ja auch sie ihre Träger aus freiem Willen selber wählen; wenn er es wünscht, vertauscht er sie mit den Symbolen einer anderen Gruppe. Der bürgerliche »s.nob« *(sine nobilitate)*, der sich wie ein Edelmann gehabt, also in eine ihm fremde, ferne Sozialnachbarschaft eindringen will, wird in Amerika nicht als »Snob« verächtlich registriert, sondern ohne Zögern in seiner neuen Rolle anerkannt, wenn er sie nur richtig spielt.

Treu und gehorsam die Statussymbole ihrer Gruppe pflegend, suchen die einzelnen selbst diesen noch ihre »individuelle Note« aufzudrücken. Man fahre etwa um die Weihnachtszeit durch das Land, die Vorstädte, die Großstädte Amerikas. Nachts sieht man aus einigem Abstand überall nur die gleichen Massen bunter Glühbirnen. Kommt man ihnen näher, so entdeckt man, daß in jedem Haus und in jeder Wohnung energisch und einfallsreich die Lichter nach eigenem Muster zusammengestellt worden sind; noch verschiedener erscheinen Baumschmuck, Kränze, Weihnachtsmänner, Figuren, Renntiere, Engel, Riesenkerzen in den Fenstern oder vor der Tür. Oft und gern lassen die Beleuchtungsingenieure die einzelnen Glühbirnen in nervösem Rhythmus an- und wieder ausgehen – nicht gerade eine Augenweide, aber ein Blickfang und ein Symbol der dauernden Verwandlung und Ruhelosigkeit, die man hochschätzt.

Buchstäblich wenden alle diese Dekorationen sich an die Nachbarn, die dann ihrerseits gar nicht genug darüber reden können, wer dieses Jahr eine schöne, wer eine schäbige Schaustellung produziert hat – das ganze Prunkwerk ist ja nicht innerhalb der eigenen Mauern, sondern für die anderen aufgebaut, an einer Stelle, wo es jedem Nachbarn sichtbar wird. Sie alle ehren ihre Gemeinschaft: Nach ihrer Regel muß im Bund mit den Nachbarn das eigene Heim nach außen hin erstrahlen, im Wettbewerb mit den anderen leistet man seinen »Beitrag« und beweist, daß man zu dem nachbarlichen Kreis gehört, in den Elendskasernen der Ghettos nicht anders als in eleganten Landhäusern. Ohne die individuelle Note wäre das Statussymbol keines. Genauso die Weihnachtskarte, die, zu Hunderten ausgeschickt, den sozialen Standort, Bildungsgrad, Wohlstand, Nachbargeist des Absenders bestätigen muß: Ihr Muster, ihr vorgedruckter Text, ihre Preislage zeigen, daß dieser an Geschmack und Umständen seiner Gruppe gleichkommt; zugleich sollen sie seine persönliche, originelle Eigenart demonstrieren. Die Spielregel verlangt, daß der Absender ebenso viele Weihnachtskarten erhält, die er dann stolz auf seinem Kamin zur Schau stellt, ein Beleg seiner »Popularität«.

Selbst die Geschenke – wie viele andere Waren – enthalten ihre eigenen Statussymbole, weshalb sie so ansprechend, aufwendig, originell verpackt werden, daß die Verpackung oft wichtiger scheint als ihr Inhalt. Die neuartige Verpackung – Behälter, Kartons, Dosen, möglichst bunte und riesige Schachteln, Einwickelpapier, Dekorationen an diesen, von Großindustrien hergestellt und sorgsam weggeworfen, sobald sie in die Hände des Empfängers kommen – ist »for show«, wie Amerikaner sagen, eine Demonstration ohne praktischen Wert und bewußt verschwenderisch: Sie gibt einem Gegenstand seinen Rang und damit seinem Käufer oder Empfänger.

Das Statussymbol mit seinem steten Wechsel ist aus der amerikanischen Ordnung des Fortschritts und der Gleichheit geboren. Weil jede achtbare Gruppe sich in ihrem materiellen und kulturellen Niveau immerwährend erhöht, muß jedes ihrer Mitglieder beständig seinerseits Fortschritte machen und nach außen hin anzeigen. Erfolgreich zu sein heißt, den Nachbarn gleichzubleiben.

Der Amerikaner verhält sich sein Leben lang, als bewege er sich auf einer Rolltreppe – einer 1904 in Amerika erfundenen Neuerung: Während sie sich bewegt und ihn zum nächsten Ziel führt, eilt er zusätzlich – wie alle anderen Benutzer – aus eigener Kraft über ihre Stufen. So bleibt er in seiner Gruppe. Er kommt schneller voran, indem er ihr automatisches Tempo mit seiner Energie kombiniert. In den Warenhäusern und Untergrundbahnen Amerikas führen die Rolltreppen nur nach oben: Aufstieg wird in der Gruppe vollzogen, Abstieg hingegen bloß individuell – für ihn gibt es keine Statussymbole.

Junge Leute im College pflegen naserümpfend Ermahnungen zu Fleiß und Strebsamkeit beiseite zu schieben: Es komme ja doch nur darauf an, daß man die richtigen Leute kenne und in den rechten Kreisen, wie das idiomatische Wort es bezeichnet, »reise«, im großen ganzen auf der Einbahnstraße vorwärts und aufwärts. Die in Europa so häufige Gestalt des Mannes, der in besseren Verhältnissen geboren wurde und verarmt ist, fehlt als Typ in Amerika. Eine momentane Massenerscheinung nach den früheren großen Wirtschaftsdepressionen, verschwindet sie nach dem Ausnahmezustand bald wieder, und die Leute, in deren Nachruf es heißt, sie hätten »während ihres Lebens mehrere Vermögen erworben und wieder verloren«, sind fast stets im Wohlstand gestorben. Das alte amerikanische Axiom, »innerhalb von drei Generationen von

Hemdsärmeln zu Hemdsärmeln«, trifft nur noch zu, wenn die Enkel der einstmals neuen Reichen deren Statussymbole satt haben und sich wieder volkstümlich gebärden, was sie mit ihren inzwischen noch erheblich angewachsenen Bankkonten unschwer bewerkstelligen können.

Ein Sozialkritiker hat beobachtet, daß beim Sonntagsnachmittagspaziergang im New Yorker Central Park, an den die elegantesten Viertel der Park Avenue und Fifth Avenue ebenso wie die Elendsviertel von Harlem grenzen, die junge »Oberklasse« daran zu erkennen ist, daß sie schlampig bohemehaft, die Männer ohne Schlips und in alten Sportjacken, die Frauen in einfachen Slacks, angetan ist; wer feiertäglich gekleidet ist, gehört zur Mittelklasse und, falls auffällig elegant, zu den Armen. Dementsprechend erhalten die Verkäuferinnen des teuersten Damenkaufhauses eine geheime, aber strenge Anweisung, zu schäbig gekleideten Kundinnen besonders freundlich zu sein; denn man dürfe annehmen, diese seien reiche und feine Damen. Ein mir bekanntes Künstler-Ehepaar, ebenso reich wie radikal, kaufte ein verfallenes Haus in einem Slumviertel, um durch Zufall zu entdecken, daß darin schon der Großvater des neuen Bewohners als bettelarmer Einwanderer bei Beginn seiner amerikanischen Karriere gewohnt hatte. Bald hatte sich dieser es leisten können, in bessere Viertel zu ziehen, dann in ein selbsterbautes, elegantes Stadthaus, in dem auch seine Kinder aufwuchsen, ehe sie aufs Land zogen. Scheinbar war mit dem sorgfältig arrangierten Abstieg des Enkels der Kreis wieder geschlossen, aber eben nur scheinbar.

In den teuersten Vororten gehört es oft zum guten Ton, daß die jungen Söhne sich einiges Taschengeld selbst verdienen, besonders als Zeitungsausträger in der Nachbarschaft; wenn der Junge krank wird oder verschläft, ist es nicht unüblich, daß ihn der Vater im teuren Sportwagen bei jener Arbeit vertritt. Ein liebenswürdiges Ritual der egalitären Demokratie läßt den Nachwuchs noch die Gestik des Aufstiegs vollziehen.

Dem Durchschnittsamerikaner fällt es nicht schwer, die soziale Gleichheit zu definieren. Ihm erscheint sie als der Zustand, in dem, wie er es nennt, »niemand herumgeschubst wird« (*»to be pushed around«*).

Das gängige Wortbild kommt einem politischen Programm gleich und hat schon als solches gedient: Während Amerikaner Besitz hochschätzen, hassen sie Privilegien. Vorrechte entstehen aus Ungleichheit und führen zur Übermacht, die nur mißbraucht werden kann. Ihr Gebot der Gleichheit gilt für den einzelnen wie für die einzelnen Gruppierungen der nationalen Gemeinschaft. Welche Sicherungen, welche Reformen, welche Eingriffe jeweils notwendig sind, darüber streiten die Interessengruppen, bis die neueste Drohung dauernder Ungleichheit zurückgeschlagen ist – der Kampf mag lange dauern.

Er erinnert an den Kampf eines Gärtners gegen das Unkraut, das, kaum hat er es gejätet, an einer anderen Stelle aufschießt: Diesen Preis zahlt er für die Fruchtbarkeit seines Bodens, und manchmal reißt er mit dem Unkraut auch gesundes Wachstum aus. Trotz aller zeitweiligen und gelegentlichen Abirrungen ermöglichte das amerikanische Gebot, wonach niemand »herumgeschubst« werden dürfe, weil er der Gleichheit beraubt sei, eine Anständigkeit der Gesellschaft und eine Würde des einzelnen, die in der Welt kaum ihresgleichen findet. Sie erlaubt jedem Individuum, aber keiner sozialen Klasse den Ausbruch aus der Gleichheit. Sie verurteilt niemanden zur Unterordnung, aber gestattet sie jedermann – und genauso, vice versa, erlaubt sie persönliche Überlegenheit.

So gern und oft sich Amerikaner ihrer Freiheitsliebe rühmen, für die Liebe zur Gleichheit kennen sie nicht einmal ein Wort. In der Nationalhymne singen sie, daß Amerika »das Land der Freien« und »die Heimat der Tapferen« sei, und übersehen zu erwähnen, daß diese auch Gleiche sind. Wie eine stolze, etwas verschlissene und verblichene Fahne, unter der man einst Schlachten gewann, an der Spitze theatralischer Paraden getragen wird oder gar bei der Beerdigung den Sarg verdeckt, wirkt die Freiheit: Die Gleichheit dagegen bleibt ein alltäglich lebensnotwendiger Gebrauchsgegenstand, den man nicht glorifiziert, sondern hinnimmt und repariert, sobald sich Risse zeigen.

In den letzten Jahren konnte man oft die – meist berechtigte – Klage hören, im Interesse der Gleichheit werde die Freiheit des einzelnen beschränkt; von der verfassungsmäßig gerantierten Freiheit der freiwilligen Vereinigung, die in Schulen, Clubs, Wohnvierteln beschnitten wurde, bis zur Freiheit der wirtschaftlichen Initiative wurde den sie beanspruchenden Amerikanern im Interesse der Gleichheit ein Gutteil beschnitten, was der Oberste Gerichtshof guthieß, ehe dann etwa ab 1974 ein gewisser Rückschlag des Pendels begann. Aber die Grundtendenz blieb sich gleich.

Den Vätern der Verfassung schien die Gleichheit – vor dem Richter und in der Wahlzelle, ohne Ansehen der sozialen Klasse – eine Tür zur Freiheit des einzelnen bei seinem ungehemmten Aufstieg zum Glück. Amerikanern heute erscheint die Gleichheit nahezu aller in nahezu allem das Hauptziel, auch wenn ihre individuelle Freiheit darunter leidet. Auch dies ist nicht so neu, wie die Kritiker, Prediger und Vorkämpfer der neuen Gleichheit meinen.

Tocqueville begann sein Buch über den »Einfluß der Demokratie auf die Gefühle der Amerikaner« mit dem Versuch des Beweises, »Warum demokratische Nationen eine heißere und dauerndere

Liebe zur Gleichheit als zur Freiheit zeigen«. Lange Zeit konnte sich Tocqueville nicht entscheiden, ob er sein Werk *Democratie* oder *Egalité en Amérique* nennen solle. Am Ende wählte er als Titel die seine Landsleute damals mehr interessierende Demokratie. Aber wie sein Biograph George Wilson Pierson ein Jahrhundert später aus der Rückschau erklären konnte, »versäumten diese, zu beachten, daß er damit wirklich Gleichheit voraussagte: Gleichheit in den gesellschaftlichen und wirtschaftlichen wie in den politischen Zuständen, gleiche Vorrechte in der Regierung, gleiche Bürgerrechte vor dem Gesetz, gleiche wirtschaftliche Erträge, gleiche Schulung, keine Klassen irgendwelcher Art, sogar das Verschwinden von Unterscheidungen in Mode und Gesellschaft«. Dies hatte Goethe an Amerika bezaubert: »Die Gleichheit, wenn nicht aller Menschen, so doch aller menschlichen Zustände« (Dichtung und Wahrheit, I. Teil, 4. Buch). Dies war die Botschaft, die Tocqueville nach Europa zurückbrachte: »Es scheint mir außer Frage, daß früher oder später wir, wie die Amerikaner, zu einer fast vollkommenen Gleichheit der Zustände gelangen werden.« Sie ahnten kaum, daß diese »fast vollkommene Gleichheit der Zustände« neue Ungleichheitsbereiche aufkommen läßt, die (wie in den folgenden Kapiteln beschrieben) den Amerikanern zu ihrem Leidwesen in unseren Tagen schärfer sichtbar und spürbar werden.

11 Das Proletariat der Altersklassengesellschaft

Das Sterben ist eine ziemlich unamerikanische Tätigkeit. Der Tod widerspricht gar zu radikal dem amerikanischen Glauben an steten Neubeginn. Niemand kann auch im Sterben noch ein Experiment sehen; das Lebensende wirkt auf Amerikaner entweder absurd oder wie ein Bankrott, auf jeden Fall untragbar. Man kann sich nicht über den Tod hinwegtrösten mit dem amerikanischen Trostwort: »If at first you do not succeed, try, try again« – »Versuch's, versuch's, und wenn es nicht funktioniert, versuch es erneut.« Als die amerikanischen Streitkräfte in Europa vorrückten, brachten sie an vielen Verkehrspunkten große Plakate an mit der Aufschrift: »Drive carefully – death is so permanent«: Vorsichtig fahren – Tod ist so endgültig. Er stellt ein »Problem«, dessen Lösung durch die Fachleute und den Fortschritt der Gesellschaft selbst Amerikaner nicht völlig zu erwarten wagen; infolgedessen paßt er nicht in ihre Ordnung, und das heißt: er paßt sich nicht. Im Leben der Amerikaner spielt der Tod heute die Rolle des Sex unter ihren viktorianischen Vorfahren: Man verdrängt ihn aus dem Bewußtsein und der höflichen Umgangsform, wenn man ihn auch nicht aus der Welt schaffen kann; man nennt den Tod und alles, was seiner Majestät untertan ist, nicht beim Namen. Fast vierhundert Synonyme für das Sterben hat der »American Thesaurus of Slang« gesammelt. Meistens sind es vulgäre, erquält komische Bilder – mit einer Schaufel ins Bett gelegt werden, den Vorhang senken, untergehen, sich der großen Mehrheit anschließen, einfach »to pass away« – verschwinden, wegreisen, fortziehen.

Das seltsame Zeremoniell, mit dem Amerikaner ihre Toten bestatten, scheint vor allem dem Zweck zu dienen, den Tod selber abzuleugnen. Der Bestattungsunternehmer sorgt dafür, daß der Verstorbene einbalsamiert, geschminkt, aufgeputzt wird, bis er jugendlich und sozusagen quicklebendig ausschaut; auch wird er in ein eigens angefertigtes und ausgesuchtes Kostüm gekleidet – beileibe kein Totenhemd, nein, nach neuester letzter Mode elegant oder auch sportlich betont muß es sein; wie man aus den Prospekten der Bestattungsbranche erfährt, werden ihm »besonders bequeme Maßschuhe« angezogen und was sonst der gutgekleidete Zeitgenosse zu tragen pflegt, auch wenn er es sich während seiner Lebzeiten nicht hatte leisten können. Dann legt man ihn in einen

»hochkünstlerisch dekorierten« Sarg aus kostspieligem Material, der in seiner protzigen Aufwendigkeit und Unzweckmäßigkeit an die Sonderausgabe eines Straßenkreuzers erinnert. Der Sarg und sein Inhalt seien garantiert haltbar, so erklären die Verkäufer, was allerdings selten nachgeprüft werden kann – zu deren Glück, weil es eine unverschämte Unwahrheit ist. Aber sie schafft die Illusion, daß der Vergänglichkeit ein letzter Riegel vorgeschoben wird, nichts end-gültig gilt.

Diese Illusion wird als Trauerfeier zelebriert, während der Tote noch nicht begraben, also sozusagen noch unter den Lebenden weilt. Im weitoffenen Sarg liegt er in der Halle des Beerdigungsunternehmens, wo die Trauerfamilie ihre Freunde und Bekannten empfängt; ein paar Stunden lang stehen sie verlegen herum, wie bei einer Cocktailparty, bei der keine Cocktails serviert werden. Der Sarg bleibt auch noch offen und der Tote ein Teilnehmer, wenn die Trauergemeinde am nächsten Tag bei der Beerdigungsfeier selbst an ihm vorbeidefiliert – oft in einem »Kapelle« genannten Raum des Beerdigungsunternehmens, in der beflissene Angestellte schnell ein Kreuz, eine Madonna, einen Davidstern, eine Vereinsfahne oder die Nationalflagge hinter den Sarg stellen, je nach dem Glauben des Verstorbenen.

Kaum hat bei der Beerdigung auf dem Friedhof, wohin ihn nur die allernächsten Angehörigen begleiten, eine Maschine den Sarg in die Grube gesenkt, so breitet sich über ihn eine Decke aus künstlichem scheinbar grünendem haltbaren Gras. An Stelle von Wörtern wie Leichnam, Sarg, Aufbahrung, Leichenwagen oder Friedhof, die gar zu unverblümt an Sterben und Tod erinnern, hat man kitschig-verlogene Umschreibungen erfunden; der Tote »ruht« in einem »Schrein« im »Schlummerzimmer« des »Gedenkinstituts«; dann führt ihn die »Dienstlimousine« – sie ist zwar pastellfarben getönt, natürlich nicht schwarz, was deprimierend an Trauer erinnern könnte, auch nicht in Ehrfurcht vor der Majestät des Todes geschmückt – in den »Waldrasenpark« oder eine ähnlich nach Ferien klingende Friedhofsanlage, die fadenscheinige Imitation einer Idylle in extremis, weit weg von Wirklichkeit und Wahrheit.

Solch abgeschmackte und abstoßende Trauerriten verraten die Ratlosigkeit vor dem Tod; ein Amerikaner kann sich damit nur abfinden, indem er sich vormachen läßt, jener sei eine ebenso banale wie kurzfristige Verlängerung oder Imitierung des Lebens auf dieser Erde und den gleichen Gesetzen untertan. Tod, wo ist dein Stachel? Mit den fortschrittlichen Methoden der Anatomie und der Public Relations (oder der »Trauertherapie«, wie deren Praktikanten sie nennen) hat die freundliche Leichenbestattungsfirma den Stachel schmerzlos entfernt; nicht einmal eine unschöne Narbe bleibt sichtbar.

Das alte Sprichwort, umsonst sei nur der Tod, hat seine Gültigkeit völlig verloren: Die amerikanischen Beerdigungen sind teuer, sie kosten mindestens ein Wocheneinkommen und im Durchschnitt das Monatseinkommen einer gut verdienenden Familie. Allerdings wird diese Ausgabe zumeist aus Versicherungszahlungen gedeckt, so daß sich – letzter Triumph der Wohlstandsgesellschaft – beinahe jedermann das Staatsbegräbnis eines hohen Herrn leisten kann, obschon ohne dessen guten Geschmack, noble Tradition, Zeremoniell eines Glaubens an die höheren Mächte der Vorsehung. Nur wer im Wohlstand starb, lebt angenehm, das heißt ist angenehm tot: angenehm für die Überlebenden.

Das amerikanische Zeremoniell des neuen Bestattungswesens haben schockierte Beobachter so oft, so höhnisch und so erschöpfend dargestellt, daß die ganze Welt »The American Way of Death« als Parodie des *American way of life* sieht. Der blühende Geschäftszweig der Bestattungsunternehmer – besonders in kleineren Städten führende Bürger – wirkt mit seiner auskalkulierten Preispolitik, Werbetaktik, Gewinnrechnung, Kartellbeziehung zu Sargfabrikanten, Blumenhändlern, Public-Relations-Technikern zwar grotesk und widerlich; doch ist die amerikanische Sterbeweise nicht (wie primitive Ankläger wähnen) das Produkt einer Verschwörung aus Profithunger, sowenig wie Laster und Verbrechen eine Machenschaft der »Alkoholinteressen«, Kriege das Werk der »Rüstungsindustrie« oder der Massenkonsum ein Zauberwerk der Werbefirmen von »Madison Avenue«. Wie sie alle, befriedigen die Bestattungsunternehmer nur ein Bedürfnis: sie maskieren die Endgültigkeit des Todes.

Immer wieder als Erscheinung neuesten amerikanischen Lebens karikiert, ist die Verhübschung und Verfälschung des Todes in Amerika fast so alt wie die Amerikaner. Schon vor 1847 bewährte sich an dieser Aufgabe der Yankee-Erfindergeist: In jenem Jahr wurden zwei neue Erfindungen patentiert, ein chemischer Prozeß, um den Körper nach dem Tod zu konservieren, und ein Glassarg. Amerikanern blieb es vorbehalten, die damals neueste Erfindung der Daguerrotypie – eine Photographie auf versilberten Kupferplatten – zur Todesmode zu entwickeln. In jeder größeren Stadt des Landes übten sich damals Fachleute darin, ein »künstlerisches und anziehendes« Leichenbild aufzunehmen. Obschon der Sarg manchmal als Hintergrund benutzt wurde, zog man meist vor, das Objekt auf einem Sofa hingestreckt zu zeigen, in der entspannten Pose friedlichen Schlafs.

Während die Amerikaner zur sozialen und ökonomischen Klassenlosigkeit streben, dulden sie eine Hierarchie mit scharf gezogenen Klassengrenzen. Sie leben in einer Gesellschaft der Altersklassen, in der Rang und Macht vom Geburtsjahr bestimmt werden. Je jünger ein Amerikaner ist, um so höher seine Stellung.

Für Amerikaner, die »alt« sind, gibt es in ihrer Gesellschaft wenig Platz und noch weniger Hoffnung – und das Problem wird noch ständig verschärft, da die medizinische Wissenschaft alte Leute sozusagen massenproduziert, während die durchschnittliche Lebensdauer kontinuierlich verlängert wird. Um die Jahrhundertwende beschränkte sich ihr Anteil an der Gesamtbevölkerung noch auf bloße vier Prozent, heute hat sich dieser mehr als verdoppelt: Ein Zehntel der Nation, formen sie eine Art Fremdkörper, mit dem man wenig anzufangen weiß, weil sie selber nicht mehr neu anfangen können. Statt der Zukunft, die die Gegenwart der Neuen Welt legitimiert, besitzen sie nur eine Vergangenheit. Sie verkörpern den Widerstand gegen optimistische Verheißungen und treten als Boten des nahen und jedermann erwartenden Untergangs auf; weil die Empfänger jene Unheilsbotschaft nicht zur Kenntnis nehmen wollen, werden deren Träger bestraft.

Ihrer ältesten Altersklasse weisen Amerikaner eine ähnliche Stellung zu wie den Überbleibseln ihrer Geschichte. Ausnahmeexemplare von besonderem Wert und Ansehen werden sorgsam wie Museumsstücke ausgestellt, so daß selbst ein achtzigjähriger vormaliger Präsident oder Bankier noch von der Öffentlichkeit angestaunt, wenn auch kaum bewundert werden mag. Mit solchen Antiquitäten wird das Heim der Gegenwart dekoriert. Doch der großen Masse der alten Amerikaner wird das Schicksal beschädigter, gebrauchsunfähig gewordener, aus der Mode gekommener Gegenstände zuteil: Wie anderer Abfall in Amerika werden sie von den städtischen Gesundheitsbehörden abgeholt, von Dorfbewohnern zum nahen Gerümpelhaufen gefahren, von weniger ordentlichen Leuten an den Rand der Landstraße, in einen Bach oder sonstwohin geworfen. Man sammelt diesen Menschenabfall in Stadt und Land, etwas abseits der großen Straße, in sogenannten Nursing Homes oder Pflegeheimen und in Old Age Homes oder Altersasylen, wo die jüngeren Familien ihre alten, kranken, schwachen Angehörigen, die nicht mehr für ihre eigenen Bedürfnisse sorgen können, abladen. Das Bild grauer Verzweiflung in jenen »Heimen« kennt man aus Zeichnungen der Gefängnisse des 18. Jahrhunderts. Alle paar Jahre wieder wird ein anklagender Bericht veröffentlicht und Abhilfe gegen die dort vorwaltenden skandalösen Zustände verlangt: zu wenige Krankenschwestern, Ärzte, Helfer, um das Leben der Insassen zu erleichtern, zu geringe Mittel, um es menschenwürdig zu machen, statt dessen oft grausame Nachlässigkeit. Würden halb so verkommene Einrichtungen in Schulen oder Armenwohnungen festgestellt, der öffentliche Aufschrei wäre ohrenbetäubend, und sofort würde »etwas geschehen«. Doch für die Schulen werden ja gerade die öffentlichen Mittel gebraucht, wie erklärt wird, und deshalb fehlen sie für die Altersheime; deren »Problem« wird schnell wieder vergessen, bis zum nächsten Mal. Auch die Sklavenhalter hatten ihre entrechtete Klasse in solche Quartiere verbannt, ohne über deren Los lange nachzudenken oder sich gar davon die Laune verderben zu lassen.

Andere Angehörige der ältesten Altersklassen, die oder deren Familien es sich leisten können und die besser erhalten sind, werden in Ghettos abgeschoben. An die Geschichtsschutzparks erinnernd, können dort auch die vergangenen Menschen aus dem Alltag in ihren speziellen Eckchen konserviert werden. Man sieht sie, aber besichtigt sie nicht in den heruntergekommenen Hotels jeder Stadt, wo sie in Scharen in den Hallen oder auf den Veranden herumsitzen; an schönen Tagen wagen sie sich sogar heraus; und wie etwa am New Yorker oberen Broadway sitzen sie dann in langen Reihen nebeneinander auf Bänken entlang der Straße, deren Autoreihen wie das Leben selbst an ihnen vorbeieilen. »Sie warten, warten, doch auf nichts«, bestenfalls auf den nächsten Besuch ihrer Kinder, auf den sie lange warten müssen, während sie zum Zeitvertreib miteinander über Aufstieg und Erfolg ihrer Enkel Monologe führen. Ganze Städte gehören ihnen, besonders St. Petersburg und ähnliche Siedlungen im winterwarmen Florida, wo sie immer noch wie Ponce de Leon, der erste weiße Besucher Floridas, eine Quelle ewiger Jugend suchen – immer noch vergebens.

Anderswo im Lande gründen tüchtige Unternehmer neue Siedlungen für die »Senioren-Bürger«, ein neues Wort, um die peinlichen Gedankenverbindungen zur unterdrückten Altersklasse zu vergessen. Hier können sie mit etwas gespenstischer Maskerade sich als Jugendliche ausgeben, wie viele Neger als Weiße; sie imitieren die herrschende Schicht der Minderjährigen, kleiden sich in Shorts, bunte Hemden, lustige Hüte, veranstalten mehrfach in der Woche Tanzabende und Gesellschaftsspielabende, kurz, sie trachten, sich selber ebenso wie die Welt zu betrügen, was ihnen natürlich nicht gelingt. Versuche, ihr »Problem« zu lösen, sind selten und seltsam. In einem Sonderprogramm der Universität von Kentucky werden sie wie junge Studenten behandelt, um ihnen die Zeit zu vertreiben, die allein glückbringende Illusion des Neubeginns zu verschaffen und zugleich die Ehre zu versagen, sie selber zu sein.

In seiner Botschaft an den Kongreß vom 24. Januar 1967 erklärte Präsident Johnson, nur einer unter fünf Amerikanern über 65 Jahre habe eine Arbeitsgelegenheit; das Einkommen eines Viertels dieser alten Leute liege »unter der Armutsgrenze«; fast die Hälfte – vierzig Prozent, um genau zu sein – besitze kein Eigentum. Präsident Johnsons Botschaft begann mit den Worten: »Amerika ist eine junge Nation.«

Mögen sie auch voller Lebenskraft stecken, die von Erfahrungen, vielleicht sogar Weisheit ihrer Jahre fruchtbar verstärkt wird, sie werden nicht mehr anerkannt und deshalb nicht mehr gebraucht. In Großunternehmungen gilt das Axiom, daß niemand nach seinem fünfzigsten Geburtstag noch in führende Stellungen befördert werden könne: Wer es zuvor nicht geschafft hat, hat seine Chance verloren. Für Arbeiter und weniger gehobene Angestellte ist es schon schwierig, mit 50 Jahren neue Arbeitsplätze zu finden, es seien denn weit unter ihrem bisherigen Leistungsniveau liegende. Das Gleichheitsgesetz, das der Bund 1965 erließ und das jede Form der Diskriminierung nach Rasse, Religion, Herkunft, Geschlecht unter Strafe stellt, schützt zwar theoretisch auch die unterdrückte Altersklasse, doch kommt es ihr in der Praxis nicht zugute, da in diesem und nur in diesem Fall die öffentliche Meinung Zurücksetzungen für Rechtens hält. Daß die Privatversicherung, die eigenen Ersparnisse, die Pensionszahlungen des Arbeitgebers oder Berufsverbandes, die gesetzlich dazu verpflichtete Familie, die Sozialversicherung (etwa in dieser Reihenfolge) die Altersklasse gerade noch am Leben erhalten, genügt.

Viele Amerikaner wachsen voller Furcht vor dem Alter auf. Die Kinder in der Suburbia begegnen kaum noch jener für sie exotischen Figur, einem alten Amerikaner; etwa einmal im Jahr besuchen sie die Großeltern, so wie auch den Zoo oder eine historische Restauration. Anders in den Städten, wo sie in der Kirche, im Aufzug, auf der Straße die bedauernswerten Mitglieder jener verrufenen Schicht aus gebührlichem Abstand wahrnehmen können, während sie sich sonnen, langweilen, die Zeit totschlagen. Der Anblick entspricht dem öffentlichen Leitbild ihrer Lebensleere und des Alters als eines unbrauchbaren, unwürdigen, unglücklichen, abnormalen Zustandes.

Ehrfurcht vor dem Alter ist altmodisch; zur untersten Schicht sieht man nicht auf. Im Jahre 1965 hörte ich die Festrede eines der berühmtesten und angesehensten Intellektuellen des Landes, des Harvard-Professors John Kenneth Galbraith, zum Schuljahresabschluß der »fortschrittlichen« Putney-Schule in Vermont: Die Zuhörer bestanden aus den Abiturienten (17jährig), den übrigen Schülern (11- bis 17jährig) und deren Eltern (im Durchschnitt etwa 35- bis 45jährig). Sie alle klatschten dem 58jährigen Festredner herzlich Beifall, als er bitter und sarkastisch den Chef der Bundesuntersuchungspolizei lächerlich machte, der »a septuagenarian« sei; daß ein Mann siebzig Jahre alt sei, klang wie ein schlimmer Schimpf, und die jungen Zuhörer lachten mit herzlichem Hochmut. In der Altersklassengesellschaft war dieser mehr als siebzigjährige J. Edgar Hoover, der trotz seines Alters sein Amt noch bekleiden durfte, eine Ausnahme ebenso wie die manchmal patriarchalisch alten, weil auf Lebenszeit ernannten Mitglieder des Obersten Gerichtshofs.

Natürlich finden sich auch weniger prominente alte Amerikaner, die sich erfolgreich dem Altersklassenvorurteil zu widersetzen wissen. Sie mißachten die geltende Hierarchie und sind stolz darauf, alt oder wenigstens nicht mehr jung zu sein; mit mehr oder weniger Würde und Weisheit ernten sie dann die Früchte ihrer Jahre und versuchen, deren Samen fortzupflanzen. Gelingt ihnen dies in einzelnen Glücksfällen, dann haben sie bewiesen, daß selbst das Altersklassensystem keine unüberwindlichen, also unamerikanischen Mauern errichtet. Dann bewahren auch sie noch die traditionellen Tugenden des neuen Menschen – Kühnheit, Hartnäckigkeit, Wagemut, Intelligenz. Doch sie bleiben Ausnahmen, und typischer ist ein mir befreundeter, lebenslänglich erfolgreicher und weiterhin von frischen Ideen, Arbeitslust und Kraft übersprudelnder Dokumentarfilmverfasser; ein Projekt wurde ihm zurückgeschickt, ohne daß der aus Versehen darangeheftete Zettel entfernt wurde, der warnte: »Ablehnen, Autor ist sechzigjährig.«

Im Altersklassensystem der Amerikaner spielt die Mittelschicht nicht die beherrschende Rolle, die ihr in der amerikanischen Sozialordnung zusteht. Im Gegensatz zur sozialen Mittelschicht steht sie ja nicht unter dem Zeichen des Aufstiegs, sondern des Stillstandes vor dem Abstieg. Um das dreißigste Lebensjahr vergeht die Jugend, um das sechzigste bricht das Greisenalter aus. Den Beginn des sogenannten Mittelalters datierten die meisten Amerikaner, die bei einer wissenschaftlichen Untersuchung befragt wurden, mit dem 40. Geburtstag, Amerikanerinnen hingegen erst mit dem 45. Lebensjahr: Die gefürchtete Schwelle wird möglichst hoch angelegt, um sich selber noch zur Jugend zählen zu können. Immerhin rechnen aber auch mehr als ein Fünftel der Amerikaner – vor allem jüngeren Alters – schon die mehr als Dreißigjährigen zur alternden Generation. Jeder dritte Amerikaner gehört zur Altersklasse zwischen dreißig und sechzig, jeder fünfte zur eigentlichen Mittelaltersklasse zwischen vierzig und sechzig. Eine Durchgangsstation vom Thron des Gestern zum Asyl von morgen, ist in diesem zweideutigen Zwischenalter der Glanz des Jungseins verloren, doch klammert man sich noch daran, solange der Schatten und die Schande des Alterns ihn noch nicht ganz getilgt haben.

Nicht nur dank ihrer Zahlenstärke besitzt die Altersmittelschicht mehr tatsächliche Machtmöglichkeiten als die anderen Altersklassen: Alle Räder stünden still, wenn ihr starker Arm es wollte, doch will er nicht; sie fügt sich der Machtbeschränkung und Prestigebeschneidung, die ihren Angehörigen auferlegt sind und diese selber für Rechtens halten. Im mittleren Alter haben die meisten Amerikaner die Spitze ihres Erfolges erklimmen können und stehen vor den Zäunen, die weiteren Aufstieg ausschließen. 1966 etwa waren im Durchschnitt die Kongreßabgeordneten 50 Jahre alt, die Präsidenten der 15 führenden Hochschulen 55, die Mitglieder der Regierung und der Wirtschaftsführung unter 60, die Senatoren 57 Jahre. Das Großteil des nationalen Einkommens geht durch die Hand dieser Altersklasse, die jetzt ihr Spitzeneinkommen verdient und die Spitzenleistung ihres Lebens liefert; damit erarbeiten und bezahlen sie nicht nur die (geringfügigen) Subsidien für die alten Amerikaner, sondern auch und vor allem die (hohen) Tribute an die Jugend der Nation. Denn diese Mittelschicht fühlt sich schuldig, weil sie den sozialen Gnadenstand der Jugendlichkeit verloren hat.

Das Klassenmerkmal dieser Zwischenschicht ist die Angst: vor der anrückenden Jugendklasse, die mit ihrem Selbstbewußtsein sie morgen zu verdrängen droht, und vor dem eigenen nahen Alter. Da sich die Träume ihrer eigenen Jugend selten ganz erfüllt haben, fühlen sie sich enttäuscht, geplagt und gejagt; jetzt, da sie die Abschlußbilanz ihres Lebens zu ziehen beginnen, kann deren negativer Saldo nicht mehr revidiert werden; sie träumen deshalb nicht mehr wie einst von dem, was sie tun werden, sondern von dem, was sie hätten tun können und nicht getan haben. Jetzt verwandeln sich ihre Träume in Alpdrücke.

Fast verzweifelt versuchen sie zu beweisen, daß sie jünger sind als ihre Jahre und noch so viel leisten können wie die Jüngsten; nicht einmal äußerlich wollen sie sich von diesen unterscheiden, weshalb sie sich wie ihre Kinder kleiden und gehaben. Im Beruf, bei der Erholung, in der Familie und vor allem beim regelmäßig gelegentlichen Seitensprung aus der Ehe gilt es, diesen Beweis ihrer unbeschädigten Jugendlichkeit zu liefern: Überanstrengungen zählen zu den häufigsten Todesursachen und Erpressungen zu häufigen Nebenausgaben dieser Generation. Unter ihren Angehörigen findet die Kosmetikindustrie für Frauen wie für Männer ihren besten Markt, der trügerische Schein soll die Alternden verjüngen. Im Alter zwischen vierzig und fünfzig nimmt sprunghaft die Zahl amerikanischer Alkoholiker um 50 v. H. gegenüber dem vorherigen Altersjahrzehnt zu, auf der Massenflucht vor der schmerzenden Wirklichkeit.

»Ich will Glück, Liebe, Anerkennung, Sex, Jugend. All dies ist mir in meiner Ehe mit dieser ältlichen, nörgelnden Frau versagt. Ich will sie loswerden und das Leben mit einer anderen Frau von vorn beginnen.« Diesen typischen Aufschrei des Amerikaners in mittleren Jahren registriert der verstorbene Psychoanalytiker Dr. Edward Bergler in »The Revolt of the Middle-Aged Man«. Ein berühmtes, millionenfach gelesenes Buch mit dem sensationellen Titel »Life Begins at Forty« – »Das Leben beginnt mit vierzig« – behauptete zwar tröstlicherweise die reifen Jahre seien die besten; in ihnen öffne sich der Weg zum Erfolg, also seien sie kein Grund zur Trauer und Verzweiflung. So trostreich und erfolgreich war dieses Buch, daß sein Autor die Rebellion des mittelalten Rebellen durchführen und sein Leben »mit einer anderen Frau von vorn beginnen« konnte. Doch darüber schrieb er keinen Bericht mehr.

Während alte Menschen in der amerikanischen Literatur unserer Zeit als Helden wie als Opfer lange gesucht werden müssen, wimmelt sie von verzweifelnden Männern und Frauen in den mittleren Jahren; bemitleidenswerte Geschöpfe an der Grenze der Jugend, wollen sie sich daran festklammern, während sie in den Abgrund des Alters gezogen werden. Mit Vorliebe besuchen sie wieder den Ort ihrer Kindheit, wie die Helden von John Marquand oder John O'Hara; hinter der achtbaren Erfolgsmaske blicken sie entsetzt, hilflos, haßerfüllt ins Nichts, wie die Unhelden in Arthur Millers »Death of a Salesman« oder in Edward Albees »Who's afraid of Virginia Woolf«. Sie sind die sonst Amerika so fremden tragischen Figuren, Bewohner der Vorhölle, gepeinigt vom Anblick des Engels, der mit feurigem Schwert ihnen das Paradies der Jugend für immer versperrt. In diese Reihe gehört auch Ernest Hemingways Oberst in »Across the River and Into the Trees« (1950), eine im Urteil der Literaturkritiker mißlungene autobiographische Erzählung von dem alten Mann, der seine Jugend ein zweites Mal leben wollte. Zwei Jahre später schrieb Hemingway seine erfolgreichste Geschichte: »Der alte Mann und das Meer«, eine Ausnahmeerscheinung, ein Aufschrei des Protestes gegen alle geltenden Werte: Trotz seines Alters ist der Held ein Kämpfer voller Kraft und Würde; allein und ohne Erfolg, doch ein Sieger. Aber Hemingway selber, der sein Leben lang als starker junger Mann posiert hatte, nahm sich, als ihm Alter und Krankheit auf den Leib rückten, das Leben. Er war zweiundsechzig Jahre alt.

12 Die herrschenden Altersklassen

Für Amerikaner ist Amerika nicht das Land ihrer Väter, sondern das Land ihrer Kinder. Dies ist der Grund, weshalb sie ihre Kinder höher achten als ihre Väter. Und daran hat sich im Lauf der Zeit wenig geändert: In der Altersklassengesellschaft Amerikas standen die Kinder von jeher nahe der Spitze.

»Die Amerikaner lieben ihr Land nicht, wie es ist, sondern wie es sein wird«, schrieb 1837 der aus Österreich eingewanderte Franz Joseph Grund, nachdem er zehn Jahre in Amerika und als Amerikaner gelebt hatte. Während er zwei Jahre nach Tocqueville sein Werk »The Americans, in Their Moral, Social and Political Relations« veröffentlichte, fiel ihm schon die Macht der Kinder in der Neuen Welt auf: »Welche Schwierigkeit hat doch ein amerikanischer Lehrer, um Ordnung unter einem Dutzend unruhiger Bengel aufrechtzuerhalten, während ein deutscher über zweihundert Schüler mit der Leichtigkeit und Ruhe eines östlichen Monarchen herrscht.«

Es könnte auch im Jahre 1977 geschrieben worden sein. Oder 1860, als der englische Romancier Anthony Trollop nach einem Amerikabesuch seinen Ärger nicht verhehlte: »Ich muß protestieren«, schrieb er, »weil amerikanische Kinder essen und trinken, wie es ihnen gefällt; sie werden nie bestraft, sie werden nie hinausgeschickt, gescholten und im Hintergrund gehalten wie unsere Kinder.«

Damals wie heute versetzte es jedem Europäer einen Schock, wenn er die Behandlung der amerikanischen Kinder – und die Behandlung der amerikanischen Erwachsenen durch ihre Kinder – erlebte. Wir spüren das Entsetzen, das James Fullarton Muirhead 1898 ergriffen haben muß, bevor er erzählte, Amerika könne »das Kinderparadies genannt werden, obschon der nachdenkliche Beobachter geneigt sein mag, diesen Titel einzuschränken als Narrenparadies. Nirgendwo sonst ist das Kind so ständig sichtbar; nirgendwo sonst werden seine Wünsche so sorgsam beachtet; nirgendwo sonst erlaubt man ihm, seinen Stempel so stark der ganzen Gesellschaft aufzudrücken.«

Immer noch herrscht das Kind, wie es der glänzende Beobachter damals schilderte: »Der Unterschied [zwischen amerikanischen und anderen Kindern] beginnt mit dem Augenblick der Geburt oder sogar noch vorher. Um jeden jungen Republikaner wird ein Theater gemacht, als sei er der Erbe einer langen Linie von Königen; seine Windeln könnten einen herzoglichen Thronfolger neidisch machen; der Familienarzt hält hundert oder hundertfünfzig Dollar für eine mäßige Gebühr, um ihn ans Tageslicht zu fördern. Gewöhnliche Milch ist nicht gut genug für ihn, sterilisierte Milch kaum gut genug, ›modifizierte Milch‹ allein dieses demokratischen Säuglings würdig. Selbst vom Vater wird erwartet, daß er Stunden in geduldiger Beratung über seine Nahrung, seine Kleidung, seine Zahnringe und seine Ausfahrten verbringt. Amerikanische Schriftsteller über Kinderpflege liefern Anleitungen für die kompliziertesten und zeitraubendsten Methoden der richtigen Nahrungszubereitung ...

Etwas später wird die Bedeutung des amerikanischen Kindes noch sichtbarer, wenn auch in anderen Formen: Der kleine Amerikaner scheint sich als Vater des Mannes zu betrachten, aber in einer Weise, an die der Dichter niemals gedacht hat. Er unterbricht die Konversation der Erwachsenen, er hat eine Meinung über jeden Gegenstand, er ißt und trinkt, was ihm gut scheint, er oder wenigstens sie trägt kostspielige Ringe, er kennt weder Schüchternheit noch Bescheidenheit. Die Theorie von der Menschengleichheit grassiert in der Kinderstube (obschon ich dieses Wort nur im bildlichen Sinn gebrauche, denn amerikanische Kinder bleiben nicht in ihrer Kinderstube). Man kann hören, daß eine amerikanische Mutter von ihrem zwei- oder dreijährigen Kind sagt: ›Ich kann es nicht dazu bewegen, dies zu tun‹; ›es geht nicht ins Bett, wenn ich es ihm heiße‹; ›sie ißt diese Zitronentorte, obschon ich weiß, daß sie ihr schlecht bekommt.‹

Sogar die öffentlichen Behörden«, fuhr Muirhead fort, »scheinen dieses angeborene Recht jedes amerikanischen Kindes, seinen eigenen Willen stets durchsetzen zu dürfen, anzuerkennen, wie die folgende Meldung des ›New York Herald‹ vom 8. April 1896 bezeugt: ›Washington, 7. April: Der Rasen vor dem Weißen Haus war heute morgen mit Papiertüten, gefärbten Eierschalen und Resten von Oster-Picknickkörben übersät. Die Kinder drängten sich im Garten des Präsidenten und tobten frei herum, zum großen Schaden des vom Regen nassen Rasens. Die im Garten aufgestellte Polizei versuchte vergeblich, die Kinder zu überreden wegzugehen, und hatte nur am Ende Erfolg, als sie ankündigte, daß alle Tore für die Nacht geschlossen würden.‹«

Auf vielen weiteren Seiten illustrierte der den Amerikanern wohlgesinnte Beobachter seine Schreckensgeschichte der Anmaßung amerikanischer Kinder und der widerspruchslosen Unterwerfung ihrer Erwachsenen, bis er schloß: »Vielleicht ist es überflüssig, zu bemerken, daß diese Art der Erziehung das amerikanische Kind kaum anziehend für den Ausländer macht. Dieser verspürt im

Gegenteil das lebhafte Bedürfnis, den knospenden Bürger einer freien Republik zu verhauen und auf der Stelle ins Bett zu schikken...« Muirhead war kein einseitiger Kritiker: »Dieser Prozeß mag helfen, die Individualität des Kindes zu stärken; aber die Kosten sind oft groß, die Wirkungen hart für das Kind selbst. Ohne Zweifel sind amerikanische Eltern vertrauter als andere Eltern mit dem anklagenden Vorwurf: Warum hast du mich nicht strenger erzogen? Warum hast du mir so viel Freiheit gelassen?«

Die Wurzel reicht also weit zurück, oder die Bazillen waren seit langem am Werk, ehe John Steinbeck – weder Ausländer noch Menschenfeind, im Gegenteil – 1966 die amerikanische Krankheit am Kind diagnostizierte: »In nichts sind die Amerikaner so merkwürdig und vom Rest der Welt verschieden als in ihrer Behandlung ihrer Kinder... [die sie] fürchten, hassen und vergöttern... Ich habe die Kinder vieler Länder studiert und fand nichts, was dieser amerikanischen Krankheit nahekommt... Faulheit, Schlamperei, Disziplinlosigkeit, Selbstsucht und allgemeine Schweinerei, die die natürlichen Talente aller Kinder sind und einst aus ihnen herausgeprügelt wurden, erklärt man jetzt entweder als ein Verbrechen der Eltern oder als eine Krankheit der Kinder, die viel lieber krank als diszipliniert sein wollen.« Steinbeck ist berühmt, beliebt, viel gelesen in Amerika, doch dieses Buch, mit dem er seinen Landsleuten ins Gewissen sprach, wurde als einziges seiner Werke in den letzten fünfundzwanzig Jahren kein Bestseller; die führenden Organe schwiegen es einfach tot. So frei, tapfer und gleichheitsfromm sie sich auch gebärden, mit der Jugend wagen sie sich nicht anzulegen – das Idol wird nicht kritisiert.

Man findet alle Eigenschaften und Eigenheiten einer privilegierten Klasse bei diesen amerikanischen Kindern. Und die anderen, älteren Amerikaner reagieren auf sie wie ein Volk auf seine Diktatoren: Ehrfürchtig und furchtsam zu ihrer herrschenden Schicht aufblickend, finden die übrigen Altersklassen immer neue Gründe und Ausreden, um sie zu bewundern, ihr zu gehorchen, ihre guten Seiten zu suchen und zu preisen. Man braucht nur bei Parties, in den Supermärkten, beim Geschäftslunch den Müttern und Vätern zuzuhören: Ob Baby oder Teenager, die Forderungen, Wünsche und Beschwerden der jüngsten Generation liefern den Stoff, der mit unsäglichem Tatsachenernst und einer Mischung aus gutem Willen, Unterwürfigkeit, Resignation pausenlos und endlos abgehandelt wird. Höchstens hin und wieder wird das Tun und Gehabe der obersten Schicht im stillen Kämmerlein kritisch beobachtet, heimlich bewitzelt, benörgelt, beschimpft, mit ängstlichem Unbehagen belacht, manchmal sogar bricht die Wut aus. Die Kinder selbst, wieder wie andere Herrscher, kennen keine Zweifel an ihrem Recht und ihrer Überlegenheit, die sie tatkräftig beweisen; sobald sie das

Zimmer betreten, müssen die Erwachsenen ihre Gespräche und Tätigkeiten unterbrechen, um sie zu unterhalten oder sich von ihnen unterhalten zu lassen.

Zumeist unterwerfen sich die Erwachsenen widerspruchslos dem Willen ihrer Kinder und buhlen um deren Wohlgefallen. Nur mühsam und mangelhaft verbergen sie ihre Furcht vor den Kleinen: Sie schreiben deren Ungnade ihrem eigenen Versagen zu und fühlen sich schuldig, weil sie ihr »Problem« nicht zu lösen wissen. Geraten sie mit ihnen in Konflikt, versuchen sie etwa gar sie zu erziehen, dann entschuldigen sie sich bald und demütig. Ein ärgerliches Kind erscheint ihnen als Katastrophe, die sie hätten vermeiden müssen.

Normalerweise schlagen die Eltern zu ihrem Nachwuchs einen kameradschaftlichen Ton an, von gleich zu gleich – eine Gleichheit, die so servil und verkrampft klingt wie die obligatorisch lässige Anrede des kleinen Angestellten einer großen amerikanischen Unternehmung an seinen Boß. »Dad« und »Mom« lassen sich gern von den Kindern mit ihren Vornamen ansprechen; damit beweisen sie sich, daß, wie der gute Ton es verlangt, der Vater ein »Buddy« seines Sohnes ist, sein kleiner Kamerad, und die Mutter »the best girl friend« ihrer Tochter. Erziehungsgewalt, Befehlsgewalt dürfen sie in dieser Rolle für sich nicht beanspruchen. Auch wenn sie nicht die identischen »Mutter-und-Tochter-Kostüme« tragen, die die Modeindustrie seit Jahren propagiert, unterscheiden sich Eltern und Kinder äußerlich möglichst wenig voneinander. Der sechsjährige Bub ist wie ein erwachsener Herr angezogen, sein Vater hingegen oft wie ein sechsjähriger Bub; jener stolziert am Sonntag mit korrektem Sakko, Querbinde und Filzhut in die Kirche wie sein Papa, der danach ebenso wie sein Sohn bunte Shorts und Söckchen anlegt.

Niemals wird der etwas ältere Kamerad namens »Dad« seinem Sprößling etwas verbieten oder befehlen – nein, dieser muß überzeugt werden. Typische Unterhaltung des Vaters und der Mutter mit ihrem Zehnjährigen, der den Abend lang die Konversation am Familientisch mit dessen Gästen geführt hatte, um zehn Uhr: »Johnny, ist's nicht Zeit, daß du ins Bett gehst?« – »Blödsinn, Dad, ich habe keine Lust.« – »Johnny, es wäre aber gesund für dich, da du doch morgen um sieben Uhr aufstehn mußt.« – »Warum, Dad?« – »Ein Mensch, besonders ein junger Mensch, braucht Schlaf, um seine Nervenbatterien wieder aufzufrischen.« – »Unsinn, Dad, ich habe keine Nerven und keine Batterien.« Die überzeugende Konversation dauert zwanzig Minuten, bis sie Johnny zu langweilig wird und er aufspringt: »Verflucht, Dad, mit deinem Geschwätz hätt' ich beinah das Fernsehprogramm um zehn Uhr fünfzehn vergessen. – Gute Nacht!«

Unter sich unterhalten sich amerikanische Kinder, besonders wenn sie »permissiv« erzogen wurden, mit Vorliebe über die Schwächen und Fehler ihrer Eltern. Früher hatten sie sich gerühmt, wie stark ihr Dad, wie schön und wie jung ihre Mom sei; heute wetteifern sie in Klagen über und Anklagen gegen beide; sie recht schlechtmachen zu können wird zum kindlichen Statussymbol. Geht man ihren Klagen und Anklagen weiter nach, so entdeckt man, daß sie verwirrt sind, weil die Eltern ihnen eine feste Führung schuldig bleiben; die Kinder ahnen, daß sie damit eines Rechts beraubt werden.

Gemäß allen Geboten des amerikanischen Credo wird diese jeweils jüngste Generation auf den Thron erhoben. Sie verkörpert das Neue, das Amerikanern als das Bessere erscheint und dem Gebot des Fortschritts entspricht. Das ebenso amerikanische Gebot der Gleichheit läßt vergessen, wie ungleich das Kind und der Mann, die Jugend und die Erwachsenen bleiben; die gleichen Rechte, die den Kindern gewährt werden, arten schnell in deren Vorrechte aus. Zudem beschränkt ein mißverstandenes Gebot der Freiheit die natürliche, notwendige Unterordnung der Kinder. Das zwanzigste Jahrhundert, wie die Schwedin Ellen Key 1900 verkündete, »das Jahrhundert des Kindes«, ist zugleich dem Missionarssohn und Pressemagnaten Henry Luce zufolge »das amerikanische Jahrhundert« – zwei Namen für die nämlichen Merkmale dieser Epoche.

Jede neue Generation von Amerikanern besteht aus neuartigen Amerikanern. Der Wechsel regiert. Ein Grund ist, daß die Erziehung der Kinder nicht anders als Kleider, Kunstgeschmack, Karosserien und Kongreßabgeordnete ihrer Eltern in regelmäßigen Abständen gegen neue Modelle ausgetauscht wird. Die Erziehungsmode, deren Methode auf den jeweiligen Jahrgang angewandt wird, hinterläßt lebenswährende Spuren.

Der gesunde Verstand und die Liebe der Mutter, der ihre eigene Mutter jene Erfahrungen gelehrt hatte, die ihr wieder von ihren Großmüttern überliefert worden waren, genügen nicht. Hoffnungslos antiquiert, müssen an ihre Stelle die neuesten, die letzten Rezepte der Fachleute treten. Das von Amerikanern meistgelesene, meistgekaufte Buch – wie die Bibel alle Bestseller an Auflagenziffern weit hinter sich lassend – ist das »Common Sense Book of Baby and Child Care« des Dr. Benjamin McLane Spock. Seit seiner ersten Veröffentlichung 1946 wurde es in mehr als zwanzig Millionen Exemplaren vertrieben, und jede neue Auflage brachte neue, gelegentlich den vorherigen völlig widersprechende Rezepte.

Gestern hatten die Fachleute geboten, den Säugling mit Liebe und Wärme zu überschütten, ihn niemals zu bestrafen, ihm nur gut zuzureden, um ihm das Gefühl der Sicherheit zu geben. Nicht lange danach schrieb die Wissenschaft im Gegenteil vor, der Säugling und das junge Kind solle vor allen Liebesbeweisen geschützt werden, um seine Fixierung an die Mutter, den Vater, andere Erwachsene zu verhüten. Danach wieder sollte ihm das magische Sicherheitsgefühl eingebleut werden, indem sein Tages- und Nachtlauf nach auf Minuten festgelegtem Fahrplan organisiert und ihm eine genau festgelegte Zeitspanne für Spielen, Weinen, alle anderen Tätigkeiten eingeräumt wurde. Eines Tages wurde das »Toilettentraining« als Mittelpunkt der Säuglingsbehandlung schick. Kurze Zeit folgten die gefügigen Eltern der von einem Professor der Harvard-Universität erfundenen Mode, ihren jüngsten Nachwuchs in den nach ihrem Erfinder benannten Skinner-Kasten einzuschreinen, damit er in dieser von der Welt sorgfältig abgekapselten Krippe, oft unbekleidet und unbewindelt, lerne, sich in seiner eigenen Welt sicher zu fühlen.

Nur eines bleibt sich gleich in allen Moden des Umgangs mit dem jüngsten Amerikaner: Er gilt als Mittelpunkt der erwachsenen Welt, während sie seine Freiheit, seine Gleichheit und sein Glücksstreben zutiefst respektiert. Im Namen jedes dieser drei Ideale darf er keiner Autorität der Erwachsenen unterworfen werden und muß er von Disziplin verschont bleiben, auch von Selbstdisziplin. Ungehemmt, uneingeschränkt, unbedingt soll sich seine »Persönlichkeit« auswirken – Ziel ist sein »Selbstausdruck«, von dem nur ein kurzer Schritt zu seinem Selbstherrschertum führt. »Alles, was das Ego junger Kinder vergrößert, ist gut für sie«, erklärte 1966 der Leiter der kinderpsychiatrischen Abteilung einer der größten New Yorker Kliniken. Die Selbstausdrucks- und Selbstherrschererziehung beginnt, wenn der Dreijährige seine Finger in den Farbtopf steckt und die Farbe über die Tapete schmiert, im gestelzten Jargon der Experten der »Fingermalerei« obliegend. Und sie geht weiter durch alle Schulklassen, in der sich wieder mit steter Geschwindigkeit die Lehrmethoden und Unterrichtsmethoden verändern – diese müssen die Lehrer viel genauer studieren als ihre Lehrfächer und Unterrichtsgegenstände. So intensiv verfolgen Amerikaner das »Neuesty« in Theorie und Praxis der Kinderbehandlung, daß ihre Zeitungen einen regelmäßigen Teil diesem Gegenstand widmen; selbst kleinere Provinzzeitungen beschäftigen einen eigenen »Erziehungsredakteur«. Verständnis für Kinder ist so wichtig wie Kenntnis der Politik und Wirtschaft, und die neuesten Anleitungen zu ihrer Behandlung bedeuten dem Leser mehr, da er sie nicht nur verfolgen kann, sondern befolgen muß.

Daß der »neue Mensch« eine neue Erziehung brauche, daß diese dem Fortschritt dienen und damit »fortschrittlich« sein müsse, gilt den meisten Amerikanern als selbstverständlich. Da der Nachwuchs zur Veränderung erzogen werden soll, will man auch die

Erziehung ständig verändern, um sie zu verbessern. Die Weise, auf die gestern das Abc und das Einmaleins gelehrt worden waren, kann unmöglich morgen noch anerkannt werden. Wo das Experiment endet und die Mode beginnt, läßt sich schwer feststellen, da eins bald zum anderen wird, während ihnen der jüngste Amerikaner in seiner Schule unterworfen wird.

Wie die Kirche und der Palast in den alten Städten Europas, ragt über vielen Gemeinden Amerikas als das stolzeste, größte und gepflegteste Gebäude die öffentliche Schule. Sie ist im Unterschied zu jenen aber auch das neueste Gebäude. Mit ihren Glaswänden, Veranden, Spielanlagen und Gärten vom Hügel die Landschaft überblickend, ähnelt sie oft zum Verwechseln einem luxuriösen Sommerfrischenhotel. Um so weniger gleicht sie dem »kleinen roten Schulhaus«, in dessen einzigem Raum die frühen Siedler ihren Nachwuchs, vom kleinsten bis zum ältesten Kind, von einer oft selber kaum geschulten jungen Lehrerin hatten unterrichten lassen. Je moderner, technisch vollkommener, gesünder und vergnüglicher diese palastartige »plant« oder Fabrik der Erziehung, um so bessere neue Amerikaner werden darin produziert; »für die jüngste Generation ist das Beste gut genug«, wie Amerikaner zu beteuern pflegen. Über die Vorzüglichkeit ihrer Schulbauten sorgen sie sich mehr als über die Lernfortschritte der Schüler.

Lange Zeit hatten die Amerikaner geglaubt, ihr allgemeines von der Gemeinschaft finanziertes und kontrolliertes, allen offenes Volksschulwesen sei die Erfindung, Voraussetzung und Garantie ihrer demokratischen Ordnung. Mit der »Ignoranz« rotte es die Rückständigkeit aus. Damals besaß allein in der Welt Preußen ein Elementarschulwesen, dessen System dem ihren ähnelte. Die Ähnlichkeit erklärte sich vor allem damit, daß das amerikanische Schulsystem nach preußischem Vorbild kopiert worden war; während führende amerikanische Schulmänner wie Horace Mann und Henry Barnard es bewußt nachahmten, reorganisierten einzelne Bundesstaaten, wie etwa 1837 Michigan, ihr öffentliches Schulsystem vollkommen nach dem preußischen Plan. Deshalb wußte etwa die »New York Tribune« am 20. April 1849 zu verkünden: »Preußen ist heute demokratisch – seine dreißig Jahre lange Volksschulbildung hat dies bewirkt.« Aber schon ein paar Jahrzehnte später erschien in amerikanischen Augen Preußen, obgleich dessen Volksschulsystem unverändert fortfunktionierte, als Ausgeburt europäischer, antidemokratischer, reaktionärer Zurückgebliebenheit. Dies erklärten jetzt die Amerikaner mit der dortigen autoritären Stellung des Lehrers, der Untertanendisziplin der Schulkinder der akademischen, abstrakten Ausrichtung der Lehrfächer und Unterrichtsmethoden. Sie selber verloren allmählich ein gut Teil ihrer Überzeugung, daß »Wissen Macht« sei, und zwar demokratische

Macht. Nicht so sehr das Was als das Wie des Unterrichts bestimme dessen Erfolg, so meinten sie jetzt. Bald begann in Amerika der von den pragmatischen Philosophen geleitete Versuch einer neuen Schule, in der aus den Kindern freie Persönlichkeiten und demokratische Bürger geformt werden sollten wie am Fließband einer modernen Fabrik. Nicht Kampf gegen Ignoranz, sondern Kampf gegen Unterordnung und für soziale Anpassung war ihre neue Aufgabe, auch wenn dabei der Kampf gegen Ignoranz zu kurz kam.

Die neue Methode befreit den jungen Amerikaner von der altmodischen Arbeit des Memorierens und ähnlicher Gewaltakte. Freiwillig hat er zu lernen, weshalb der Lehrstoff unterhaltsam dargeboten werden muß, um das Stigma der Langweiligkeit zu verlieren. Disziplin klingt schon wie ein unanständiges Wort. Mit Resignation oder Schrecken entdecken Eltern und Erzieher beim Schulabschluß, daß es den Produkten – oder Opfern – ihres Experiments schwerfällt, in angemessenem Tempo zu lesen, rechtzuschreiben, die einfachsten Namen und Ereignisse der Geographie und Geschichte zu kennen. Sie haben es nicht gelernt, aber dies macht nichts, so meint man weithin: Wollen sie sich darin spezialisieren, so können sie diese Kenntnisse von Fachleuten mit besonderen Methoden später erwerben. Für wichtiger hält man, daß sie als Schulkinder daran gewohnt werden, glückliche, selbstbewußte, demokratische Persönlichkeiten zu werden – mit eindrucksvollen Erfolgen.

Wirklich erlebt das amerikanische Kind in der Schule die erste, schüchterne, teilweise Infragestellung seines Selbstherrschertums. Nachdem der kleine Amerikaner sich zuvor nur mit seinen Geschwistern um Macht und Anerkennung hatte balgen müssen, trifft er jetzt im Schulhaus als Gleicher unter Gleichen auf ein Regiment anderer Selbstherrscher, mit denen er zusammen leben muß. Ein gut Teil seiner Schulung gilt nun der Erlernung demokratischen Verhaltens, vorab der demokratischen Techniken: Seine Klasse oder Schule wird zum Parlament, in dem nach allen parlamentarischen Spielregeln Debatten abgehalten, Wahlkämpfe veranstaltet, Mehrheitsbeschlüsse gefaßt werden, in fortschrittlichen Schulen sogar über die Frage des Schulplans und der Lehrgegenstände. Bald wird er zum Meister der Mehrheitsbeschlußfassung und zum Meistersinger der Demokratie. Diese Schulung erweist ihren Wert, wenn die kleinen Amerikaner später Bürger werden und mit Virtuosität den Betrieb ihres Gemeinwesens zu führen wissen. Noch wertvoller bleibt ihre anerzogene Einsicht, »auf den anderen Rücksicht zu nehmen«, und zwar im wohlverstandenen eigenen Interesse; wollen sie glücklich sein, so müssen sie das »give and take« erlernen, die Kunst des Gebens, um zu erhalten, genannt »die goldene Regel«. Auch Anständigkeit will gelernt sein, sie hat ihre Technik und verlangt häufige Übung. Und in der Schule beginnen die jüngsten Amerikaner gegen ihresgleichen – die Mitglieder ihrer eigenen Altersklasse – jene Tugenden zu praktizieren, die sie den Mitgliedern der älteren Altersklassen versagen. Die Liberalität innerhalb der Elite wirkt sich auch in der privilegierten Schicht der Amerikaner aus.

Mit dem demokratischen Verhalten gewöhnt sich der Bürgerlehrling auch an dessen Schattenseiten. »Der Junge, der etwas Originelles zu sagen hat, wird nicht höher geachtet als sein Klassenkamerad, der nur schwätzt, weil er gern seine eigene Stimme hört oder, was schlimmer ist, weil er schnell seine Macht entdeckt hat, damit Aufmerksamkeit zu gewinnen und den Verlauf zu unterbrechen«, wie Fred M. Hechinger, der Erziehungsredakteur der »New York Times«, einmal feststellte. Eine andere Gefahr ist, daß in der demokratischen Kinderschule der Mehrheitsbeschluß an Stelle der auf Kenntnisse und Nachdenken beruhenden Überlegung des einzelnen tritt. Und die Mehrheit steht über der Wahrheit. Diese staatsbürgerliche Gleichheit feierte ihren legendären Triumph, als im Biologieunterricht der Lehrer den Neunjährigen ein Kaninchen vorführte mit der Frage, ob es männlich oder weiblich sei. Antwort des Klassenführers: »Darüber müssen wir abstimmen.«

Noch fragwürdiger wird diese demokratische Schulung, wenn sie mit der demokratischen Wirklichkeit selbst verwechselt wird, so daß die Kinder gleichberechtigt in die öffentlichen Angelegenheiten der Erwachsenen eingreifen. Mit großem Enthusiasmus und geringer Sachkenntnis dürfen sie sich an Diskussionen, Wahlkämpfen, Demonstrationen beteiligen. Wenige nehmen Anstoß, wenn bei Protestmärschen ganze Schulklassen auf Grund ihres Mehrheitsbeschlusses mitziehen und die Beschlüsse ihres Präsidenten, ihrer Volksvertretung, ihrer Wählermehrheit beschimpfen oder ihre Forderungen an die Autoritäten verkünden. Man unterstellt eine Gleichheit Vierzehnjähriger mit Vierzigjährigen. Obschon ihnen das Wahlrecht selbst noch versagt ist, wird ihnen das volle Mitspracherecht in den Angelegenheiten der Nation eingeräumt. Und ihre kenntnislosen, kindischen, nichtssagenden »Meinungen« werden besonders ernst genommen – sind sie doch die Bürger von morgen.

Dank der Arbeit und Leistung ihrer Vorfahren ist das Gefühl materieller Sicherheit den jüngsten Amerikanern in Fleisch und Blut übergegangen. Nach dem Ende des Zweiten Weltkrieges geboren, betrachten sie es als selbstverständlich, daß alle ihre Bedürfnisse nach Dingen und Diensten, nach Behagen und Genuß befriedigt werden; nur wenige Kinder der Reichsten hatten zuvor in einer solchen Märchenwelt gelebt, wie heute sie ein jedes als sein Recht beansprucht. Sie haben längst verlernt, Wasser zu trinken, wenn sie durstig sind; in diesem Fall wird eine Flasche mit buntfarbiger und geschmackskitzelnder Flüssigkeit geöffnet, halb geleert, weggeworfen. Die Nahrungsmittelindustrie gibt monatlich Millionen aus, um ihre Produkte durch besondere Lockungen an den Mann, genauer an das Kind zu bringen. So sicher sind diese Kinder ihres materiellen Wohlstandes, daß ihr Interesse an dessen Erwerbung und Vergrößerung schwach geworden ist, obwohl sie bereit sind, »a fast buck«, einen schnellen Dollar zu verdienen und bei jeder Aufgabe zu fragen: »What's in it for me?«, »Welchen Gewinn bringt es mir?« Als erste amerikanische Generation rechnet sie Reichtum nicht zu ihren Lebenszielen. Die Frage, was diese eigentlich seien – Glück? Liebe? Genuß? Mystisches Erlebnis? Dienst an anderen? Der Weg zu unbekannten Bereichen? –, beschäftigt sie deshalb um so mehr. Auch sie suchen nach Neuem, aber sie wissen nicht, wo sie es suchen sollen.

Trotz der Gefahr, den Leser durch Wiederholung zu langweilen, muß hinzugefügt werden: Es gibt auch Familien und Schulen, in denen die Kinder nicht regieren. Statt dessen werden sie erzogen, spielen weder Gleichberechtigung mit den Älteren noch genießen sie eine Freiheit, deren Verantwortung sie nicht kennen. Sie lernen und gehorchen. Aber sie sind eine Minderheit und gelten als altmodische Ausnahmen, die vom Zug der Zeit noch unberührt blieben.

1898 hatte Muirhead seine entsetzte Beschreibung amerikanischen Kinderkults noch mit einer Überraschung beendet: »Am seltsamsten ist jedoch, daß die Frucht keineswegs dem Samen entspricht; der Wind wird gesät, aber kein Sturm geerntet, das unerträgliche Kind wird nicht notwendigerweise ein unerträglicher Mensch. Durch irgendeine mysteriöse – soziale oder andere – Chemie der amerikanischen Atmosphäre blüht der schreckliche kleine Racker zu einem reizenden und fraulichen Mädchen auf, mit gerade genug Unabhängigkeit, um es pikant zu machen; der übellaunige und hypochondrische kleine Junge wird ein höflicher und freundlicher Mann. Irgendeine Art von moralischem Wunder scheint um das Alter von vierzehn oder fünfzehn herum zu wirken ...«

Jene Beobachtung stimmt nicht mehr. Die große Metamorphose vom Enfant terrible zum »regular guy«, vom Selbstherrscher zum Bürger, vom »tyrannisierenden Kind zum tyrannisierten Erwachsenen« (so der Schweizer Amerikareisende Lorenz Stucki) kann man »um das Alter von vierzehn oder fünfzehn herum« heute nicht mehr beobachten, im Gegenteil: In diesem Alter wird erst der Höhepunkt der jüngsten Generation erreicht und werden deren höchste Macht und Vorrechte erworben.

Die etwa Vierzehn- bis Fünfzehnjährigen, die zuvor in die

erwachsene Welt eintraten, um sich ihrer Ordnung gefügig und gelehrig anzuschließen, ziehen jetzt den dicksten Trennungsstrich gegen die Ordnung. Zwischen Kind und Erwachsenem formen sie eine »neue Klasse«, die Oberschicht der Altersklassengesellschaft, die Elite der privilegierten Jugend – die »Teenager«. Und alle Vorrechte, die sie für sich beanspruchen, gestehen ihnen die übrigen Altersklassen widerstandslos zu.

Die Herrschaft der Halbwüchsigen hat keinen Vorgang in der amerikanischen Vergangenheit. Höchstens acht Prozent der Bevölkerung umfassend, erscheinen sie in vielen Augen als die prototypischen Amerikaner, je nach Geschmack, Alter und Denkart der Betrachter bald bewundert und nachgeahmt, bald wieder Ärgernis und Abscheu erregend. Hatte Amerika zuvor seine Halbwüchsigen als die jüngsten Erwachsenen benötigt und behandelt, so kann es sich jetzt leisten, sie als die ältesten Kinder zu krönen. Die vorherige Dauer der Zugehörigkeit zur jüngsten Generation mit allen ihren Vorrechten wird nun um etwa fünf weitere Jahre ausgedehnt. In der Wohlstandsgesellschaft braucht der Teenager nicht mehr um sein wirtschaftliches Fortkommen zu bangen und sich tugendhaft zum Kampf um den Erwerb zu rüsten – dies ist die materialistische Basis seiner Klassenherrschaft.

Unwillig, die Verantwortung der Erwachsenen zu übernehmen, mit deren körperlichen und finanziellen Gaben die Teenagergruppe doch schon ausgestattet ist, benutzt sie diese Gaben als Waffen ihrer Macht über die Gesellschaft. Bis das moralische Wunder, das »die kleinen Ungeheuer in freundliche, höfliche, anständige Bürger« verwandelte, etwa fünf bis zehn Jahre später eintritt, herrscht, wie Steinbeck beklagt und wie jeder Amerikaner erfahren hat, »offener Krieg« zwischen Erwachsenen und Teenage-Amerikanern.

Die letzten Reste den Kindern gegenüber nicht ganz vermeidlicher, unsicher und schuldbewußt gehandhabter Rechte Erwachsener werden ihnen gegenüber aufgegeben. Mehr noch, viele Erwachsene versuchen, sich ihnen gleichzuschalten: sie imitieren ihre Sitten und Unsitten. »Die amerikanische Zivilisation«, stellten 1963 die Erziehungsexperten Grace und Fred Hechinger fest, »neigt zu solcher Ehrfurcht vor ihrem Teenage-Sektor, daß sie in Gefahr kommt, eine Teenage-Gesellschaft zu werden, mit permanenten Teenage-Wertmessern in Denkart, Kultur und Zielen.«

In ihrer Übergangsperiode zwischen Kindheit und Erwachsenheit erfüllen diese Teenager mit der Kraft und den Mitteln von Erwachsenen, denen sie in manchen Zügen schon ähneln, die Triebe und Wünsche von Kindern, die sie in anderen Zügen noch sind. Alle jene Samen, die ihnen in großen Dosen mit modernsten Instrumenten eingespritzt worden waren, kommen jetzt zur vollen Blüte; deshalb ist es nicht ihre Schuld, sondern das logische Resultat ihrer

Aufbringung, daß sie genau wie ihre kleineren Geschwister selbstbezogen sind, sich als Mittelpunkt des Universums sehen, die Erfüllung aller ihrer materiellen Wünsche als selbstverständlich voraussetzen; wie ihnen gleichfalls anerzogen, passen sie sich ihrer Gruppe an, folgen ihrem Führer, halten wenig von intellektueller oder anderer Disziplin, wissen meisterhaft über Fragen, die sie sich nie gestellt oder über die sie nie nachgedacht haben, zu reden. Daß sich jedermann seine Einsichten erarbeiten müsse, diese Einsicht fällt ihnen ebenso schwer wie der Respekt vor der Einsicht und der Arbeit anderer. Die subjektive, eigene Meinung allein gilt. Gewichtig und lakonisch fällt der Teenager über jedes Thema sein Urteil mit dem einzigen, abschließenden, alles entscheidenden Satz: »I like it«, oder »I don't like it« – »Dieses gefällt mir, jenes gefällt mir nicht.« Einer weiteren Begründung bedarf es nicht; der Herr hat gesprochen. Ihre ebenso ignorante wie arrogante Meinung wirkt weniger erstaunlich als die Mischung aus Ehrerbietung und Selbstbescheidung, mit der ihre Lehrer und Eltern ihnen lauschen, selbst und gerade wenn sie jene und deren Wertwelt gnadenlos verdammen.

Ihre materielle Sorglosigkeit und Sicherheit verführt sie zur Verachtung und Verspottung materiellen Erfolgsstrebens, das sie Erwachsenen überlassen und vorwerfen. Niemals bestraft, kennen sie keine Furcht und kennt ihre Vitalität keine Grenzen. Das Schulkind ist der Vater des Teenagers.

Es vergnügt ihn, diese Erwachsenen zu provozieren und seine eigene Macht zu testen, ein schon bei Säuglingen oft beobachtetes Unterfangen; die Teenager haben nur deren Waffen verfeinert und verbessert, auch können sie lauter plärren und mehr Unheil anrichten als jene. Fast rührend kindisch klingen die Klagen, die sie gewohnheitsmäßig gegen die Welt der Eltern erheben: Deren Altersgenossen haben ihnen dazu das Vokabular geliefert, denn unter amerikanischen Denkern finden sich viele (»radikale Kulturkritiker« genannte) sechzigjährige Teenager.

»Man kann niemandem über Dreißig trauen«, hieß seit etwa 1965 ihr Lieblingsdogma. Um die feindselige Grenze zwischen sich und der gemeinen Masse der Erwachsenen recht sichtbar und herausfordernd zu gestalten, zeigen sie mit fast fieberhaftem Eifer die äußeren Merkmale ihrer Sonderart; wie alle Eliten provozieren sie damit die Masse der Beherrschten, an deren wirkungslosem Ärger sie die eigene Macht erweisen, im Kreml und in Hitlers Braunem Haus nicht anders als im Teenagerkreis. Zudem entgehen sie der eigenen Langeweile, während sie, das Wesen ihrer Elitenatur, das Neue, heiligend, ihre ständig wechselnden »Fads« erfinden – neue Redewendungen, neue Kleidungsstile, neue Musik, neue Tänze, neue Gesinnungen. Kurzlebiger, exzentrischer, radikaler voneinander verschieden als Moden, sind die »Fads« die Status-Symbole der Teenage-Elite. Selten währen sie auch nur ein Jahr lang, und alle die Teenager, so kühn sie sich ihres Nonkonformismus gegenüber Eltern und Älteren rühmen, folgen ihnen mit konformistischer Devotion.

Einen kurzen Augenblick lang mag es schick sein, sich im Weltschmerz in die nihilistische eigene Seele zurückzuziehen, dann wieder für die totale Revolution zu demonstrieren und mit selbstzufriedenem Gebrüll Berufsumstürzlern nachzulaufen, bald schluckt man psychodelische Pillen oder wälzt sich in »Liebe« oder lebt nach den ersten Seiten populärer mystischer, marxistischer, philosophischer Taschenbuchausgaben, die man nicht zu Ende liest. Jedenfalls endet der »Fad«, sobald er die unumgängliche Langeweile erzeugt, wie sie auch Kleinkinder zeigen, nachdem sie lange genug das gleiche Spiel gespielt haben.

Die Welt der Erwachsenen, ebenso wie die Welt des Auslands, nimmt diese »Fads« erheblich ernster als die Teenager selbst, so, wie Eltern auf die Launen ihrer Kinder »überreagieren«. Sobald die Teenager Existentialismus, Freudismus, Edelanarchismus und Unedelanarchismus, Neomarxismus, die »Neue Linke«, Seelenrevolution, Pansexualismus, andere abstruse oder destruktive Denkmoden zur Schau tragen, suchen und sehen die älteren Außenseiter darin Ideen und Zukunftszeichen von tiefster Bedeutung. Die erwachseneren Kritiker und Professoren analysieren sie mit Ernst wie gelehrte Haussklaven die Heldentaten ihrer Herren; währenddessen aber haben die Teenager jene Ideen schon längst wieder zum alten Eisen geworfen.

Durch den steten schnellen Wechsel ihrer »Fads« verhindern sie, daß diese zur Mode aller Amerikaner werden und sie selber sich dann nicht mehr von diesen abheben. Denn bald übernehmen viele Erwachsene den letzten Teenage-Fad, um selber jugendlich und zur Elite gehörig zu wirken. Nachdem sie die Spiele ihrer Teenager mit gemessener Hochachtung kritiklos »zu verstehen« suchten, zollen sie ihnen – unwürdig, lächerlich, tragisch wie jede Mehrheit, die ihren Tyrannen lobpreist – ihre Verehrung. Sie erlernen ihren letzten Tanz, lauschen andachtsvoll ihrem letzten Lied, gebrauchen fließend ihre letzten Redensarten und kostümieren sich, schreiben, malen, musizieren nach letztem Teenage-Geschmack. Was dieser jüngsten Generation gefällt, weist in die Zukunft und muß deshalb besser sein als der eigene, erwachsene Geschmack; wer jünger ist, hat immer recht. Wenigstens müssen die Älteren so tun, als ob sie sich den Teenagers gleichgeschaltet hätten. Kein Wunder, daß diese – wieder wie alle Tyrannen – ihr unterdrücktes Volk in Grund und Boden verachten.

Die sogenannte Jugendrebellion der sechziger Jahre lieferte ein

Schulbeispiel. Daß viele Jugendliche der weißen Mittelklasse sich nicht zum Militärdienst in Südostasien einziehen lassen wollten und viele Jugendliche der schwarzen Unterschichten sich ihm nach ihrer Einziehung zu entziehen versuchten, motivierte einen Gutteil ihres Protestes, den sie dann generalisierten und moralisch verbrämten. Ihre Protestdemonstrationen endeten, sobald die allgemeine Dienstpflicht aufgehoben worden war; während das selbstische Motiv verschwand, verblich auch ihr zuvor an seiner Stelle ins Feld geführtes moralisches Anliegen.

Wie 1977 in der umfassendsten Untersuchung der Haltungen der Jugend von damals und heute (vom Carnegie Council on Policy Studies in Higher Education) festgestellt werden konnte, verwechselten das Publikum und die Presse während jener sogenannten Jugendrebellion »den sehr sichtbaren Ausdruck einer sehr leidenschaftlichen Minderheit mit weitverbreitetem Protest: Studenten waren damals weniger radikal, als die Medien andeuteten und die Demonstrationen glauben ließen – weniger als die Hälfte bezeichneten sich damals als links oder auch nur liberal, 1975 war dies nur noch ein Drittel. Das politische Interesse der jugendlichen Mehrheit überhaupt war damals gering, heute ist es noch geringer: Bei allen Wahlen findet sich die höchste Zahl derer, die nicht zu den Wahlzellen gehen, unter den mit dem Wahlrecht beglückten Amerikanern zwischen 18 und 21 Jahren; auch wo von ihren Wortführern unterstützte, ihre Jugendforderungen vertretende Kandidaten auftreten, stimmt nur eine kleine Schar junger Wähler für sie.

Die Macht der Teenage-Elite läßt sich an ihrer Kaufkraft ermessen. Sie sind reich. Der sogenannte Teenage-Markt beherrscht einen erheblichen Sektor der Bekleidungsindustrie, vieler Nahrungs- und Getränkeindustrien, wichtiger Unterhaltungsindustrien, besonders des Films und der Musikalienproduktion; ihre Konsumenten sind zu fast 80 v. H. Teenager, und was ihnen gefällt, ist modern; ihre Geschmackslabyrinthe verfolgen besondere Teenage-Marktforschungsinstitute mit der Akribie eines pulsfühlenden Arztes. Was sie sich verdienen und von ihren Eltern erhalten, genügt, um sie zu einer der mächtigsten Konsumentengruppen des Landes zu machen; sie setzen den Stil, dem auch viele erwachsene Käufer folgen. Ich habe mich öfters damit unterhalten, an einem Abend vor dem Fernsehschirm diejenigen der Hunderte Werbecommercials zählen zu wollen, die durch Kinder oder Teenager zum Kauf eines Produkts aufriefen, und fand wenig andere. Von der Zahnpaste bis zur Tomatensauce, vom Aspirin bis zum Parfüm, vom Auto bis zu Film und Fluglinie appellierten die Firmen durch und an die Jugend.

Vorbereitet für ein Leben ohne Kampf und Gefahr, in dessen

Sicherheit sie sich wärmen wie in einem Federbett, reagieren die Teenager Kampflust und Wagemut ihrer Jahre mit Spielen ab, die tödlich werden können. Sie suchen den Ernst des Lebens auf Abwegen, um der Langeweile zu entgehen, die, wenn alles erlaubt ist, dem Vergnügen auf dem Fuß folgt. »Fünfzehnjährige begehen mehr ernsthafte Verbrechen als irgendeine andere Altersgruppe, Sechzehnjährige folgen ihnen. Mehr als fünfzig Prozent der Verhaftungen wegen Einbrüchen betreffen Jugendliche unter achtzehn ... Die Verbrechenshäufigkeit ist am höchsten in der Altersgruppe von fünfzehn bis einundzwanzig«, wie Präsident Johnson dem Kongreß in einer Alarmbotschaft am 7. Februar 1967 mitteilte. Aber die Nation wurde nicht besonders alarmiert: sie wußte dies alles ja schon aus eigenem Erleben.

Wie der Kinderkult gebietet, werden solche Ausschreitungen der Jugend von der erwachsenen Mehrheit mit verständnisvollem Augenzwinkern, schuldbewußtem Stirnrunzeln, resigniertem Achselzucken hingenommen. Wenn sie gegen das Gesetz verstößt, gilt der jungen Elite gegenüber nicht die Gleichheit vor dem Gesetz; ihre Verbrechen werden als »jugendliche Vergehen« nach besonderem Recht abgeurteilt, häufiger allerdings freigesprochen und die Schuld den älteren Klassen angelastet, die das »Problem« der Jugend nicht gelöst hatten. In New York standen einmal sechs Teenager vor Gericht, weil sie aus Langeweile und für »kicks«, die ersehnten Schauder der Erregung, einen auf einer Bank schlafenden harmlosen alten Mann in Brand gesteckt und dann im Fluß ertränkt hatten. Wie während der Gerichtsverhandlung ein prominenter Universitätsprofessor, Schriftsteller, Journalist des intellektuellen Establishment schrieb, müsse solch »krankhaftes« Benehmen der Gesellschaft zur Last gelegt werden; habe sie doch versäumt, die Neurose der lieben Kleinen liebevoll und gratis zu kurieren. Polizisten haben oft gestanden, daß sie Teenager bei der Begehung von Untaten nach Möglichkeit nicht verhaften, sondern ignorieren, um nicht von dem Richter beschimpft und von der Öffentlichkeit denunziert zu werden.

Wenn, wie vor allem während der wirtschaftlichen Rezession Mitte der 1970er Jahre, die wirtschaftliche Sicherheit und die beruflichen Aussichten der Teenager und Studenten sich verdunkeln, finden zwar viele von ihnen zurück zu sachlicher Arbeit, aber zugleich flüchtet sich eine Minderheit in die Abgründe des Verbrechens, da sie ja einen verbrieften Anspruch auf das gute Leben zu besitzen wähnen. Die Überfälle, Einbrüche, Gewaltakte von seiten junger und sehr junger Amerikaner häuften sich in jenen Jahren, und die alten Leute des Landes wurden ihre bevorzugten Opfer.

Die Vorrechtsstellung unzurechnungsfähiger Kinder wird den Teenagern nur zugestanden, wenn solch vergebende Toleranz zu ihrem Nutzen ausschlägt. Umgekehrt werden ihnen alle gleichen Rechte wie Erwachsenen gewährt. Diese ertragen geduldig jeden Anspruch, jedes Diktat, jeden Übergriff der Teenager, nicht zuletzt die Kakophonie, mit der sie das Land seines Rechts auf Ruhe berauben, während ihre elektrisch verstärkten Gitarren, knallenden Motorräder und Rennwagen, Jukeboxes, denen die Gäste eines Lokals zuhören müssen, wenn einer von ihnen sie mit seiner Münze in Betrieb setzt, was ohne Unterbruch geschieht – Symbol der Diktatur einer Minderheit! –, das Land mit Lärm erfüllen. Seit 1966 erstellen Baufirmen in der Suburbia von Long Island Einfamilienhäuser mit zwei schalldicht voneinander getrennten Flügeln – einen für die Erwachsenen, den zweiten für die Teenager der Familie, vor deren niemals verklingender Fernseh-, Rundfunk-, Grammophon- und selbsterzeugter Musik neben weniger harmloser Unterhaltung der Rest der Familie geschützt werden soll: Halb flieht die unterdrückte Schicht vor der Diktatur, halb nimmt sie sie hin und richtet sich ein.

Mit ihrem eigenen Hausflügel geben sich Teenager nicht lange zufrieden. Nirgendwo in der zivilisierten Welt liegt das Heiratsalter niedriger als in Amerika: Seit 1960 ist fast jede zweite Amerikanerin beim Eheschluß noch ein Teenager, am häufigsten um ihren achtzehnten Geburtstag herum. Ein Drittel aller ersten Kinder wird in den Vereinigten Staaten von Müttern, die zwanzig Jahre oder jünger sind, geboren, und die Väter sind nur ein bis drei Jahre älter. Ein Viertel aller Studenten sind Familienväter. Aber oft spielen sie nur Erwachsene und bleiben Kinder: Unter Frauen, die zwischen fünfzehn und neunzehn Jahren heirateten, finden dreimal mehr Ehescheidungen statt als bei jenen Amerikanerinnen, die erst zwischen einundzwanzig und fünfundzwanzig Jahren die Ehe schlossen. Von 240 Ehen, die während des Mittelschulbesuchs eingegangen worden waren und deren späteres Schicksal die Nationale Erziehungsvereinigung (National Education Association) verfolgte, überlebten nur sechzehn.

Vor der Heraufkunft der Teenagerklasse hatten Amerikaner solche Frühehen als Laster der untersten Schicht bedauert; ein ehrbarer junger Mann heiratete erst, nachdem er sich seine Stellung im Leben gesichert hatte. In der Wohlstandsgesellschaft sind die Eltern in der Lage und infolge ihrer Dienstbarkeit gegenüber den Kindern willens, jahrelang diesen außer ihrem Studium auch die Ehe nebst kommendem Nachwuchs zu finanzieren oder wenigstens zu subsidieren; den Rest erhalten sie bereitwillig von Banken und Abzahlungsfirmen auf Kredit. Was sie der regierenden Elite schenken, müssen die alternden Amerikaner zurückzahlen.

So anziehend ist die Stellung der Teenage-Elite, daß auch die jüngsten Amerikaner möglichst bald zu ihrem Rang aufrücken möchten. Nahe scheint der Zeitpunkt, an dem nicht nur die jungen Eltern noch Teenager sein werden, sondern zugleich auch schon ihre jungen Kinder. Physisch beginnen sie mehrere Jahre früher als ihre Vorfahren zu reifen. Mit zwölf Jahren werden sie zu »Subteens« ernannt und imitieren ihre älteren Geschwister mit Verlobungen und Liebesbeziehungen, Abendgesellschaften und Abendkleidung und vor allem gewichtigen eigenen Meinungen von der Kunst bis zur Politik. Die Freiheiten der Universitätsstudenten genießen jetzt schon die Mittelschüler. Und erst im Lauf ihres Studiums beginnen auch Teenager langsam zu erwachsen – reif und verantwortungsvoller zu werden, wie die Optimisten sagen, oder rapid zu altern, wie sie selber finden.

Moderne amerikanische Teenager haben wenig gemein mit den Helden eines Horatio Alger, die zwischen dem Bürgerkrieg und dem Ersten Weltkrieg das Leitbild des halbwüchsigen Amerikaners bestimmt hatten. Alger (1832–1899), Sohn eines unitarischen Geistlichen, Student an der Harvard-Universität, rebellischer Bohemien in Paris, dann Pfarrer in Amerika, wo er ein Wohnheim für Zeitungsboten leitete, schrieb etwa 120 Knabenbücher, die Millionen junger Amerikaner lasen; sie enthielten, so glaubten sie, den Schlüssel zum Erfolg und zur Führung ihres Lebens. Unweigerlich war ihre Hauptfigur ein etwa 15jähriger Waisenknabe, ein Schuhputzer oder Zeitungsbote, Tag und Nacht arbeitend, sparsam bis zum Geiz, treu all den Tugenden, die Benjamin Franklin beim Beginn der Republik proklamiert hatte: »Der Weg zum Reichtum ist so einfach wie der Weg auf den Markt, er wird von zwei Wörtern bestimmt – Fleiß und Frugalität.« Die jungen amerikanischen Leser zweifelten nicht an der Moral, die Horatio Alger ihnen lehrte: Erfolg, damals vor allem ein Synonym für Reichtum, kam als Lohn des Himmels für den jungen Mann, der sich abplagte, seine Pfennige in die Sparkasse warf, den Gelüsten des Fleisches nicht nachgab, den Versuchungen der Unehrlichkeit wacker widerstand, gehorsam, gutherzig und wißbegierig hinter den Erwachsenen zurücktrat. Ob sich der junge Amerikaner an diese Leitregeln hielt oder nicht, sie verwandelten das amerikanische Kind in einen Mann.

Sieht man genauer auf Horatio Algers Parabeln, so findet man Falltüren. Seine jungen Helden brachten es nicht zu Wohlstand und Ansehen, weil sie fünfzehn Stunden am Tag arbeiteten und dann fünf Dollar auf die Seite legten, sondern weil sich eines Tages herausstellte, daß der Vater des armen Waisenkindes Bergwerksanteile hinterlassen hatte, die zuvor wertlos geschienen hatten und nun plötzlich wertvoll wurden. Oder er half einem Invaliden über die Straße, der ihm aus Rührung ein Grundstück schenkte, das prompt seinen Wert vervielfachte. Oder der Chef gab ihm seine

Tochter zur Ehefrau. Solcher Glücksfälle gab es so viele wie der Mordmethoden im modernen Kriminalroman, doch wer brav die Erwachsenen und ihre Welt ehrte, durfte erwarten, daß sie prompt eintrafen. Horatio Alger selber starb bettelarm im möblierten Zimmer einer nicht ganz achtbaren New Yorker Pension.

Man vergleiche seine halbwüchsigen Helden mit Holden Caulfield: Prototyp des modernen Teenagers, galt dieser Held des 1951 erschienen Romans von J. D. Salinger, »The Catcher in the Rye«, seiner zeitgenössischen Generation als ihr eigenes Vorbild und Monument. Der etwa 16jährige Holden ist vor Ferienbeginn seiner teuren Privatschule entlaufen und läßt sich zwei Tage lang ziellos durch New York treiben. Er kann sich kaum ausdrücken, seine Sprache ist infantil, gelernt scheint er nichts zu haben, und er interessiert sich nur für sich selbst. Von seinen Eltern und sonstigen Erwachsenen hält er nicht das geringste, mit der bestehenden Gesellschaftsordnung ist er unzufrieden, sein Versuch eines sexuellen Experiments (das er niemals Abenteuer nennen würde) endet mit einem Fiasko; er ist ein unglücklicher junger Mann, »nicht ganz balanciert«, aber voller *sophistication*, wie das neueste Literaturlexikon – The Reader's Encyclopedia, 2. Auflage, 1965 – bewundernd bemerkt.

Mit der einstmals neuen Puritanerethik hat diese neue Haltung wenig mehr gemein. Sachgenuß und Selbstverzärtelung ersetzen die Sparsamkeit und Arbeitsamkeit der Ahnen; die Jagd nach dem Vergnügen folgt der altväterischen Jagd nach dem Dollar. Alle Erwachsenen erscheinen als bösartige ferne Tölpel, und der Teenager ist unglücklich. Das Experiment seiner Herrschaft befriedigt nicht einmal die privilegierte Klasse selber.

Seine Metamorphose tritt ein, wenn der junge Amerikaner endlich mit der Pflicht konfrontiert wird, erwachsen zu sein. Viele ältere Studenten nehmen dann ihre Arbeit ernst. Und viele Teenager, die wie im Spiel zum Familienvater geworden sind, um plötzlich die Verantwortung für ihre Kinder zu tragen, verlieren oft über Nacht die Selbstherrscherhaltung, die ihnen zuvor anerzogen oder auch nicht aberzogen worden war. Dann wirkt jenes Wunder, das Muirhead einst am amerikanischen Kind beobachtet hat, und der Homunkulus wird zum Amerikaner – verspätet, aber doch noch.

Das moralische Mirakel dieser großen Wandlung ist gar nicht so wunderbar. Seine demokratische Erziehung kann jetzt erst Früchte tragen, weil Demokratie eine Ordnung von Erwachsenen ist, für die er jetzt erst reif wird. Seine Gewohnheit, alles zu bezweifeln, ständig zu experimentieren, hemmungslos und furchtlos auf unentdeckten Wegen unerforschtes Land zu suchen, führt ihn nicht mehr so oft wie bisher in die Irre; sie kann ihn nun zu würdigen

Unternehmungen befeuern. In der Schule und sogar in der Teenage-Clique hatte er sich daran gewöhnen müssen, mit all den anderen gleichaltrigen Autokraten auf gleichem Fuß nach der goldenen Regel zusammen zu leben. Jetzt, da er erwachsen wird, bleibt ihm wenig übrig, als in denselben Formen ernsteren Geschäften nachzugehen.

Eine Minderheit, die die Periode ihrer Bevorrechtung verdarb, trachtet lebenslänglich Teenager zu bleiben. Auf diese Hoffnung spekulierend, wird die Jugendlichkeit zu einem politischen Programm erklärt. John F. Kennedy hatte als erster im großen Maßstab dessen Zugkraft entdeckt, als er, gegen den älteren Präsidenten Eisenhower zum Kampf ausziehend, sie wie die Fahne einer Idee schwang. Seither haben allerlei jugendliche und alternde Demagogen, Umstürzler ohne Ziel, Außenseiter voller Ressentiments gegen überlieferte Werte die Klasse der Jugendlichsten zum tätigen, oft anarchischen Protest gegen Gesetz und Ordnung aufgerufen und ihre Politik nach den Launen der Unreifsten ausgerichtet – Klassenanführer der herrschenden Klasse, alternde Ausbeuter des Kinderkreuzzugs, Apostel des Altersklassenhasses. Hin und wieder konnten sie den friedlichen Fortschritt des Landes aufhalten, indem sie ihn mit ihren Machtansprüchen und Gewalttätigkeiten störten.

Wie im vorhergehenden Zeitalter, in dem die Halbwüchsigen es schwer hatten, sind auch heute, während die Halbwüchsigen herrschen, diese ihre Übergangsjahre eine Prüfungs- und Lehrzeit; manche erliegen ihr, und viele werden durch sie stärker. Der Preis, den sie und die Kultur ihres Landes dafür zahlen, ist hoch.

Ihr Recht, alles Althergebrachte zu verachten und nach Neuem zu jagen, hat die Jugend nicht nur heute und nicht nur in Amerika für sich beansprucht; ist es doch ihr natürliches Recht, dessen Ausübung die Gesellschaft vor Erstarrung schützt – wenn es von dem ebenso natürlichen, ebenso wesentlichen Recht der älteren Generation mit ihrem Hang zum Herkömmlichen und ihrem Mißtrauen gegen Veränderungen balanciert wird. Dieses Gleichgewicht der Altersklassen ist in Amerika gestört, da die Altersklassen nicht mehr gleichberechtigt sind oder – um hoffnungsvoll nach vorn zu blicken –: noch nicht gleichberechtigt.

13 Die Amerikanerinnen

Wenn der Amerikaner ein »neuer Mensch« ist, was ist dann die Amerikanerin? Zwei Bilder werden heraufbeschworen, die den Weltmarkt beherrschen. Das eine kommt aus Hollywood: die neue Venus, die den neuen Namen 42-25-36 trägt; er legt die Maße ihres Brust-, Taillen-, Schenkelumfangs fest und damit ihre Qualitäten als Mutter, Teenager, Frau. Zudem trägt sie ihre Reihe vollkommener Zähne, die meistens lächeln, und nebenbei ihre langen, schlanken Beine. Ein Wunderwerk der Züchtung, Pflege, Orangensaft- und Kosmetikindustrien, erstrahlt sie als Sex-Symbol, heute weniger züchtig als bisher, doch immer noch von allen Männern umworben, bis sie sich am glücklichen Ende mit dem besten Burschen vermählt.

Die andere Amerikanerin scheint auf einem anderen Planeten geboren: Trotz sorgsam jungmädchenhafter Frisur, darauf kokett wippendem farben- und phantasiegefülltem Kinderhütchen, tiefem Dekolleté und gar nicht üblen, generös gezeigten Beinen wirkt sie fast geschlechtslos. So sieht eine etwas eingeschüchterte, kopfschüttelnde Welt die Amerikanerin als Familienoberhaupt, der der Mann gehorsam dient, die Amerikanerin als alternde, doch stets kampfbereite Amazone, die Amerikanerin als Machthaberin.

Mit noch kantigeren und schärferen Linien gezeichnet, mit noch lauteren und dickeren Farben gemalt, erscheint das gleiche Bild in seiner neuesten Version – die Amerikanerin der »Women's Lib«, der Frauenbefreiungsbewegung, die mit dem Kampfgeschrei aufrührerischer Kolonialvölker antritt, um ihre totale Unabhängigkeit vom anderen (oft als imperialistisch und minderwertig denunzierten) Geschlecht zu proklamieren, eine intellektuelle Amerikanerin, die ihren Herrschaftsanspruch erhebt und die Anerkennung anatomischer Unterschiede zwischen Mann und Weib als »Sexismus« verdammt.

Und beide Bilder der Amerikanerin stammen aus Phantasien, Irrtümern und Echos des Hörensagens derer, die ihr nie begegnet sind; die Wirklichkeit widerspiegeln sie nicht, die Amerikanerin ist anders.

Ihr auch nur künstlich, wenn nicht gar künstlerisch geschaffenes Idealbild, das erheblich wirklicher wirkt, findet man in den Flugzeugen (und in deren Reklamen): Die Stewardess trägt die

Züge des neuen weiblichen Wesens, das Amerika der Welt beschert hat. Stets lächelnd, bis sie müde und bissig wird, schön bemalt und geformt, ist sie Kellnerin, Kindermädchen, Amme, Krankenschwester, Showgirl, gute Kameradin; sie dient ihren Kunden und beherrscht sie, während sie sie füttert, anleitet, ihnen Lebensrettung verspricht, strenge Befehle erteilt; und – den schönsten Traum Amerikas erfüllend – sie befindet sich in steter Bewegung, während sie sich zudem selber ständig bewegt, als Teil der dahineilenden Flugmaschine, in der sie hin und her eilt, zweckhaft und zielbewußt. Ihre Weiblichkeit ist dick aufgetragen; ihres Aussehens wegen ausgewählt, kommt ihre Tüchtigkeit oft zu kurz, denn schöne Hüften und Haare garantieren nicht immer, daß ihre Besitzerin intelligent und geschickt genug ist, um die rechte Flugkarte auszustellen. Ihr Sex ähnelt dem Striptease, er verspricht, doch wer einen Schritt weiter zur Wirklichkeit gehen möchte, wird grob gestoppt. Jedermann scheint sie Liebe zu verheißen und bringt doch nur verhutzelte Schinkenbrote, die nach Eisschrank und Einwickelpapier schmecken. Das ist nicht ihre Schuld, sie arbeitet hart und willig. Sie ist jung und muß ihre Stellung aufgeben, wenn sie heiratet oder den dreißigsten (ein paar Jahre mehr oder weniger) Geburtstag feiert. Man hat sie geschult, mit der Majestät einer Göttin zu schreiten und mit jedem Passagier auf gleichem Fuß zu stehen. Als ideale Amerikanerin untersteht sie der Befehlsgewalt des Kapitäns, der ein Mann ist.

Auch das Sex-Symbol von Hollywood wurde von dicken, Zigarren qualmenden, Bilanzen lesenden und ihre Mitmenschen verachtenden Männern als Wunschtraum für erwachsene Kinder und andere Teenager produziert. Dieses Frauenbild enthüllt mehr den Sexkult Amerikas als die Amerikanerin. In heimlichen, harmlosen Phantasien mögen schlaflose Amerikaner sie »My Darling« nennen, und mit nicht so heimlichen Anstrengungen versuchen Amerikanerinnen ihr hin und wieder zu ähneln, mit mehr oder weniger Erfolg. Die Sex-Symbole selber bleiben der Welt entrückt, um wie einst die auf kurze Frist zu Göttern erklärten und dann geschlachteten jungen Azteken geopfert zu werden. Marilyn Monroe war ein besonders trauriger Fall, aber kein Sonderfall.

Die Vorstellung, Amerikanerinnen regierten ihr Land und ihre Familien in herrschsüchtigem Matriarchat, ist eine Legende. Sie entstand in einer Welt, der, wenigstens in Europa, die Unterordnung der Frau unter den Mann im öffentlichen wie im privaten Leben selbstverständlich gewesen war; da die Amerikanerin nicht untergeordnet, sondern gleichgestellt war, hielt man sie für übermächtig. Diese Geschlechtergleichheit scheint jedem Amerikaner ebenso natürlich, wie sie jeden Ausländer verblüfft. Henryk Sienkiewicz, der polnische Romancier und Nobelpreisträger, meinte bei einem Besuch in New York Stangen zu sehen, an denen statt des Geßlerhuts die Pantoffeln der Amerikanerinnen hingen; die Amerikaner erniedrigten sich vor deren »Tyrannei« und »Despotismus«. In Kalifornien, so berichtete der entsetzte Pole, sei ein Gesetz erlassen, wonach ein Mann, der seine Frau schlug, selber einundzwanzig Peitschenhiebe zur Strafe empfinge. Solch ein Weiberregiment mußte einen virilen Besucher erschrecken, in dessen Heimat ein Mann mit einer kräftigen Tracht Prügel seiner Frau seine Liebe beweisen mochte.

Mulier taceat in ecclesid, das Gebot des heiligen Paulus, war immer in Amerika unbekannt und Amerikanern völlig unverständlich, wenn nicht gar schmählich. Nicht nur in der Kirche, bei jeder Zusammenkunft am geselligen Tisch oder in der öffentlichen Versammlung erheben die Amerikanerinnen ihre Stimme nicht weniger laut, und häufig lauter als ihre Männer, während sie sich mit der gleichen Sicherheit wie andere Amerikaner, meist etwas ernster und gewichtiger, zu allen »Problemen«, einschließlich und besonders ihren eigenen, erklären. Mag es in Europa auch heute noch nicht ganz proper für eine Dame wirken, wenn sie sich zu Fragen der Wirtschaftspolitik oder der Weltpolitik äußert, in Amerika muß sie ihre Meinung im Wettbewerb mit den Männern kundtun, oft in einem herrischen Ton, der Europäerinnen als unweiblich gälte. Was sie zu sagen hat, scheint ihr dabei weniger wichtig als der Beweis, daß sie mitreden kann. Sie tritt so selbstsicher auf, wie lange Gewöhnung an Anerkanntsein und Angehörtwerden es lehrt. Sie ist keine Dame, weil Allüren und Manieren des Herrn ihr in Fleisch und Blut übergegangen sind. Die Gleichheit der Ungleichen genießt auch sie, während sie gegen die Ungleichheit der Gleichen aufbegehrt.

Im Sommer 1966 konnte man in einer neuveröffentlichten Studie lesen, daß in Europa (oder wenigstens in Deutschland und der Schweiz, auf die sie sich beschränkte) am Freitagabend viele Arbeiter, nachdem sie ihren Wochenlohn erhalten und sich im Gasthaus betrunken hatten, zu Hause dann ihre Frau verprügeln, ehe sie sich am nächsten Tage wieder mit ihr versöhnen. Eine entsprechende amerikanische Untersuchung liegt zwar nicht vor, was im Lande der unbegrenzten Befragungen erstaunlich scheint, doch findet man eine gute Auskunft etwa in Witzzeichnungen der Unterhaltungszeitschrift der gehobenen Suburbia, dem »New Yorker«, oder volkstümlicher in Fernsehkomödien, die immer wieder um die nämliche Situation kreisen: Wenn der Ehemann spät nachts, nach einem feuchtfröhlichen Abend mit den »Boys«, nach Hause kommt, zieht er die Schuhe aus, um sich heimlich einzuschleichen, aber sein Versuch ist vergebens: An der Tür erwartet ihn die Gattin in Nachthemd, Lockenwicklern und Pantoffeln – nicht gerade ein

Sex-Symbol – und hält mit wütend entschlossener Miene hocherhoben eine Nudelrolle, bereit zur Bestrafung des Sünders, die dieser gefügig erwartet. Wie die gleichfalls regelmäßigen Cartoons über das »Bullchen«, den Rowdy der Saloons, zeigen, pflegt hingegen ein Amerikaner männlichen Geschlechts nur die eigenen Geschlechtsgenossen zum Faustkampf herauszufordern.

Zwar treffen sich Amerikanerinnen – genau wie ihre Männer – gern unter sich, aber bei diesen Gelegenheiten unterhalten sie sich vorab über Angehörige und Artmerkmale jenes anderen, abwesenden Geschlechts, nachdem sie pflichtgemäß ihre Meinung zu den letzten Problemen der Weltpolitik und ihrer Kinder verkündet haben. Beim Kaffeeklatsch – ein Fremdwort, das im amerikanischen Idiom weniger respektlos klingt als in seinem deutschen Original –, bei der »hen party« mit Cocktails und Bridgespiel, beim Lunch des Damenklubs beweisen die »girls« (wie sie sich noch im Greisenalter grüßen), daß sie den »boys« (auch sie betagte, würdige Herren einschließend) ebenbürtig bleiben.

Eine solch vollkommene soziale Gleichberechtigung haben die Amerikanerinnen zu eigen, daß man versucht wird, sie die weiblichen Amerikaner zu nennen. (Im welchem Fall man ihre Mitbürger des anderen Geschlechts der Symmetrie wegen die männlichen Amerikanerinnen nennen dürfte.) Zwischen dieser Gleichberechtigung und der Gleichmacherei verläuft keine scharf gezogene Grenze. Nicht nur äußerlich wirkt eine Tendenz, die bestehende Ungleichheit der Geschlechter zu leugnen und sie so gleichzumachen wie die Handtücher in jedem besseren amerikanischen Badezimmer, die sich nur durch die eingestickten Worte »Er« und »Sie« unterscheiden, oder wie die beliebten für »Sie« und »Ihn« identischen, nicht einmal mehr die kleinste Differenz zeigenden Pyjamas und Nachthemden, Sporthosen und Sporthemden, Parfüms, Schönheitsmittel, sonstigen Kosmetika, Haartrachten des »Unisex«, den die Modeschöpfer preisen.

Doch während die Amerikanerinnen sich und andern Amerikanern ihre Gleichartigkeit mit den Männern des Landes vortäuschen, dementieren sie sie zugleich, sobald etwa ein Mann sie so rüde zu behandeln wagt, wie er es mit seinen Mitmännern zu tun gewohnt ist. Dann zeigt sie, daß sie auch Frau sein will: Frau und Mann zugleich. Die elegante junge Dame, die am Morgen ihre *blue jeans*, ihren schlampigen Sweater, kein Make-up trägt, erscheint nahezu androgyn; aber schon am Nachmittag im Cocktailkleid trachtet sie, »ganz Frau« zu sein. In ihrem Schrank hängen neben ihrer Männertracht all die Kleider, die jedes weibliche Geschlechtsmerkmal sozusagen doppelt unterstreichen. Mindestens einmal in der Woche verbringt sie einige Stunden im »Beauty Parlor«, dem Schönheitssalon, wo sie (von einer zumeist besonders effeminierten) männlichen Amerikanerin frisiert, mani- und pedikürt, ausgeglättet, umgebogen, angemalt wird, bis ihre Maske der Weiblichkeit einem Kunstwerk gleicht. Man muß schon eine Multimillionärin wie Hetty Green sein, um sich solch kostspieliger Kennzeichen des Geschlechts zu begeben: Die Tochter eines Millionärs, die mit geschickten Wallstreet-Spekulationen Multimillionen zusammenscheffelte, konnte es sich leisten, in Lumpen zu gehen.

Auch darin unterscheiden sich die Amerikanerinnen kaum von ihren Männern, die ihrerseits und gleicherweise gern aus ihrer Männlichkeit eine »Schau machen«, besonders, wenn sie etwas zweifelhaft wirkt. Oft erinnern sie ein wenig an Ernest Hemingway, von dem der weise Kritiker Max Eastman einmal spöttisch bemerkt hatte, sogar das Haar auf seiner Brust sei vom Kosmetiker aufgeklebt. Um seine Virilität zu beweisen, forderte daraufhin Hemingway seinen Kritiker, dem er zufällig im Wartezimmer einer New Yorker Zeitschrift begegnete, zum Boxkampf heraus. Obschon Eastman über zwanzig Jahre älter war als sein Herausforderer, gewann er in der neunten Runde.

Wie Hemingway trachten viele Amerikaner ihr ganzes Leben lang zu demonstrieren, daß zwischen ihnen und den Amerikanerinnen immer noch jene *petite difference* besteht, die auch im Amerikanischen nicht übersetzt zu werden braucht. Sogar die jungen Beatniks und Hippies der sechziger Jahre, die ihr Haupthaar so lang wachsen ließen und sich mit Ketten und Ohrringen schmückten wie ihre Gespielinnen, trugen lange Bärte, im männlichen Protest gegen die selbstauferlegte Androgynie.

In der Ehe herrscht, wie im demokratischen Staat, absolute Gleichberechtigung – der Theorie nach. Doch deren Verwirklichung ist in der Ehe noch schwieriger als in der Demokratie, weil ja bei Meinungsverschiedenheiten die Entscheidung nicht der Mehrheit überlassen werden kann: Wenn »er« dafür und »sie« dagegen stimmt, gibt es keine Mehrheit. Doch besteht echte Gleichheit der Chancen beider Partner, und deshalb hängt es allein von ihren Persönlichkeiten ab, wer regiert; ob in einer Familie jeweils »er« oder »sie« das eheliche Lenkrad steuert, gehört darum zum beliebten Gesprächsthema aller mit ihnen bekannten Ehepaare. Oft, wieder wie in der Demokratie, entscheiden Machtkämpfe die Ehestruktur.

Der konventionelle eheliche Machtkampf, wie ihn die amerikanische Folklore verherrlicht und die amerikanischen Cartoons verewigen, geht darum, ob man abends zu Hause bleiben soll oder nicht (»sie« wünscht Abwechslung, »er« nicht), ob der Mann allein zur Tagung seines Verbandes, ob er mit den Boys auf die Jagd fahren darf oder nicht (»er« will, »sie« nicht) und ob »er« sich überreden läßt, »ihr« das notwendige Geld für ihre Kaufwünsche zu geben. »Er« pflegt seine Niederlage zumeist schweigend hinzunehmen, »sie« die ihre in endlosen Telefongesprächen mit Geschlechtsgenossinnen zu besprechen; mit ihren Verwandten, wenn sie unteren Schichten angehört, falls aber höher gestellt, mit ihren Freundinnen – sogar dieses unbewußte Statussymbol ist in einer sozialpsychologischen Studie entdeckt worden, neben einem zweiten Merkmal: Je höher ihre Bildungsstufe, um so mehr Schuld sucht sie bei sich selber und ihren psychologischen Schwierigkeiten.

Die Spielregeln der amerikanischen Politik mit ihrem Zweiparteiensystem gelten auch in vielen amerikanischen Ehen, in denen abwechselnd wie Demokraten und Republikaner »er« und »sie« siegreich ihren Willen zur Macht durchsetzen. Ähnlich manchen Nationen, die sich weniger zur amerikanischen Demokratie eignen, wünschen auch manche Ehepaare in Amerika gar nicht jene Gleichheit; nicht nur widerspruchslos, sondern zufrieden hingenommen wird bei ihnen die Führung durch den einen Partner. Falls der Frau diese regierende Rolle zufällt, spielt sie sie in Amerika offener als anderswo. In der Demokratie wie in der amerikanischen Ehe ergibt sich eben als natürliche Folge der offiziellen Gleichheit, daß der Stärkere führt; niemand weiß, ob mehr Amerikanern oder Amerikanerinnen die Macht in der Familie gehört.

Amerika erschien immer als das gelobte Land der Frauen – lange, ehe sich die Verheißung erfüllte. Als im 17. Jahrhundert die englische Sekte der *shakers* (Schüttler) verkündete, Christus werde bei seiner nächsten Verkörperung als Frau erscheinen, wurde die Hufschmiedtochter Ann Lee prompt »durch eine unmittelbare Offenbarung des Herrn aufgefordert, nach Amerika auszuwandern«. Sie selber nämlich, so sagte sie und so glaubten ihre Sektenbrüder in der Neuen Welt, sei »die Tochter Gottes, die Schwester Jesu, der weibliche Christus«. Die letzten Nachfahren ihrer Sekte glauben es heute noch – wo anders als in Amerika hätte die Idee eines weiblichen Herrn Boden fassen können?

Wann eigentlich diese Gleichheit der Amerikanerinnen mit den Amerikanern begann, läßt sich nicht mit einem Datum festlegen, die Wurzeln gehen zu tief und sind zu verschlungen. Natürlich schuf die neue amerikanische Gleichheitsidee von Anfang an eine neue, jene Geschlechtergleichheit fördernde Atmosphäre, während wie in Europa zuerst doch auch in Amerika die Frau vorab Gattin und Mutter, junge Dame oder Magd war. Aber das Land stellte sie neben den Mann. Die Frau des Pioniers mußte sich oft genug mit der Büchse in der Hand als dessen Kameradin der Gefahren erwehren; in ihrer Küche hing griffbereit die Flinte. Auch erhöhte es die Geltung der Frau, daß ihr in Amerika ursprünglich und lange Zeit

Seltenheitswert zukam; oft zahlte ein junger Mann einen ziemlich hohen Preis in Form von Schiffspassagekosten und zusätzlichen Aufwendungen, um eine Braut aus Europa zu importieren, und Schiffe, die Bräute geladen hatten, kamen nicht oft. Eine ehefähige junge Amerikanerin wurde im Westen häufig im bewaffneten Ausscheidungskampf ihrer Bewerber gewonnen. »Wenn man mich fragte, welcher Ursache die einzigartige Prosperität und wechselnde Stärke dieses Volkes [der Amerikaner] vorab zuzuschreiben sei, würde ich antworten: ›Der Überlegenheit ihrer Frauen‹«, schrieb der junge Franzose Tocqueville. Aber er bemerkte, daß Amerikanerinnen all ihre Unabhängigkeit, die sie als Kind und junges Mädchen genössen, beim Eintritt in die Ehe verlören, dann lebten sie wie in einem Kloster, und ihre Gesichter würden »traurig und entschlossen« *(sad and resolute)*.

Ganz anders beobachtete sechzig Jahre später der Autor des Amerika-Baedekers: »Die amerikanische Frau hat niemals gelernt, zweite Geige zu spielen.« So auffällig schien ihr Gleichheitsanspruch, daß, so stellte Muirhead fest, »beinah jedes Buch über die Vereinigten Staaten ein Kapitel enthält, das sich ausführlich mit deren weiblichen Bürgern befaßt«. Das war vor der Jahrhundertwende. Als sich damals James Bryce mit einer deutschen Einwanderin unterhielt, fand diese ihre amerikanischen Geschlechtsgenossinnen, wie er auf deutsch zitierte, »furchtbar frei« und, wie sie hinzufügte, »furchtbar fromm«. Bryce selber, jetzt wieder in seiner englischen Muttersprache, schloß: »Kein Land scheint seinen Frauen mehr zu schulden als Amerika noch ihnen so viel von dem, was in seinen sozialen Institutionen und seinen Überzeugungen am besten ist, zu verdanken.«

Anerkennung dieser Art leisteten den amerikanischen Frauen seither fast alle Besucher, sogar ausländische Besucherinnen, obzwar diese viel Essig in den Wein schütteten. Offen oder versteckt verspürten sie Eifersucht auf ihre so angesehenen amerikanischen Geschlechtsgenossinnen und Neid auf deren hohe Stellung. Ihr sozialer Rang war kaum davon beeinträchtigt, daß auch in Amerika Frauen in zuvor den Männern vorbehaltenen Berufen noch selten waren – im Prinzip ausgeschlossen waren sie nur von der in England keineswegs mißachteten Arbeit als Barmaid. Auch übten sie nur wenig politische Macht aus, selbst wo sie ihnen zugestanden war: Bei den Wahlen zu den Schulbehörden von Neu-England, dessen Gemeinden beiden Geschlechtern gleiches Wahlrecht gewährt hatten, gaben fast keine Frauen, aber fast alle Männer ihre Stimme ab oder kandidierten selber. Nahezu ganz in weiblichen Händen hingegen lag von jeher, beinahe bis zum Zweiten Weltkrieg, der Beruf der Schullehrerin; man darf vermuten (obgleich ich keine diesbezügliche Untersuchung oder gar Bestätigung gefunden habe), daß dieser Beruf, der anderswo Männern vorbehalten blieb und Autorität ausstrahlt, selbst wenn sie wie in Amerika soweit wie möglich beschnitten wird, dazu beigetragen hat, dem jungen Amerikaner die Hochachtung vor der Frau von Kindesbeinen an einzuflößen.

Nach dem Ersten Weltkrieg präsentierte Amerika zum ersten Mal einen Frauentyp, der der Welt nicht als Kulturkuriosum, sondern als Vorbild entgegentrat; mit kurz geschnittenen Haaren, gleichfalls kurzen Röcken, überschlank und flachbusig, Zigaretten kettenrauchend und laut fluchend, war der Flapper ein erster androgyner Typ, genauer noch: jünglingsmädchenhaft. Er (der ja eine Sie war) spülte den in der Badewanne selbstgebrauten Gin oder den aus dem Ausland geschmuggelten Whisky mannhaft in Massen hinunter, trank also wie ein Mann, den »double standard« auf dem alkoholischen Gebiet aufhebend. Die für ihr Geschlecht verschiedenen Gebotstafeln des Sex, besonders des außer- und vorehelichen Sex, zertrümmerte sie mit derselben Entschlossenheit. Sie machte sich den Männern gleich. Zur selben Zeit wollten andere, ältere Amerikanerinnen umgekehrt die Männer sich gleichmachen: Auch die Damen der Frauenclubs und Abstinenzvereinigungen bekämpften den »double standard«, indem sie das Verbot allen Alkoholgenusses für alle, auch die männlichen Amerikaner, erzwingen wollten und bekanntgewordene Verstöße Hollywooder Filmschauspieler gegen die Keuschheit mit wirksamen Boykotten beantworteten. Während die Flappers nach der neuen Männermoral lebten, wollten die organisierten Amerikanerinnen die Amerikaner zum Leben gemäß ihrer alten Frauenmoral zwingen.

Aus jener kurzlebigen Periode rührt die Vorstellung, die Frauenclubs und die Frauen überhaupt besäßen eine besondere und hervorragende Machtstellung im Lande, was längst nicht mehr zutrifft: Mit der Abschaffung ihrer Prohibition durch den Mehrheitswillen der Amerikaner beiderlei Geschlechts wiesen diese die machtstrebigen Frauen in die Schranken der Gleichheit zurück, und sie sind seither in diesen geblieben. Der aggressive Flapper gewann einen vollen Sieg über die aggressive Abstinenzlerin. Im Kampf um die Gleichheit ging die Tendenz zur Gleichschaltung der Frau mit dem Mann, nicht umgekehrt. Sie wollte dieselben Rechte wie dieser, aber keine Macht über ihn.

Die feministische Bewegung kämpft weiterhin und mit demokratischer Legitimation um jene Gleichheit der Geschlechter, wo sie noch verletzt wird – wie hin und wieder in der Entlohnung der Arbeitskräfte oder deren Einstellung. Grundverschieden von diesem Feminismus sucht die Bewegung der »Women's Lib« nicht jene Gleichheit, sondern die Scheidung der Amerikanerinnen von den Amerikanern, um diesen kämpferisch entgegenzutreten. Entstanden in der turbulenten Epoche, in der »die Minderheiten« zum

Aufruhr aufgerufen wurden, erklärte die »Women's Lib« auch die Frauen zur unterdrückten Minderheit, die sich ihre Rechte – und Vorrechte mit Gewalt erobern müsse. Ihre Führung und ihr Gefolge beschränkte sich auf Intellektuelle der weißen, akademisch geschulten, wirtschaftlich wohlsituierten Schichten.

Da die Amerikanerinnen keine soziale Sondergruppe bilden, die sich in Interessen und Zielen scharf vom Rest des Volks unterschiede, gibt es auch keine politische Frauenmacht. Der einzigen Frau, die sich bei den Wählern des ganzen Landes um die Präsidentschaft der Vereinigten Staaten selbst bewarb, widmen die Geschichtsschreiber nicht einmal mehr eine Fußnote.

Virginia Claflin Woodhull, zweimalige Präsidentschaftskandidatin, betrat nach dem Bürgerkrieg die öffentliche Bühne. Im Mittelwesten geboren, war sie alles andere als eine Puritanerin; die Tochter eines Jahrmarkttrödlers hatte mit fünfzehn Jahren einen alten Doktor geheiratet und nicht lange danach sich von ihm getrennt, um sich in der viktorianischen Halbwelt als Schauspielerin, Näherin, Zigarrenmacherin, Spiritualistin umzutun. Als sie nach New York kam, eine junge Frau mit dem Gesicht eines energischen Engels, stürzte sie sich in die abseitigen Winkel sozialistischer Politik, um bald eine führende Rolle in der von ihr mitgegründeten ersten englischsprechenden Sektion der Ersten Arbeiter-Internationale in Amerika zu spielen. Nicht nur Lohnerhöhungen, auch Frauenwahlrecht und freie Liebe formten ihr sozialistisches Programm. Karl Marx, der aus London die Internationale wie ein autokratischer Konzernherr leitete, mochte die junge Genossin in Amerika nicht und sorgte dafür, daß sie ausgestoßen wurde. Sie war, wie sein amerikanischer Vertreter Friedrich Sorge erklärte, im Lande geboren, was sie als Sozialistin entwerte; denn alle eingeborenen Amerikaner seien Spekulanten, nur Neueinwanderer »Arbeiter«.

Jetzt gründete sie ihre eigene Partei, die Nationale Gleichberechtigungspartei; der Titel ihrer Zeitung schrie in jeder Ausgabe ihre Parolen in die Welt: »Aufwärts und vorwärts! Fortschritt! Freies Denken! Entfesseltes Leben! Bahnbrecher für künftige Generationen!«

Zugleich gründete die Revolutionärin in der Wallstreet (unterstützt von großen Bankiers, die ihr persönlich nahestanden) ihr eigenes Bank- und Börsengeschäft; sie wurde reich und blieb radikal, eine Kämpferin für gleiche Frauenrechte, freie Liebe, freie Prostitution, freie Neger, die Pariser Kommune, den Weltkommunismus, den Spiritualismus, bessere Wohnungen, obligatorische Schiedsgerichte in allen Arbeitskonflikten, öffentliche Verteidiger für angeklagte Arme, amtliche Überwachung unreiner Eß- und

Trinkmittel, eine Einkommensteuer, Regierungshilfe für Wissenschaft und Kunst, Rassehygiene, eine Aristokratie des Bluts. Dies alles fanden die Mitbürger so abschreckend wie ihre private Propaganda der Tat im Gebiet der sexuellen Frauenbefreiung. Zweimal wurde sie als Anwärterin auf die Präsidentschaft der Vereinigten Staaten vernichtend geschlagen. Dann emigrierte sie – wohlverheiratet, wohlhabend, mißwillig – nach England, wo sie starb. In ihrem Testament beklagte sie sich über »die Sitten und Vorurteile von Jahrhunderten, die mein Leben verbogen und verdorben haben«.

Eine moderne Amerikanerin, Sex-Symbol und Kämpferin für die Freiheit, Gleichheit und das Neueste: viele ihrer Forderungen sind seither längst erfüllt, andere stehen immer noch im Programm radikaler Rebellen. Sie war ihrer Zeit zu weit voraus und deshalb einen Augenblick lang berühmt und berüchtigt, dann vergessen. Die Amerikanerinnen wollen die Büste dieser ebenso anziehenden wie anrüchigen Frau nicht in ihrem Pantheon.

Trotz aller Gleichheit bleibt die Amerikanerin abseits von politischem Machtkampf und nationaler Führung. Die Frauen der Präsidenten waren bis vor kurzem Ehefrauen, aber keine öffentlichen Figuren. Martha Washington, die Gattin des ersten Präsidenten, und Dolly Madison, die Frau seines Nachfolgers, sind nur dem Namen nach bekannt, weil nach jener immer noch ein aufbrühbarer Kaffee, nach dieser eine vielgegessene Eiscreme geheißen ist. Die Frau des Präsidenten Andrew Jackson verdiente sich ihren historischen Ruf, weil sie ihre Wäsche in den Galaräumen des Weißen Hauses aufhängte und dort ihre Maiskolbenpfeife rauchte. Hausfrauliche Tugenden, weder Sex-Symbole noch Politik, zeichneten sie alle aus. Als die zweite Frau Woodrow Wilsons als erste Präsidentengattin ihre Hand nach der Politik ausstreckte, war es insgeheim und ungesetzlich: Während der von einem Schlaganfall gelähmte Wilson in seinem Krankenzimmer gefangen war, ließ sie keine Besucher zu ihm, um ein paar Monate lang in seinem angeblichen Auftrag nach ihrem eigenen Willen die Regierung zu führen. Danach wurde ein Gesetz erlassen, das eine Wiederholung jenes einmaligen Vorkommnisses ausschloß.

Erst zu Beginn der dreißiger Jahre, als eine unblutige Revolution ganz Amerika verwandelte, schwang sich zum ersten Mal die Frau eines Präsidenten zu einer öffentlichen Rolle auf: Eine triumphierende Feministin, machte sich Franklin Delano Roosevelts Gattin zur eigenmächtigen Wortführerin der Amerikaner, die ihren Mann gewählt hatten; manche verehrten, andere erduldeten sie zähneknirschend, während sie die neue Rolle einer »Ersten Dame des Landes« kreierte. Ungehemmt von der Verantwortungsethik und politischen Schlauheit des Präsidenten, mit der ganzen Gesinnungsethik des Weltverbesserers, griff sie tätig an, was immer ihr in der Welt unrecht, ungut, rückständig erschien; sie war nicht mehr die Hausfrau (deren Aufgaben sie doch noch mit öffentlicher Koketterie zu erfüllen vorgab), nicht mehr nur Gattin ihres Mannes (mit dem die Ehe nicht immer »erfolgreich« und »glücklich« war), nicht mehr Mutter ihrer Kinder (deren Skandalgeschichten und Mißerfolge die Nation erschreckten); als geschäftige Vortragsreisende, als Zeitungskolumnistin, als Vereinsgründerin, als Lobbyistin mit direktem Zugang zum Präsidenten hing ihre Macht doch nur an dem dünnen Lebensfaden ihres Mannes, der ihre Sondertouren hinnahm, wenn sie ihn auch nicht beglückten. Diese Politikerin im Weißen Haus war ein einmaliger Sonderfall an der Zeitenwende. Ihre beiden Nachfolgerinnen, Mrs. Dwight D. Eisenhower und Mrs. Harry S. Truman, kehrten der Tradition gemäß bescheiden in ihre private Sphäre zurück.

Selbst Präsident Kennedys schöne und vitale Frau Jacqueline vermied sorgfältig jeden Schritt in die Bezirke politischer Macht. Während die Public-Relations-Zauberer des Fernsehzeitalters sie mit Glanz und Glorie umstrahlten, hielt sie sich doch aufs strengste im Raum, der der Amerikanerin schon immer vorbehalten war. Sie kümmerte sich um die »Kultur« (die ihrem Gatten so unbehaglich fremd war wie ihr die Politik); sie »redekorierte« das Weiße Haus, dessen Türen sie den Leuchten des intellektuellen und künstlerischen Establishments öffnete; sie folgte mit Phantasie jeder neuesten Mode. Sex-, Mutter-, Jugendsymbol, thronte sie über jenen Bereichen, für die der Amerikaner, dieser Mann der Tat, herkömmlicherweise weder Zeit noch Interesse aufbringen will. Neu war, daß sie den neuen Wert der *sophistication* im »Weißen Haus« zur offiziellen Anerkennung führte. Ihre letzte Unterhaltung mit ihrem Mann wirkt als Epitome ihrer lebenslänglichen Rolle: Sie solle zum Besuch in Dallas ihr gewagtestes, modernstes, elegantestes neues Kleid tragen, sagte ihr der Präsident, um den »Weibern von Texas« zu imponieren*.

Und so blieb es bei ihrer Nachfolgerin, der lebenslänglich tüchtigen Frau des Präsidenten Lyndon B. Johnson: demonstrativ ihm stets liebevoll zur Seite stehend, konzentrierte sie ihr öffentliches Wirken auf genau jene Tätigkeit, der alle Amerikanerinnen traditionell und rituell im eigenen Haus mit Eifer nachgehen, wobei sie das ganze Land als ihr Haus betrachtete: Mit Tatkraft suchte sie es zu säubern, die Landstraßen von Abfallhaufen und Reklameschildern zu reinigen, Blümchen an der Autobahn zu pflanzen, kurz dekorativ zu verschönern und zu verbessern, eine Hausfrau der Vereinigten Staaten von Amerika. Richard Nixons Frau enthielt sich noch stärker öffentlicher oder gar politischer Tätigkeit. In den

* Dieser Passus wurde auf ihren Wunsch aus William Manchesters »Tod eines Präsidenten« gestrichen.

tragischen Jahren seines Falls stand sie ihm schweigend und treu zur Seite, sein Unglück mit ihm teilend, eine edle Frauenfigur. Betty Ford, ihre Nachfolgerin als »First Lady«, zeigte sich nicht ganz so zurückhaltend; wenn sie um ihre Meinung zu weiblichen Fragen – Kindererziehung, Elternverhalten jugendlichen Seitensprüngen gegenüber, feministischen Forderungen – gefragt wurde, gab sie sehr dezidierte Antworten, womit sie volkstümlich wurde.

Die Amerikanerin, die zum ersten Mal – im Jahre 1838 – die bürgerlich-politische Gleichheit der Frauen mit den Männern verlangte, erregte nur Widerspruch: Ihr wurde vorgehalten, das Eintreten für die Emanzipation der Frauen lenke von der Emanzipation der Neger ab. Sarah Grimkè, die beides verlangte, war die Tochter eines weißen südstaatlichen Aristokraten, der seine farbige Sklavin geheiratet hatte. Die Geschichte entschied mit einiger Ironie den Konflikt: Den schwarzen Amerikanern wurde 55 Jahre vor den weiblichen Amerikanern das Wahlrecht durch Verfassungszusatz gewährt. Doch die Amerikanerinnen hatten schon lange vor 1920, als man ihnen dann endlich die politische Gleichheit zugestand, jene soziale Gleichheit genossen, die die schwarzen Amerikaner auch heute noch nicht in auch nur annäherndem Umfang erwerben können.

Der Kampf um die bürgerlich-politische Gleichheit durch das Wahlrecht war der einzige politische Kampf der Amerikanerinnen. Ein anderes »Frauenproblem« gab es für sie als Gruppe nicht. An prominenter Stelle fehlen Amerikanerinnen in der Geschichte der amerikanischen Politik. Ob sie einen Ehrgeiz verspürten, sie zu beeinflussen, ist mehr als zweifelhaft; nach dem Sieg der Suffragetten und der Niederlage der Abstinenzlerinnen haben sie den Versuch nicht mehr begonnen. Nur um ihre bürgerliche Gleichheit ging es der kleinen Schar politischer Aktivistinnen, die verlangten – und gelegentlich erreichten –, daß in manchen politischen Gremien Frauen in genau der gleichen Zahl wie Männer vertreten sein mußten; dies mochte die Eitelkeit der ernannten Amerikanerinnen selbst befriedigen, an den Machtverhältnissen und deren Entwicklungen änderte es so gut wie nichts. Der Großteil der Amerikanerinnen überließ die Politik weiterhin den Männern, wenn auch hin und wieder politisch begabte und interessierte Frauen sich in ihr erfolgreich bewährten. Amerikanerinnen von 1976 waren gar nicht so verschieden von den Amerikanerinnen von 1776, soweit es um ihre Stellung und ihre Ambitionen in der Öffentlichkeit ging.

Sie gründeten Sekten, sie dichteten, sie schrieben Romane, sie zeigten ihre Stärke in der Familie und in den Sitten des Gemeinwesens, in »weiblichen« Sphären, die ihnen ihre männlichen Mitamerikaner mit Freuden überließen. Die Veredlung, Verschönerung, Verfeinerung des Lebens sahen die rauhen amerikanischen Männer der Tat als Aufgabe ihrer Frauen. Im Gegensatz zum aristokratischen Europa, dessen Söhne, von der materiellen Erbschaft der Väter zehrend, deren kulturelle Erbschaft vermehren konnten, bestand die Mußeklasse in Amerika nur aus Frauen: Sie lasen Bücher, besuchten Konzerte und Museen, pflanzten energisch und rührend rührig ein wenig Grazie in ihr nüchternes Land. Zu dessen männlichen Sphären suchten sie selten Zutritt, obschon er ihnen der Theorie nach offenstand. Von vereinzelten Ausnahmen abgesehen, wurden die Amerikanerinnen weder Bank- noch Industrie- noch sonstige Wirtschaftsführer. Die Praxis den Männern, die Kultur den Frauen, diese Gewaltenteilung schien sie zu befriedigen.

Etwa seit Ende des Ersten Weltkriegs entdeckten amerikanische Frauen ein neues Frauenproblem, das sie zu lösen und zu leben suchen. Es begann, als sie endlich die gleichen Rechte wie die Männer hatten, woraufhin sie beweisen mußten, daß sie ihrer würdig seien: Nicht nur als Wählerinnen und Studentinnen, in allen möglichen neuen Berufen traten sie diesen Beweis erfolgreich an. Ein paar Jahre später, in der Wirtschaftsdepression, schickte man sie wieder nach Hause; die wenigen Arbeitsplätze, so meinte jedermann, einschließlich der Frauen, mußten den Männern vorbehalten werden. Wieder einige Jahre nachher, als die Depression durch den Zweiten Weltkrieg abgelöst wurde, die Männer in den Kampf zogen, Ersatz für sie gebraucht wurde, erging der Ruf erneut an alle Frauen, die dann auch pflichtgetreu in die Fabriken, die Behörden, die bewaffneten Streitkräfte zogen, sich aus Müttern in Sekretärinnen und aus Hausfrauen in Schweißerinnen verwandelten oder die Uniform anzogen, um in den neuen Frauenkorps des Heeres, der Marine, der Luftwaffe zu dienen. Ihre Uniformen waren von den führenden Modehäusern des Landes entworfen und sehr schick, sie waren unbewaffnet, ihre Ausrüstung mit gewissen Waffen gegen die Folgen des Sex führte zu öffentlichen Kontroversen. Sie freuten sich ihrer Freiheit. Freuten sie sich wirklich? Seit Kriegsende wird über diese Antwort Krieg geführt.

Der Konflikt, das »Problem« liegt in der Doppelrolle als Amerikanerin, das heißt Frau, später Hausfrau und Mutter einerseits und als Amerikaner, also Kollege und Konkurrent anderer (männlicher) Amerikaner andererseits. Ob sich beide Rollen vereinen lassen, ob sie vereint werden sollen, ob nicht nur die eine oder die andere Rolle möglich, wünschbar, notwendig sei – darüber erscheint alle paar Jahre eine neue Theorie, die jeweils, der zuvor anerkannten widersprechend, die neue Norm setzt, nach der bis zur nächsten Theorie gelebt wird. Befriedigt hat noch keine. Gern hörte Amerika die Botschaft der lebensfrohen Dichterin Phyllis MacGinley, die am eigenen lebendigen Beispiel erklärte, wie fruchtbar beide Rollen zugleich gespielt werden könnten; bald kam der Einwand, die erfolgreiche Poetin sei weder Normalfall noch Vorbild (zumal Amerikaner den Poetenberuf sowieso als ein weibliches Reservat betrachten – Kinder, Küche, Kultur!), da die Durchschnittsfrau nicht Gedichte schreibend, sondern den ganzen Tag im Büro sitzend ihre Mutterpflichten und Hausfrauenpflichten ableisten muß. Dieser wurde empfohlen, sich nur aufs eine oder andere, Frau oder Karriere, zu konzentrieren.

Im ersten Fall mußte sie ihren Beruf an den Nagel hängen, was die Folge hatte, daß ihr Familieneinkommen und ihr Selbstbewußtsein gleich schwer geschädigt wurden; nachdem sie fünf Jahre lang am College und an der Universität studiert, dann ein paar Jahre lang in ihrem Beruf gewirkt hatte, widerstrebte es ihr, nur noch Windeln zu wechseln, Hühnchen zu kochen, das Haus zu säubern, spät abends den täglichen Berufssorgen ihres Mannes mit geduldigem Verständnis zu lauschen. Viele junge Frauen, die vom College in die Suburbia umgezogen waren, nahmen dieses Opfer auf sich, aber ein gut Teil ihrer Ehen zerbrach an ihrer *frustration*, ihrer enttäuschten Unruhe über die ungenutzte Bildung, ihrer Bitterkeit über die Vergeudung ihrer selbst. Deshalb protestierte die Tochtergeneration der liebenswerten Matronen, die zuvor ihre »höheren Bedürfnisse« in ihren Frauenclubs und bei ihrem Kaffeeklatsch mehr oder weniger befriedigt hatten, gegen das Los, »nur« Frau zu sein, wie sie es nannten: Es war eine volkswirtschaftliche Fehlinvestition, die Collegejahre zahlten sich in Küche und Kinderzimmer nicht aus. Auch nicht, wenn sie darin, wie so oft jetzt, mit ihren erlernten akademischen Methoden die jeweils neuesten Veröffentlichungen über die besten Rezepte für die Erstellung einer geglückten Casserole oder eines glücklichen Babys studierten. Doch keinesfalls weniger unruhig und unzufrieden mit ihrer Lösung war ihre Freundin, die ihre Kinder einem Babysitter und ihre Küche einer Zugeherin überließ, um in ihrem Beruf zu arbeiten; am Abend so müde wie ihr Mann, empfand sie ihn wie ihre ganze Familie nur als störende Last, und auch daran zerbrachen viele Familien. Wenn gar die Frau mehr verdiente als ihr Mann, rächte dieser sich nicht selten, indem er seine Männlichkeit außerhalb des Hauses unter Beweis stellte – in der Suburbia wie in den Elendsvierteln mit ihren materiell oft erfolgreicheren und sicherer gestellten Negerinnen. Der Rat an Frau Dr. Hausfrau, sie solle sich in ihrer Freizeit fortbilden, hilft ihr sowenig wie der Rat an die hausferne Frau Doktor, sie möge stolz auf ihre Leistung sein.

Das »Problem« hatte es nicht gegeben, solange nur die ärmeren jungen Mädchen in der Stadt (vorübergehend, bis zur Heirat) gearbeitet hatten, und auf dem Land hatte sich nie ein »Problem« gestellt, wenn die Frau des Farmers bei der Wirtschaft half. Merkwürdigerweise suchten aber immer mehr Amerikanerinnen einen »job« und übten ihn neben ihrer Hausarbeit aus, während der nationale Wohlstand wuchs: 1940 arbeiteten noch weniger als vierzehn Millionen Frauen in bezahlten Stellungen; 1963 aber schon fast 25 Millionen – 36 v. H. der weiblichen Bevölkerung über vierzehn. 1940 war weit weniger als die Hälfte der arbeitenden Amerikanerinnen verheiratet, 1963 über sechzig v. H. Aber vielleicht ist dieses Wachstum der Frauenarbeit in der Wohlstandsgesellschaft gar nicht so merkwürdig: Sie hatten höhere Schulen besucht, sie mußten im Haushalt weniger sparen und weniger arbeiten – teure Maschinen, Konserven, Dienstleistungsindustrien wie etwa die wöchentliche Windelwäscherfirma nahmen ihnen dies ab; und sie suchten Ablenkung, Einkommen, Wettbewerbschancen, um die sie ihre Männer wie um Vorrechte beneideten. Ich kenne Frauen großverdienender Männer, die einen kleinen Modeladen in der Suburbia betreiben, als Angestellte oder als Freiberuflerinnen sich abschuften oder auf der Suche nach »irgendeinem Job« sind, mit der stereotypen Begründung: »Ich muß auch irgend etwas tun.« Sie wollen dem in ihren Augen schrecklichen Schicksal der Frau entfliehen, die ihren Ehemann an der Tür des Hauses nach ihrem Kampf mit Kindern, Küche und Kultur (in Form von Lektüre und Lektionen) abends mit der notorischen Frage begrüßt: »Hattest du einen interessanten Tag im Büro?« Auch sie will ihn haben und kann ihn sich leisten.

Und mit dieser neuen Gleichheit erwirbt sie auch – nicht undankbar dafür – ihr neues »Problem«, das ihr in ihrer alten Ungleichheit erspart geblieben war. Doch wären sie keine (weiblichen) Amerikaner, hätten sie nicht den Glauben, ihr »Problem« ließe sich lösen, sobald nach weiteren Experimenten eine Patentformel gefunden sein wird, die klar aufgeht, also ihnen ihr »Glück« gebrauchsfertig in den Schoß legt. Daß nur der glücklich sein kann, der gelernt hat, daß es kein reines Glück gibt, und der es deshalb auch nicht erstrebt, für diese Einsicht haben sie wenig Verständnis.

Bewundernswert bleibt jedenfalls, wie gut Amerikanerinnen trotz all der Zeit und Sorgen, die sie ihrem »Problem« schenken, den beiden es verursachenden Aufgaben gerecht werden. Sie erweisen sich bei ihrer Berufsarbeit und in ihrer Ehe so kompetent, als ob sie nur einer von beiden sich widmeten. Sie leisten Gewaltiges und bringen es nebenher fertig, jugendlich und attraktiv auszusehen – im Job nicht weniger eine Notwendigkeit als in ihrer Ehe, wie die Frauenzeitschriften ihnen allmonatlich predigen. Vielleicht verbessert es ihre Stimmung und Freude, daß sie zu alledem ihr eigenes Problem besitzen.

Sie hatte ihr eigenes Problem geschickt geleugnet, solange sie noch unverheiratet gewesen war. Um »ihren Mann zu fangen«, bestand sie damals in eigenen wie fremden Augen nur aus Weiblichkeit. Jede Collegestudentin weiß, daß sie ihre Intelligenz in der Garderobe abgeben muß, ehe sie mit einem Kommilitonen ausgeht; daß sie so gescheit ist wie er oder gar intelligenter, würde ihn abschrecken, da er ja sein Sex-Symbol sucht, weder eine Kollegin noch eine Konkurrentin. Daß »sie« auf der Jagd nach »ihm« ist, auch wenn sie den Anschein des Gegenteils erwecken möchte, um seinem »Ego« zu schmeicheln, ahnt heute jeder Amerikaner. Die zwölfjährigen *girls* pilgern zu allen Orten, wo sie *boys* in größeren Mengen vorfinden, und in den nächsten zehn Jahren machen sie diesen Avancen, vom Telefonanruf bis zum Ritual der Zärtlichkeit. Sie spielen die Rolle des Sex-Symbols mit einer Aggressivität, die ihre zweite, heimliche, abgeleugnete kommende Rolle als Konkurrentin voraussehen läßt.

So eindringlich sich die Amerikanerin um die Erhaltung ihrer Sex-Glorie bemüht und sosehr sie auch deren Verlust bedauert, mit der Ankunft der Kinder zerläuft ihr Glorienschein. Sie wird dafür entschädigt; die Familie dreht sich jetzt um die Kinder, und da sie diesen näher steht als ihr Gatte, wächst ihr eigener Status.

Wenn die Stellung des Mannes in der modernen Familie zweitrangig geworden ist, dann nicht weil er der Frau, sondern weil er den Kindern gegenüber einen geringeren Rang einnimmt. In den täglichen Fernsehkomödien und Rundfunktragödien, wie sie die Leitbilder des Landes stereotyp spiegeln, tritt der verheiratete Amerikaner als ziemlich komische Figur auf: Während er arbeitet und zahlt, ohne die höhere Autorität im eigenen Haus zu besitzen, verwandelt sich der Vater zum Faktotum, gegen das Mutti mit den Kleinen gemeinsam Front macht. Die einstmals vorherrschende Gestalt des strengen und tugendsamen Familienoberhaupts gehört zu vorsintflutlichen Erinnerungen.

Dieser entthronte *pater familias* bejammert nicht sein neues »Problem«, sondern ist unsäglich stolz darauf, wenn er an den vormals typisch und ausschließlich weiblichen Arbeiten tätig teilnehmen darf: Dann binden Amerikaner sich Schürzen um und helfen beim Geschirrwaschen wie bei der Babybetreuung, die sie in »Vaterschulen« erlernt haben. Die Amerikaner haben sich ihrer Gleichheit gefügt, nachdem sie kurz und etwas töricht auf den »Momismus« geschimpft hatten, die, so hieß es damals, entmannende Herrschaft von »Mom«, der Amerikanerin als Mama. Seit Philipp Wylie 1942 seine Anklagen gegen den Momismus erhob, haben die Amerikaner erfahren, daß nicht Mom, sondern deren Kinder herrschen – über den Vater noch etwas mehr als über die Mutter.

Das Frauenproblem der Amerikanerinnen hat sein Pendant im

Männerproblem der Amerikaner, die jedoch nicht gern davon sprechen, geschweige denn ihm die Ehre der Ernennung zum Problem zugestehen. Auch sie leiden an ihrer Doppelrolle in Familie und Beruf. Der Kampf um Prestige und Einkommen läßt ihnen fast keine Zeit, sich als Väter ihren Kindern, als Männer ihren Frauen zu widmen. »Ich sehe meine Kinder nur an ihren Geburtstagen«, erklärte ein vierzigjähriger Neumillionär, nur wenig radikaler als die übrigen, nicht ganz so angespannten und erfolgreichen Bewohner der Suburbia und anderer Gegenden Amerikas, die sich allabendlich auf der Heimfahrt im Vorortszug vorklagen, ihre Kräfte reichten gerade noch zu einem starken Schlummertrunk, und dann ins Bett. Gespräche zwischen ihnen und ihrem Nachwuchs sind so selten, feierlich und kontaktlos wie internationale Gipfelkonferenzen, aber auch zwischen den Ehepartnern werden nicht mehr viel Worte gewechselt, bis sie die Gewohnheit des Dialogs verlernen. In amerikanischen Restaurants kann man mit großer Wahrscheinlichkeit bestimmen, welche Paare verheiratet sind, welche nicht; nur die letzteren reden miteinander.

Die Männer nehmen diese Entwicklung gelassener hin als die Frauen, die sich weniger sicher in ihrer Gleichheit fühlen und auch von Natur geneigt sind, »Probleme« zu entdecken, um vom Neuen zum Neuesten zu wechseln. Ganze Industrien beruhen auf dem Veränderungstrieb der Amerikanerinnen; ihr Schlachtfeld ist die Wohnung, in der sie den Möbeln keine Ruhe lassen und zur Verzweiflung der konservativeren Männer beständig neue »Innendekoration« betreiben; wenn sie vermögender sind, nach Beratungen und auf Anweisungen des hochbezahlten Innendekorateurs, dessen weibliche Natur zur Folklore der amerikanischen Jetztzeit gehört.

Die Amerikanerin als verheiratetes Wesen zu sehen ist keine unzulässige Generalisierung. Ihre große Mehrheit hat geheiratet: 1940 waren 81 Prozent, 1960 aber fast 90 Prozent zwischen 35 und 44 Jahren alter Amerikanerinnen im Ehestand. Die alten Jungfern oder *spinsters,* die jetzt Junggesellinnen oder *bachelor girls* heißen, sind fast im Aussterben. An ihre Stelle treten die wechselnden Scharen alleinstehender Amerikanerinnen, die verwitwet sind – ein Siebentel aller Frauen über einundzwanzig – und die geschieden sind, genauer geschieden bleiben. Die Mehrzahl der 400 000 Frauen, deren Ehen alljährlich von einem Richter und den Anwälten gelöst werden, heiratet so schnell wie möglich wieder. Wenn diese einzelnen – und oft einsamen – Frauen »career girls«, Kollegen, Konkurrenten der Männer sind, versuchen sie tapfer ein normales Leben zu führen, aber es befriedigt sie fast nie: Das erzwungene Experiment ihrer Gleichheit, aus dem die Ehe ausgeschaltet wird, benachteiligt sie, selbst im sozialen Leben, in dem der

Ehestand, nicht die Berufslaufbahn der Frau als »normal« gilt.

Wer nur die sensationalistischen Bücher und Artikel kennt, die die »Befreiung der Frau« vom Mann, vom Ehestand, von der weltwährenden Ordnung der Geschlechter fordern, beschreiben, feiern, mag dies alles als überholt beiseite wischen. Aber während jene Bücher, Berichte, Manifeste und Theoreme auf den Bestsellerlisten erscheinen und in fremde Sprachen übersetzt werden, wird gar zu leicht übersehen, daß sie nur von und für Minderheiten geschrieben wurden, und nur von der Wirklichkeit kleinster Minderheiten handeln. Im Jahre 1976 etwa waren die wirklichen Bestseller – in Millionenauflagen vertrieben, aber von den intellektuellen Chronisten des Büchermarktes nicht einmal erwähnt – Werke wie etwa »The Total Woman«, in denen eine Ehefrau und Mutter dozierte, wie Ehefrauen und Mütter ihre Männer glücklich machen können (und sollen), indem sie deren Wünsche erfüllen, wodurch dann sie selber glücklich würden.

Während die Amerikanerinnen die »Kultur« zum Teil den Männern überlassen, erwerben sie ihrerseits einen wachsenden Anteil am Nationalvermögen, vor allem als überlebende Ehepartner. Aber sie gebrauchen diese Macht selten und übertragen die Entscheidung lieber Männern – ihren Maklern, Bankiers, Finanzberatern. Bei aller sozialen Gleichheit wollen sie wirtschaftliche Macht noch weniger als politische Macht.

Bis vor kurzem war das Streben nach Gleichheit so einzigartig amerikanisch gewesen, daß man sie nur in Amerika sogar zwischen den Geschlechtern zu erreichen wünschte. Deshalb erschienen die Amerikanerinnen als einzigartige amerikanische Figuren. Heute wirkt ihre Gleichheit fast selbstverständlich, und die Amerikanerin ist nur noch eine besonders hübsch gebundene und illustrierte Sonderausgabe des Amerikaners, während sie versucht, Männlichkeit zu gewinnen, ohne ihre Weiblichkeit zu verlieren. Für ihren Erfolg im Gleichheitsstreben muß sie einen hohen Preis zahlen; ihre Gleichheit kostet sie ihre Ausgeglichenheit und das Glück freiwilliger Bescheidung. Sie erwirbt dafür die Würde und den Stolz ihrer Leistung, der amerikanischste aller Amerikaner zu werden. Sie kann sich den hohen Preis leisten, weil sie stark und neuerungsfroh in ihrer Welt steht und trotz alledem zuerst und vor allem Mutter und Gattin bleibt, also Frau.

14 Sex, made in USA

Mit Witzchen und apologetischem Lächeln begleiten Amerikaner ihre Rede über Politik, Geschäft, Sport, Auto, Kinder; sie geben sich alle Mühe, die »Probleme« und vor allem ihre eigene Ansicht zu diesen nicht gar zu gewichtig wirken zu lassen. Ihre Etikette lässig-leichten Verkehrstons gilt sogar im Umgang mit Problemen. Ernst, todernst, tierisch ernst werden Amerikaner erst, wenn ihr Gespräch – wie mit hoher Wahrscheinlichkeit zu erwarten – auf den Sex kommt. Dann sinken die Mundwinkel, die so zuversichtlich nach oben gezogen waren, die Stirn bedeckt sich mit Falten, die Augen blinzeln unsicher, verlegen, etwas schuldbewußt, die Stimme verliert ihre spielerischen Untertöne – hier ist ein »Problem«, mit dem sich nicht spaßen läßt, ein amerikanisches Problem.

Als Kolumbus in der Neuen Welt landete, war der Apfel der Erkenntnis bereits gepflückt, und noch ehe die Pilgerväter in Plymouth eintrafen, hatten Adams Kinder sich ziemlich erschöpfend in jenen Sphären, die von der Liebe bis zum Laster reichen, umgetan. Aber der amerikanische Sex – ein erfolgreicher Exportartikel, der es an internationalem Absatz mit amerikanischem Kaugummi, amerikanischer Demokratie, amerikanischen Supermärkten aufnehmen kann – war anderer, neuerer Natur. Selbst das Wort in seiner heutigen Bedeutung ist neu: Umschrieb es bisher nur das männliche oder weibliche Geschlecht und deren unterschiedliche Merkmale, so heute die einzelnen und die Summe aller Triebe, Tätigkeiten, Träume, für die man einst weniger kurze und weniger anständige Wörter gebraucht hatte – doch keinesfalls in der Öffentlichkeit.

In amerikanischen Augen ähnelt der Sex der Demokratie. Wie diese ist er die beste Idee, die jemals erdacht, das beste System, das jemals entwickelt, aber auch das schwierigste Problem, das jemals gestellt worden ist, weshalb beide in den Vereinigten Staaten entdeckt oder erfunden wurden. Wie die Demokratie dem einzelnen Freiheit, Gleichheit und Glück auf der politischen Ebene verspricht, so der Sex auf der persönlichen Ebene. Und wenn in der harten Realität dieser Welt weder die Demokratie noch der Sex so reibungslos und vollkommen funktionieren, wie ihre Theoretiker dies erwarten, so nur, weil die Praktikanten noch zu rückständig sind: Hier gibt es »Probleme«, die Forschung, Erziehung und gesellschaftliche Fortschritte noch nicht gelöst haben (noch ist das Schlüsselwort), aber der Lösung näherkommen: Fachleute an die Front!

Keinesfalls darf Sex mit Liebe verwechselt werden, sowenig wie Demokratie mit allgemeinem Glück; wie dieses ist die Liebe bestenfalls ein Nebenprodukt und bedauerlich selten. Anders als Sex läßt sich Liebe schlecht messen, analysieren und organisieren, auch läßt sich über sie weniger gut in Hörsälen, Fernseh-Symposien, Zeitungsartikeln sprechen als zu zweien, und dann nur als Vorspiel und Begleitung ihrer selbst. Amerikaner trennen darum die Liebe so sorgfältig vom Sex wie den Blumenduft von der greifbaren Blume. Sex ist ihnen ein wissenschaftliches Forschungsgebiet, eine gesundheitsfördernde Leibesübung, eine persönliche »Challenge« oder Herausforderung, die durch *know-how* (Gewußt, wie) oder technische Kunstfertigkeit, wie die Fachleute sie lehren, gemeistert werden kann, ein Erfolg, der allen erstrebenswert und vielen versagt bleibt, eine den Geboten der Freiheit, der Gleichheit und der Mehrheit untertane Massenäußerung, die Quelle und der Beweis der Jugend, die jedermann von Kindesbeinen bis ins Greisenalter sucht, ein Statussymbol fortschrittlicher »Sophistication«, bald Ursache und bald Lösung persönlicher Schwierigkeiten, ein soziales Problem und vor allem: ein neues Problem. (»Amerikaner sind entzückt, wenn sie neue Probleme entdecken«, erklärte im Jahre 1966 Mrs. Ethel Nash, die Präsidentin der amerikanischen Vereinigung der Eheberater.)

Wie eine Stimme aus der fernen, verschollenen Vergangenheit klingt es, wenn der sonst so gegenwartsgültige Tocqueville zu diesem Thema 1835 bemerkte: »In Amerika werden alle Laster, die dazu beitragen, die Reinheit der Moral zu gefährden und die ehelichen Bande zu zerstören, mit einer Strenge behandelt, die im Rest der Welt unbekannt ist.« Der reisende Pariser Junggeselle, der nicht prüde war, auch in Amerika nicht, erklärte ohne hörbare Begeisterung, daß Amerika »die moralische Laxheit besonders verurteilt, weil sie den menschlichen Geist von dem Streben nach Wohlstand abhält und die innere Ordnung des häuslichen Lebens stört, die zum Erfolg im Geschäft so notwendig ist«. Was man heute Sex nennt, schade dem wirtschaftlichen Aufstieg, weshalb die Amerikaner ihn aus ihrem Lande verbannten, polizeilich verfolgten und gerichtlich aburteilten. Während der Staat die Sünde zum Verbrechen machte, lieferte der calvinistische Puritanismus mit religiöser Eiferei das Feuer für den Scheiterhaufen, auf dem der Sex verbrannt wurde.

Eine zweite Wurzel jenes damaligen amerikanischen Antisexualismus übersah der französische wie die anderen Besucher. Auch auf diesem Gebiete wollten die Amerikaner tabula rasa mit der

Vergangenheit machen, im Gegeneuropa ihrer in jeder Hinsicht Neuen Welt. Giacomo Casanova ergötzte sich in dem Jahr der amerikanischen Unabhängigkeitserklärung noch in Venedig an seinen letzten Amouren, ohne von jenem transozeanischen Weltgeschehnis Kenntnis zu nehmen; und als Mozarts Librettist Lorenzo da Ponte, den er ein Jahr später kennenlernte, vor seinen Gläubigern nach Amerika floh, mußte er sich dort als Spezereihändler, Italienisch-Lehrer und gelegentlicher Opern-Impresario am Leben erhalten; die Amerikaner empfingen die Zelebrität des galanten Europa mit kaltem Widerwillen. Der »Sittenlosigkeit« der damaligen europäischen Gegenwart, die für sie Vergangenheit war, traten sie mit den Tugenden ihrer neuen Republik entgegen. In ihr fehlten selbst die Erinnerungen an eine erotische Kultur, wie sie – bald Sünde, bald Sitte, oft beides – Europa durchtränkte. Die Amerikaner glaubten, ihr Land ohne Eros in die bessere Zukunft führen zu müssen, eben weil er auf dem alten Kontinent so weithin und tätig verehrt wurde. Der von seinem langen Aufenthalt in Paris verdorbene Benjamin Franklin wagte zwar dort seine kleinen Seitensprünge, aber dies war in einem andern Land.

Lange Zeit kannten, fürchteten, verachteten Amerikaner Europa als die Welt, in der, wie das amerikanische Klischee es nannte, der Sex sein häßliches Haupt erhebt, wie Medusa die unschuldigen Amerikaner entsetzend und verführend. Umgekehrt wurde anderswo in der Welt die puritanische, später viktorianische Sittenstrenge der Amerikaner sprichwörtlich, als Gegenstand der Verwunderung, der selten bewundert und viel belacht wurde. Charles Dickens spottete in seinen »Amerikanischen Notizen« über die prüden neuen Menschen, die mit Rüschen und Schleifen sogar die »nackten Beine« ihres Klaviers bekleideten. Selbst das Wort Beine hatten die Amerikaner ob seiner möglichen Gedankenassoziationen aus ihrem Sprachgebrauch verbannt; Hühnerbeine umschrieben sie als dunkles Fleisch, die gleichfalls unaussprechbare Brust und Flügel als helles Fleisch. Ohne sich des Grundes zu erinnern, benützen sie diese verschämte Wortmaskerade heute noch an ihrem Tisch, während die Familie und deren Gäste über den Sex mit allen seinen anatomischen Details, sozialen »Problemen« und seltsamen Erscheinungen konversieren. Im ersten amerikanischen Kunstmuseum, das in Philadelphia zu Beginn des 19. Jahrhunderts eröffnet wurde, durften keine Reproduktionen griechischer Statuen oder Renaissanceakte gezeigt werden, weil deren Nacktheit das Land verdürbe.

Weniger bekannt ist, wie viele Amerikaner die Mauern der Tugend heimlich umgingen, überkletterten, durchbrachen; damals wie heute waren sie nicht so schlecht – oder gut, je nach dem Standpunkt des Beobachters – wie ihr Ruf. Die Skandalchronik der

Puritaner war reich an pikanten Details. Wenn der junge Mann in Neu-England abends seine Liebste besuchte, so legten sie sich angezogen nebeneinander ins warme Bett, um nicht, so hieß es, Feuerholz zu vergeuden; sparsam, wie es sich für Puritaner gebührt, wurde auch die Kerze schnell gelöscht. Vor allem im Süden standen Negersklavinnen jenseits der puritanischen Sittenmauern bereit zum halbheimlichen, häufigen Seitensprung, den die moralischen Weißen nicht verschmähten. Die öffentliche Meinung, wie Mark Twain einmal bemerkte, war das Gegenteil der privaten Meinungen. Mit dem privaten Verhalten hatte sie oft noch weniger gemein.

Ob sie sündigten oder nicht, Amerikaner behandelten den »Sex« – für den es jenes Wort noch nicht gab – mit obsessivem Ernst. Anthony Comstock, der Gründer der »Gesellschaft zur Unterdrükkung des Lasters«, konnte in der zweiten Hälfte des 19. Jahrhunderts das Land mit seinem »Kreuzzug« gegen den Sex tyrannisieren, den er nicht nur unter und in jedem Bett sah, sondern bei jeder anderen Begegnung, Äußerung, Bewegung seiner Mitbürger. Wie Carry Nation mit ihrem Kreuzzug gegen den Alkohol, erreichte dieser krankhafte Kreuzritter gegen den Sex, daß die Einzelstaaten nicht nur dessen öffentliche Andeutungen und sogar viele seiner Umgangsformen im ehelichen Gemach selbst mit furchtbaren Strafen bedrohten – als ob dieses »Problem« den Staat etwas anginge. Bemerkenswerterweise blieben der Sex-Unterdrücker Anthony Comstock und die Suff-Unterdrückerin Carry Nation die einzigen Gestalten der amerikanischen Geschichte, die außerhalb des demokratischen Prozesses, mit Propaganda und Terror, ihrem Volk ihre Besessenheit aufzwingen konnten und damit erfolgreichen faschistischen Führern ähneln; in Intimsphären, nicht in der Politik zeigen sich Amerikaner anfällig für Diktaturen, oder haltlos.

Wie selbst damals sogar die illegalen Liebhaber des »Lasters« ihren Sex auf das Piedestal der Problematik stellten, berichtet uns als Augenzeuge der Autor von »My Secret Life«, vielleicht die pornographischsten Memoiren aller Zeiten. Dieser vom Sex besessene anonyme Gentleman des Viktorianischen England, unter anderem ein Lauscher an der Wand und Voyeur durch das heimlich darein gebohrte Loch, meinte schon, auf seinem Sondergebiet alles getan, gehört, gesehen zu haben, als ihm ein neues Erlebnis widerfuhr. »Sie war etwa zwanzig, er etwa 25, und sie waren Amerikaner ...« Sie gehörten zu einer amerikanischen Reisegesellschaft. Sie waren nicht verheiratet und hatten ein heimliches Stelldichein, das mit einem Vortrag über »Sex« begann: »Er muß über diesen Gegenstand ungefähr eine halbe Stunde gesprochen haben und in einem solch monotonen Ton wie ein Dozent über eine Wissenschaft – er erhob seine Stimme nie um das geringste, war in keiner Weise erregt ...« Dem vielerfahrenen Autor von »Mein Geheimleben« schien dies seltsam. Er traf nur selten auf Menschen aus der Neuen Welt.

Nach der Jahrhundertwende begannen Literaten und Reformer, die Sittendiktatur zu bewitzeln und zu denunzieren. In der Literatur und der Kritik und sogar der bildenden Kunst richteten sie ihre schüchternen Grüße an die Sinnenfreude, die mit dem Ersten Weltkrieg zu Kampfrufen wurden: Mit der Prüderie wollten sie die ganze Herrschaft des Puritanismus aus den Angeln heben. Aber sie blieben isolierte Ikonoklasten. Sex blieb eine von der öffentlichen Meinung immer noch verbotene Frucht, die deshalb, wie der Alkohol während der Prohibition, um so lockender schien. Wie dieser, sollte auch der Sex öffentlich jedermann jederzeit zugänglich werden, so verlangten seine Propheten. Als die puritanische Gläubigkeit, die angelsächsische Vorherrschaft, die geistige Isolation, der Widerspruch zu Europa, der ländliche Charakter Amerikas immer schwächer wurden und um die Zeit des Zweiten Weltkrieges verblichen, war die Zeit für die sexuelle Revolution gekommen.

Wie einst der Puritanismus der amerikanischen Prüderie, lieferte der Freudismus dem amerikanischen Sexkult die ideologische Rüstung. Den Puritanismus teils ersetzend, teils fortsetzend, wurden Sigmund Freuds Doktrinen zu einer mächtigen amerikanischen Weltanschauung. Aus Europa importiert wie zuvor die Grundlehren des Calvinismus und der Aufklärung, wurde wie diese auch der europäische Freudismus amerikanisiert, während er sich dem Geist des Landes anpaßte. So weitgehend eroberte und beherrschte dieser neue Freudismus das Land, daß seine Terminologie in die amerikanische Umgangssprache einging. Freuds Offenbarungen anzuzweifeln oder gar zu zerpflücken wurde ungefähr so populär wie zu Zeiten der Puritanerherrschaft das Geständnis der Kopulation mit dem Teufel. Die Scheiterhaufen sind modernisiert, auf denen über den Freud-Leugner oder Freud-Lästerer das Urteil vollzogen wird, er sei neurotisch, reaktionär oder beides. Die Orthodoxie der Antipuritaner läßt keinen Zweifel an ihrer Lehre zu. Das heimliche Aufbegehren gegen die fest herrschende Doktrin macht sich nur im Witz (über den Freud die witzloseste Dissertation schrieb) Luft. »Psychoanalytikerwitze« füllen populäre und gehobene amerikanische Zeitschriften, gehören zum gesellschaftlichen Humorschatz, sind Teil der amerikanischen Folklore.

Die Geschichte dieses Siegeszuges ist seltsam. Sigmund Freud selber hatte mit der ganzen Überheblichkeit eines europäischen Intellektuellen aus der Zeit vor dem Ersten Weltkrieg auf Amerika herabgesehen. Er kannte das Land nur von einem kurzen Besuch, der eine tragikomische Episode im Leben des Gelehrten – und

Amerikas blieb.

Zur Feier des zwanzigsten Gründungsjubiläums der Clark-Universität in Worcester, Massachusetts, im Jahre 1909 war Freud zu Vorlesungen eingeladen worden. Er lehnte ab, weil ihm nur ein Ersatz seiner Reisekosten, aber kein Honorar angeboten worden war. »Amerika sollte Geld bringen, nicht kosten«, schimpfte er. Erst als ihm 3000 Mark Honorar zugesagt wurden, nahm er die ehrenvolle Einladung an. Er lehnte ab, vor der Fahrt ein Buch über Amerika zu lesen oder ein paar englische Sprachfetzen zu lernen. »Der Gedanke an Amerika bedeutet mir nichts«, sagte er. Das einzige, was er dort sehen wollte, waren die Niagarafälle. Und Amerika enttäuschte seine negativen Erwartungen nicht. »Er fand es schwer, die freien und leichten Manieren der Neuen Welt zu ertragen«, wie Dr. Ernest Jones, sein britischer Biograph, erzählt. Die soziale Gleichheit Amerikas irritierte den Wiener Doktor. Und das Essen in Amerika störte seine Verdauung, die Entfernung zwischen Aufenthaltsräumen und Hoteltoiletten seine Blase, zwei Schwierigkeiten, die, um seine eigene Terminologie zu gebrauchen, ihn obsessiv beschäftigten, und mit denen er seinen Widerwillen gegen die Neue Welt – wie er es bei einem seiner Patienten genannt hätte – »rationalisieren« konnte.

Als dieser Kämpfer gegen das Vorurteil nach drei Wochen wieder zurückfuhr, hatte er jedes seiner Vorurteile gegen die Neue Welt verstärkt. »Amerika ist schon von der schwarzen Rasse bedroht, und das geschieht ihm recht«, meinte er, und todernst zu Dr. Ernest Jones: »Amerika ist ein Fehler – zwar ein gigantischer Fehler, aber trotzdem nur ein Fehler.« Zehn Jahre später gab er für das Ende der Habsburgermonarchie und die daraus folgende Entwertung seines Familienbesitzes erbittert und ausschließlich den Amerikanern die Schuld. Er haßte sie. Als Max Eastman ihn in den zwanziger Jahren aufsuchte, erklärte Freud seinem Besucher aus Amerika, er bedauere es, daß Kolumbus nicht verbrannt worden sei, bevor er sich auf seine Entdeckungsfahrt aufgemacht habe.

Mit ähnlicher Verachtung hatten Marx und Engels auf die Russen herabgeschaut. Und wie der Kommunismus in Rußland, fand Freuds Lehre in Amerika ihre Triumphstätte. Zuerst war Freud auch hier, wie in Europa, auf die scharfe, oft gehässige Ablehnung seiner Fachkollegen gestoßen. Bei der Tagung der Amerikanischen Psychologischen Vereinigung 1909 protestierte der Referent gegen die »wahnsinnige Seuche des Freudismus«, und bei der Tagung der Amerikanischen Neurologischen Vereinigung 1910 verlangte der Berichterstatter, »Christian Science, Freudismus und all diesen Blödsinn zu zertreten«. Noch 1925 praktizierte nur ein einziger Psychoanalytiker in ganz Amerika außerhalb des kosmopolitischen New York. Auch dort hatten nur etwa ein Dutzend amerikanischer

Ärzte, Erzieher, Gelehrte Freud akzeptiert, daneben für ihr privates Bürgerschreckarsenal einige wenige Literaten, während einer Jeunesse dorée ein Freud aus dritter Hand angenehm unterhaltsamen Cocktailzeitvertreib bot. Dies änderte sich erst zu Beginn der dreißiger Jahre. Damals ergoß sich eine Welle hitlerflüchtiger europäischer Psychoanalytiker nach Amerika. Auch wartete im Lande selbst schon (wie Nathan Glazer bemerkt hat) auf jene fremden Missionare eine zur Verbreitung ihrer Lehre bereite neue Schicht von Amerikanern: Söhne von Einwanderern aus Osteuropa, die nach einem für sie offenen Feld in der alten Gesellschaft suchten, fanden es in der Psychoanalyse. Auf der Suche nach einer neuen Ethik an Stelle der überholt scheinenden protestantischen Ethik bot sich Freud als geeigneter Nachfolger Franklins.

Wie jede revolutionäre Lehre an einigen Elementen eben jener Vergangenheit, die sie umstürzt, anknüpfen muß, um erfolgreich zu sein, ähnelte in manchen Glaubenssätzen der Freudismus der traditionellen amerikanischen Ideologie. Beide stellen das Individuum in den Mittelpunkt der Welt. Zutiefst amerikanisch wirkt Freuds Annahme, daß der Mensch wie ein Mechanismus reguliert, repariert, kuriert, vervollkommnet werden könne, wenn nur das intellektuelle Gadget einer korrekten Theorie erfunden und vom Fachmann angewandt werde. Und Calvins Prädestinationslehre hatte die Amerikaner, auch wenn sie sie scheinbar schon vergessen hatten, für Freuds Lehre vorbereitet; auch nach ihr handelte der einzelne nicht aus freiem Willen, sondern gemäß von außen her ihm auferlegten Zwangs. Freuds »Sublimierung« führte zur Heiligung der Arbeit wie die Thesen ihres alten Reformators Calvin; Freuds Emphase auf die entscheidenden Einflüsse der ersten Lebensjahre entsprach nur ihrem alten Kult des Kindes. Geradezu wie eine säkularisierte Neuausgabe des Calvinschen Schuldbewußtseins bot sich Freuds Doktrin von der individuellen Schuld: Statt von der Erbsünde war nun der Mensch von der Unterdrückung mächtiger biologischer Kräfte verwundet, auch wenn er seine Defensivmechanismen gegen sie aufzubauen trachtete. Der Puritaner wie der Freudianer waren von Schuldgefühlen gejagt und suchten sie verzweifelt, wenn sie ihrer ermangelten. Um sich wohl zu fühlen, brauchten Amerikaner Schuldgefühle.

Und Freuds Anspruch, alle Geheimnisse entschlüsseln, alle »Probleme« lösen, alles Geschehen verstehen zu können – man brauchte nur mit seiner Theorie ausgerüstet zu sein, wenn nicht gar nur mit seinem Vokabular –, sagte Amerikanern mächtig zu. Freuds wissenschaftlicher Fortschritt gab ihnen die Werkzeuge und Waffen, mit denen sie ihren Feind, die Natur, auch in sich selber angreifen, erobern, verändern, verbessern zu können hofften. Den fortschrittsfrohen, wissenschaftsgläubigen, ihrer traditionellen

Ordnung müden Amerikanern kam Freuds Doktrin höchst gelegen.

Freud selber, den gestrengen Papst seiner eigenen Verkündung, verstimmte deren Amerikanisierung, die ihrem Triumph in Amerika voranging. In seiner »Autobiographischen Studie«, 1925 veröffentlicht, beklagte er sich bitter: »Sie [die Psychoanalyse in Amerika] hat schwer an ihrer Verwässerung gelitten. Außerdem finden viele Mißbräuche, die keine Beziehung zu ihr haben, unter ihrem Namen eine Decke*.« Zu jenen »Mißbräuchen« gehörte vor allem die Vermischung mit dem »Behaviorismus«, einer Schule, die so amerikanisch war wie Freudismus wienerisch. Ihr Gründer John Watson erklärte das Verhalten *(behavior)* jedes Menschen aus seiner Umwelt, die – in seiner frühesten Jugend, wie Freud es lehrt – ihn formt; doch nach Watson schaffen nicht Freuds biologische Instinkte, sondern die sozialen Bedingungen seine lebenslänglichen Reaktionen. Amerikanern fiel es nicht schwer, beide Schulen vereinend das Kind (behavioristisch) aufzuziehen und abzurichten, auf daß es ein (freudianisch) freier und gleicher Bürger werde. Und die neuen Freudianer zweifelten kaum daran (Aberglauben kennt keine Zweifel), daß wie der Kraftstoff ihr Auto der »Sex« ihre Seelen betreibe. In dieser Sicht war der Mensch nicht gut oder böse, sondern gesund oder krank, und die Sünde wie die Tugend nur das Symptom einer Neurose, deren Wurzel im Sex lag. So faßten die Amerikaner ihren Freud auf, was immer dieser selber gepredigt haben mochte (und nicht der Gegenstand meines Buches ist).

Wie die Stifter der Nation die politische Freiheit, verlangte der Freudismus die »Freiheit« des Sex von alten Hemmungen und Widerständen. Wie jene proklamierte auch er eine Gleichheit, die nach der Austreibung von Neurosen und Komplexen jedermann psychisch gleich »gesund«, gleich normal nach der Freudschen Norm machen solle. Die Summe dieser normalen Amerikaner ergäbe eine gesunde Gesellschaft, die daher verpflichtet ist, eben jene Freiheit und Gleichheit und das Glücksstreben des Sex tätig zu fördern. Mochte es auch die Puritaner danach gelüstet haben, nach der Seele des einzelnen zu greifen, sie wagten sich doch nicht in die Sphäre des Gewissens und seiner freien Entscheidung vor, die ihnen heilig blieb. Die Psychoanalyse hingegen begann damit ohne Scham und erklärte Scham zum krankhaften Gefühl.

Kein Wunder, daß die Amerikaner ebenso bald wie vollkommen den Freudismus von einer Methode individueller Psychiatrie zu einer Methode sozialen Fortschritts umschufen. Wenige konnten die Zeit und das Geld zu einer Psychoanalyse aufbringen, die der Luxus einiger winziger Schichten und ihrer Kinder blieb. Aber »die Massen« wurden indirekt um so eindringlicher von dem Geist der

* Aus der englischen Ausgabe ins Deutsche zurückübersetzt, N. M.

Psychoanalyse durchtränkt. Ihre Zeitschriften erklärten und priesen sie; im Theater, Kino, Fernsehen wurde sie zum gängigen Unterhaltungsstoff; die Fachleute, die ihnen die Kinderbehandlung vorschrieben, folgten selber den Vorschriften Freuds (am wirkungsvollsten und weitestreichenden das populäre Handbuch »The Child from Five to Ten« von Arnold Gesell und Frances Ilg, zuerst 1946 erschienen).

Nicht die Psychoanalytiker in ihren Büros, sondern die Popularisierer und Anwender der psychoanalytischen Ethik auf jeden Lebensbereich machten den Freudismus zu einer amerikanischen Weltanschauung, in der der Sex majestätisch regierte. Trotz all ihrem Individualismus war Amerikanern der Wiener viktorianische Doktor gegen den Strich gegangen, wenn er ihnen erzählt hatte, die Gesellschaft mit all ihren Werten (das »Superego«, um seine neue Terminologie zu gebrauchen) bedränge die geistige Gesundheit des einzelnen. Der Gesellschaft selbst übertrugen die Amerikaner die Aufgabe der individuellen Heilung. So wurde der Freudismus amerikanisiert, indem er sozialisiert wurde. Der einzige Amerikaner von Bedeutung, der Freuds Lehre im Prinzip eigenständig weiterentwickelte, Harry Stack Sullivan, kam denn auch logischerweise zu dem radikalen Schluß, jede psychische Störung des einzelnen sei nur Resultat seiner »zwischenpersönlichen«, schlichter: sozialen Beziehungen.

Nicht zuletzt gewann Freud die Herzen der Amerikaner für sich, da er ihnen erlaubte, ja anriet, den so lange unaussprechlich gewesenen Sex beim Namen zu nennen und über ihn ohne Ende zu reden; angeblich zu utilitaristischen Zwecken, in scheinbar wissenschaftlicher Terminologie. Der Theorie nach beseitigte dies Hemmungen, in der Praxis diente es als ein Ersatz, ja als eine harmlose und doch interessante Form sexueller Betätigung selbst. Diese Gelegenheit griffen die Amerikaner mit besonderer Bereitschaft auf; und ihr bisheriger Mangel an Erfahrung in erotischen Bereichen erleichterte ihre gläubige Anerkennung der seltsamsten Thesen des Gelehrten, der nicht selten der Kolumbus der Seele genannt wurde.

In seiner relativ harmlosesten Form akzeptierten die Amerikaner den Freudismus als Gesellschaftsspiel. Wie der Meister, so begannen auch der Schullehrer, die Wohlfahrtshelferin, der Autokonstrukteur, der Handlungsreisende, der Mittelschüler und seine Mutter in allem und jedem Symbole von verborgener sexueller Bedeutung zu suchen. Zumeist entdeckten sie das Gegenteil dessen, was es war oder schien, bis die Realität selber aufgehoben war. Freud hatte noch genug gesunden Menschenverstand, um seinen Schülern zuzurufen, als diese in seiner Zigarre »phallische Triebe« entdeckten: »Glauben Sie mir, meine Herren, diese Zigarre rauche ich nur, weil sie mir schmeckt.« Aber er selber war der erste Sünder gegen sein eigenes Diktum, daß nur durch langwierige, intensive, persönliche Analyse ein Patient verstanden werden und sich selbst verstehen könne; auf ein paar Quellen aus zweiter Hand gestützt, erklärte Freud die Geheimnisse und die Bedeutung von Moses, von Leonardo da Vinci, von Präsident Woodrow Wilson mit ziemlich phantasielosen Phantasien, die die Fachleute schnell korrigieren konnten. Seine Schüler übten sich in ähnlichen Gedankenturnkünsten, während sie jede politische Situation, jedes soziale Brauchtum, jede menschliche Haltung mit ihrem Bäckerdutzend freudianischer Zauberworte aufschlüsselten. Ein Psychoanalytiker etwa erklärte, streikende Bergarbeiter wollten dem Leib der Mutter, nämlich der Mutter Erde, entkommen; sein Kollege sah Atomraketen als eine anatomische Männerphantasie an (und lehnte sie ab). Die amerikanischen »Laien« spielten das Spiel bald mit gleicher Virtuosität. Ich habe gehört, wie eine ehrwürdige Matrone Kletterei als »unbewußte männliche Homosexualität«, ein Student soldatisches Heldentum als »unbewußten Masochismus«, ein Autoreparateur sein Ungeschick an einem gebrochenen Scheibenwischer als seinen »Minderwertigkeitskomplex« entlarvte – um nicht mehr und unappetitlichere Freudiana zu zitieren. Bei diesem Gesellschaftsspiel gewöhnten sich Amerikaner daran, in jenen Kategorien denkend, das Lächerliche ernst nehmend und den Ernst belächelnd, den Sex zur Währungseinheit zu machen.

Nicht ganz so harmlos lächerlich wirkte die neue Doktrin als Anleitung zum Handeln, wenn Kindergärtnerinnen, Krankenschwestern, Lehrer, Eltern, Geistliche, Sozialpfleger, Werbekünstler und die Meister der Massenmedien nach freudianischen Rezepten ihren Beruf ausübten, wie es vielfach geschah. Sie sprachen die Amerikaner frei von persönlicher Verantwortung. Sie lieferten jedermann für alles einen gebrauchsfertigen, pittoresk etikettierten, interessanten Sündenbock. Und sie unterwarfen ihre Opfer der Despotie eines denaturierten, deflorierten, sinnentleerten und problemverpackten Sex. Wie ihn die Henry Millers und die Norman Mailers besangen, erschien Sex als die neue Methode der Sozialreform. Der Tempel der Astarte wurde in Amerika umgebaut in ein Laboratorium der Weltverbesserer. Für die Ex- und Antipuritaner bleibt der Sex überlebensgroß und ziemlich furchteinflößend.

Um dem Problem des Sex zu Leibe zu rücken, werden seine Fakten, seine Verbreitung, seine Symptome, seine Möglichkeiten in Amerika untersucht wie das Problem der nächsten Präsidentschaftswahlen. Amerikaner machen selten ein Hehl aus ihrer politischen oder sexuellen Haltung – den europäischen Begriff der »Intimsphäre« gibt es in Amerika nicht, auch sie ist ein öffentliches Anliegen, und die Gesetze gegen die »Peeping Toms« gelten nicht gegen ihre Erforscher.

Nach der politischen Unabhängigkeitserklärung von 1776 wurde 1948 die sexuelle Unabhängigkeit der Amerikaner erklärt. Das Manifest war ein dicker Wälzer, offiziell betitelt: »Das sexuelle Verhalten des amerikanischen Mannes«, bekanntgeworden als Kinsey-Bericht, nach dem Professor der Zoologie an der Universität von Indiana Alfred C. Kinsey, der als Hauptherausgeber zeichnete. Mit statistischen Methoden hatte Dr. Kinsey zuvor die seltene Insektenart der Gallenwespe studiert. Als seine Studenten ihn um Ratschläge für ihr eigenes Liebesleben baten, die er nicht zu geben wußte, weil er des »wissenschaftlichen« Materials entbehrte, entschloß er sich, auf die gleiche Weise wie seine Gallenwespen auch seine Amerikaner zu studieren. An Stelle der 150 000 Insekten, die er zum Studium ihrer Gattung untersucht hatte, beschied er sich bei der Suche nach dem amerikanischen Sex mit 5300 männlichen weißen Amerikanern. Mit endlos langen Fragebogen rückte er gegen sie an; seine Fragensteller wirkten oft als Fallensteller, um mit allerlei Tricks die Wahrheit aus den Auskunftspersonen zu locken. Noch ehe diese Angaben statistisch ganz aufgearbeitet und korreliert waren, berichtete der Professor seine provisorischen Entdeckungen der New Yorker Akademie der Medizin. Von hier und heute, so erklärte der Vorsitzende, Dr. Robert Laton Dickinson, ein uralter spitzbärtiger Arzt in jugendlicher Wandertracht, könne man beginnen, auf neue Weise die Weltjahre zu zählen, nämlich »vor Kinsey« und »nach Kinsey«. Triumphierend berichtete dann Kinsey selbst als »sein erstes, obschon noch provisorisches Ergebnis«, die statistischen Ziffern sprächen dafür, daß bemerkenswerte Unterschiede im sexuellen Verhalten der männlichen und der weiblichen Gattung von Amerikanern bestünden. Während mit gebührender Ergriffenheit das gelehrte Publikum diese Entdeckung zur Kenntnis nahm, drehte es sich ärgerlich nach dem jungen Zeitungsreporter um, der sein Lachen nicht unterdrücken konnte.

Ehrfurcht erfaßte zahllose andere Amerikaner, als ihnen schließlich Kinseys Werk Auskunft über die Beziehungen der 5300 Befragten zum Sex lieferte, nach Schulbildung und Einkommen klassifiziert: Sie wurden als Querschnitt der ganzen Nation akzeptiert. Daß diese bei der Meinungs-und Marktforschung brauchbare Methode in der Intimsphäre mit ihren verschiedenen Kategorien zu falschen Schlüssen führen könne, wurde erst viel später eingewandt und war auch nebensächlich. Ungeachtet ihrer fragwürdigen Richtigkeit gehört seither Kinseys Konklusion zum geistigen Kapital der Amerikaner, von dem Gesetzgeber, Geistliche, Richter, Erzieher und andere Bürger zehren. Als guter Demokrat schloß Kinsey, daß Sex in allen Formen, in der ihn die Mehrheit praktiziert, gutgeheißen werden müsse. Mit fein aufgegliederten Tabellen der Häufigkeit, Wege, Umwege, Abwege zum Sex versorgte er, wie zuvor Lenin mit seiner revolutionären Analyse, die Leser mit einer »Anleitung zum Handeln«. Amerikaner brauchen jetzt nur den fast hundertseitigen Anhang seiner »klinischen Tabellen« durchzuakkern, um darin die Antwort für ihr Problem zu finden. Wie die Dollarziffern des Einkommens, wurden die Häufigkeitsziffern der *outlets* (ein unübersetzbares Wort für den sexuellen Akt) publiziert; die »Norm« der sexuellen Mittelklasse sollte jeder als Erfolg anstreben. Die *outlets,* auch wenn abartig und widernatürlich, wirken gleichberechtigt und gleichwertig. Statt der alten Gesetzestafeln setzten die neuen Tabellen in Amerika das Gebot. Mit dem gleichen Gallenwespenernst wird seither die Sexologie als Wissenschaft und Geschäft betrieben; wobei Amerikanern nicht mehr das Ob, sondern das Wie des Sex gelehrt wird. Diese Lehrbücher, die beliebtesten How-to-Bücher, beginnen mit Sex im Kinderwagen, um vorerst mit dem 1966 veröffentlichten Werk »Sex nach Sechzig« zu enden.

Amerikaner glauben an Erziehung, weshalb der Sex, genau wie die Demokratie, in der Schule gelehrt werden muß – seit langem eine Forderung der sexuellen Berufsrevolutionäre, seit kurzem in fortgeschrittenen Einzelstaaten eine amtliche und öffentliche Einrichtung. »Sexuelle Neugier von Dreijährigen ist natürlich«, doziert mit erhobenem Zeigefinger die Kindergärtnerin in New York ihren Vierjährigen, wie ihr ihrerseits die Edukationisten der Stadt vorgeschrieben haben. Bevor das Kind elf Jahre alt ist, muß es mit den Fragen der menschlichen Fortpflanzung vertraut geworden sein, um vor dem Abschluß der Mittelschule in der Klasse gelernt zu haben, was es mit »vorehelichem Geschlechtsverkehr und Empfängnisverhütung auf sich hat«. Die Direktorin des »Sex-Erziehungsrates der USA« verlangte 1966 von den Lehrern des Landes, den Jugendlichen das Verständnis beizubringen, daß wie zum Autofahren auch zu sexuellen Beziehungen mehr als nur ein Tritt auf das Gaspedal gehöre. Wenn der Schüler nicht wisse, wie man die Bremsen benutze, wie man die Straßenverhältnisse und Verkehrsregeln beurteile, wie man die anderen Fahrer einschätze, könne er sich selber und den andern gefährlich werden. Auch müsse er »seinen eigenen Wagen recht gut kennen«. Wie das Auto wird der Sex sozialbewußt betrieben, bis die Landstraßen und die Matratzen gleichermaßen Bewährungsstätten gesellschaftlicher Anpassung und individueller Fortbewegung werden.

Auch für die Beherrschung des Sex genügen theoretische Kenntnisse nicht, wie in anderen Fächern heißt es: »Lernen durch Tun.« Wo Casanova liebelte – falls zwei Damen am gleichen Tag, so doch gleich aufrichtig – und wo Don Juan die Geliebte suchte, vollzieht ein Amerikaner mit jedem sexuellen Akt ein Experiment, das zu seiner Verbesserung und am Ende zur Vervollkommnung führen soll – Lösung des »Problems« durch Fortschritt auf Kissen. Mit feurigem Idealismus verteidigt er seinen Glauben an den Sex, auch wenn er ihn nicht praktiziert: Der junge Amerikaner will sich nicht der »Repression«, der Verdrängung schuldig machen, noch an »Frustration«, Entbehrung leiden – er hat gelernt, wie gefährlich diese seien. Wir wollen nicht die Lebenslügen und Heucheleien der Erwachsenen wiederholen, so erklärt er, wir wollen frei sein, wie es die Väter nicht waren, wir kennen weder eine Autorität noch ein Argument, die gegen den Sex sprechen, hingegen um so mehr Gründe dafür: Er fördert Gesundheit und besonders den Teint, ferner das geistige Gleichgewicht und besonders den Selbstausdruck, endlich die Stellung in der Gemeinschaft, da der Sex hilft, eine Beziehung zum Mitmenschen zu finden und die gefürchtete Einsamkeit zu vertreiben; nur selten und etwas verlegen fügt er hinzu, Sex könne auch »mehr bedeuten«. Jeder dumme Junge und jedes nicht viel klügere Mädchen von achtzehn Jahren weiß mit den klinischen Begriffen der Sexologie zu rechtfertigen, weshalb sie erst am frühen Morgen nach Hause kommen; an diesem Abend lasen sie ihren Freud nicht weiter.

Ehe und Sex erscheinen nahezu identisch. Eine glückliche Ehe, so verkünden die Handbücher der Fachleute und glaubt das Volk, setzt voraus, daß beide Partner nicht nur mit den anatomischen Geheimnissen des Sex vertraut sind wie mit den mechanischen Geheimnissen des Automobils, die sie ja beide im Schulalter gelernt hatten; vor allem müssen sie der Grundgefahr entkommen, durch Wiederholung Langeweile entstehen zu lassen, wo das Neue am Platze ist. Alljährlich ein paar Dutzend Werke, stets mit allermindestens einem Doktortitel vor dem Autorennamen, empfehlen sich stolz als Lehrer dieser Geheimkunst des Eheglücks mit neuen Enthüllungen uralter Techniken, die das »Eheproblem« lösen. Die Comstockschen Gesetze, die eben jene Liebesspiele mit Gefängnis und Scheidung bedrohen, sind seit Jahrzehnten nicht mehr angewandt worden. Kein Mensch nimmt sie zur Kenntnis, während die Massenliteratur rät, daß und wie man sie bricht. Wenn das Lesen und Lösen schwerfällt, geht man zum Eheberater, der seinerseits Instruktionen in der Wissenschaft und Kunst des Sex liefert, damit die »Kompatibilität der Partner« erreicht wird. Kompatibilität heißt das Zauberwort, die zusammenpassende, miteinander vereinbarte und vereinte Stellung der Eheleute zum Sex. Ergibt sie sich trotz aller Anweisungen, Aufmunterungen, Beschwörungen nicht, dann muß man sich eben scheiden lassen und einen neuen Partner mit besserer Kompatibilität finden, um in optimistischer Zuversicht durch neue Experimente doch noch »das Problem« zu lösen.

Wie weit der Sexkult das individuelle Verhalten der Amerikaner beeinflußt, darüber gibt es nur Spekulationen und Vermutungen. Der Verdacht ist erlaubt, daß heute so viele – oder mehr – Amerikaner persönlich gegen ihn verstoßen, indem sie relativ tugendhaft bleiben, wie einstens umgekehrt ihre Vorväter gegen den Puritanerkodex verstoßend heimlich, aber ausgiebig sündigten. Diese wie jene vergingen sich gegen die anerkannte Ordnung, die sie öffentlich um so höher priesen. Der Stand der Unschuld, nicht so lange zuvor eine hochheilige Tugend, gilt – bei Mädchen, von jungen Männern gar nicht zu reden – als ziemlich lächerliches Symptom einer krankhaften Abnormalität, die zu krankhaftem Verhalten führt. Wer keusch lebt, versucht dies zu verschweigen wie einstens seine Ahnen ihr Liebesleben. Nur im stillen Kämmerlein wird das Laster der Tugend errötend eingestanden – und auf dem anonymen Fragebogen; diesem verdanken wir die Auskunft, daß die Zahl der amerikanischen Jungfrauen 1967 gar nicht so viel geringer war als 1927, obschon die der »Halbjungfrauen« – wie der völlig aus dem Verkehr verschwundene, mit Kutsche und Korsett ins viktorianische Kuriositätenkabinett gesperrte Ausdruck sie hieß – um so höher. Nicht daß der Sex so viel häufiger vor und außerhalb der Ehe praktiziert wird, als daß vom Jugendalter an so viel und ungehemmt in aller Öffentlichkeit von ihm gesprochen, daß ihm alles erlaubt wird, ist neu in Amerika.

Aber daß im letzten Jahrzehnt die »neue Sexualmoral«, die genau dem glich, was zuvor die alte Unmoral geheißen worden war, sich durchgesetzt hat, steht fest, und sie hat das Leben der Amerikaner verändert. Eltern, die ihre Wohnung nicht ihrem Sohn zur Kohabitation mit dem girl-friend zur Verfügung stellen, oder auch der Tochter und ihrem boy-friend, gelten als erzreaktionär; neue Einrichtungen wie die »singles' bars«, in denen unverheiratete – oder auch verheiratete – »Einzelne« Partner oder Partnerinnen für eine Nacht pflücken, gehören zum Leben jeder Stadt und auch vieler Vororte; »group sex« – ein fast sozialmedizinisch klingendes Wort für die Orgie der fernen Vergangenheit – wird von gutbürgerlichen Teilnehmern mit sachlicher Miene besprochen und betrieben. Die »Sexwelle« scheint viele, einst solid wirkende Dämme zu brechen.

Der Einwand, dies gelte nur für New York und ähnliche großstädtische Enklaven im weiten Reich der amerikanischen Unschuld, ist ungültig geworden. Der Gegensatz hatte bestanden, solange nur in den Großstädten Neueinwanderer, Bohemiens und die emanzipierte Oberschicht dem Puritanismus widerstrebten, während er über die große Mehrheit des Landes unangefochten regierte. »Broadway«, das Symbol kosmopolitischer Sittenverwilderung, unterschied sich wie die Nacht – eine von Laster, Geheimnis, Verbrechen gejagte Nacht – vom unschuldigen, arbeitsamen, sittenstrengen Tag der »Main Street«. Ihr langweiliges, steriles, sinnlich verkümmertes Bild, das Sinclair Lewis 1920 als typisches Kleinstadtporträt gezeichnet hatte, wird oft noch als Momentaufnahme aus unserer Zeit betrachtet, während es doch längst historisch geworden ist. Scheinbar hat sich die Hauptstraße von Gopher Prairie äußerlich wenig gewandelt, aber im Drugstore, wo jedermann seine Einkäufe macht und einen Imbiß zu sich nimmt, liegen Zeitschriften und Taschenbuchausgaben mit den letzten Libertinagen und Perversionen von Los Angeles und New York zum Verkauf aus. Niemand sieht auch nur hin, wenn ein vierzehnjähriger Junge ungeniert die Aktaufnahmen im Playboy-Magazin, das er vom Brett genommen hat, studiert oder wenn die Teenagerin das pornographische Meisterwerk des Jahres langsam durchblättert. Wer heute durch das Land reist, findet allüberall – auch und gerade in den alten Hochburgen puritanischer Sexfeindschaft, vom Bibelgürtel des Mittleren Westens zu den baptistisch-fundamentalistischen Gegenden des Tiefen Südens – in den Hauptstraßen, den *main streets*, jeder größeren Stadt offen und unverblümt Pornokinos, Oben-ohne-Bars, »Massagestuben«, wie das hygienische Wort für Bordelle heißt. In den Motelzimmern liegt immer noch die Bibel auf dem Nachttisch, daneben aber das Blättchen der lokalen Fremdenverkehrswerbung mit Inseraten von Damen jeder Art, die auf Anruf gern und sofort den einsamen Reisenden in seinem Zimmer aufsuchen. Die Jugend von Gopher Prairie, nachdem sie im Drive-In-Kino die Filme gesehen hat, die noch vor wenigen Jahren nur auf einer Reise nach Dänemark zu sehen waren, trifft sich in der lokalen Discothek in der gleichen Tracht wie ihre New Yorker Altersgenossen zu den gleichen Tänzen und dann zu den gleichen »Experimenten«. Ihre Eltern mögen darüber den Kopf etwas heftiger schütteln als New Yorker Eltern und sogar etwas lauter schimpfen, doch nicht minder hilflos und halbgläubig erkennen sie das Neueste an, den befreiten Sex.

Die Besucher von Stockbridge, das im 18. Jahrhundert in Neu-England gegründet wurde, werfen einen Blick auf das alte Pfarrhaus – gefällig ruht es in seinem Garten, bescheiden und doch stolz, weiß getüncht, sauber, behaglich. Der Erbauer hatte sein Leben gewagt, um die Indianer der Gegend zu bekehren und ihnen ihren wilden Animalismus auszutreiben. Danach hatte hier der große Puritaner Jonathan Edwards gewohnt und gepredigt. Das alte Pfarrhaus ist restauriert und dient noch den besichtigenden Touristen. Nicht ganz so alt ist das Haus gegenüber, in dem die Gegenwart geschäftig wirkt: eine Kunstgalerie ist hier eingerichtet, und im Sommer 1966 zeigte jedes darin ausgestellte Bild Menschen im Sexakt – eine Neu-England-Idylle.

Wer wähnt, mit diesem Sexkult sei Sex-Feindschaft endgültig aus der amerikanischen Welt geschafft, hat ihn nicht sehr scharf beobachtet. Noch und gerade über der scheinbar schlimmsten Ausschweifung hängt der muffige Geruch des schlechten Gewissens, dessen Stimme, so beweisen amerikanische Sünder sich selber und den andern, sie ignorieren möchten – wenigstens bis zu jenem Punkt, an dem es ernst zu werden droht. Überall trifft man auf Amerikaner, die das Laster heucheln wie ihre Väter die Tugend.

Das erste Modell hatten die mittelwestlichen Viehhändler von St. Louis um die Jahrhundertwende erprobt, als sie in ihrem Club das Mittagessen sich täglich von splitternackten Kellnerinnen servieren ließen; wer eine der Damen zu berühren versuchte, verlor die Mitgliedschaft. Seit den fünfziger Jahren gibt es mehr als fünftausend solcher Clubs im ganzen Land, große und profitable Unternehmungen, in denen – etwa in den Playboy-Clubs – die Bedienerinnen in ihren minimalen Kostümen sorgfältig geschult werden, ein gut Teil, jedoch nicht die ganze Anatomie zu zeigen. Mit ihren Gästen anzubandeln ist ihnen streng verboten, und als Besucher getarnte Privatdetektive prüfen ständig ihre Unnahbarkeit: wer die Keuschheitsregel verletzt, wird entlassen. Auch die Bars vieler guter Hotels, mit ihren Kellnerinnen in sorgfältig geplanten Scheinentkleidungskleidern, kopieren das Bild Pariser Bordellsalons; doch Gäste und servierende Nymphen bleiben im Umgang so zugeknöpft wie ihre Großeltern bei der Teestunde anno dazumal. So versuchen Puritanismus und Sex zu koexistieren: der Anschein der Sünde wird mit der althergebrachten Achtbarkeit verbunden, damit man, wie der amerikanische Ausdruck es nennt, zugleich den Kuchen essen und auch behalten kann. Das eine Bein an die alten Gebote gefesselt, mit dem andern in den neuen Raum des Sex strebend, torkelt der fortschrittliche Puritaner, ein ebenso lächerlicher wie mitleiderregender Anblick.

Die Libertinage des Puritaners in Amerika zeigt sich am reinsten in ihrer eigenen Kunstform, dem Striptease. Seit er nach dem Ersten Weltkrieg erfunden wurde, unterhielt er vermögende Amerikaner in teuren Nachtlokalen, die Unterschicht in den Vaudeville-Hallen, deren Vorstellungen zumeist um zehn Uhr morgens beginnen und erst mit der Polizeistunde des nächsten Morgens enden. Wenn eine Künstlerin nach der andern von Musik und Lichteffekten begleitet und übertrieben ehrbar bekleidet nach langem Auf- und Abtänzeln ihren Hut, dann das Kostüm, die Handschuhe und so weiter bis zur letzten Hülle ablegt, an den Nerven ihres Publikums wie an ihren Kleidern zupfend, verheißt sie alles und erfüllt nichts. Und nachdem ihre letzte Hülle gefallen ist, stellt sich heraus, daß immer noch drei von der Polizei genau vorgeschriebene und mit dem Millimetermaßstab kontrollierte Bekleidungsstücklein sie verhüllen, eigens für diesen Zweck erfunden, um der Achtbarkeit ihren Zoll zu erweisen. Vom Ritual des klassischen Striptease bis zur Pantomime parodieren alle Spielarten den Puritanismus und seinen Traum von Orgien. Auch Parodien können Kunstwerke werden.

Zwei amerikanische Generationen haben sich am Striptease unterhalten, einsame Männer tun dies immer noch, aber seit der zweiten Hälfte unseres Jahrhunderts ist der Striptease schon recht altväterlich geworden, da die gleichen Reize in der gehobenen und vulgären Unterhaltungsform der Literatur, des Films, der Zeitschriften ausgiebiger, vielfältiger, ausdrucksvoller, zeitfüllender geboten werden. Die berüchtigte amerikanische Zensur, die um das Jahr 1840 eingeführt wurde, ist praktisch im literarischen Bereich abgeschafft; in der Literatur hat der Oberste Gerichtshof jede Darstellung des Sex in jeder Form als erlaubt erklärt, wenn sie einem »sozialen Zweck« diene; denn auch die Richter des Obersten Gerichtshofs waren, was sich festzustellen erübrigt, Amerikaner. Und seither gibt es keine Grenzen mehr. Die Pornographien, die einst von »Kennern« aus dem Ausland geschmuggelt, aber von den erfahrenen Zollbeamten großenteils entdeckt und vor Ellis Island in den Ozean geworfen worden waren, kann man heute billig am nächsten Eck im Drugstore erstehen. Das anonyme »My Secret Life« zum Beispiel, das fast hundert Jahre lang nur in sechs Privatdrucken existiert hatte, wurde so zum millionenfachen heimlichen Bestseller. Im Film, dem seit 1930 der Hayes-Codex in Hollywood freiwillige Selbstzensur und die wachsamen freiwilligen Vereinigungen bis nach dem Zweiten Weltkrieg eiserne Keuschheitsgürtel auferlegt hatten, sind alle Schranken niedergelegt. Wo das sexuelle Tabu mit seinen Verbotstafeln den Zutritt verwehrt hatte, winken heute Einladungen zum sexuellen Gemeinplatz. In den früheren Reservaten privaten Wissens tummelt sich jetzt die Öffentlichkeit.

Der Sex der Freudianer ist die übersteigerte öffentliche Reaktion auf die krampfhafte öffentliche Sexfeindschaft der Puritaner. Das eine ist so übertrieben und ungesund wie das andere; weder besteht die Welt der Amerikaner nur aus Sex noch ohne Sex. Die Haltung Amerikas zum Sex erinnert an nach langer, überstrenger Zucht plötzlich frei- und losgelassene junge Leute, die alles erleben wollen, über alle Stränge schlagen, mit trotziger Miene ihre Schuldgefühle verbergen, sich für unerhört erwachsen halten und ständig ihrer Reife brüsten. Daß sie keine Libertiner sind, erweist sich an ihrem Ernst, mit dem sie selbst der Libertinage noch einen sozialen, sittlichen Zweck anhängen. Ihr Gewissen spricht. Sie unternehmen ein Experiment.

Und sind sie an der vormals verbotenen Frucht übersättigt,

beginnt erst die Suche nach dem Mittelweg zwischen Prüderie und Pornokratie, zwischen persönlicher Freiheit und öffentlicher Sitte – ein neues Experiment eines Volkes, das in seiner Privatsphäre viel später reift als in seinen politischen und sozialen Unterfangen.

15 Aufstieg und Macht der Intellektuellen

»Der Mensch ist das Maß aller Dinge«, lehrten jene griechischen Intellektuellen des 5. und 4. Jahrhunderts v. Chr., die man Sophisten nennt. Als führende Denker Athens waren sie an die Stelle der Philosophen gestürmt, die die Wahrheit gesucht hatten; Wahrheit gäbe es nicht, so erklärten die Sophisten, und statt der Wahrheit lehrten sie Wege zum Erfolg im persönlichen und öffentlichen Leben. Darin unterrichtet zu werden gehörte bald zum guten Ton einer Jugend, die nun nicht mehr wie bisher nur ein paar Jahre zur Schule ging, sondern danach höhere Bildung bei den Sophisten erwarb. Diese erhoben hohe Honorare – im Gegensatz zu den Philosophen verdienten die Sophisten gutes Geld. Gewiß, die älteren Athener mißtrauten zuerst den neuen Pädagogen, aber im Lauf der Zeit gewöhnten sie sich an deren Rolle, bis sie gar zu ihnen aufzuschauen begannen.

Fachkenntnisse und wissenschaftliche Forschung verwarfen die Sophisten als Zeitverschwendung. Beide mache die Kunst der Überredung überflüssig, die der gute Bürger der Demokratie zu meistern wissen müsse. Wer gelernt hat, über alles reden zu können, braucht sonst nichts zu wissen. So schufen und lehrten sie die Techniken des spitzfindigen Trugschlusses, des Paradoxes um seiner selbst willen, der willfährigen Entkräftung und Ablehnung aller Autorität.

Sophismen nannte man seither ihre Denkspiele und deren Gebrauch »Sophistication« – das heißt »der Gebrauch von bestechenden Irrtümern, Fälschungen, einfallsreichen Perversionen«. So wurde und wird noch der Begriff im Englischen definiert. Und dementsprechend bedeutet *sophisticated* seit dem 17. Jahrhundert »nicht rein und echt«, »die primitive Einfachheit und Natürlichkeit verfälscht« – kurzum, eine negative, wenn nicht verächtliche Sache.

Man vergesse diese Wortbedeutung, wenn sich heute Amerikaner ihrer *sophistication* rühmen: In ihrem Sprachgebrauch umschreiben sie damit eine erstrebenswert kultivierte, intellektuelle Aufgeklärtheit, und etwa seit 1930 definieren ihre Lexika den als *sophisticated*, der »verfeinert, durch Erfahrung und Enttäuschung klug, besonders weltklug« ist. In der neuen Schau der Amerikaner scheint der Verlust der natürlichen Einfachheit, die Sophistizierung, den Charakter nicht mehr zu verfälschen und zu verderben, sondern zu verschönern, zu veredeln, zu verbessern.

Und Amerika, so wird von seinen Wortführern oft behauptet, hat sich, irgendwann in der zweiten Hälfte unseres Jahrhunderts, aus einem »primitiven« in ein »sophistiziertes« Land verwandelt: Hatten seine ersten Bürger die republikanische Tugend, ihre Enkel den Dollarprofit erstrebt, so deren sophistizierte Enkel heute die neue selbstbewußte Aufgeklärtheit, deren Schlachtruf der Titel einer 1955 erschienenen Sammlung von »Essays zur Kultur und Politik« erhob: »Ein Ende der Unschuld«.

Sophistizierung verlangt in erster Linie die Abkehr von der »primitiven Einfachheit und Natürlichkeit« der bisherigen Ordnung, Werte, Glaubenssätze, Verhaltensregeln Amerikas. Im gesuchten Gegensatz bekennt sich die Sophistizierung zum Wechsel auf jedem Gebiet amerikanischer Kultur, bis die Neuheit alle absoluten Werte, die Sophisten und sophistizierte Amerikaner als Aberglauben abtun, als höchster Wert ablöst. Weil alles Neue schnell alt, die Mode über Nacht altmodisch zu werden pflegt, muß immer Neueres an seine Stelle treten. Nicht das Wahre, Gute, Schöne, sondern das Neueste wird gesucht und gelobt. Ob ein Werk »Neuerungen« darbiete, nicht ob es gelungen sei, wird gefragt, und die bejahende Antwort verschafft ihm den Lorbeerkranz, so schnell er auch verwelkt. Scharlatane und Pfuscher erweisen sich als besonders talentierte Neuerer. (»Nur was mechanisch ist, ist fortschrittlich«, meinte 1814 der Engländer William Hazlitt, weshalb »die Künste nicht fortschrittlich sind«.) Indem die Sophistizierung die Künste dem nervösen Götzen der Neuheit, der Neuerung, des Fortschritts unterwirft, der seine Kinder in regelmäßiger Zeitenfolge zu verschlingen pflegt, amerikanisiert sie die Kultur – aber kultiviert sie Amerika?

Wer *sophisticated* ist, braucht nicht *educated* zu sein; Kenntnisse, Belesenheit, die Disziplin des Denkens beschweren nur, wie umgekehrt der Gebildete nicht selten der »Sophistication« entbehren mag. Die sophistizierten Amerikaner gebrauchen immer noch wie ihre athenischen Ahnen die Künste der Überredung, wenn auch mit eminent fortschrittlichen Techniken, während sie die Psychen ihrer Gegner in der Tiefe ausloten, Leitbilder, *images* schaffen und sie durch die Massenmedien ausstrahlen.

Diese Sophistizierung zieht eine Trennungslinie durch Landesteile, Religionsgemeinschaften, Einkommens- und Herkunftsgruppen, Altersklassen und scheidet oft schärfer als diese alle Amerikaner voneinander. Amerikaner mit und ohne »Sophistication« sprechen verschiedene Sprachen und reagieren verschieden auf jedes Problem, während sie an verschiedenen Problemen laborieren. Zahl und Einfluß der sophistizierten Amerikaner wächst seit dem Zweiten Weltkrieg immer stärker an, und wenn sie auch keine Mehrheit formen, so reiten sie dennoch auf der Welle der Zukunft. Die Unschuld Amerikas ist verloren: die agrarische Unschuld ebenso wie die industrielle der beiden vergangenen, selbstgenügsamen, rauhen, schöpferischen Epochen Amerikas. Lebendig, lustig, experimentierend, übertreibend sucht das Land in der neuen Epoche einen neuen Erfolg, und dieses Unterfangen hat erst begonnen. Nach einem langen Arbeitstag in der Sommerhitze trinkt ein Dürstender schnell und wahllos, was ihm kredenzt wird.

Die »Sophistication« verwandelt das Gesicht des Landes und das Leben seiner Bewohner so gewaltig und plötzlich, daß Amerikaner von ihrer Kulturexplosion sprechen, voller Stolz und Befriedigung, obschon nach diesem Bild ja eigentlich etwas unter Knall zerplatzt und plötzlich zersetzt wird. Überall sieht man die Spuren dieser Explosion: die neuen Kunstzentren, die jede Gemeinde errichtet (und die, weil es kaum genug Kunst gibt, um alle Wände zu behängen, oft ziemlich leer bleiben); die Millionenauflagen von Büchern und Zeitschriften, die vor dreißig Jahren nur ein paar Dutzend »Kenner« heimlich erstanden hatten; die Massenbesucher jedes Museums, die sich in Schlangen zum Portal drängen (unter anderem locken sie Unterhaltungsfilme, Kindertheater, die Begegnung mit andern »sophistizierten« Partnern jeder Art, Einkauf von Weihnachtskarten und Geschenkartikeln ins Museum, und endlich, doch nicht zuletzt das Recht, sagen zu können, sie hätten die neueste Ausstellung gesehen).

Die Kultur läßt sich leicht finden, wo sie in neuen »Kulturzentren« zur Verfügung gestellt wird, wie die Natur in den »Naturzentren« auf dem Land oder die Vergangenheit in den Restaurationen der Geschichtsschutzparks (und auch, bevor die sexuelle Freiheit erklärt worden war, der Sex in den Bordellvierteln): Ein wenig abseits vom wirklichen Leben stehen in diesen Kulturzentren auf sicherem Grund Opernhäuser, Theater, Museen brav und eng nebeneinander in ihrem goldenen Ghetto. Wenn man heute durchs Land fährt, muß man nicht mehr wie zuvor zwischen New York und San Francisco eine »kulturelle Steppe« (so mäkelten die protosophistizierten New Yorker, San Franziskaner und Neu-Engländer bisher) durchkreuzen. Im Gegensatz noch zur jüngsten Vergangenheit kann man jeden Tag vorzüglich speisen und mindestens jeden zweiten Abend ein Theater oder ein Konzert besuchen, kurz die völlig neue Sophistizierung genießen. Die sichtbare, berichtbare Teilnahme an der neuen Kulturexplosion (man nennt sie nicht Kulturblüte) dient als Statussymbol der *sophistication*; der *sophisticate* unterscheidet sich geradezu von seinem unsophistizierten Mitbürger (und gleicht seinen sophistizierten Nachbarn), indem er jede neueste politische, literarische, künstlerische, lebenskünstlerische Mode begeistert mitmacht.

Die skeptische Frage wird selten gestellt, ob mit Geld, gutem Willen und Glauben an das Neueste, mit denen Amerikaner so reichlich ausgerüstet sind und so gewaltige Fortschritte in ihrer Gesellschaft errungen haben, diese zur kulturellen Blüte getrieben werden kann; wenige wagen anzuzweifeln, ob sich die amerikanischen Gleichheits- und Glücksgebote auch gegen »the happy few« als Schöpfer und Träger der Kultur richten. Selten wird angedeutet, daß die massenvertriebene statussymbolische, neuheitsgierige Sophistizierung viel vulgärer sein kann als die primitive Einfachheit und Natürlichkeit zuvor.

Diese aristokratisch klingenden Bedenken verblassen, wenn man die begeisterte Vitalität spürt, mit der sich Massen neusophistizierter Amerikaner in die Kultur stürzen. Die Töchter und Söhne mittelwestlicher Farmer, Chicagoer Schneider, New Yorker Hausierer und fernwestlicher Viehrancher, die die Ballettsäle und die Museen bevölkern, nehmen diese neuentdeckte neue Kultur zutiefst ernst. Als echte Amerikaner haben sie erst begonnen, zu einer neuen Grenze vorzudringen.

Die führenden amerikanischen Philosophen suchen den Weg zum privaten und öffentlichen Erfolg zu weisen – Philosophen der Erziehung, des Staatsbürgertums, der Sozialpolitik, des Seelenfriedens, wenn nicht gar, wie eine um 1967 neue Schule sich nennt, »Philosophen der Praxis«: Sie will (nach Charles Frankel) lehren, »wie Philosophen sich in der Lösung öffentlicher Probleme nützlich machen können«. Diese sophistische Beziehung zum Erfolg nimmt der Philosophie den etwas unamerikanischen Charakter, den die Amerikaner instinktiv der Suche nach abstrakter Erkenntnis unterstellen. Aber nachdem vor fast 2500 Jahren die Sophisten nicht nur die Philosophie korrumpiert, sondern auch fruchtbar deren Grenzen aufgezeigt hatten, hoben Plato und Sokrates die Wahrheit wieder auf den Thron.

Die Lieferanten, Verteiler, Fachleute und Führer der »Sophistication«, die Intellektuellen und Künstler, hatten in Amerika wenig gegolten, solange die rauhen Siedler und Unternehmer das Land erobern, wohnlich und wohlhabend machen mußten; ihnen gehörte das Land, und der *sophistication* wiesen sie nur einen bescheidenen Eckplatz bei den Damen des Hauses an. Gewiß, die Kultur Europas wurde wie eine Brillantnadel an der Krawatte des reich gewordenen Unternehmers getragen, in den paar großen Städten und in den Gold- und Silbersuchersiedlungen des Westens, wo nach den Bordellen sogleich ein Opernhaus eröffnet wurde. Und die neuen Multimillionäre ließen durch ihre Agenten die Gemälde der europäischen Vergangenheit kilometerweise aufkaufen, zahlten für Gastspiele der besten europäischen Künstler, finanzierten ein paar erstklassige Hochschulen. Aber die amerikanischen Intellektuellen galten nur als billige Nachahmung des echten, europäischen Luxusschmucks, was sie verständlicherweise mit Ressentiments erfüllte. An Zahl gering, war ihr Einfluß noch geringer, wenn auch von Nutzen für die Gemeinschaft, die sie ob ihrer falschen Werte und geistigen Enge mit dem Feuer puritanischer Sittenprediger, dieser ersten amerikanischen Intellektuellen, abkanzelten und anklagten.

In ihrer Mehrheit Kritiker der bestehenden Ordnung, fühlten und verhielten sie sich wie eine innere Emigration, den Blick auf das vermeintlich kultivierte Europa oder ein vermeintlich kultivierteres Zukunftsamerika geheftet; die bestehende Ordnung verdammten sie in Grund und Boden, wenn sie nicht als deren etwas schäbige Apologeten ihren Dienst taten. Schüchtern begannen erst um die Zeit des Ersten Weltkriegs die Intellektuellen für eine Kultur amerikanischer Sophistizierung zu werben. Der 1924 gegründete »American Mercury«, das erste und wirksamste Organ mit dem Ziel, »einen Teil des schlimmsten herrschenden Unsinns aufzuspüren und hinzurichten« (wie sein Redakteur Henry L. Mencken ankündigte), fand niemals mehr als 60 000 Käufer, und mit der Wirtschaftskrise von 1933 verliefen auch sie sich. Während dieser Depression verlor aber auch die kapitalistische Führungsschicht ihren Zauber und ihre Geltung in der Gesellschaft; die »Kapitäne der Wirtschaft«, so schien es damals, wußten nicht einmal ihr eigenes Schiff zu lenken und führten ihr Volk zum Bankrott. Nach dem Zweiten Weltkrieg konnten die intellektuellen Apostel der Sophistizierung vor eine Öffentlichkeit treten, die für sie bereit war.

Die Amerikaner sind der Zeit, da »Tat« alles war, entwachsen. In ihrer Wohlstandsgesellschaft werden die lebensnotwendigen und viele überflüssige Bedürfnisse der großen Mehrheit befriedigt. Die Mehrheit der Amerikaner hat die Mittelschule besucht, fast die Hälfte Hochschulen, wo sie mit intellektuellen Prätentionen überfüttert wurde. Die einst kleine Minderheit mit »höherer« Schulung wurde zur Mehrheit; sie »erkennt nicht länger die bewundernswerten Eigenschaften einer weisen und zufriedenen Ignoranz an«, wie die amerikanische Intellektuelle Agnes Repplier schon 1894 bemerkte, als sie noch hinzufügen mußte, andererseits »haben wir kaum Muße und wenig Neigung zum harten Studium«. Jetzt haben die meisten Zeit, um sich belehren und unterhalten zu lassen, was die Massenmedien pflichtgemäß besorgen. Das Bedürfnis nach Sophistizierung befriedigend, stimulieren sie es, da ihre Manager und Mitarbeiter vor allem selber als sophistiziert anerkannt werden wollen. Gewiß, viele Fernsehunterhaltungsprogramme, Filme, Bücher, periodische Publikationen im Geschmack der unsophistizierten Mehrheit widerstehen der verächtlichen Kritik der Intellektuellen, deren politische und soziale Meinungen im Gewand der Objektivität doch den Großteil der Medien beherrschen. Diese Intellektuellen sind jetzt aus ihrer inneren Emigration an Führungsposten gerückt. Ihre Ansichten und Vorlieben verbreiten sich durch die Massen, wie ein Tropfen auf dem Löschpapier dieses durchtränkt. Ein Film, der in einem exklusiven »Kunstkino« den Beifall eines winzigen sophistizierten Publikums gefunden hat, läuft bald im ganzen Land. Das Buch eines Intellektuellen, dessen Gegenstand, Milieu, Sprache der Mehrheit unverständlich bleiben muß, steht bald an der Spitze der Bestsellerlisten. Wer heute in einem der immer noch in kleinen Auflagen vertriebenen Intellektuellen-Organe gedruckt oder gepriesen wird, findet schnell sein Podium in Massenmedien. Und so fremd, seltsam, vielleicht auch widerlich sie diesen Massen klingen mag, sie können ihre Ohren nicht vor der Stimme der Sophistizierung verstopfen.

Mit der Sophistizierung steigt eine neue Klasse in Amerika empor. Wie im Zeitalter der amerikanischen Industralisierung – etwa seit 1870 bis in den Beginn unseres Jahrhunderts – die kapitalistischen Unternehmer als neue Klasse mit Führungsansprüchen auftraten, so im Zeitalter der amerikanischen Sophistizierung – etwa seit 1945 – die Intellektuellen. Vom Forscher bis zum Bohemien produzieren, formulieren, propagieren, manipulieren sie die neuen Gedanken, Stile und Tendenzen, die man zur Schau stellen muß, um als sophistiziert zu gelten. Die Intellektuellen befriedigen einen Bedarf, der so stark ist wie der Bedarf nach materiellen Dingen, den die Unternehmer befriedigten.

An die Stelle der Millionäre treten die Intellektuellen als neue amerikanische Führungsschicht. Sie haben ein gut Teil der Macht übernommen, die zuvor Unternehmern und Kapitalisten gehört hatte. Die Vormachtsansprüche, ob deren die Intellektuellen den Reichtum so lange kritisierten, stellen sie jetzt für sich selbst.

Nachdem – wie die Kapitalisten über die zuvor herrschenden Stände des Feudalismus – sich die Intellektuellen über die zuvor herrschenden Klassen des Kapitalismus durchgesetzt haben, verging einige Zeit, bis sich die meisten Amerikaner gewahr wurden, daß die neue intellektuelle Oberschicht die einstige Rolle der wirtschaftlichen Oberschicht spielt. Diese neue Elite bleibt im Vergleich zu jener fast unerforscht, aus einem Grund, der schon ihre Rolle andeutet: Waren die Erforscher, Kritiker, Denunzianten der Unternehmer (»des Kapitalismus«) Intellektuelle, die jenen gegenüber als machtlose Minderheiten aufbegehrten, so müßten sie jetzt diese Aufgabe an sich selber erfüllen, was sie natürlich weder wollen noch können; kein Chirurg operiert sich selber, vor allem nicht, um zu entdecken, wie krank er ist. Die *muckrakers*, Schmutzaufwirbler, Soziologen, Prediger und andere Intellektuelle, die seit Ende des 19. Jahrhunderts die Unternehmer »enthüllten«, galten als sophistiziert, obschon die primitivsten »Populisten« und Hinterwäldler ihnen Beifall zollten; ein »Enthüller« der Intellektuellen würde von ihnen als primitiv, reaktionär, ein Feind der Kultur in Acht und Bann getan – an ihnen selber ist Kritik tabu, sosehr sie diese auch an jeder anderen Gruppe des Landes, ja ihrem Land selber fordern und fördern. Doch die Parallelen zwischen der Elite der Plutokraten von gestern und der Elite der Intellektuellen von heute springen immer mehr ins Auge, je weniger diese sie zugeben.

Wie an einem Pegel läßt sich die neue, hohe Geltung der neuen Klasse des amerikanischen Intellektuellentums an ihrem Einkommen ablesen. Von dem einstigen Tiefstand ist es in die oberen Regionen geklettert. Hatten die Intellektuellen einst mit verständlichem Neid zu den Unternehmern geblickt, denen es so viel besser ging als ihnen selbst, so verdienen sie selber heute meist nicht weniger und manchmal mehr. Dieser Aufstieg beginnt bei den Schullehrern und zeigt sich in eklatanter Form bei den Universitätsprofessoren, die ihre etwa seit 1955 sprunghaft erhöhten Gehälter durch Gutachten, Vorträge, Sachverständigenarbeit, Artikel zu vermehrfachen pflegen. Selbst die Künstler, diese traditionell ärmsten Schlucker Amerikas, leiden keine Not mehr, im Gegenteil: Wer sich nur einigermaßen in ihrem Geschäft auskennt, findet mehr Abnehmer, als er beliefern kann. Ebenso ironisch wie symbolisch wirkt es, daß die Quelle des neuen Wohlstandes der sophistizierten Klasse zu einem guten Teil aus dem in Stiftungen eingebrachten Vermögen der einst herrschenden Unternehmen sprudelt, die die Erträge von achtzehn Milliarden Dollar, wie Reparationen an die Siegermacht, an die Intellektuellen ausschütten lassen; als Verteiler fungieren, wie um die Ironie zu unterstreichen, nicht die Erben jener Vermögen, sondern Intellektuelle, die als Stiftungsfachleute angestellt sind. Die zweite, gleich übersprudelnde Quelle intellektuellen Wohlstands kommt von der Gemeinschaft, deren Mitglieder – als Steuerzahler – mit aller Kraft beisteuern müssen: Sie helfen, die steuerbefreiten, also sie belastenden Stiftungen, Schulen und Hochschulen, Museen, Forschungszentren, Institute reichlich zu unterhalten. Dank öffentlichen Subsidien und Stiftungen lebt die neue Führungsschicht von »anderer Leute Geld«, wie sie von den Kapitalisten zu sagen pflegte, und im privatwirtschaftlichen Sektor erwarten sie noch höhere Einkommen: Die Produktion und Deutung von Ideen, Meinungen, Geschmacksrichtungen verschafft zum ersten Mal nicht geringere Profite als die Produktion und Verteilung von Waren und sachlichen Dienstleistungen.

Natürlich stellen die Intellektuellen sowenig wie die Unternehmer eine monolithische Gruppe von Gleichen dar; auch sie haben ihre Hierarchie.

An ihrer Spitze steht die kleine Schar des elitären »Establishment«, die die neuen Ideen und Geschmacksrichtungen schafft und mit ihrer Eichmarke versieht. Wie aus den Gästelisten formeller Bälle, den Logenabonnements in der Oper, den Registern eines Halbdutzends exklusiver Clubs und aus den Aufsichtsratsnamen der großen Aktiengesellschaften die Mitglieder der oberen Vierhundert erkenntlich wurden, braucht man nur die Namen zu verfolgen, die in leicht abwechselnder Reihenfolge Proteste gegen Äußerungen der alten Ordnung unterzeichnen, sich in ständig aus dem Boden schießenden Komitees, Gruppen, Vereinigungen irgendeinem Verlangen des Tages anschließen, als Themen, Autoren und Rezensenten in Zeitungen, Zeitschriften, Büchern, Fernsehprogrammen die Öffentlichkeit beherrschen. An Zahl dürften die oberen »vierhundert« Intellektuellen kaum stärker und wahrscheinlich weniger sein als ihre Vorgänger der kapitalistischen Jahrhundertwende, als »Amerikas sechzig Familien« ihre Dollarherrschaft übten. Gleich den »Räuberbaronen« und Großgründern des amerikanischen Hochkapitalismus sind auch die Elite-Intellektuellen persönlich und beruflich eng miteinander verflochten, obschon erheblich seltener durch eheliche Bande. Wie die Großunternehmer stellen sie nach außen hin eine geschlossene Front dar, während sie sich im vertrauten Kreis mit der bittersten Konkurrenz auf Klauen und Zähne befehden. Wie Wirtschaftsgrößen einst, halten die Geistesgrößen von heute wenig voneinander, doch diese geringe Meinung wird in der Öffentlichkeit nur selten enthüllt, etwa wenn einer in die Reservate des andern öffentlich vorstößt. Dann wird in den Cocktailparties, Briefspalten der Intellektuellenpresse, Rezensionen und Hörsälen so episch, wenn auch wortreicher, die Schlacht ausgetragen wie einst bei gleichem Anlaß an der Börse und in der Gesellschafterversammlung der Aktiengesellschaft. Der stärkere, das heißt der skrupellosere und schlauere Konkurrent siegt in beiden Fällen.

Wie die »Räuberbarone« begegnen die Elite-Intellektuellen einander hinter den verschlossenen Türen des eigenen Kreises mit einer sonst in Amerika kaum zu findenden Unhöflichkeit; gute Manieren halten sie für ihrer unwürdig, und die Gassenbubensitten der Armenviertel (denen viele von ihnen entstammen) verstehen sie im Umgang mit Mit-Intellektuellen mit nur geringen Variationen erfolgreich anzuwenden.

Um die Intellektelite ziehen sich die Kreise im Aufstieg begriffener jüngerer Genossen, und zugleich der älteren Leute, denen dieser nicht völlig geglückt ist. Um sie wieder die minderen Mitläufer, Abnehmer, Lieferanten, Marketenderinnen, Popularisierer und Lobhudler, die ihre Gesinnung teilen, ihre Ansprüche akzeptieren, ihre Urteile weiterkolportieren und wenigstens so tun, als gehörten auch sie dazu, was den Einfluß der Machtelite verstärkt.

Eine halbe Million vollberuflicher Hochschullehrer, Hunderttausende Meinungsmacher in Presse, Fernsehen, Rundfunk, Zeitschriften, Buchverlagen und der gehobenen Unterhaltungsindustrie, die Masse der Mittelschul- und Schullehrer, Sozialpfleger, Werbefachleute, die Wert darauf legen, zur intellektuellen Schicht gerechnet zu werden, so wie einstmals kleine Fabrikanten zu den Unternehmern, gar nicht zu reden von zahllosen anderen Freiberufen mit intellektuellen Prätentionen, sie alle formen eine Klasse, deren erheblicher, jedenfalls sichtbarster und lebendigster Teil den von der Spitze ausgegebenen Ideen und ausgerufenen Parolen gehorsam folgt. Und diese Zwischenträgerschicht liefert ihre Richtlinien weiter ans »Publikum«, wo Millionen von Studenten, Multimillionen von Massenmedienkonsumenten sie bereitwillig aufnehmen.

Mit der alten Führungsschicht und ihrem Machtanspruch teilt die neue Elite ihre Verachtung gegenüber den »Massen«; sie setzt als selbstverständlich voraus, daß sie diesen »Massen« turmhoch überlegen ist. Der zur Schande der Räuberbarone gewordenen Ruf: »The public be damned«, klingt auch wie die Losung der modernen Intellektuellen. So egalitär, sozialistisch, radikal sie sich geben, mit den »Bauern«, »Niedrigstirnen«, »Mittelstirnen«, kurz dem nichtsophistizierten Volk wissen sie nichts anzufangen und drehen ihm wortlos den Rücken zu.

Wie unter großen Unternehmern, so waltet unter Intellektuellen ein Zug zum Monopol: so wie einst Produktion und Kapitalmarkt werden heute Meinung und Geschmack von kleinen Großeigentümergruppen kontrolliert und Außenseiter ferngehalten. Wer auf dem Kurszettel der Bestseller, der Bühnen-, Film-, Fernsehkritiker und so weiter erfolgreich sein will, schaltet sich der Machtelite gleich – auch die Nichtintellektuellen, die Erfolg, Anerkennung, Aufstieg erstreben. Wie damals beruht heute die Monopoltendenz nicht auf einer Verschwörung, sondern auf dem freien Spiel der Kräfte. Wessen Begabung, Geschick, Glück, Ellenbogen, Spürnase groß genug sind, der findet seine Förderer im intellektuellen Establishment, bis er selber dazugehört.

Die alte und die neue Elite ähneln sich in ihrer Intoleranz gegenüber Andersdenkenden der eigenen Schicht, obgleich im Gegensatz zu den einstigen Wirtschaftsführern sich das intellektuelle Establishment liberal dünkt und damit eigentlich der Toleranz ideologisch ergeben sein müßte. Doch in der Praxis achtet es die abweichende Meinung nicht, sondern diffamiert sie bis zum Versuch, die wirtschaftliche Existenz und damit die intellektuelle Wirkkraft ihres Trägers zu zerstören. Wahrscheinlich ist das intellektuelle Establishment noch intoleranter als seine kapitalistischen Vorgänger. Nicht durch niedrigere Preise, bessere Mausefallen und wertvollere Leistungen für die Abnehmer müssen ja die Intellektuellen, im Gegensatz zu den Unternehmern, ihre Interessen schützen und ihre Stellung erhalten, sondern durch Verteidigung ihrer Meinungen, Stile, Leistungen durch das Wort, das zumeist bloß ein Invektiv gegen seine Kritiker ist, wenn schon die sophistische Technik der Überredung durch »das stärkere Argument« kunstvoll praktiziert wird. Ineinandergreifend sorgt ein Räderwerk intellektuell ehrgeiziger Verlagslektoren, Buchrezensenten, Redakteure dafür, daß die ihnen gegnerische nonkonformistische Meinung kein Podium findet; falls dies nicht gelingt, daß das weitere Publikum möglichst wenig von jener Meinung erfährt; falls auch dies vereitelt wird, daß dem Nonkonformisten wenigstens von vornherein herabsetzende Warnungszeichen umgehängt werden, so daß ihn »das Publikum« nicht ernst nimmt.

In der Kunst flicht sich mit ähnlicher geistiger Gewalt ein Netz in den Händen der Kritiker, Händler, Sammler; im Theater, im Film, in vielen akademischen Bereichen herrscht die gleiche Oligarchie mit der Versuchung, sich ihr gleichzuschalten, um anerkannt zu werden, dabeizusein, zu profitieren, sich im geistigen und Kunstbereich bewähren zu können. Sich von der Elite selber durch unabhängige Sprache und Gedanken auszuschließen erfordert meist mehr Talent und Charakter, als der selbständige Intellektuelle zu opfern vermag oder willens ist.

In der neuen wie der einstigen Führerschicht treten Angehörige bestimmter ethnischer Gruppen besonders hervor; an Stelle der Amerikaner vorwiegend angelsächsisch-protestantischer Herkunft in der Industrialisierung betreiben die Versorgung mit Sophistication besonders zahlreich die Abkömmlinge der zweiten oder dritten Generation neuer Einwanderer, die bis vor kurzem noch von der Oberschicht zurückgesetzt worden waren. Manche ihrer prominentesten Vertreter haben sich öffentlich gerühmt, daß ihr ethnisch neuer Geist die amerikanische Tradition aufhebe; wie ein prominenter Wortführer in der »New York Times« formulierte, pflanzen sie in der amerikanischen Kulturszene ihre Flagge auf »wie südamerikanische Revolutionäre, denen ein militärischer Coup geglückt ist«. Nicht anders als die Gentlemen von 1890, die den angelsächsischen Charakter der amerikanischen Gesellschaft lobpriesen, weil er ihre Demokratie und ihren Wohlstand ermöglichte, sehen die Intellektuellen in ihrer ethnischen Sonderart die Grundlage der kulturellen Erneuerung Amerikas. Und wie einst die angelsächsische Führungsschicht den Minderheiten, wollen jetzt diese selbst der erstaunten, eingeschüchterten und verlegenen Mehrheit die sprachlichen und geistigen Eigenarten ihrer eigenen ethnischen Herkunft aufdrängen.

Wie jede herrschende Klasse die Freiheit für ihre eigenen Interessen – obgleich diesen oft nur scheinbar förderlich – verlangt, so auch die Intellektuellen: Wie die Kapitalisten gegen Eingriffe des Staates in ihre Wirtschaft, wehren sich die Intellektuellen gegen Eingriffe des Staates in ihre literarischen, künstlerischen, geistigen Sphären. Während sie eine wohlfahrtsstaatliche, neosozialistische Ordnung fordern, in der der einzelne, ob Unternehmer oder Wirtschaftsperson anderer Art, also jedermann, keine Freiheit mehr besitzt, erstreben sie das totale Laisser-faire im kulturellen Bereich. An Stelle der Sozialpolitik, der sich die Kapitalisten widersetzt hatten und die doch zur Sozialordnung selbst geworden ist, widersetzen sie sich der Zensur in Wort und Bild. Wie Kapitalisten bis zu Teddy Roosevelts Sozialreformen öffentliches und privates Eigentum manchmal unverschämt schädigten, so die Intellektelite jetzt nicht selten die öffentliche Sitte. Das Gemeinwohl identifizieren Machtcliquen gar zu gern mit ihren eigenen Exzessen. Im Namen der Freiheit denunziert die Intellektuellenklasse jeden Widerstand der Gemeinschaft gegen ihr Laisser-faire als »viktorianische Fesseln«, »puritanische Beschränkung«, »staatlichen Machtmißbrauch«, Errichtung eines »Tabus«, ein aus dem Urwald der Kannibalen entlehnter Begriff, der Gebote und Verbote, diese Grundlage jeder Zivilisation, in lächerlichen und gefährlichen Aberglauben verwandelt: Das Wort wirkt als Waffe der Subversion.

Wie vor der Jahrhundertwende gegen die wirtschaftlich-soziale Oberschicht, erhebt sich heute gegen die intellektuell-kulturelle Machtelite wenig öffentlicher Widerspruch; Protest bleibt nur selten hörbar und auf kleinste Zirkel beschränkt. Ist dem so, weil die große Mehrheit der Amerikaner ihre Kultur weiterhin nicht ernst nimmt, von alter »primitiver« Mißachtung gegenüber dem Kulturbetrieb befangen und das eigene Tun überschätzend? Oder wollen sie die Meinungsfreiheit schützen, auch wenn diese verletzt wird, haben sie delikate Hemmungen, Kritiker zu kritisieren, die jede Kritik an sich selber als puritanisch-angelsächsische Vorurteile, Hetze, Vermessenheit denunzieren? Niemand will dessen beschuldigt werden, weil es zu den Statussymbolen jedes gebildeten Amerikaners gehört, frei von diesen Sünden zu leben. Oder ist die neue Führungsgruppe noch zu neu, um sich schon ganz im öffentlichen Bewußtsein abzuzeichnen? Akzeptiert man ihren aggressiven Erfolg, der mit allen Waffen des traditionellen Wettbewerbs errungen worden war, nach dem Grundsatz: Was im Erwerbsleben recht ist, soll der Kultur billig bleiben? Oder vermutet man, daß diese Intellektuellen in ihrer arroganten und exotischen Sonderstellung doch Amerikas kulturellen Fortschritt fördern wie einst die Räuberbarone seinen wirtschaftlichen Fortschritt, weshalb man ihnen trotz ihrer häßlichen Methoden und Äußerungen ihr nützliches Werk zu tun erlaubt? Und läßt man sie gewähren, weil sie das vergötterte Neue predigen und verkörpern? Wahrscheinlich trifft dies alles zu, wenn auch in verschieden starken Dosierungen.

Die wichtigste Parallele zwischen gestrigen Kapitalisten und heutigen Intellektuellen zieht sich in die öffentliche Politik. Die Elite der Unternehmer hatte sich nicht auf ihren eigenen, den wirtschaftlichen Bereich beschieden, sondern beanspruchte für sich das Recht der letzten maßgeblichen Entscheidung in sämtlichen sie interessierenden öffentlichen Angelegenheiten. Oft, und oft rücksichtslos, gebrauchten sie ihre Macht, bis die Demokratie sie in ihre Schranken wies. Die gleichen Privilegien politischer Entscheidung fordern heute die Intellektuellen für sich. Wie einst die »Räuberbarone« betrachten sie sich als Gruppe auserwählt, über den Massen und auch über Parlament, Regierung und Gerichtshöfen stehend diese zu dirigieren. Daß ein Eisenbahnkönig oder ein Stahlmagnat dazu sowenig qualifiziert war wie heute ein Atomphysiker, ein Filmkritiker oder eine Romanautorin, dieser demokratische Gemeinplatz wird von den Eliten im Namen der Demokratie ignoriert. Dabei geht es nicht um die Pflicht des individuellen Intellektuellen, als unabhängiger Beobachter die Männer der Tat zu kritisieren und sie an die eigenen, reineren Maßstäbe zu erinnern, sondern um die Autorität der ganzen Gruppe, die die Macht bewundert und an ihr führend teilnehmen will.

James Bryce, der als Gelehrter, Politiker, Diplomat und Gentleman jedes Klassenvorurteils gegen die Intellektuellen ermangelte, klingt prophetisch: »Das scheinbare Paradox, daß, wenn die bescheideneren Klassen in ihrer Meinung sich von den höheren unterschieden, die Ereignisse jene im Recht und die sogenannten überlegenen Klassen im Unrecht erwiesen, kann vielleicht damit erklärt werden, daß die historischen und wissenschaftlichen Daten, von denen die Lösung eines schwierigen politischen Problems abhängt, den Reichen wie den Armen gleich wenig bekannt sind. Gewöhnliche Ausbildung, auch wenn sie von einem akademischen Grad bestätigt wird, befähigt einen Menschen nicht zum Umgang mit jenen Fragen, und oft erfüllt sie ihn mit einer eitlen Einbildung auf seine eigene Kompetenz, die seinen Verstand Argumenten und der sich ansammelnden Evidenz der Fakten verschließt. Im weniger gebildeten Mann trägt eine gewisse Einfachheit und geistige Offenheit manches zur Kompensation für seinen Wissensmangel bei ...

Wenigstens in England und Amerika ist er gemeinhin klug genug, um zwischen einem Demagogen und einem großen Mann zu unterscheiden ... «

Anders als im 19. Jahrhundert, als Lord Bryce an vielen Erfahrungen sein skeptisches Urteil über die politische Halbbildung der Gebildeten bestätigt fand, stehen diese nicht mehr als kleine Minderheit den »Massen« gegenüber. Die Riesenscharen akademisch diplomierter, halbintellektueller Amerikaner, die ihre »gewisse Einfachheit und Offenheit« verloren, liefern der intellektuellen Oberschicht eine politische Massenbasis. Sie sehen nicht mehr auf die »langhaarigen Professoren«, »Sterngucker«, »Eierköpfe«, wie die »Massen« einst ihre Intellektuellen geschimpft hatten, herab, sondern horchen respektvoll auf deren Wort. Sie selber wollen nicht Philister, Puritaner, *Booboisie, Babbitts, Bourgeoisie,* Mittelstirnen, *Squares* – intellektuelle Schimpfworte, die mit jeder intellektuellen Generation, also alle fünf Jahre, neu erfunden wurden – gescholten werden.

Auch verstärkte sich das politische Gewicht der Intellektuellen, da die Welt vor allem ihre Stimme zu hören pflegt, die sofort von den einheimischen Intellektuellen im Ausland aufgenommen und wiederholt wird, um dann als Weltmeinung nach Amerika zurückzustrahlen. Und da die Amerikaner nicht wissen, wie weithin diese Weltmeinung nur die Meinung ihrer und ausländischer Intellektueller wiedergibt, lassen sie sich von ihr ungebührlich imponieren.

Noch nie war die politische Macht dieser intellektuellen Elite in Amerika so spürbar, noch nie wurde sie ihr so offen zugestanden wie in der zweiten Hälfte unseres Jahrhunderts. Von Anfang an hatten Amerikaner von großem intellektuellem Format führende Rollen im Lande gespielt – Jefferson und Madison waren geistige Titanen. Aber sie spielten ihre Rolle als einzelne Bürger, die fast lebenslänglich im demokratischen Prozeß aktiv gewesen waren; Männer der Tat, testeten sie ihre Ideen an der Wirklichkeit. Noch als Franklin D. Roosevelt zu Beginn des »New Deal« eine Schar von Universitätsprofessoren und jüngeren intellektuellen Juristen in die Regierung holte, sah man sie als Fachleute oder Politiker, nicht als Repräsentanten ihrer Intellektuellenklasse.

Erst während des Zweiten Weltkriegs trat diese als neue Machtgruppe auf die öffentliche Bühne. Daß Fachleute jeden Wissenschaftszweigs einschließlich der glorifizierten Nuklearphysiker eine wesentliche Machtposition übernahmen, war nur ein Grund für den Aufstieg ihrer Klasse, und eben nicht der wichtigste. In Scharen wurden auch die Fachleute der Meinungsformung und der Propaganda (ein bis 1940 in Amerika verachtetes Wort für eine mißbilligte Sache) an die strategischen Posten der Macht geholt; daheim wie in der Welt hatten diese politischen Intellektuellen jetzt eine Politik zu »verkaufen«, die sie bald selber nach ihrem Geschmack zu »machen« wünschten. »Ideen sind Waffen«, verkündete damals ein repräsentativer Intellektueller namens Max Lerner: Waffen für den Sieg der alliierten Sache, so verstand man, aber auch Waffen für den Sieg der Intellektuellenklasse im eigenen Land.

John F. Kennedy beobachtete die Macht der neuen Klasse in ihrer Opposition gegen Eisenhower und ahnte deren neue Elitestellung, weshalb er sie mit Einfluß und Geltung überschüttete. Mit den Intellektuellen, die er in seine Regierung holte, und den Künstlern, die seine Frau ins Weiße Haus zum Souper lud, erwies er der neuen Elite seine Reverenz. Ein Sondergesandter zur »intellektuellen Gemeinschaft« wurde ins Weiße Haus berufen, und dessen Nachfolger atmeten dort auch noch unter Johnson, während die Intellektuellenmehrheit ihn zu ihrem Erzfeind erklärte. In ihm sahen sie den prototypischen Amerikaner ohne Sophistication, weder ihnen hörig noch von ihnen beeindruckt.

Jetzt verlangten die Intellektuellen als Machtelite anerkannt zu werden. Sie »forderten«, daß Minister persönlich vor ihren akademischen Versammlungen Rede und Antwort stünden, verwandelten literarische, religiöse, wissenschaftliche Publikationen in politische Kampforgane, demonstrierten und protestierten und erwarteten Gehorsam vor ihrer politischen Autorität. Man unterschied jetzt zwischen »Establishment«-Intellektuellen, die der bestehenden Ordnung treu blieben, und den wahren Intellektuellen – »entfremdet«, revolutionär, machtlüstern.

Nachdem sie ihren gewichtigen Anteil an dessen Sturz beigetragen hatten, richtete sich ihre ganze Wut gegen seinen Nachfolger Richard Nixon, der ihnen von vornherein zutiefst verhaßt war. In ihren Augen gehörte er einer anderen Welt an, mit der sie den Entscheidungskampf führen mußten. Daß sie ihn gewannen, war ihr Triumph. Ihre Abneigung gegen seinen Amtserben Gerald Ford – diesen grundanständigen, aber auch grundkonservativen Vertreter des »Mittleren Amerika« mit allen dessen Werten – konnte danach nur noch als Antiklimax wirken. Aber auch Jimmy Carter mit seinem religiös-baptistischen Bekenntnis und seiner südstaatlich-provinziellen Herkunft begegneten sie mit betonter Zurückhaltung.

Allerdings fanden sie auch in dessen Regierung ihren Platz. Sie gehörten »der Gemeinschaft« an, wie jetzt die intellektuelle Oberschicht sich nannte. »Die Elite der Gemeinschaft umfaßt etwa dreihundert Professoren, Rechtsanwälte, Geschäftsleute, parlamentarische Assistenten, Stiftungsleiter, Denktank-Experten und Journalisten. Sie hat das ältere und bekanntere Establishment der Wallstreet-Bankiers und -Anwälte zuerst infiltriert und dann unterworfen«, beschrieb Anfang 1977 in der »New York Times« deren diplomatischer Korrespondent Leslie Gelb die neue Führungsrolle der Intellektuellen in Außen- und Verteidigungspolitik. Wie um seine These zu beweisen, wurde er wenige Wochen später selber an eine leitende Stelle des Außenministeriums berufen. Aber diejenigen Intellektuellen, die den Einlaß in die inneren Korridore der Macht nicht finden, kritisieren weiterhin Amerikas Politik, Ordnung, Consens in Grund und Boden, ob sie diese erbittert von ihren Redaktionen, Kathedern, Ausschüssen, Schreibtischen her angreifen und manchmal auch ganz offen Amerika selbst verteufeln – wie in den Jahren von Vietnam und Watergate –, oder ob sie, wie es im kommunistischen Sprachgebrauch heißt, von innen her bohren, wie nach Vietnam und Watergate. 1959, noch vor Kennedys Einzug ins Weiße Haus, hatte Henry Kissinger – als Harvard-Professor damals noch erfahrener im Umgang mit Intellektuellen als im Gebrauch der Macht – in einem Zeitschriftenartikel erklärt, »für Intellektuelle außerhalb der Regierungsmaschinerie ... ist Protest zu oft ein Selbstzweck geworden«. Seit der Niederlage von Vietnam und dem damit erbrachten Beweis, daß intellektueller Protest als wirksame Waffe diene und keineswegs nur dem Selbstzweck der Selbstbestätigung, protestierten die Intellektuellen weniger, aber sie beeinflußten weiterhin aufs stärkste den Weg ihres Landes.

Im Prinzip widerstrebt die Mehrheit der Intellektuellen der Tradition Amerikas und ihren in die Gegenwart fortwirkenden Kräften; sie identifizieren diese mit einer Vergangenheit, in der ihre Klasse (und manchmal ihre Volkstumsgruppe) sich so geringer Achtung im Lande erfreut hatte. Da in ihrem Bewußtsein nicht nur früher, sondern heute noch eine tiefe Scheidelinie sie von der Mehrheit ihrer Mitbürger trennt und da sie wissen, daß diese ihnen widerstreben, wollen sie das Land nach ihrem eigenen Bild verändern. Solange sie noch als Klasse aufsteigen, voller alter Ressentiments und neuen Selbstbewußtseins, hassen sie die alte, bestehende Ordnung.

Soweit und solange Intellektuelle in ihrer Doppelrolle als individuelle Bürger ihre Kritik gegen die bestehende Ordnung richten, alles in Frage stellen, nichts als gegeben hinnehmen, immer unruhig neue Schwächen entdecken, neue, bessere Wege suchen, mit ihrer Gesinnungsethik die Verantwortungsethik der Tatmenschen zurechtweisen, schützen sie Amerikaner vor Erstarrung und Verkalkung – sokratische Stechfliegen, die das Land nicht einschlafen lassen. Damit erfüllen sie die Aufgabe des Intellektuellen und die Funktion jeder neuen Klasse; davon können die Amerikaner nur profitieren, wie sie immer noch von ihren Räuberbaronen profitieren – sie hatten das Land wohlhabend gemacht, so, wie die Intellektuellen es jetzt weltläufig machen.

In ihrem derzeitigen Aufstiegsstadium konstituiert sich die

Intellektuellenklasse aber als außerparlamentarische Macht, die sich (als Elite, welche mehr und besser Bescheid zu wissen wähnt denn die Massen, als Mafia, welche den Massen ihren Willen aufzwingt) Führungsprivilegien in der Politik der amerikanischen Gemeinschaft usurpiert. Doch die Massen, trotz aller revolutionären Theorien des 19. Jahrhunderts die staatstragenden Kräfte Amerikas, schränken ihren Zug zum Neuen durch ihre Treue zum demokratischen Prozeß ein, der die Freiheit des einzelnen vor Vorrechten und Vormächten schützt.

Jede Klasse, die sich in Amerika dagegen verging, setzte langsam, aber sicher Bremsen traditioneller Art in Bewegung, bis sie gezwungen wurde, sich in die Gesellschaft der Gleichen einzufügen. Man sieht wenig Gründe, warum nicht auch die Intellektuellen diesen Weg ihrer Vorgänger gehen sollten.

16 Die schwarzen Sonderfälle

Man erzählt sich, auf jede Beschwerde eines amerikanischen Touristen in Moskau, Aufzug und Telefon in seinem Hotel funktionierten nicht, folge automatisch die Frage des russischen Portiers: »Und Ihre Neger?« Mit bitterem Vorwurf verfolgt die Amerikaner diese Frage durch alle Welt, einschließlich ihres eigenen Landes. Es ist die Frage, die jede Generalisierung über Amerikaner einschränkt: Die schwarzen Amerikaner bleiben Sonderfälle.

Ihre Ahnen waren zur selben Zeit wie die Ahnen ihrer weißen Mitbürger ins Land gekommen, oft sogar erhebliche Zeit vor diesen. Seit hundertzehn Jahren wird ihre Gleichberechtigung erklärt, seit mindestens dreißig Jahren auch ihre Gleichartigkeit. Trotz alledem sind sie nicht als Gleiche in die Gesellschaft der Gleichen gefügt, es sei denn als deren große Ausnahme. Sie sorgen dafür, daß die Rechnung der Amerikaner nicht ganz aufgeht. Bei jedem amerikanischen Vorsatz, Versuch, Fortschritt stellt sich erneut und in neuer Form die Negerfrage, die trotz allen guten Willens, heftiger Bemühungen, gewaltiger Erfolge bei neuen Lösungsversuchen noch keineswegs völlig gelöst scheint.

Den schwarzen Amerikanern gegenüber scheint das amerikanische Ordnungsprinzip freundwilliger Nachbarlichkeit zu versagen; in ihrem Fall zeigt auch der amerikanische Gleichmachungstrieb keine eindrucksvollen Resultate. Vom weißen Amerika trennen sie Mauern, oft Ghettomauern genannt, obgleich kein Gesetz sie stützt. Die Mehrzahl der weißen Amerikaner nimmt ihre schwarzen Mitbürger nur unscharf, wie aus weitem Abstand, wahr; gleich verzerrt und verschwommen zeichnet sich das weiße Amerika in den Augen der meisten Farbigen ab.

Mr. A.s irische Herkunft oder Miß B.s französische Abstammung pflegen Amerikaner als eine Eigenschaft unter vielen zur Kenntnis zu nehmen; aber wenn sie erfahren, Mr. C. sei Neger, verliert er seine Individualität, an deren Stelle ein Abziehbild nach einem vergessenen, verbrauchten Original tritt. Verbleichen auch allmählich die Erinnerungen an die Schreckensbilder des etwa 1960 beginnenden Jahrzehnts mit seinen Terrorszenen vielerorts im Lande und nicht nur in den Südstaaten, so bleibt doch im Unterbewußtsein immer noch die Erscheinung einer namenlosen, antlitzlosen Masse schwarzer Köpfe und Körper, von Polizeihunden und weißen Mordbuben gehetzt, und dann selber zum Gegenangriff vorprellend, plündernd, brandstiftend. Sie waren niemals »die« schwarzen Amerikaner, und heute sind sie es weniger als je zuvor.

Man hört aus dem Hintergrund ihre Jazzmusik, voller Sinnlichkeit, Trauer, heimlicher Wut und verspielter Kraft. Man hört die melancholische Klage (und Anklage) der Blues. Man hört ihr Idiom, wie es in Romanen und in Theaterstücken widerklingt, aus südstaatlichen Dialekten mit den Jargons der Kriminellen und der Drogensucht gemischt, erfüllt mit Haß gegen »Whitey«, »Mr. Charlie«, »the Man« und wie alle ihre anderen Deck- und Schimpfnamen für die Weißen und deren bürgerliche Zivilisation heißen mögen. Eine Minderheit der Neger spricht und versteht jene Sprache, aber nur eine Minderheit.

Neben diesen neuesten, stärksten Bildern tauchen ältere Bilder farbiger Pächter, Landarbeiter, Dienstboten aus dem Tiefen Süden auf, auch sie eine gesichtslose Masse. Am Abend sitzen sie müde vor ihren ungetünchten, baufälligen Hütten, und am Sonntag versammeln sie sich in ihrem hölzernen Kirchlein, das eigentlich nur eine Betbaracke im Walde ist, die Frauen in lautfarbigen Kleidern, die Männer im altmodischen einzigen Anzug ihres Lebens, singen ihre Hymnen und wiegen sich dazu, bis der und jene orgiastisch hingerissen zum Himmel aufjauchzen; ihre frommen Schreie begleiten die Predigt, die sie zum gläubigen Gehorsam mahnt, zu Gebet und Liebe für alle ihre Mitmenschen, zur christlichen Demut. Sie haben sich in ihr Leben ergeben, diese redlichen, frohgemuten, zugleich stolzen und unterwürfigen Neger, die gar nicht wissen, daß sie ein »Problem« sind, aber auch sie nur noch eine Ausnahme innerhalb ihrer Ausnahmegruppe.

Kaum steigt vor amerikanischen Augen das Bild der dunkelhäutigen Herren und Damen auf, die sich auf dem Weg zur Arbeit, beim Einkauf, bei ihrer Muße unauffällig unter die Masse ihrer Mitbürger mischen, ohne sich in Kleidung, Redeweise, Manieren sonstwie von ihnen zu unterscheiden. In jeder Stadt Amerikas gehören sie zur Straßenszene, vom tiefsten Süden über Washington bis New York. Diese unbekannten schwarzen Amerikaner verkörpert etwa ein braunfarbener Herr, der mit seiner Aktenmappe vor sich und seiner Abendzeitung in der Hand in der Washingtoner Hotelbar seinen Drink genießt; Bürochef in der Fischereiabteilung des Innenministeriums, denkt er jetzt an die Arbeit des eben beendeten Tages, an seine drei Buben, die er in einer Stunde in ihrem Vorortshaus begrüßen wird, an das Gras in seinem Vorgarten, das geschnitten werden muß, an seine Cocktailparty am Wochenende. Wie die farbigen Minister und Staatssekretäre in den Regierungen Gerald Fords und Jimmy Carters, wie farbige Mitglieder beider Häuser des Kongresses, wie farbige Richter, Offiziere, Beamte,

Ärzte, Künstler, Geschäftsleute, Angestellte und farbige Angehörige so gut wie jeden anderen mittelständischen oder gehobenen Berufs ist er gleichfalls ein Neger, auf den die Schablone »der« Neger nicht paßt, ebensowenig wie das Klischee ihres »Problems«.

Ich kenne eine Putzfrau aus Harlem, deren Tochter das College besucht und die sich mehr um die Schulung ihrer Enkel, die Ratenzahlungen für ihr neues Sofa, die Lotterie bei der nächsten Zusammenkunft ihrer Kirchengemeinde sorgt als um alle Probleme ihrer Rasse. Wenn sie abends von der Arbeit nach Hause kommt, versteckt sie ihren Lohn aus Furcht vor den Halbwüchsigen an der Straßenecke, die, so weiß sie genau, ohne weiteres eine alte Frau wie sie berauben – auch diese sind wie sie Neger.

Erst wenn ein weißer und ein schwarzer Amerikaner sich näherkommen und kennenlernen, was selten geschieht, verblassen die armseligen Abziehbilder, und der weiße Amerikaner entdeckt, daß sein Schulkamerad, seine Kommilitonin, sein Arbeitskollege, seine Putzfrau eigentlich nur nebenher Neger sind, mit vielen von Hautfarbe und Rasse unbefleckten »Problemen«, seinen eigenen nicht so unähnlich. Umgekehrt muß man lange suchen, bis man einen schwarzen Amerikaner findet, der nicht von jedem Weißen Vorurteile gegen seine Gruppe oder gar Haßgefühle erwartet. Daran wird wenig geändert, wenn die Weißen krampfhaft ihre Vorurteilslosigkeit demonstrieren wollen, indem sie vor farbigen Bekannten Kotau machen, wie so oft weiße Liberale; sie verraten nur ihre schuldbewußte Wiedergutmachungspsychose, indem sie einen Neger anders als einen Weißen behandeln, und verstärken damit die Verlegenheit im Verkehr. Unbefangenheit läßt sich nicht erzwingen.

Ständig erlebt man, wie brüchig die Naht zwischen weißen und schwarzen Amerikanern ist. Bei einer eleganten Abendgesellschaft sich vorurteilslos dünkender New Yorker bewunderten die Gäste das Arrangement auf der Tafel: rote Tischdecke, rote Servietten, rote Rosen. Eine Dame plauderte, diese Farbgleichheit sei so hübsch; sofort ließ ein anderer Gast, die Frau eines weltberühmten Musikers, in der weißen Welt hoch angesehen, der farbigen High Society entstammend, nervös ihren Löffel fallen, und die weißen Gäste sahen mit Bestürzung, welch unbeabsichtigte Gedankenverbindungen ausgelöst worden waren; einen Augenblick lang herrschte peinliche Stille, und für den Rest des Abends blieb jedermann verlegen. Ein anderes Mal erlebte ich, wie die Routinefrage eines Barkellners an den Gast, der ein Bier bestellt hatte: »Hell oder dunkel?«, fast zu einer Explosion führte: Der Barmann und die anderen Gäste waren ja von Hautfarbe »hell«, der Gefragte »dunkel«, und er fühlte sich gekränkt. Wie man im freundschaftlichen

Umgang mit farbigen Amerikanern entdeckt, führen unendlich viele scheinbar neutrale Gelegenheiten, Wörter, Bilder peinliche Mißverständnisse herauf.

Bei solchen Schwierigkeiten bleibt es nicht im Grenzgebiet zwischen Vorurteilslosigkeit und Vorurteil. In New York, wo angesichts der zahlenstarken farbigen Elendsgruppen die Mehrzahl der Verbrechen von Farbigen begangen wird, haben nicht wenige Weiße den automatischen Reflex entwickelt, auf leeren nächtlichen Straßen vorsichtig und furchtsam fremden Farbigen auszuweichen; obwohl nach Erfahrung und Statistik diese Selbstschutzreaktion angebracht scheint und die achtbaren Neger selbst nicht anders handeln, kränkt es sie tief.

Und viele weiße Amerikaner tragen in sich noch Spuren echten Vorurteils, das sie meist vor sich und anderen ableugnen; doch kommt es zutage und steigert sich bis zur Feindseligkeit, wenn ihre Interessen von Negern vermeintlich oder wirklich bedroht werden, diese etwa in eine »bisher nette« Nachbarschaft eindringen oder Weißen Arbeitsplätze streitig machen. Viele Studien und die Erfahrungen jedes weißen Rassenkrawalls haben bewiesen, daß sie vorerst und fast nur von Weißen, die sich selber sozial unsicher, wenn nicht gar zurückgesetzt fühlen, getragen werden: Im verarmten Landproletariat des Südens, unter älteren Einwanderern des untersten Mittelstandes, bei selbst nicht in die Gesellschaft der Gleichen fügbaren Sozialkrüppeln und Schwachsinnigen findet sich am häufigsten herzloser, gedankenloser, grausamer Haß.

Angesichts der Vorurteile gegen Neger, die viele Weiße noch nicht völlig abgelegt haben, erhalten sich die meisten Farbigen das Vorurteil, keinem einzigen Weißen dürften sie trauen, jeder sei ihr Feind, und reagieren selbst darauf mit Haß, Kälte, Zurückweisung oder auch mit Verstellung und Schmeichelei, jedenfalls nicht nach amerikanischen Normalregeln. Bei der Begegnung tun weiße und schwarze Amerikaner sorgsam und einstudiert so, als ob sie die Rasse des anderen, deren sie ständig gewahr bleiben, übersähen; unter sich sprechen sie mit Vorliebe, unermüdlich, unerschöpflich über das »Problem«, das von der Anwesenheit eines Negers in einer weißen Gruppe und von der Anwesenheit der etwa einundzwanzigeinhalb Millionen Neger im Lande (nach der Zählung des Jahres 1966) geschaffen wird.

Unverändert seit dem Jahre 1900 sind etwa elf Prozent aller Amerikaner Neger, Farbige, Schwarze, Afro-Amerikaner – aber was sind sie? Man nennt sie eine Rasse, obschon sich in ihnen das Blut der verschiedensten Rassen, Völker, Stämme dreier Kontinente mischt: Eingeborenen Afrikas, Araber, Buschmänner-Hottentotten, die, nach Amerika verkauft, sich hier miteinander paarten, auch mit Indianern und noch häufiger mit Weißen – während der

Sklavereiperiode halb offiziell, danach halb geheim, doch nicht minder oft.

Auch der amerikanische Neger, »dieser neue Mensch«, ist – wie der weiße Amerikaner – eine von Menschen geschaffene Rasse, im Fortschritt der Natur aufgezwungen. Seit er nicht mehr Sklave war, mußte durch willkürliche Gesetze definiert werden, wer Neger sei, um ihn von den Weißen abzugrenzen. Wie etwa der Südstaat Virginia 1895 beschloß, war Neger, wer mindestens einen nichtweißen Großvater hatte; nach einem neuen Beschluß genügte dazu seit 1910 schon ein schwarzer Ururgroßelternteil; nach einem 1930 erlassenen, kurzlebigen Gesetz gehörte gar zu jener Rasse, wer »irgendwie irgendeine Menge Negerblutes« hat. Dank solchen zweideutigen, tausenddeutigen Formeln gelang es natürlich Millionen Amerikanern, die der Definition, aber nicht der äußeren Erscheinung nach Neger waren, in der weißen Bevölkerung unterzutauchen und aufzugehen – nach einer Studie des Soziologen Robert Stuckert sind 21 Prozent aller weißen Amerikaner insgeheim »Nachfahren von Personen afrikanischer Herkunft«. Stimmt dies auch nur ungefähr, dann kommen auf jeden Neger zwei weiße Amerikaner, die eigentlich, ohne daß die andern und vielleicht sie selbst es wissen, auch Neger sind. Nur zehn bis zwanzig Prozent der sogenannten Neger entbehren ihrerseits allen weißen Blutes; im Durchschnitt, wie Untersuchungen im Zweiten Weltkrieg ergaben, tragen sie mehr als ein Viertel weißer Erbmasse.

Ziemlich grotesk wirkt die Sicherheit, mit der Amerikaner der weißen Mehrheit oder der farbigen Minderheit zugerechnet werden, ohne den Widerspruch zur wahrnehmbaren Wirklichkeit anzuerkennen. Viele weiße Amerikaner, die ihre Ferien am Strand verbringen, um »richtig braun« zu werden, und sich, wenn sich ihr gesundheitsschädlicher Ehrgeiz nicht erfüllt, mit Lampen und Salben und Ölen künstlich nachdunkeln, sind erheblich »schwärzer« als viele schwarze Amerikaner, ohne daß ihre Hautfarbe jemanden störte. Umgekehrt bestand der blonde, blauäugige Generalsekretär der führenden Negervereinigung NAACP, Walter White (1893–1955), darauf, als Neger zu gelten; seine Mutter hatte ein Sechzehntel, sein Vater ein Viertel farbigen Bluts. Und der Kongreßabgeordnete des New Yorker Negerviertels Harlem, Adam Clayton Powell, der sich als Führer im Kampf seiner Rasse und als Opfer weißer Unterdrückung hinzustellen liebte, gestand gelegentlich in vertrautem Kreise lachend, eigentlich sei er »Vollweißer«.

Weder Rasse noch Kultur noch ökonomische und soziale Stellung einheitlicher Art kennzeichnen also »die« Neger. Am genauesten, weil am ungenauesten, definieren die Autoren des Kinsey-Berichts als Neger »jede Person, die sich als Neger betrachtet und (oder) als Neger von jenen Personen betrachtet wird, mit denen sie lebt oder verkehrt«.

Irreführend und oberflächlich wie die meisten Generalisierungen über die schwarzen Amerikaner sind die Generalisierungen über ihre Gleichberechtigung oder gar, als sei dies das gleiche, ihre Gleichheit. Es sieht sich so einfach an, vor allem aus sicherem, fernem Abstand: Würden die Amerikaner, was natürlich nur die weißen Amerikaner heißt, ihre schwarzen Mitbürger genau wie jeden anderen behandeln, ihnen dieselben Rechte und Errungenschaften zugestehen, der Hautfarbe gegenüber farbenblind werden, wäre alles in Ordnung. Daß eine solche Ordnung nicht recht funktioniere, könne nur daran liegen, daß die weißen Amerikaner, vom rassischen Vorurteil, von weißem Hochmut, vielleicht sogar von Rassenhaß vergiftet, sie nicht zulassen, so wird dann leichthin geschlossen. Bei manchen weißen Amerikanern, in manchen Situationen, wirken diese Bazillen wirklich und verhindern eine Kur. Aber viel öfter folgen die Schwierigkeiten des Negerproblems aus Ursachen, die weder der gute Wille der weißen noch der schwarzen Amerikaner aus der Welt schaffen kann, selbst wenn sie ihn mit praktischer Energie und erfinderischem Wagemut paaren. Daß alle Menschen Brüder sein sollen, sagte der weiße Amerikaner Irving Kristol, heißt noch nicht, daß sie alle Zwillinge sein müssen – oder können.

Mit dem Negerproblem rächt sich die Geschichte an den Amerikanern dafür, daß sie ihre Vergangenheit unter den Teppich wischen wollen. Sie läßt sich nicht ignorieren. So tief eingedrückt ins schwarze Amerika sind ihre Spuren, daß ihre Bewältigung in der Gegenwart unendlich schwerfällt, schwerer als irgendein anderes amerikanisches Problem. Der zähe Widerstand gegen das Neue, gegen die Gleichheit, gegen den Glauben an die Lösbarkeit jeder Frage, gegen alle diese amerikanischen Grundsätze und Glaubensartikel gibt dem Negerproblem seinen Ausnahmecharakter. Doch in ihrem Kampf um ihr Problem gleichen die schwarzen Amerikaner trotz aller Andersartigkeit den weißen Amerikanern mehr, als diese oder sie selbst zumeist wissen.

Man kann die heutige Negerfrage nur verstehen, wenn man einen Blick auf die Geschichte wirft, die sie geschaffen hat und mit ihren Narben, Verstümmelungen, Erinnerungen belastet. Sie begann mit den ersten Farbigen in Amerika, die ein Jahr vor den Pilgervätern der »Mayflower« nach Amerika gekommen waren, doch nicht wie die große Mehrheit der weißen Einwanderer mit und nach ihnen als freie Kolonisten, Abenteurer, Flüchtlinge, Kaufleute, Bauernsöhne in der Hoffnung auf ein besseres Leben. Zwangseinwanderer, waren sie in ihrer Heimat von afrikanischen oder maurischen Häuptlingen und Händlern nach dortigem Brauchtum gejagt, gefangen und nach Amerika geliefert worden, wo chronischer Bedarf an Arbeitshänden herrschte. Die Sklaverei war noch in keinem der neuen Kolonialgebiete völlig abgeschafft. Amerika war ein Sonderfall nur insofern, als jene Farbigen aus einer in die andere Kolonie, aus einem in den anderen Kontinent umgesiedelt wurden; ihre Leiden nach der Gefangennahme, auf dem Weg nach Amerika, nach der Landung, dieses trübe Kapitel in der umfangreichen und noch keineswegs abgeschlossenen Leidensgeschichte der Menschheit haben die Nachfahren nicht vergessen.

Als die britischen Kolonisten Amerikas ihre Unabhängigkeit erklärten, zählte man unter den etwa zweieinhalb Millionen neuen Amerikanern ungefähr 570000 Einwohner dunkler Hautfarbe; etwa 530000 waren Sklaven, vor allem in den südlichen Plantagen und Farmen. In ihrem neuen Freiheitsglauben wollte die Mehrheit der verfassunggebenden Versammlung der damaligen dreizehn Vereinigten Staaten die Sklaverei in aller Form in ihrem Grundgesetz verbieten. Aber als die Delegierten der zwei Südstaaten Georgia und South Carolina drohten, dann nicht der Union beizutreten, entschied sich die Mehrheit zum Kompromiß und überließ die Stellung der Neger jedem einzelnen Bundesstaat. Die Verantwortungsethik setzte sich gegen die Gesinnungsethik durch: Wichtiger schien den weißen Gründern der Republik, daß die Vereinigten Staaten überhaupt entstünden, als daß ohne Ausnahme und sofort alle ihre Prinzipien verwirklicht wurden, weshalb die Neger von deren Wirkung ausgenommen blieben. Die Väter der Verfassung duldeten diese große Ausnahme für eine kurze Übergangsperiode: »Nichts ist sicherer im Schicksalsbuch geschrieben, als daß diese Leute frei sein werden«, bemerkte damals Thomas Jefferson. Wenigstens erreichte die Mehrheit, daß die Wörter »Sklave« und »Sklaverei« in der Bundesverfassung fehlten, um, wie Madison erklärte, »nicht das Recht des Eigentums an Menschen zuzugeben«. Die Schuldgefühle der weißen Amerikaner wucherten damals schon mächtig – und erschwerten eine spätere Lösung.

Immerhin war die Negerfrage schon kaum noch durch ein einfaches Gesetz zu lösen; anderthalb Jahrhunderte der Sklaverei, denen viele Jahrhunderte afrikanischer Vergangenheit vorangegangen waren, hatten neue genetische Artmerkmale der schwarzen Amerikaner geschaffen. Sie ergaben sich aus dem Bemühen der weißen Herren, eine Rasse körperlich kräftiger, geistig und moralisch verkümmerter, gehorsamer Arbeitstiere zu züchten. Dabei diente die Negersklavin als Gebärmaschine, die wie eine Stute mit den besten Hengsten ihrer Rasse kopuliert wurde. Und durch die den Sklaven auferlegten Lebensumstände wurde das Brandmal der Minderwertigkeit auf die schwarze Haut so stark und dauerhaft gedrückt, daß ihre meisten Träger bald selbst überzeugt waren, minderen Wertes als ihre weißen Herren zu sein. Ihr Los schien, deren Willen auszuführen; ihren Protest äußerten sie höchstens, indem sie, ihrem Aufseher ein Schnippchen schlagend, heimlich weniger hart arbeiteten als geboten, auch einmal einem grausamen Weißen den Steigbügel allzu lose befestigten oder ihm sonst einen bösen Streich spielten. Initiative, Wagemut, Bemühen um Verbesserung und Neuerung, diese Grundtriebe der weißen Amerikaner konnten ihnen nichts bedeuten und nicht in sie gepflanzt werden. In ihrer Gesinnung standen sie abseits von den weißen Amerikanern, auch nachdem diese ihnen die Freiheit gegeben und beim Sieg der Nordstaaten über die Südstaaten die Sklaverei im ganzen Lande abgeschafft hatten. Hinter der neuen Gleichberechtigung erhielt sich eine farbige Verschiedenheit, die die meisten Weißen mit farbiger Minderwertigkeit gleichsetzen.

Scheinbar blieb alles beim alten. Daß die Emanzipation der Neger den Weg zu weitreichenden Wandlungen frei machte, bemerkten wenige Zeitgenossen. Zum ersten Mal in ihrer amerikanischen Geschichte konnten jetzt auch die Neger Familien gründen; immer mehr besuchten Schulen und auch höhere Schulen; die Freizügigkeit erlaubte ihnen die Auswanderung aus den südlichen Sklavenquartieren; zum ersten Mal konnten sie in ihren baptistischen und methodistischen Negerkirchen eigenständige soziale Vereinigungen schaffen; in ihren Predigern fanden sie Intellektuelle, die zu einer Führerschicht heranwuchsen. Alles dies mag wie trockene Sozialgeschichte klingen, aus der dann doch nicht lange später die Revolution der amerikanischen Neger entsprang, die plötzlichen großen Fortschritte und Spannungen ihrer Amerikanisierung, die neuen Probleme zwischen schwarzen und weißen Amerikanern.

Die Negerfrage hatte vor allem als eine Frage der Südstaaten begonnen, und lange Zeit blieb sie es. Als die Republik gegründet wurde, lebten dort neun Zehntel aller amerikanischen Neger. Auf ihrer Sklaverei beruhte die halbfeudale Ordnung jener Landesteile, die ihrerseits bald eine große Ausnahme im ganzen Lande wurde. Im Gegensatz zu anderen Amerikanern wollten die Südstaatler ihre hergebrachte Ordnung erhalten, bis ihre Anhänglichkeit an die Tradition in einen Kult der Vergangenheit ausartete. Sie lehnten für sich selbst Wandlung, Fortschritt, das Neue ab, und als Voraussetzung, Symbol, ja Obsession erforderte diese ihre Haltung, daß sie die alte Minderstellung ihrer Neger künstlich, oft gewaltsam konservierten, auch nach dem Bürgerkrieg, der ihre alte Ordnung hatte aufheben sollen. Sie erfanden die grausamen, grotesken Stacheldrähte der Segregation, die vom

Autobus bis zum Schachspiel die Neger von den Weißen durch Staatsgesetze trennte, um jene zu erniedrigen und diese in ihrer Stellung als Herrenrasse zu verewigen.

Obzwar anderswo im Lande die weißen mit den befreiten, noch relativ wenigen schwarzen Amerikanern nicht reibungslos und glücklich zusammen lebten, erfüllte sie doch die südstaatliche Rassenordnung mit Verlegenheit, Bedauern, Abscheu oder auch heimlich-neidvoller Bewunderung. Weit über die Negerfrage selbst hinaus spürten Amerikaner die grundsätzliche Verschiedenheit der Südstaatler von dem Rest des Landes in der Negerfrage kristallisiert; im Rest des Landes wurde die Negerfrage auf »typisch amerikanische« Art als Experiment betrachtet, genauer als eine Kette von Experimenten, um durch Versuch und Irrtum zu Besserung und Lösung fortzuschreiten, während der Süden, um Veränderungen zu vermeiden, alle Experimente mit mißmutiger Verschlossenheit zurückwies.

Das unbewußte und zugleich präziseste Symbol südstaatlicher Denkart fand ich in dem Städtchen Natchez in Mississippi, wo als höchster lokaler Festtag alljährlich eine sogenannte Pilgerfahrt zu den noch erhaltenen Herrensitzen der einstigen Plantageneigentümer gefeiert wird. Die Hauptattraktion, die Villa Longwood, ein als maurisches Schloß angelegter Herrensitz, ist »immer noch« nicht fertiggebaut: Die Sklaven, die den Bau hatten ausführen sollen, waren nach dem Bürgerkrieg nicht zur Arbeit zurückgekehrt. Nur zwei Etagen der Prunkvilla waren damals vollendet, und dabei blieb es in mehr als hundert Jahren seither. So redlich sich der örtliche Damenclub um die Erhaltung dieses Fragments bemüht, nur seine Fassade erglänzt in frischen Farben, dahinter brechen die Balken. Wie die als Führerin waltende Dame erklärte, trage die Schuld der Norden, der die Sklaven befreit habe, statt sie ihr Werk zu Ende tun zu lassen. Wie in der Villa Longwood wurden im Tiefen Süden ein Jahrhundert lang die Ruinen der alten Ordnung künstlich konserviert, während niemand zum Neubau bereit war.

Einigermaßen krankhaft verhielt sich der Süden zu seiner Geschichte, die dort, anders als anderswo in Amerika, über allem und jedem zu lasten pflegte. »Immer noch« hieß – etwa von 1870 bis 1970 – das Leitmotiv, der Blick blieb rückwärts fixiert. Bis vor etwa einem Jahrzehnt mochte es fast scheinen, als tobte dort immer noch der Bürgerkrieg, der auf südstaatlichem Boden von 1861 bis 1865 geführt und von den Südstaaten verloren worden war. Der Süden hatte ihn gegen die Neuerungen und Neuerungswünsche des Nordens begonnen. Die Kampfflagge jenes südstaatlichen Sonderbundes gegen die Vereinigten Staaten, auf blutrotem Grund ein St.-Andreas-Kreuz, mit dreizehn weißen Sternen geschmückt

(1860 entwarf es eine aus Preußen nach Mississippi eingewanderte Zeichenlehrerin), wehte immer noch von staatlichen und städtischen Amtsgebäuden und vielen Privathäusern neben dem Sternenbanner, am Bug vieler Autos, in den Händen kleiner Buben. Kaum eine Unterhaltung, kaum eine öffentliche Frage gab es im Süden, ohne daß die Rede auf die Vergangenheit gekommen wäre, den Bürgerkrieg, den ersten totalen Krieg der Neuzeit, der den Süden verwüstet hatte, ehe nach der Niederlage die Emanzipation der Sklaven seine Ordnung aufhob, seine wirtschaftlichen und seine sozialen Grundlagen zerstörend. Noch bitterer aber erinnerte man sich dort an das Nachkriegsjahrzehnt der *reconstruction*, der sogenannten Wiederaufbauzeit, als gegen den Willen Abraham Lincolns den besiegten Mitbürgern ein Gewaltfriede im Rachegeist auferlegt wurde. Als Frontkämpfer verloren die meisten achtbaren Südstaatler ihr Wahlrecht, das die plötzlich befreiten, ihren neuen Aufgaben natürlich noch nicht gewachsenen Neger gewannen; so gut, wie sie es eben konnten, regierten sie, manchmal korrupt, manchmal rachsüchtig, erstaunlich oft gerecht und geschickt. Unterstützt wurden sie dabei von südstaatlichen weißen Opportunisten, die mit den neuen Herrn gemeinsame Sache machten, und von nordstaatlichen Abenteurern, die in den besetzten Süden zogen, um dort schnell ein Vermögen zu erwerben, endlich von weißen Idealisten aus allen Landesteilen, die den Süden wiedererziehen, moralisch heben, reformieren wollten wie Missionare eine afrikanische Kolonie. Der Großteil der Südstaatler antwortete auf das Besatzungsregime der feindlichen Invasionsarmeen mit wütendem Widerstand. Als nach dem Wiederaufbau-Jahrzehnt die Bundesregierung die militärische Dauerdiktatur nicht länger aufrechterhalten wollte, beeilten sich die dortigen Weißen, ihre alte soziale Ordnung soweit wie möglich wiederherzustellen, was ihnen über Erwarten gut gelang, obwohl ihre zuvor blühende Wirtschaft chronisch krank blieb. Und seither hatten sie mit automatischen Angstreflexen befürchtet, jede Neuerung bedeute einen neuen Schritt zur zweiten *reconstruction*, von außen her aufgezwungen, um ihre Gemeinschaft zu zerstören, weshalb sie sich ihr durch neue Sabotage- und Umgehungsmanöver zu widersetzen suchten. Besonders jeder Versuch, das Rassenproblem einer Lösung im Geist der Gleichheit näherzubringen, erschien in ihren Augen als neuer Angriff auf ihre Rechte und ihre Vergangenheit, die im Rückblick oft nobler und feudaler wirkte, als sie wirklich gewesen war.

Wie die Neger als die große Ausnahme von anderen Amerikanern, blieben die Südstaatler nahezu zweihundert Jahre lang die große Ausnahme von anderen weißen Amerikanern. Klassenbewußt, sahen sie ihre Gesellschaft als eine Pyramide, über deren breitem Grund der Neger die Klasse des *white trash*, besitzloser und oft verlumpter Weißer geschichtet war, darüber die weißen Hausbesitzer, über diesen die weißen Landbesitzer, endlich an der Spitze die weiße Oberschicht, eine traditionsbewußte Kaste. Weiße wie schwarze Südstaatler bleiben in ihrer Mehrheit dem alten, überweltlichen, meist fundamentalistischen Glauben treu; das anderswo im Lande als »primitiv« belachte *revival meeting* mit öffentlichen Beichten, In-Zungen-Reden, öffentlichen Bekehrungen, Drohungen des Predigers mit Hölle und Schwefel verfehlt hier seine Wirkung nicht. Andrerseits lassen sich die weißen Südstaatler nicht gern von ihren Predigern in ihre Politik und andere Sozialfragen hineinreden. Gewalttätigkeit pflegten sie nicht zu ächten, sondern als notwendig hinzunehmen. Und mit ihrem geschichtlichen Bewußtsein erhielten sie sich auch einen – anderen Amerikanern unverständlichen – Sinn für das Tragische, wie etwa Leser von William Faulkner, Tennessee Williams, Flannery O'Connor nicht übersehen können: das Leben nicht als ein optimistisch unternommener, zum Erfolg führender Fortschritt, sondern ein fast hoffnungsloser Widerstand gegen das Verhängnis höherer Mächte. Schon bei der Geburt der Vereinigten Staaten stellte Jefferson (in einem Brief an Chastellux) den Kontrast südstaatlicher und anderer Amerikaner in einem Katalog ihrer Charakterzüge gegenüber, so wie er sie sah:

»Im Norden sind die Leute:	Im Süden sind die Leute:
nüchtern	feurig
arbeitsam	sinnlich
zielstrebig	wankelhaft
unabhängig	unabhängig
um ihre eigenen und die Freiheiten anderer eifersüchtig besorgt	übereifrig für ihre eigenen Freiheiten einstehend, aber auf denen anderer herumtrampelnd
gewinnsüchtig	großzügig
haarspalterisch	ehrlich«

Der Rest des Landes gewöhnte sich allmählich an die Andersartigkeit seiner Südstaatler, zumal sie, ging es um die Verteidigung der Vereinigten Staaten und ihres Credos – mit Ausnahme der Gleichheit und des Fortschritts –, loyale, tapfere, gute Bürger waren. Und einen zweiten Bürgerkrieg wünschte kein Amerikaner.

Aber während der letzten 15 Jahre schwanden viele jener scheinbar dauernden Wesenszüge des Südens aus seinem Leitbild, tiefe Wandlungen setzten eine neue Wirklichkeit an seine Stelle, die Wirklichkeit des Neuen Südens. Fast plötzlich begann man dort, sich in Denk- und Verhaltensweisen dem Rest des Landes anzugleichen: Während die südstaatliche Geschichte immer mehr zur Vergangenheit wurde, suchte man auch dort wirtschaftlichen Aufschwung im Rahmen der Freiheit – und als eines ihrer wesentlichen Nebenprodukte die Niederlegung der alten Rassenschranken. »Die Stadt, die zu geschäftig ist, um zu hassen«, wählte sich die Hauptstadt jenes Neuen Südens, Atlanta in Georgia, als ihr Motto, unter dem sie florierte. Im Jahre 1977 amtete dort ein farbiger Oberbürgermeister, den auch viele weiße Bürger gewählt hatten. Die Entstehung eines »Neuen Südens« wurde mächtig gefördert durch die Übersiedlung weißer Amerikaner aus dem fortschrittlichen Osten und Mittelwesten des Landes in den vormaligen Alten Süden, wo sie große wirtschaftliche Möglichkeiten sahen; ihre liberaleren Haltungen importierten sie dorthin mit ihren Industrien. Und angesichts der Modernisierung und rassischen Entspannung kehrten nicht zuletzt auch Neger aus dem Norden in den Süden zurück. Während der Süden immer weniger als die große Ausnahme im Lande wirkte, trug er viel dazu bei, daß auch die Neger – die jetzt ihrem Wunsch gemäß die Schwarzen genannt wurden – immer weniger die große Ausnahme von den übrigen Amerikanern darstellten.

Etwa ein Jahrzehnt nach dem Ende des Zweiten Weltkriegs flackerte die Revolution der schwarzen Amerikaner zum ersten Mal auf, natürlich im Süden. Zum ersten Mal nahmen die Neger selbst ihre Sache oder auch die Sache Amerikas, die sie mit ihren Ansprüchen identifizierten, in die eigene Hand. Eine neue Generation farbiger Pfarrer in ihren Baptisten- und Methodistenkirchen war jetzt selbstsicher, gebildet, ruhelos, fortschrittsfroh, kurz, amerikanisch genug, um als ihre Führer aufzutreten. Auch gab es jetzt eine erhebliche Zahl gutgeschulter, fähiger junger Neger, deren Geduld mit Zurücksetzungen und Minderberechtigungen zu Ende war; junge Intellektuelle und Angehörige der farbigen Mittelklasse, konservativ gekleidet wie junge Bankbeamte und revolutionär denkend, wählten sie als ihre Taktik die Gewaltlosigkeit; sie lieferte wirksame Waffen in die Hände einer Minderheit, die ein Mindestmaß der Gesetzesachtung durch die Mehrheit erwarten durfte.

In der begeisterten Kampfstimmung, wie sie den Ausbruch der Negerrevolution nach dem Zweiten Weltkrieg kennzeichnete, war es trügerisch leicht erschienen, die Gleichheit im Süden zu erkämpfen. Man brauchte nur die verstockten Weißen des Südens zu zwingen, auch die Neger an alledem teilhaben zu lassen, was ihnen vorenthalten wurde: Kämpferisch eroberten sie das Recht, mit anderen Bürgern statt in zurücksetzender Absonderung ins Restaurant, ins Kino, auf die Sportplätze, in die Kirche, ins Schwimmbad, in den Park, in die Schule zu gehen oder zu Autobussen, Eisenbahnzügen, Toiletten, Waschräumen den gleichen Zugang wie die Weißen zu haben, kurz, die hassenswerte Segregation in jedem Bereich aufzuheben. Vor allem im Süden gelang ihnen dies durch ihre eigenen Demonstrationen, während Bundesgesetze sie legitimierten. Auch daß sie nicht nur im Süden, sondern überall im Lande offen und prinzipiell von besseren Arbeitsstellen oder von Gewerkschaften, deren Mitgliedskarte den Zugang zu jenen Arbeitsstellen erst ermöglichte, ausgeschlossen wurden, auch dieses Unrecht, das dem Gleichheitsgebot moralisch widersprach, wurde durch gewaltlose Massenproteste und neue Gesetze, die sich auf die Zustimmung der Majorität der Weißen stützen konnten, weithin beendet. So verschwand der äußere Anschein und die übelste Form einer sozusagen schwarz auf weiß niedergelegten, jedermann sichtbaren Ungleichheit zwischen 1955 und 1965 aus Amerika, sogar und besonders aus dem Süden.

Das erste von der Verfassung allen gleich garantierte Bürgerrecht, die Freiheit, aktiv und passiv zum Wahlgang anzutreten, haben jetzt die Neger genau wie alle anderen Bürger; sie war in hinterwäldlerischen Bezirken des Tiefen Südens von dortigen Weißen, zahlenmäßig meist nur einer Minderheit, bis vor kurzem beschnitten worden, indem sie die Eintragung von Negern in die Wählerliste durch allerlei schäbige Tricks oder gar Drohungen verhinderten. Durch neue Gesetze und sie überwachende Bundeskommissare werden jetzt solche Machenschaften zu Verbrechen erklärt und verhindert, wenigstens so weit, wie Verbrechen überhaupt verhindert werden können. Auch in den südstaatlichen Staats- und Kommunalparlamenten sind die schwarzen Amerikaner heute in voller Stärke vertreten; gar nicht zu reden von den Stadtverwaltungen der Großstädte; in einer Reihe von ihnen stellen sie seit Jahren den Oberbürgermeister oder zumindest dessen Stellvertreter.

So vollkommen besitzen und benutzen die schwarzen Amerikaner heute ihre bürgerliche Gleichheit des Stimmrechts, daß ohne Übertreibung gesagt werden kann, sie wählten den Präsidenten der Vereinigten Staaten. Nachdem ihr Stimmgewicht schon bei den Wahlsiegen John F. Kennedys und Lyndon Johnsons eine große Rolle gespielt hatte, entschieden sie im November 1976 eindeutig den Wahlsieg Jimmy Carters. Während die Mehrheit der weißen Wähler in den Südstaaten Mississippi, Louisiana, Texas, Maryland, aber auch in anderen Staaten wie Missouri, Ohio, Pennsylvania ihre Stimmen Gerald Ford gab, verschaffte dort überall die für Carter wählende Mehrheit schwarzer Bürger diesem die Präsidentschaft. Das 1965 von Lyndon Johnson durchgesetzte Wahlrechtsgesetz ermöglichte, daß 70 Prozent aller farbigen Wahlberechtigten an der

Wahl teilnahmen – im Unterschied zu nur 53 Prozent des gesamten Wahlvolks, so daß jene als Zünglein an der Waage funktionieren konnten.

Man mag eine Ironie der Geschichte darin sehen, daß die erste massive, das Endergebnis bestimmende Wahlhandlung der schwarzen Amerikaner einem weißen Südstaatler zugute kam (in dessen eigener baptistischer Kirchengemeinde von Plains in Georgia zur Zeit seines Wahlsiegs Neger noch immer vom Gottesdienst ausgeschlossen blieben). Während die farbige Majorität Carter unterstützte, nicht zuletzt weil er ihr in Mundart, religiösem Idiom, Denkweise vertraut schien, zeigte sich, »daß des Südens ärmster Sohn auch sein getreuester war«.

91,7 Prozent der schwarzen Stimmen in Mississippi und Maryland etwa, oder 96,8 Prozent in Texas für Carter – von keiner anderen ethnischen, rassischen, religiösen oder sozialen Volksgruppe wurden auch nur annähernd einseitige Mehrheiten dem einen oder anderen Kandidaten zuteil. Mit dieser massiven Blockwahl folgten die schwarzen Amerikaner einer amerikanischen Tradition, nach der seit eh und je ethnische und rassische Gruppen im unmittelbaren Gefolge ihrer beginnenden Integration von ihren »Bossen« und deren Parteimaschinen fast geschlossen der einen oder anderen Partei zugeführt wurden, bis dann ihre Einzelmitglieder im Lauf der Zeit, politisch reifer und erfahrener werdend, ihre eigene individuelle Wahlentscheidung treffen konnten. Dies gibt natürlich heute den Führern der Farbigenorganisationen eine gewaltige Macht in die Hand, und sie erwarten, ja, verlangen, daß ihre Waffenhilfe vom Wahlsieger an der Macht honoriert wird und ihre politischen Wünsche von jenem erfüllt werden.

Gleichgestellt wie als Wähler sind die schwarzen Amerikaner vor dem Gesetz, ihr einziges anderes klar garantiertes Bürgerrecht. Hin und wieder mag immer noch ein lokales Gericht in einem Südstaat einen Neger mit Vorurteil behandeln und verurteilen, aber immer seltener; dafür sorgen schon die Organisationen zum Schutz der Farbigen. Ereignet sich solch ein Fall, dann greifen ihn seine Kritiker mit einer Schärfe und Intensität an, die den Eindruck erwecken, er sei typisch für die Rechtsprechung überhaupt; Hunderte umgekehrte Fälle, in denen Farbigen ihr Recht zuteil wird und von denen niemand spricht, verschwinden darüber aus dem öffentlichen Augenmerk.

Mit dieser bürgerlichen Gleichheit allein ist den Negern nicht gedient, kann ihnen nicht gedient sein; denn die Gleichheit, wie Amerikaner sie sehen, reicht weit darüber hinaus in alle Bereiche der Gesellschaft, und als echte Amerikaner verlangen die schwarzen Amerikaner ihre soziale, wirtschaftliche, kulturelle Gleichheit. Mit anderen Worten: Sie verlangen, daß die Spuren der Vergangenheit mit der von ihr geschaffenen Ungleichheit verschwinden. Nach Jahrhunderten der Ungleichheit, die ihrerseits wieder in vielen weiteren Jahrhunderten der Geschichte gewurzelt hatte, soll über Nacht totale Gleichheit herrschen. Sie suchen nach einer Patentlösung, um die Vergangenheit auszuradieren. Das Problem der Neger ist kein südstaatliches Problem mehr; seit sie im Ersten Weltkrieg den Süden zu verlassen begannen, um in die fortschrittsoffenen Großstädte des Landes umzusiedeln, hat sich ihr Schwergewicht dorthin verlegt und damit neue Probleme geschaffen. Etwa die Hälfte lebt außerhalb des Südens. Als Neuankömmlinge ähneln sie vielfach den Einwanderern aus Europa – sie sind der neuen Wirklichkeit nicht gewachsen, leben in Armutsvierteln, manche werden in der neuen Ungebundenheit zu Verbrechern, viele finden keinen ordentlichen Arbeitsplatz, sie sind nicht konkurrenzfähig. Im Unterschied zu den Neueinwanderern aus Europa vererbt sich diese Sonderstellung oft in die zweite und nachfolgende Generation, weil die alten Zurücksetzungen ihre Kraft zu arg verwüstet haben, seltener, weil weiße Vorurteile sie weiter zurückhalten. Die Neger verdienen im Durchschnitt weniger als die Weißen, wohnen bescheidener, haben geringere Schulbildung; sowohl die Bewohner der Elendsviertel, die den Blick auf andere Neger blockieren, wie die Bewohner der gepflegten Häuser, die ganz übersehen werden, sind Extreme. Seit 1950 steigen Einkommen, Schulung, Geltung des farbigen Durchschnitts schneller als beim weißen Durchschnitt, doch dessen Vorsprung einzuholen ist den meisten Negern noch nicht gelungen.

Etwas mehr als die Hälfte – ungefähr 53 Prozent – aller farbigen Familien Amerikas gehören heute nach Einkommen und Schulung zur Mittelklasse – weniger als im weißen Volksteil, aber um ein Vielfaches mehr als in vergangenen Zeiten. In ihren großstädtischen Mietwohnungen und in ihren Einfamilienhäusern der Suburbia unterscheidet sich die farbige Mittelklasse, diese Mehrheit innerhalb der farbigen Minderheit, von der weißen Mehrheit weniger als von der farbigen Minderheit, mit der sie neben der Hautfarbe geschichtliche Erinnerungen und deren letzte Ausläufer halb unterbewußter Ängste und übersteigerter Ressentiments teilt. 1966 gab es viermal mehr Mittelklassenneger als 1947. Doch auch jetzt stellten sie nur sechs Prozent der Freiberufler, drei Prozent der Manager, sechs Prozent der Vorarbeiter Amerikas – viel weniger also, als ihrem Bevölkerungsanteil entspräche. Umgekehrt sind sie in ungelernter und Dienstarbeit weit über ihren Bevölkerungsanteil hinaus tätig. Die meisten Mitglieder farbiger Mittelschichten sind aus eigener Kraft aufgerückt. Ihre Eltern haben sie, oft mit großen Opfern, auf gute Schulen und Hochschulen geschickt, oder sie haben sich durch eigene Arbeit ihren Besuch ermöglicht. Und dann haben sie alle jene Fähigkeiten entwickelt, die zum Ideal der puritanischen Vergangenheit gehört hatten, vom Fleiß bis zur unternehmerischen Initiative oder zur Pflichttreue des Angestellten, Tugenden, die viele junge Amerikaner als altmodisch verwerfen, während viele amerikanische Neger sie noch nicht haben entwickeln können.

Auch in den Hütten des Tiefen Südens und in den schlimmeren Slums von New York, Newark, Cleveland, Washington, Los Angeles haust nur eine Minderheit, die bekannter ist als die farbige Mittelklasse und dem Durchschnitt näher. Die vollen Vorteile der weißen Mittelklasse, vor allem ihrer in der Fernsehwerbung glorifizierten Welt der Sauberkeit, Sicherheit, Gesundheit und Liebenswürdigkeit, entgleiten der Mehrzahl der Neger, die doch einen Anspruch auf sie zu haben meint; da er ihnen nicht ganz erfüllt wird, fühlen sich die weißen Amerikaner, die jedermann als Produkt seiner Verhältnisse verstehen, schuldig, während die farbigen Amerikaner einen bewußten Rechtsbruch ihrer weißen Gesellschaft zu erkennen wähnen.

Wie zu einem noch unbezwungenen Berggipfel – den Kletterer auch ein »Problem« nennen – scheinen sich Aufstiegswege zur Gleichheit zu bieten, die dann beim Versuch in Geröllhalden vor Felsmauern enden. Als erster Weg lockte die »Integrierung«, das Zauberwort des ersten Jahrzehnts der Negerrevolution von 1955. Man vermische Neger überall als Individuen mit den Weißen, und sie werden wie die Weißen sein, lehrte dieses etwas einseitige und naive Programm. Nicht nur in öffentlichen, ihnen deshalb ohne weitere Debatte zu öffnenden Anstalten, auch in privaten Bereichen sollte diese Vermischung erzwungen werden, in Wohnhäusern, Wohnvierteln, Berufszweigen, Berufsgruppen, freiwilligen Vereinigungen. Während der Versuch voranführte, erzeugte und enthüllte er zugleich gewaltige Widerstände: Er kam von vielen Weißen, die, auf ihrem Recht freiwilliger Vereinigung bestehend, sich ihre Nachbarn, ihre Angestellten, ihre Logenbrüder nach eigenem Geschmack aussuchen wollten. Widerstand kam auch von Negern selbst; wie Amerikaner anderer ethnischer Gruppen, obschon noch mehr als diese, zogen sie vor, unter ihresgleichen zu bleiben. Nicht mit Weißen, sondern wie Weiße, und zwar wie bessergestellte Weiße, wollten sie leben. Den stärksten Widerstand leisteten die sogenannten Verhältnisse; Wohnviertel ließen sich nicht auf der Stelle »integrieren«, Traditionen verschiedener Kulturstufen nicht mit einer Handbewegung auslöschen, es sei denn durch eine Diktatur. Statt das Problem eilig zu lösen, tauchten bei jedem Schritt neue Widerstände auf. Am leichtesten und reibungslosesten gestaltete sich die Integration am Arbeitsplatz; kaum jemals protestierten weiße Arbeiter gegen schwarze Kollegen und deren gleiche Entlohnung, wenn auch die Führer einiger weniger Facharbeitergewerkschaften die Aufnahme farbiger Mitglieder heimlich zu verhindern suchten. Viel Bitterkeit wurde auch ausgelöst, wenn farbige Bewerber um Zulassung zum Studium oder auch zur Dozentenschaft akzeptiert wurden, während ihre fähigeren weißen Mitbewerber zurückgewiesen wurden; diese an Hochschulen und auch in manchen behördlichen und wirtschaftlichen Organisationen übliche Methode, mit der ein gerechtes Gleichgewicht zwischen weißen und farbigen Berufsangehörigen erzielt werden sollte, führte zur umgekehrten Diskrimination. Die schärfsten Proteste aber lösten die Versuche aus, die durch die Trennung in Wohnquartieren faktisch herbeigeführte Rassentrennung in Schulen zu überkommen, indem weiße Schulkinder mit Autobussen in ferne schwarze Schulen und umgekehrt deren Besucher in gleicher Weise in weiße Schulen gefahren wurden. Die Elternproteste gegen dieses Unterfangen haben oft gewalttätige Formen angenommen.

Viele Neger verloren allmählich alle Lust an der Integration. Seit 1965 suchten ihre jüngsten und »militantesten« Aktivisten einen neuen Weg zur Gleichheit, den sie nicht mehr mit der nichtssagenden Integrationsparole »Freiheit jetzt«, sondern dem ebensowenig bedeutenden Kampfruf »Schwarze Macht« umschrieben. Durch staatliche Subsidien (das Wort »Wohlfahrt« wurde tabu) sollte das Einkommen aller Neger dem weißen Durchschnitt angeglichen werden, während – wieder von der Gemeinschaft finanziert, was vorab die weiße Mehrheit belastete – sie ihr Erziehungswesen, ihre Industrie, ihr Kreditwesen, ihren Handel in unabhängiger Absonderung betreiben und kontrollieren wollten.

Damit änderte sich auch die Methode, mit der sie den Gleichheitsgipfel zu erzwingen suchten. Zuvor, auf dem Integrationsweg, hatten sie gehofft, durch Gesetze, guten Willen, Geldmittel der weißen Mehrheit und den Druck der eigenen »Gewaltlosigkeit« zum Ziel zu kommen. Da dies nicht auf der Stelle gelang, versuchten sie es mit Gewalt. Wie sie beobachtet hatten, führte jeder Ausbruch der Gewalt zu schnellen Konzessionen einer verängstigten, schuldbewußten weißen Mehrheit; das Mittel schien zu wirken. Die neuen farbigen Führer auf diesem Pfad, junge, halbintellektuelle, vorab der zum Mittelstand aufgerückten Generation entstammende Berufsrevolutionäre, fanden Gefolgschaft bei Teenagern der Negerviertel – unruhig und ideenlos wie ihre weißen Altersgenossen, doch anders als diese mit einem echten Protestanliegen; auch manche ältere und friedliebende Neger neigten ihnen zu, obzwar sie »im Prinzip« und »eigentlich« die Gewalt ablehnten. Echte Amerikaner, wollten sie sich nicht von der Bewegung der Jugend absetzen, die auch im Negerghetto regiert. Im langen heißen Sommer seit 1965, wenn wie Buschfeuer in verschiedenen Großstädten und in vielen Dutzenden weiterer Gemeinden der Aufruhr ein paar Tage lang wütete, siegten die Gewaltprediger, aber dem Ziel kamen sie kaum näher. Sie vertieften die Kluft zwischen Schwarz und Weiß, die sich verschmälert hatte. Sie verstärkten weiße Vorurteile. Sie entfremdeten weiße Hilfstruppen, ohne die kein Fortschritt möglich ist. Diese Einsicht hatte auch der Großteil der schwarzen Amerikaner selber und ihrer Führer, als sie entdeckten, daß sie sich nur ins eigene Fleisch schnitten und ihre eigenen Existenzgrundlagen verbrannten. Etwa mit der Ermordung von Martin Luther King, die zu den letzten großen Gewaltausbrüchen führte, endeten die Unruhen, nur noch individuelle Gewalttätigkeit ohne jedes politische Vorzeichen wurde weiterhin geübt, auch sie ein Ausdruck der Revolution der steigenden Ansprüche, die der Revolution der steigenden Erwartungen und deren nur partiellem Sieg folgte.

Als dritten Weg aus dem Heute verlangte eine kleine Gruppe »afrikanischer Nationalisten« den Exodus aus Amerika, zu dem sie alle ihre Bande verzweifelt abschneiden wollten. Ihre Idee ist so alt wie ihre Mißerfolge. Schon während der Sklaverei hatten gutmütige weiße Negerfreunde von solch einer Auswanderung die Lösung der Negerfrage erhofft; 1824 gründeten sie mit freiwilligen Spenden eine amerikanische Kolonie befreiter amerikanischer Neger in Westafrika, die sie Liberia nannten und 1847 zur unabhängigen Republik erklärten; aber die amerikanischen Neger selbst hielten wenig von dieser Lösung; mit Ausnahme einer winzigen Minderheit farbiger Intellektueller verurteilten sie den »Emigrationismus«, wie sie diese Form des schwarzen Zionismus nannten. Sie waren in Amerika daheim und wollten hier bleiben, auch als in unserem Jahrhundert immer wieder neue »Zurück nach Afrika«-Bewegungen von amerikanischen Negern selbst ins Leben gerufen wurden.

Zwischen Operetten- und Tragödienstil schwankend, gründete Marcus Garvey 1914, als zum ersten Mal viele südstaatliche Neger in die Großstädte umsiedelten, eine »Universelle Negerverbesserungsvereinigung«, die alle schwarzen Amerikaner als Rückwanderer nach Afrika führen wollte. Er ließ sich zum »provisorischen Präsidenten der Republik Afrika« erwählen, als »Euer Hoheit, der Potentat« ansprechen und verhieß die Befreiung aller »Afrikaner im Ausland«, in Amerika wie in Afrika selbst, von weißer Herrschaft. In einem »Afrika der Afrikaner« wollte er ein Reich der schwarzen Hegemonie errichten. Zeitweilig schlossen sich etwa 50 000 großstädtische Neger diesem »schwarzen Moses« an, bis der betrügerische Bankrott seiner »Schwarzer-Stern-Dampfschifffahrtslinie«, mit der der Exodus hatte vonstatten gehen sollen, seine Bewegung schnell wieder zum Verschwinden brachte. Ebensowenig Echo und noch geringere Dauer hatten mindestens ein halbes

Dutzend ähnlicher Unternehmungen, wie sie von Zeit zu Zeit neben anderen phantastischen und bombastischen Sekten und Grüppchen aus dem für sie fruchtbaren Boden der Elendsviertel wucherten, zuletzt noch die Schwarzen Muslims. Ihren Plan, die Farbigen in einigen Bundesstaaten anzusiedeln und diese dann von den Vereinigten Staaten zu trennen, lehnten die schwarzen Amerikaner mit dem gleichen Widerwillen ab wie den Aufruf zur Rückkehr nach Afrika.

Und sie hörten kaum hin, als ein ähnliches Programm von den Kommunisten vorgeschlagen wurde. Ursprünglich hatten diese die Schwarzen nur als »unterdrückte Arbeiter« durch ihre Klassenkampfbrillen gesehen, in die Rassenblindheit eingeschliffen war. Doch auf dem Moskauer Komintern-Kongreß 1928 legten sie ein neues Programm vor, dessen Autor, der Finne Otto Kuusinen, mit Amerika und seinen Negern genauso vertraut war wie etwa ein amerikanischer Neger mit Skandinavien und seinen lappländischen Minderheiten. Der finnische Kommunist erklärte die amerikanischen Neger zum unterdrückten Kolonialvolk; ihre Selbstbestimmung sollte durch die Errichtung einer unabhängigen Negerrepublik in denjenigen amerikanischen Südstaaten, in denen sie die Bevölkerungsmehrheit bildeten, verwirklicht werden, um ihre »nationale und soziale Frage« zu lösen und zugleich Afrikas Befreiung vom Kolonialismus voranzutreiben. Aber während dieses Programm zur offiziellen Parteilehre der Kommunisten von 1928 bis 1934 wurde, lachten die amerikanischen Neger: »Es ist schon schlimm genug, schwarz zu sein, ohne auch noch rot zu werden.« Im Gegensatz zu »nationaler Unabhängigkeit« wollten sie ein besseres Leben innerhalb der amerikanischen Gesellschaft und statt kollektiver Segregation in neuen Landesgrenzen die persönliche Gleichheit mit der weißen Mehrheit.

Die vorerst letzte Welle dieses schwarzen Separatismus wurde von dem Unabhängigkeitssieg in zuvor kolonialen »farbigen« Staaten vorangetrieben; die rassisch getönten Kampfparolen der chinesischen und kubanischen Kommunisten fanden Gehör bei der farbigen Jugend. Bis zum Ziel einer »farbigen Kolonisierung Amerikas, dessen vertierte Weiße von den Negern vermenschlicht werden müssen«, ging ihr Verlangen; zugleich wähnten sie, über ihre Schwäche als numerische Minderheit hinwegzukommen, indem sie sich, wie einst die weißen Kolonisatoren Afrikas auf Europa, auf die Zahlenmacht der farbigen Welt stützten. Aus den meisten jungen Negern, die sich an dieser Phantasie ergötzten, sprach nur jene Bewußtheit ethnischen Stolzes, wie sie auch anderen ethnischen Gruppen nicht fremd war. Selbst mit afrikanischen Haartrachten, Suaheli erlernend und Volkstänze des Dschungels tanzend, um »ihre Identität« zu demonstrieren, handelten sie amerikanischer, als sie wußten und wollten.

Währenddessen mühte sich die weiße Mehrheit um farbigen Fortschritt: Regierung, Stadtverwaltungen, freiwillige Vereinigungen, Kirchen, Universitäten und Schulen, ein Teil der Wirtschaft und der Gewerkschaften halfen mit einem Eifer und einer Kraft, die zuvor unbekannt gewesen war, dem materiellen wie geistigen Aufstieg ihrer schwarzen Mitbürger; zugleich bekämpften sie Vorurteile gegen diese bei ihren weißen Mitbürgern. Herabsetzende Ausdrücke wie »Nigger« und »Darkie«, von böseren Worten ganz zu schweigen, verfemte jetzt der gute Ton. Niemand warf mehr auf einen Farbigen in Offiziersuniform, am Bankschalter, im Hotelspeisesaal, im mondänen Internat einen erstaunten Blick. In Universitäten und Büros sah man immer mehr dunkle neben helleren Gesichtern und war davon befriedigt. Fast jede Gemeinde experimentierte mit Maßnahmen, um in Schulen, Wirtschaft, Wohnwesen das Niveau der Farbigen zu heben. Ein Neger, der das Zeug und den Willen hatte, voranzukommen, fand dazu gute Gelegenheiten.

Daß ihr Ziel noch nicht erreicht war, schrieben die Neger jetzt nur noch dem bösen Willen der Weißen zu, besonders ihrer bisherigen Freunde und Helfer, der weißen Liberalen. »Wir haben hundert Jahre gewartet, jetzt wollen wir nicht mehr warten!« riefen sie diesen zu. Mit jedem Fortschritt steigerte sich die farbige Ungeduld und löste eine neue Welle farbiger Forderungen aus. Integration wie Gewalt waren Experimente, denen neue folgen mußten. Die Führer des »Farbigen Establishment«, eine Schar von hochintelligenten und verantwortlichen Organisationsleitern, und die einzelnen Neger, die sich die neuen Seile zum persönlichen Aufstieg mit Fleiß, Zielstreben, Initiative, Nüchternheit zunutze machten, wurden von der revolutionär gesinnten jungen Schicht verdammt; sie hätten sich an die weiße Machtstruktur verkauft, sie seien ihrem Volk, das sie statt mit dem »Sklavennamen« Neger jetzt als Afroamerikaner oder Schwarze kennzeichneten, entfremdet, sie seien »Onkel Toms«.

Wie grundlegend sich Stellung und Meinung der schwarzen Amerikaner geändert haben, zeigt der neue Sinn dieses alten Namens. Onkel Tom war der Held eines Romans, den 1852 Harriet Beecher-Stowe veröffentlichte, eine damals vierzigjährige weiße Pastorentochter und Pastorengattin aus Neu-England, eine fleißige und fähige Schriftstellerin, wie ihre sechzehnbändigen gesammelten Werke zeigen.

Onkel Tom war ein Negersklave auf einer südstaatlichen Plantage. Als sein Herr ihn verkaufen wollte, entfloh er nicht, weil Auflehnung gegen sein Schicksal seine christlichen Grundsätze verletzte. Bald rettete Tom ein kleines weißes Mädchen vor dem Ertrinken; nachdem ihr dankbarer Vater ihn erworben hatte, lehrte sie Tom, geistliche Hymnen zu singen und die Heilige Schrift zu lesen. Der Vater und die Tochter starben, bevor sie noch, wie sie wollten, ihren Sklaven freilassen konnten. Jetzt wurde er Eigentum eines grausamen, aus dem Norden des Landes stammenden Sklavenhalters, dessen Befehl, einen anderen Sklaven zu Tode zu peitschen, Tom wieder aus christlichem Gewissenszwang verweigerte, obschon er deswegen selbst ausgepeitscht wurde. Als er auch das Versteck flüchtiger Sklaven nicht preisgab, schlug ihn sein Eigentümer zu Tode. In seinen letzten Stunden betete Tom für ihn, »denn er weiß nicht, was er tut«. Der Sohn seines einstigen Besitzers, der zu spät kam, um ihm die Freiheit zu erkaufen, schwor an Onkel Toms Totenbett: »Von dieser Stunde an will ich tun, was ein Mensch tun kann, um den Fluch der Sklaverei aus unserem Lande zu treiben.«

Genau dies war die Absicht des Romans »Onkel Toms Hütte« gewesen; der meistgelesene Roman aller Zeiten, trug er viel dazu bei, daß fünfzehn Jahre später die Sklaverei aus dem Lande getrieben wurde. »Sie sind die kleine Dame, die den großen Krieg begann«, sagte Präsident Lincoln beim Besuch der Autorin jenes Buchs im Weißen Haus nach dem Ende des Bürgerkriegs und der Negeremanzipation. Onkel Tom, der erste schwarze Amerikaner, dessen Leiden und Größe Amerikanern die Unmoral ihrer Negerordnung verständlich machte und sie beschämte, hatte das Gewissen des Landes aufgerührt; er verwandelte das »Problem« in Menschen aus Fleisch und Blut. Simon Legree, der Sklavenaufseher aus dem Norden, das Negerkind Topsy und die Mulattin Eliza, die mit ihrem Sohn über den Ohiofluß in den Norden entkam, blieben amerikanische Volkscharaktere. Hundertzwanzig Jahre nachher aber fand jeder jüngere Neger diesen Onkel Tom fremd, lächerlich, verächtlich: genau wie sein weißer Altersgenosse die puritanischen Helden von anno 1850.

Der neue Held schwarzer Amerikaner war jetzt der von einem weißen Meuchelmörder getötete Pastor und Politiker Dr. Martin Luther King, der mit seiner charismatischen Persönlichkeit, mit der Rednergewalt eines südstaatlichen Baptistenpredigers und mit seiner Taktik des bürgerlichen Ungehorsams für die Erfüllung farbiger Gleichheitsträume kämpfte, ein Mächtiger unter Machthabern und ein Märtyrer. Unvergleichlich weniger, vorab jüngste Neger, verehrten statt seiner den von einem Neger ermordeten, aus der Unterwelt der Slums zum radikalen Rassenrevolutionär und Weißenhasser gewordenen Malcolm X.

Gerade in ihrer Rebellion gegen Onkel Tom und alle alten Ordnungen zeigen die Neger, wie amerikanisch, wie gleich dem

Rest ihrer Mitamerikaner sie geworden sind. Selbst der Griff zur Gewalt ist amerikanisch; wenn die Geduld reißt, gehört der wilde Massenausbruch zur nationalen Tradition. Und ebenso amerikanisch ist die Ungeduld der schwarzen Amerikaner; wie ihre weißen Mitbürger verlieren sie nicht ihre Illusion, jedes Problem lasse sich über Nacht lösen, wenn nur genug intellektuelle und materielle Mittel eingesetzt werden. Wie andere Amerikaner wollen die amerikanischen Neger ihr Problem selbst lösen, mit Hilfe staatlicher Gelder und durch Experimente, die mit radikaler Maßlosigkeit durchgeführt, aber vergessen werden, sobald sie nicht den sofortigen Erfolg bringen. Das ganze Ausmaß ihres Amerikanertums beweisen die schwarzen Amerikaner mit ihrem Glauben an die Kraft der Neuerung und die Notwendigkeit des Fortschritts. Sie achten das schon Erreichte (und ihr Fortschritt in der letzten Generation war gewaltig) gering und sehen es nur als Vorstufe des noch zu Erreichenden, auf das sie sich ganz konzentrieren, nach ältester und bleibender amerikanischer Tradition. Nur eine Minderheit schwarzer Amerikaner versagt ihr Vertrauen der Ordnung und Gesellschaft des Landes, in dem sie ihr Problem zu lösen erwarten. Und ihr Problem könnte gar nicht allamerikanischer sein: Sie verlangen die Gleichheit, die sie unscharf von Gleichmacherei trennen; sie wollen Nachbarn sein und die Unterschiede zwischen sich und den weißen Nachbarn beseitigen; sie wollen Geschichte und Natur überwältigen. Kein Zweifel, daß sie echte Amerikaner sind.

Und wo immer sie eine Gelegenheit finden, suchen sie wie diese den Weg zum wirtschaftlichen Aufstieg. Nachdem sie ihre bürgerlichen Gleichheitsrechte gewonnen haben, geht der Kampf um die wirtschaftliche Gleichheit. In den Jahren nach der Bürgerrechtsrevolution haben sie dabei viel erreicht: Sogar im Süden wächst eine starke schwarze Mittelschicht auf; während Mitte der sechziger Jahre dort nur 9 Prozent der schwarzen Familien zehntausend Dollar oder mehr im Jahr verdient hatten, waren es 1974 schon 31 Prozent. Zwischen 1967 und 1975 verbesserte sich das Durchschnittseinkommen schwarzer Amerikaner im Süden um 115 Prozent, das der weißen Amerikaner hingegen nur um 83 Prozent. Daß währenddessen in den Großstädten viele andere farbige Bürger keineswegs an jenem Aufstieg teilnahmen, oft ihn gar nicht mehr suchten, war die traurige Folge psychologischer und kultureller Eigenarten, wie sie die Geschichte und vielleicht die Natur geschaffen haben.

Aber gerade mit ihren besonderen Erfahrungen, Eigenarten und Begabungen fügen die Neger ein schillerndes, starkes, lebendiges, neues Element in den nationalen Charakter der Amerikaner. Langsamer als andere Gruppen, unter schwierigeren Umständen vollzieht sich ihr Eintritt in die Gemeinschaft der Gleichen, die keine Ausnahmen duldet. Solange sie die große Ausnahme bleiben, wirkt ihr Problem als die Krankheit Amerikas. Von Zeit zu Zeit führt sie zu schlimmen Fieberanfällen und Krisen. Zunehmend bemüht sich die Mehrheit der Amerikaner, diese lebensgefährlichen Ausbrüche in ihrem Umfang und ihrer Wirkung zu begrenzen, indem sie alte und neue Mittel dagegen anwendet: Friedwillige Gegenkräfte innerhalb der Negerschaft selbst werden eingesetzt, provozierend wirkende Gegenmaßnahmen vor allem der Polizei verhindert, provisorische Arbeitsplätze und Tätigkeitsfelder für aufstandbereite Slumbewohner geschaffen – Pillen und Behandlungen gegen den akuten Anfall.

Aber die ihn auslösende Krankheit wird damit noch nicht aus der Welt Amerikas geschafft. Ihr trachtet man mit Plänen und Opfern zu Leibe zu rücken, deren Wirkung notwendigerweise erst nach langer Frist sichtbar werden kann. Dies verlangt Geduld – und sie läßt sich nur aufbringen, wenn sie mit Hoffnung gepaart ist. Die Frage ist, wieweit es gelingt, beide Haltungen im schwarzen Amerika zu erzeugen. Währenddessen muß die alte Krankheit des Landes ertragen werden. Die Krankengeschichte des Patienten erlaubt die Annahme, daß er geheilt werden kann; mehr noch, daß er – langsam, mit Rückschlägen und Schwächeanfällen – doch schon, ja schon recht weit, auf dem Weg zur Gesundung ist.

Dritter Teil: Amerikanische Politik

17 Der Mann am Steuer

Schrecklich komisch kommt es Amerikanern vor, daß Tafeln in jedem europäischen Park streng, obschon neuerdings auch idyllisch bemalt und schelmisch gereimt, verkünden: »Das Betreten des Rasens ist verboten.« Nach ihrer Heimkehr jedoch schwärmen sie von den sauberen, frischen Rasenflächen, den sorgfältig angelegten bunten Blumenbeeten, den kunstvollen Spalieren, wie sie sie in Europa gesehen haben und daheim vermissen. Herzlich lachen sie über die Anekdote, eine deutsche Revolution habe nicht stattgefunden, weil die Revolutionäre den Sturm aufs Schloß abbrachen, da eine Tafel in dessen Vorgarten »das Betreten des Rasens« verbot. Wenn auch dieses Geschichtchen nur gut erfunden ist, Amerikaner wissen, daß sie sich um eine solche Tafel niemals gekümmert hätten. Bis vor kurzem genossen sie als selbstverständlich das Recht, sich in dem halbprivaten Garten des Weißen Hauses nach Herzenslust zu ergehen; erst seit Roosevelt brauchten sie dazu eine Eintrittskarte, ehe Kennedy seine Mitbürger gänzlich ausschloß.

In den allermeisten öffentlichen Parks und Anlagen des Landes finden sich keine Verbotstafeln – hier herrscht die Freiheit, die Grasflächen stehen jedermann offen. Und da jedermann nebst seinen Kindern spielend, essend, trinkend, liebend darüber trampelt, verwandeln sie sich schnell in eine Steppe, mit Abfällen der Besucher statt mit Blumen besät – ein »Problem«, das gelöst werden muß, wie die städtische Parkkommission von Zeit zu Zeit erklärt. Aber da Amerikaner ihre Freiheit höher schätzen als die hübscheste Hortikultur (die zu alledem die verachtete Natur imitiert), lassen sie sich von keiner Behörde »das Betreten des Rasens« verbieten. Dieser gehört ja ihnen selbst, und die Behörden haben ihren Willen auszuführen.

Die Widerspenstigkeit gegen Zwang und Verbote der Obrigkeit ist den Amerikanern ins Blut eingegangen. Ihre Ablehnung aller Autorität, die sie nicht selbst in demokratischem Prozeß geschaffen haben, gehört zu jenen ihrer Züge, die sich seit der Geburtsstunde des Landes kaum verändert haben. Damals hatten sie Georg III., von Gottes Gnaden König und oberstes Haupt der Kirche von England, schlichtweg abgesetzt und mit ihm die Hierarchie des Staates und der Religion, die Aristokratie der Geburt, die *auctoritas* selbst. Der alte, farbenprächtige, obgleich nicht mehr ganz lebensfrische Blumengarten im Park der Nation war ausgerissen worden, um Raum zu schaffen für die immer breiteren Gemüsebeete, die immer umfangreicheren Neubauten, die praktischen Anlagen der praktischen Bewohner. Und wer in Europas kunstvoll abgezirkelten Gärten nicht mehr zurechtkam, ging nach Amerika, um sich der Freiheit und des Neuen zu erfreuen.

Wie sehr die Gründer der USA der Macht mißtrauten, zeigten sie, als sie diese in ihrer Verfassung sorgsam auf ein Mindestmaß beschnitten; jede Tür zur Macht versahen sie mit einem ausgeklügelten Schloß, zu dem der Machthaber die Schlüsselgewalt mit anderen teilen mußte. Seither haben Amerikaner als Voraussetzung ihrer politischen Existenz hingenommen, daß sie frei und ledig von offenbarter Obrigkeit, ererbter Autorität, jeder sich selbst verewigenden Macht bleiben, ob diese religiös, politisch, sozial oder bürokratisch verwurzelt sein mag; in ihren Augen enthält sie Wurzeln eines Unkrauts, das alles fruchtbare Leben überwuchert, wenn es nicht regelmäßig gejätet oder niedergetrampelt wird. Wer die Freiheit der Amerikaner beschränken will, muß im Namen der Freiheit an ihren freien Willen appellieren mit dem laut und glaubhaft verkündeten Ziel, er wolle diese Freiheit sichern.

Zum Patriotismus des Amerikaners gehört sein Stolz auf seine Freiheit; wenn er sie mißachtet sieht, deklamiert er kämpferisch wie ein Bekenntnis: »Dies ist ein freies Land«, nicht: »Ich bin ein freier Mensch«, seine Freiheit ist sein Anteil an seiner Nation.

Die Hochachtung geschweige denn Vergötzung des Staates als einer abstrakten obrigkeitlichen Macht bleibt Amerikanern unverständlich. Wo es öffentliche Aufgaben zu erfüllen gibt, erwarten sie es nicht vom »Staat«, sondern von der »Gesellschaft«, als deren Ausführungsorgan neben vielen freiwilligen Vereinigungen die Regierung, bescheidener als »Administration« oder Verwaltung bezeichnet, gewählt wurde. Zwar erhalten die sogenannten liberalen Bevölkerungsteile, wie sie vor allem in der Demokratischen Partei vertreten und auch in der Republikanischen Partei recht stark sind, immer größere Zuwendungen von Gesellschaft, Regierung, Staat und verlangen noch mehr; doch sehen sie dabei nicht zum Staat auf, sondern auf ihn herab. Er ist ihr persönliches Instrument, um im Wettbewerb mit anderen Amerikanern voranzukommen. Sie verlangen Subsidien und Unterstützungen jeder Art vom Staat als ihr Recht.

Für die »Obrigkeit« kennen Amerikaner nicht einmal ein entsprechendes Wort: Die *authorities* stehen nicht »über« ihnen, sondern üben die Vollmacht aus, die ihnen die Bürger verliehen haben. Der Präsident der Vereinigten Staaten, ein auf kurze Frist gewählter und dann automatisch zum Abtreten verurteilter Ersatzkönig, muß krampfhaft beweisen, daß er ein Bürger ist wie du und ich; er arbeitet nur an seinem spezialisierten »Job« wie jeder andere Bürger, der von Zeit zu Zeit den Meinungsforschern kundtut, ob er mit der Leistung des Präsidenten zufrieden ist.

Der Präsident präsidiert nicht in einem Palast, sondern in einem »Haus«. Das Weiße Haus unterschied sich ursprünglich kaum von Herrensitzen anderer Gentlemen des Südens oder sogar des bescheideneren Neu-England. Während es seither räumlich vergrößert werden mußte, weil die Aufgaben der Präsidentschaft mit dem Land selbst riesig anwuchsen, war es nicht einfach, durch architektonische Kunststückchen neue Flügel, Verwaltungsgebäude, Anbauten hinzuzufügen und doch den notwendigen Anschein eines bürgerlich-privaten Wohnsitzes zu erhalten. Obschon ein gewaltiger Komplex, bleiben die Korridore der Macht verborgen hinter der Fassade des Weißen »Hauses«.

Lange Zeit hatte dieses Weiße Haus jedermann offengestanden. »Der Präsident ist der zugänglichste Bürger der großen Republik der Neuen Welt«, erzählte 1889 der französische Besucher Max O'Rell. »Dreimal wöchentlich steigt er zum Wohnzimmer im Parterre herab und verbringt eine Stunde, indem er allen, die seine Bekanntschaft machen wollen, die Hand schüttelt. Es kann in der ganzen Welt keinen Menschen geben, der so viele Hände schüttelt wie der Präsident der Vereinigten Staaten. Zur Stunde des öffentlichen Empfanges geht man ins Weiße Haus wie in eine Kirche zur Zeit des Gottesdienstes. Ich sah dort Neger, Marktfrauen, die ihre Körbe im Vorzimmer gelassen hatten, alle Arten von Leuten, die in einer Schlange warten, bis sie an deren Spitze kommen: ›Ich freue mich, Sie zu sehen, Herr Präsident. Ich hoffe, Sie und Ihre Frau fühlen sich wohl.‹ Dann kommt der nächste Besucher heran, und so weiter.« Während seines eigenen Besuches, so erzählte der französische Besucher, habe sein amerikanischer Freund vor dem Weißen Haus in der Kutsche gewartet und ihm erklärt: »Ich bezahle den Präsidenten dafür, daß er arbeitet, nicht daß er schwätzt. Warum sollte ich ihm seine Arbeitszeit wegnehmen?«

Selbst jetzt hält der Präsident die Pose des seinen Mitbürgern gleichgestellten Nachbarn immer noch aufrecht. Nicht zuletzt, um durch sein Haus geführt zu werden, fahren sie nach Washington, und obzwar ihnen heute die Arbeits- und Privatzimmer des Präsidenten verschlossen bleiben, hoffen sie doch, ihm persönlich zu begegnen: Von Zeit zu Zeit etwa begrüßte jeder Präsident die Touristenschar in seinem Garten und schüttelte ihnen rituell die Hand wie eh und je. Franklin Delano Roosevelt erfand seine über den Rundfunk ins Land gesendete Kaminplauderei, sorgfältig inszenierte Schaubietungen einer scheinbar gemütlichen Familienzusammenkunft mit der Nation, der er seine Politik erklärte, das heißt anpries und »verkaufte«. Mit Freudischer Phraseologie wird die Rolle des Präsidenten als amerikanisches Familienmitglied definiert: Roosevelt oder Eisenhower als Vatersymbole, Kennedy als jüngster Bruder. Sensiblere Gemüter empfanden ein Unbehagen, wenn das Volk durch Kommuniqués mit Eisenhowers täglichem Verdauungsprozeß während seiner Ileitis-Erkrankung oder durch Photos mit Johnsons Bauchnarben nach einer Operation im genauesten Detail vertraut gemacht wurde; doch die Leitbildmacher wußten, daß das Leben ihres Präsidenten nicht dessen private Angelegenheit ist. Bis vor kurzem – genau: bis zu Richard Nixons Präsidentschaft – wurden allerdings private Eigenschaften oder Handlungen eines Präsidenten, die nicht ins öffentliche Leitbild gepaßt hatten oder die jener nicht bekannt werden zu lassen wünschte, mit bemerkenswerter Diskretion geheimgehalten: seine *privacy* wurde dem Nachbarn zugestanden, auch wenn er im Weißen Haus wohnte.

Dies änderte sich fast plötzlich und vollkommen, nachdem im Verlauf der sogenannten Watergate-Affäre das große Kesseltreiben gegen Präsident Richard Nixon begonnen hatte, bis es zu seinem Sturz und erzwungenen Abgang führte – das erste und einzige Mal in der amerikanischen Geschichte, daß ein Präsident vor dem Ende seiner Amtsperiode das Weiße Haus verlassen mußte. Im Namen eines »Rechts, zu wissen«, von dem zwar die Verfassung nichts gewußt hatte, das jetzt aber zum Axiom erhoben und von den höchsten Gerichten bestätigt wurde, bemächtigten sich die oppositionellen Kräfte der Presse und des Kongresses all der Tonbänder, auf denen er seine politischen und persönlichen Gespräche hatte aufzeichnen lassen und teilten der Öffentlichkeit ihren Inhalt mit. Eines dieser Tonbänder bewies, daß er gelogen hatte und daß er die Rechte seines Amtes mißbraucht hatte, um eine politische Schwäche seiner Partei im Wahlkampf zu decken; man zwang ihn dann, zurückzutreten. Während im Gefolge jener Vorgänge nachträglich enthüllt wurde, daß auch seine Amtsvorgänger Franklin Roosevelt und John F. Kennedy sich ähnlicher, sogar schwerer wiegender Verstöße schuldig gemacht hatten, von anderen Enthüllungen über das heimliche Privatleben früherer Präsidenten – Roosevelt, Eisenhower, Kennedy – ganz zu schweigen, blieb dies nur eine historische Fußnote, aber trug doch dazu bei, die Achtung vor der Präsidentschaft selbst und das Vertrauen in ihre Träger arg anzufressen.

Abgesehen von Nixons spezifischen Charakterzügen und Fehlhandlungen, die sich häuften und drastischer wurden, je massiver der Angriff gegen ihn geführt wurde, wurde sein tragischer Fall durch zwei Umstände möglich: Erstens war die Macht der Präsidentschaft, die zunehmend und zuletzt in bedenklichem Umfang angewachsen war, seit Präsident Wilson Amerika in die Weltpolitik geführt hatte, in der Aera Nixons zur Übermacht geworden; und zweitens glaubte eine Opposition, die das Wachstum jener »imperialen Präsidentschaft« etwa unter Roosevelt und Kennedy noch begrüßt hatte, daß sie bei Nixon in den falschen Händen lag. Es galt ihn zu zerstören, und damit wurde nicht nur eine »imperiale Präsidentschaft«, sondern die Präsidentschaft überhaupt schwer angeschlagen. Nixons Nachfolgern blieb es überlassen, diesen Schaden zu reparieren.

Während in der Ordnung der Amerikaner die Macht des Präsidenten im Gleichgewicht der Kräfte der Macht der Volksvertretung und der Macht der Gerichtshöfe die Waage halten soll, wird nahezu niemals eine stetige Balance erzielt; diese muß sich in schmerzhaften, bitteren Vorstößen und Zurückweisungen eines andauernden Machtkampfes langsam immer wieder neu auspendeln. Sobald ein Präsident – vor wie nach Nixon – sich seiner Macht zu sicher geworden war, stieß er auf eine Phalanx, die ihn zurücktrieb – sei es nun der Kongreß oder auch die Wähler selber, die ihm »eine Lektion erteilen«. Aber das gleiche gilt auch, wenn dann die Gegengefahr eines »imperialen Kongresses« aufkommt, der sich Rechte und Pflichten der Präsidentschaft anmaßt und deren nur von ihr zu bewältigende Führungsaufgaben zu usurpieren sucht, vor allem im Bereich außenpolitischer und sicherheitspolitischer Fragen; dann kann er auf den Widerstand der Wähler rechnen. Es ist eine gefährliche Methode; oft scheint, während der Machtkampf der Institutionen seinen Höhepunkt erreicht, die Wirkkraft der Institutionen selber am Ende; bisher haben sie immer wieder zu ihren Funktionen zurückgefunden.

Die Amerikaner rühmen sich oft und mit Recht, ihre Regierungsform sei die älteste der Welt; als einzige habe sie die letzten zweihundert Jahre unverändert überstanden. Dies war aber nur möglich, weil sie ständig mit neuem politischem Inhalt gefüllt, weil die Autorität ständig neuen Händen übertragen, weil die Regierung ständig auf neue Ziele ausgerichtet wurde. Von Anfang an war der Neubeginn als treibende Kraft in die Struktur der amerikanischen Gemeinschaft eingebaut. Alle vier Jahre, wenn der Präsident neu gewählt wird, verheißen ihn die Kandidaten aufs neue; besteht ausnahmsweise einmal wenig Bedürfnis nach Neuerungen, weil die Wähler mit dem Bestehenden zufrieden sind, weil sie es »noch niemals so gut« hatten, weil sie Angst vor großen Änderungen verspüren, dann verspricht man ihnen wenigstens die energische, radikalere Fortsetzung des vorherigen Neubeginns. In solchen Ausnahmefällen werden die Amerikaner vor großen Neuerungen gewarnt mit dem Schlagwort, sie dürften »nicht mitten im Strom das Pferd wechseln«, was stillschweigend unterstellt, daß eigentlich bei jeder Gelegenheit das Pferd wie der Führer und seine Politik gewechselt werden sollten; aber andererseits sind die Amerikaner immer mitten »im Strom«, in der Bewegung ihres Fortschritts, während noch gefährliche Stromschnellen überkreuzt werden müssen. Wenn sie so bedrohlich wirken wie die große Wirtschaftsdepression und der Zweite Weltkrieg, kann ein Präsident dank ihnen im Sattel bleiben wie Franklin D. Roosevelt, dieser virtuose Reiter in den Strömungen seiner Zeit.

Doch gemeinhin wirkt unvergleichlich mitreißender das entgegengesetzte Schlagwort, das jeder Kandidat noch im Schlafe seinen Mitbürgern zurufen kann; in regelmäßigem Stakkato erfüllt es die amerikanische Luft wie der Gesang der Zirpen, der von einer Sommernacht zur anderen lauter wird, bis er vor dem ersten Frost, beim nächsten Wahlgang plötzlich verstummt: »It's time for a change.« – »Es ist Zeit für eine Veränderung.« Der Aufruf rührt an die tiefsten Gefühle der Amerikaner und braucht deshalb keine spezifische Begründung, sowenig wie die Predigt des Pfarrers gegen die Sünde.

Der Kandidat, der ernst genommen werden will, muß sich mit dem Neuen von morgen identifizieren und sein Programm als neu etikettieren: Roosevelt schrieb auf seine Fahne den »New Deal«, Kennedy die »Neue Grenze«, und selbst Woodrow Wilson warb mit einem Programm der »Neuen Freiheit«, obschon er in einer Wahlrede (in Kansas City, 1911) zugegeben hatte: »Die Amerikaner sind ein von Natur aus konservatives Volk. – Jetzt müssen wir uns nicht dem Umsturz unserer Einrichtungen widmen, sondern ihrer Wiederherstellung.« Auch die Wiederherstellung ist eine Veränderung, in deren Namen die meisten Revolutionen und Reformationen begonnen haben.

Dies müßte zu einem mörderisch beschleunigten und totalen Zickzackrennen ohne Ziel führen, wenn nicht dieses Ziel so feststünde und die Jagd nach dem Neuen begrenzte: Das Ziel setzt die Verfassung der Vereinigten Staaten.

Alle vier oder acht Jahre will man neuen Wein in die alten Flaschen gießen, die seit 1787, als die Verfassung der Vereinigten Staaten beschlossen wurde, mehr oder weniger die gleichen blieben. Und bisher ist es trotz aller Neuerungsfreude den Amerikanern gelungen, ihre wesentliche Überlieferung zu erhalten.

Konzentriert, voller Spannung, ohne viel Skepsis hören sie in jedem Wahlkampf dem politischen Kandidaten zu, der erklärt, er werde im Amt (anders als sein Opponent und dessen in jeder Beziehung schlechte Partei) endlich in Amerika die folgenden Ziele verwirklichen: die nationale Einigkeit, die Ruhe und Sicherheit im Lande, die soziale Gerechtigkeit, die äußere Sicherheit, den allgemeinen Wohlstand und, als Grand Finale, den Segen der Freiheit.

Seine Hörer freuen sich über den trefflichen Mann, der so klar und komplett zu definieren weiß, was sie von ihm erwarten und was das Land will. Endlich einmal spricht ihnen jemand aus dem Herzen. Vielleicht bezweifeln sie, ob er erfahren, ehrlich, klug, kräftig genug sei, um diese Ziele zu erreichen, und ob seine Partei ihm die rechte Mannschaft liefere. Auch mögen sie in Frage stellen, ob er die zweckmäßigsten Mittel zu seinen Zielen vorschlägt, falls er sich auf solche konkreten Details einläßt, was ein schlauer Kandidat nach Möglichkeit vermeidet. Doch hegen sie keinen Zweifel daran, daß sein Katalog der großen Ziele genau der Forderung des Tages entspricht.

Und genau der gleiche Katalog amerikanischer Ziele war als Präambel vor fast zweihundert Jahren der amerikanischen Verfassung vorangestellt worden, die »Wir, das Volk der Vereinigten Staaten« sich gab, »um eine vollkommenere Union zu bilden, Gerechtigkeit herzustellen, die einheimische Ruhe zu schützen, für die gemeinsame Verteidigung zu sorgen, die allgemeine Wohlfahrt zu fördern und den Segen der Freiheit für uns und unsere Nachwelt zu sichern ...« Die Grundziele, denen zu Willen Amerika gegründet wurde, gelten also immer noch – nur scheinbar ein Paradox in einem Land, das die stete Wandlung und Neuerung fast vergötzt.

Die sechs Gebote der Nation erlauben und begrenzen die Veränderungen, denen sie die Richtung weisen. An ihnen hängt die innere Ordnung Amerikas wie an Gummibändern, die weit gedehnt werden können, aber nicht abgeschnitten werden dürfen. Sie scheinen abstrakt – wie leicht kann sich ein Zyniker über sie lustig machen, wenn er sie mit diesem oder jenem Aspekt der amerikanischen Wirklichkeit vergleicht; wie spielerisch kann ein Sophist sie mit allem und jedem Inhalt füllen, sogar ihrem genauen Gegenteil; selbst ein Student im zweiten Semester kann mit der Überlegenheit seiner naiven Ignoranz ihre schön klingende, hohle Rhetorik enthüllen. Doch diese Kritiker zeigen nur, wie wenig sie (falls sie guten Willens sind) Sinn und Wirkkraft dieser sechs Verfassungsgebote verstanden haben. Nachdem die Laugenbäder der Zyniker, Sophisten und Ignoranten die von vielem Gebrauch zurückgelassenen Fingerabdrücke und Kratzer weggewaschen haben, zeigt sich die stählerne, permanente, heute wie zuvor gültige Gesetzestafel.

Auf sie geschrieben sind Gesetze, die für die Gemeinschaft gelten und dem einzelnen zugute kommen sollen. Und diese Gebote können, im Unterschied zu den Zehn Geboten der Heiligen Schrift, nicht alle zugleich und gleich vollkommen geheiligt werden. Sie stehen ohne Rangordnung mit gleicher Geltung nebeneinander. Sosehr sie sich in der Praxis überschneiden und widersprechen mögen, keinem ist eine Priorität eingeräumt, geschweige denn ein Monopol.

Hier herrscht ein Pluralismus der Aufgaben, der amerikanischem Wesen entspricht und amerikanische Politik ermöglicht. Gemeinsam schaffen diese Gebote die »Gemeinschaft des Vorsatzes, des Zwecks, der Absicht«, die *community of purpose*, als die Amerikaner ihre Nation definieren. Sie beruht nicht auf einer monistischen Idee der Herkunft oder des Ziels – weder auf der »Nation« noch der »Rasse« noch der »Klasse«; sie kennt keine solche einzelne, einzige Zielidee, der alle anderen Aufgaben und Werte diktatorisch unterjocht werden müßten wie der jene Zielidee verkörpernden diktatorischen Führungsschicht alle Bürger, Klassengenossen, Volksgenossen (und morgen die ganze Welt). Die sechs amerikanischen Gemeinschaftsziele stehen sozusagen gleichberechtigt nebeneinander, oft auch einander im Weg, doch bedingt das eine die anderen. Zwischen den Zielen herrscht Spannung und Konflikt, der pragmatisch und provisorisch entschieden wird, indem das momentan am dringlichsten scheinende Ziel mit Nachdruck verfolgt wird. Dieser Pluralismus der Ziele macht die Permanenz im dauernden Wandel möglich. Sie alle sind ja nur Facetten und Voraussetzungen des höchsten Ziels im amerikanischen Credo, der Unabhängigkeitserklärung wie der Verfassung: die Rechte des einzelnen Menschen.

Alles dies mag so theoretisch und abstrakt wie die Verfassungsgebote selbst klingen. Ihre konkrete Realität erleben Amerikaner um so eindringlicher – etwa in diesen Jahren: Die Freiheit des Eigentums wird zugunsten der öffentlichen Wohlfahrt beschnitten, die öffentliche Wohlfahrt wieder zugunsten der äußeren Sicherheit, weiterhin die äußere Sicherheit zugunsten der Meinungsfreiheit. Im Einzelfall entscheiden die jeweilige Machtverteilung und die Ergebnisse des Machtkampfes – in den Grenzen der Verfassung. Wo diese liegen, dafür hat jeder halbwegs ehrgeizige und denkfähige Verfassungsjurist seinen eigenen Test ausgearbeitet, dessen Schwächen dann seine Kollegen schleunigst enthüllen. Viele Amerikaner kennen vage die juristische Doktrin der Obersten Richter Holmes und Brandeis, nach der ein Grundrecht beschnitten werden darf, wenn eine klare und gegenwärtige Gefahr gegeben sei und abgewandt werden müsse. Das klingt überzeugend, zumal am Beispiel des Richters Brandeis: Im Kino müsse einem Besucher, der grundlos »Feuer! Feuer!« schreit, das Recht der freien Rede entzogen werden, weil er die klare und gegenwärtige Gefahr einer Panik hervorrufe. Aber so hübsch das Bild ist, in der Wirklichkeit erscheint eine Gefahr erheblich komplizierter: Ob sie klar, ob sie gegenwärtig, ob sie überhaupt eine Gefahr sei, darüber läßt sich streiten, was die zwölf Oberstrichter gewohnheitsmäßig besorgen. Auch der moralische Prüfstein des geringeren Übels wirkt in der Theorie sicherer als im politischen Alltag, wo man über die Folgen einer Handlung nur spekulieren kann. Ein generell gültiges Rezept kann es nicht geben, es sei denn, wie Tocqueville verwundert bewunderte, »der gesunde Menschenverstand und das praktische Urteil der Amerikaner«, die sich in der Art und Weise zeigten, »mit der sie die zahllosen Schwierigkeiten, die sich aus ihrer Bundesverfassung ergeben, umgehen«.

In den letzten Jahrzehnten sahen nicht wenige Amerikaner neben den Gefahren einer »imperialen Präsidentschaft« und eines »imperialen Kongresses« auch die Drohung einer »imperialen Justiz«. Während der Oberste Gerichtshof manche Gesetze bewußt zum Zweck sozialer Wandlungen auslegte und damit selber neue Gesetze schaffte, was ja dem Kongreß und der Präsidentschaft überlassen bleiben muß, und während bundesweite Gebote in Bereichen erlassen wurden, für die Gemeinden oder Einzelstaaten zuständig waren – Schulordnungen, Abtreibungen, Pornographie zum Beispiel –, griff die Justiz über ihre Machtsphäre hinaus, wie Kritiker erklärten, die deshalb eine Zurückweisung und Beschneidung der Justizübermacht forderten.

Die überwiegende Mehrheit der Amerikaner erwartet von ihrer Regierung vorab, daß sie den Gesetzestafeln der Präambel gemäß regiert und jedes ihrer Einzelziele soweit als möglich verfolgt, ohne sie mehr als notwendig zu beschränken. Wird einem das Übergewicht gegeben, so wird damit die Gegenbewegung provoziert, für deren Erfolg der eigentliche Held der Amerikaner sorgt, der von Gesetz und Gesinnung geschaffene »demokratische Prozeß«. Scheinbar nur eine Methode, wird er zum Selbstwert, da er den pluralistischen Geboten gleiches Gewicht verschafft, nachdem durch zeitweiliges Übergewicht des einen oder anderen Gebots der Weg nach vorn, zur Veränderung und Verbesserung, gebahnt worden ist.

Darin unterscheiden sich die Amerikaner von den Völkern Europas, deren Charakter man erkennen kann, ohne einen Blick auf ihre Verfassung zu werfen. Dort hat diese (oder ihre Abwesenheit, wie in England) bloß geschichtliche, staatsrechtliche, machtpolitische Bedeutungen; gehen diese ihnen auch in den Augen der Amerikaner nicht ab, so ist ihre Verfassung weit darüber hinaus ein Grundelement ihres Denkens und Handelns, das sie zugleich spiegelt und formt. Es verriet keine teutonische Pedanterie, wenn 1834 Francis Lieber in seinen »Briefen an einen Herrn in Deutschland«, mit einer Spitze gegen Reiseschriftsteller und Volkscharakterzeichner, schrieb: »Der interessanteste Zug Amerikas liegt in seinen Institutionen«, also ihrer angewandten Verfassung. Auch sprach nicht die sachliche Beschränkung des Staatsrechtlers aus der Methode des Lord Bryce, der diese Verfassung und ihre Institutionen zur Grundlage seiner Darstellung der Amerikaner machte. »Was halten Sie von unseren Institutionen?« fragten sie gewohnheitsmäßig jeden ausländischen Besucher, ehe die vereinfachte gleichbedeutende Formel üblich wurde: »Wie gefällt Ihnen Amerika?«

So stark und haltbar dieses Rückgrat der Verfassungsgebote auch ist, es hat verwundbare Stellen, die die amerikanische Politik schwächen können. Die erste ist ihre moralische Ausrichtung: Während die Gebote ebenso wie die Grundziele der Gemeinschaft ethischen Zielen entspringen und entsprechen, folgt ihre Anwendung und möglicherweise Beschneidung praktischen Notwendigkeiten. Um diese akzeptabel und populär zu machen, pflegten ihre Advokaten sie selbst zu ethischen Geboten zu vereinfachen. Daraus erwächst die amerikanische Neigung, jede politische Handlung als moralische Frage anzusehen. Ob eine bestimmte Maßnahme das Gute anstrebt und ob ihre Mittel gut sind, reduziert sich in der Praxis meist auf Zweckmäßigkeitsfragen, die Fachleute der Finanzpolitik, der Strategie, der Diplomatie besser entscheiden können als Moralisten; aber die Amerikaner erwarten von ihren Finanz-, Innen-, Wohnbau-, Wehr- und Weltpolitikern, daß sie, wie Sankt Georg gegen den Drachen, als Moralisten gegen das Böse vom Leder ziehen. Machiavelli wäre in Amerika kaum zum Hundefänger eines hinterwäldlerischen Dorfs gewählt worden, er hätte denn hypermachiavellistisch geleugnet, daß er ein Politiker sei, und sich statt dessen als Apostel des Guten vorgestellt.

Daher das scheinbare Paradox, daß Amerikaner sich für die Moral des Gemeinwesens und seiner Politik persönlich verantwortlich fühlen und zugleich die politische Praxis, die jene produziert, geringachten, bestenfalls als ein notwendiges Übel, vor dem sie ihre Hände in Unschuld waschen: Denn sie wissen, daß in der Praxis Macht über Moral geht. Meint aber ein Amerikaner, irgendeine politische Handlung verstoße gegen ein moralisches Prinzip, dann schämt er sich, schlägt sich in aller Öffentlichkeit an die Brust und verlangt Wiedergutmachung – dies ist der Sinn des vielfach mißverstandenen Slogans »Unser Land, im Recht oder Unrecht«, den Carl Schurz, der deutsche Flüchtling und amerikanische Staatsmann, 1899 präzisierte: »Wenn im Recht, es im Recht zu erhalten, wenn im Unrecht, es zum Recht zu bringen*.«

Niemand scherzt in Amerika über die Gebote der Verfassung, jedermann über die für sie verantwortlichen Politiker. So unbedingt die Amerikaner öffentliche Reinlichkeit verlangen, die Staßenreinigungs- und Müllabfuhrarbeiter zählen nicht zu den angesehensten Mitbürgern.

* » Our Country, right or wrong. When right, to be kept right; when wrong, to be put right.«

Das kurze Gedächtnis gehört zu den tragenden Stützen der amerikanischen Politik. Die Gabe des schnellen Vergessens ist Amerikanern überreich zuteil, und von der Gnade zur Versuchung ist nur ein kurzer Schritt. Ihre gleichgültige, wenn nicht gar feindselige Haltung zur Vergangenheit erleichtert diese Vergeßlichkeit; ihr Trieb zum Neuen züchtet ihn. Wenn sie vorab jenes Ziel in Angriff nehmen, das am dringlichsten scheint und sich mit dem amerikanischen Ehrentitel eines Problems schmücken läßt, glauben sie einen Kreuzzug zu beginnen, ein im Ausland oft mißverstandenes Wort: Es besagt nur, daß sie mit heiligem Eifer ihre ganzen Energien zur Erfüllung dieser derzeitigen Aufgabe allein einsetzen, während andere Aufgaben als spätere Sorgen vorübergehend vergessen werden. »In Amerika werden gewisse Verbesserungen mit viel mehr Eifer und Aktivität als anderswo betrieben; in Europa werden die gleichen Zwecke mit viel geringerem Bemühen, das aber stetiger eingesetzt wird, gefördert.« Tocquevilles Feststellung trifft auch heute noch zu.

Amerikaner unterstellen, jede Änderung müsse geschwind durchgeführt werden, weil sie überzeugt sind, für jedes Problem gäbe es eine Eillösung, die *instant solution*, wirksam wie Instant Coffee, »Instant Sex« (ein Parfüm – »zeitsparend für geschäftige Leute«, so singen seine Inserate) oder zu sofortigem »mystischem Erlebnis« führende psychodelische Pillen; auch in der Gesellschaft brauche man nur Fachleute zum Erfinden der Eillösung zu ermuntern und diese nach ihrer Gebrauchsanweisung zu benutzen, um schnellstens das gewünschte Resultat zu erzielen. Mit Energie, Geldmitteln, gutem Willen und den technischen Ratschlägen der Experten läßt sich jeder Mißstand beseitigen wie Kopfschmerzen mit einem Aspirin; so denken Amerikaner bei jedem Mißstand, in einigen wenigen Fällen mit Recht und Erfolg.

Doch der Eifer erlahmt schnell, ob sie glauben, dem Ziel nahegekommen zu sein, oder ob sich der Weg zum Ziel als länger und schwieriger herausstellt als erwartet. Dann verlieren sie die Geduld und ignorieren das »Problem« bis zum nächsten Kreuzzug, so, wie Kinder sich mit einer die Erwachsenen ermüdenden Intensität einer Aufgabe hingeben, die sie aber vorschnell wieder vergessen, sobald sie langweilig wird. Falls nicht mit neuen Reizen, Herausforderungen, Provokationen das Problem neu gestellt und damit ein neuer Kreuzzug angebracht scheint, erlischt die öffentliche Konzentrationsfähigkeit. Der schlimmste Feind der Kreuzzügler ist die unausweichlich bald eintretende Ungeduld und Langeweile. Diese zeitliche und sachliche Begrenzung der Konzentration erklärt ein gut Teil der oft erstaunlichen Geduld der Amerikaner gegenüber Schwächen und Mißständen ihres öffentlichen Lebens, deren Bekämpfung nicht an der Tagesordnung ist, weil andere Aufgaben neuer und dringlicher wirken.

Wie schnell und radikal das öffentliche Interesse erlischt, demonstriert das Schicksal der amerikanischen Neger. Etwa seit 1840 das zentrale »Problem der Nation«, die beinahe daran zerbrochen wäre, war es keinesfalls »gelöst«, nachdem im Krieg zwischen den Staaten die Sklaverei abgeschafft war, aber nach dem großen Ausbruch wurde es vergessen. Während die vorherigen Abolitionisten, Intellektuellen, Negerfreunde im ganzen Lande sich neuen »Problemen« zuwandten – dem Frauenwahlrecht, dem Alkoholverbot, der Reinigung der korrupten Großstadtverwaltungen –, konnten die Südstaatler das zuvor Erreichte wieder weitgehend ungeschehen machen und ihre Neger entrechten, ohne daß sich noch sonst wer darum gekümmert hätte. Viele Jahrzehnte mußten vergehen, bis das Problem neu entdeckt und ein neuer Kreuzzug erklärt wurde.

Die Spanne des öffentlichen Interesses wird immer kürzer und schrumpft dauernd. Mochte man vor einem Jahrhundert noch zwanzig Jahre gegen ein Problem ankämpfen, heute verliert man oft schon nach ein paar Monaten die Geduld. Nachdem das Problem während dieser Zeit bis zur Erschöpfung debattiert und manipuliert worden ist, verschwindet es wieder plötzlich und völlig aus dem öffentlichen Bewußtsein. Nachdem der kubanische Diktator Castro die Vereinigten Staaten 1961 als »klare und gegenwärtige Gefahr« ein Jahr lang in Angst und Aufregung versetzt hatte, wurde er kaum mehr erwähnt, als sei er gestürzt, obschon er bloß langweilig und deshalb vergessen worden war.

Dann wird etwa zum Kreuzzug gegen die Luftverschmutzung oder das Tabakrauchen aufgerufen, oder, wie alle paar Jahre wieder, gar zum Kreuzzug gegen die Ratten. Es gäbe ihrer allein acht Millionen in der Stadt New York, so verkünden dann die Führer (die sie nicht gezählt haben), und Presse, Fernsehen, Fachleute und Freiwillige eröffnen ihren Großkampf gegen die klare und gegenwärtige Rattengefahr. Aber drei Wochen nachher und während kommender Jahre denkt niemand mehr an sie, obschon sich die Ratten unverändert und weiter vermehren. Nach dem abgeblasenen Kreuzzug wird das »Problem«, gegen das er geführt worden war, nach amerikanischen Sprachgebrauch nicht etwa ad acta gelegt, also erledigt und abgeschlossen, sondern auf ein Brett gestellt *(shelved)*, von dem es eines Tages wieder herabgenommen werden kann.

Den Technikern der Öffentlichkeitsarbeit öffnet sich damit ein weites Feld. Ohne Schwierigkeit können sie durch aufgeregte und konzentrierte Manipulationen der Öffentlichkeit Furcht, Empörung, Hoffnung und am Ende einen Kreuzzug aufreden, womit sich die Macht der Intellektuellen und Halbintellektuellen in der »Kommunikationsindustrie« verstärkt. Um das Interesse wachzuhalten, muß nur ein altes »Problem« als völlig neu vorgestellt werden. Jene amerikanischen Kreise zum Beispiel, die in den Nachkriegsjahren sich bemühten, ihren Landsleuten mit der akuten Gefahr einer »Nazi-Wiederkehr« die Furcht vor Deutschland in die Knochen zu jagen, erreichten dies in gewissem Maße, indem sie in regelmäßig kurzen Abständen seit 1945 alljährlich meldeten, analysierten, warnten, soeben sei diese Gefahr neu akut geworden; ihre unverändert falschen Alarme hätten längst jede Aufmerksamkeit verscherzt, hätten sie sie nicht beim ersten besten Anlaß – einer Gemeindewahl, einer Rede, einer Ausschreitung – »neu« geschlagen, nachdem die vorherige Blamage der Alarmisten vergessen war. Andererseits fanden die (sachlich berechtigteren) Warnungen vor dem Kommunismus kaum mehr Widerhall im Volk, weil sie betonten, daß dessen »alte« Gefahr unverändert gleichbliebe.

»Ich beschwöre Sie«, sagte Präsident Johnson den Absolventen der Diplomatenschule am 9. Juni 1966, »sich daran zu erinnern, daß Amerikaner oft ungeduldig werden, wenn sie nicht das Licht am Ende des Tunnels sehen – wenn eine Politik nicht über Nacht eine neue Ordnung heraufführt. Während manche unserer Mitbürger über der Langeweile und der langen Zeit, die notwendig ist, um eine Wandlung zu bringen, verzweifeln, glaube ich, daß sie wirklich unsere Geschichte vergessen.« Mit seiner Kritik traf er ins Schwarze, mit seinem Hinweis auf die Geschichte daneben: In der guten, alten Zeit war es um die amerikanische Geduld nicht besser gestellt; geduldig ausgeharrt und weitergekämpft hatten immer nur wenige, die Mehrheit begann bald anzuzweifeln, was nicht »über Nacht« gelang.

Dies machte die Arbeit für amerikanische Politiker, die sich einer einzigen Hauptaufgabe verschrieben haben, so schwer (und ihr politisches Leben oft so kurz), während sie die amerikanische Geschichtsschreibung so einfach gestaltet: Jede Phase der Geschichte kann unter einer einzigen Überschrift subsumiert werden, sie enthält nur leichte Varianten eines einzigen Leitmotivs.

Langeweile gilt als die ernste Gefahr, die mit steter Spannung, Unterhaltung, Überraschung unterdrückt werden muß. Langweilig ist der Kampf um die politische Führung nicht, so, wie er alle vier Jahre in Szene gesetzt wird. Er kombiniert die Reize aller beliebteren Sportarten der Amerikaner. Sie sehen in der Präsidentschaftswahl einen Wettlauf, ein Pferde-, ein Autorennen der Kandidaten, ein Ballspiel ihrer Parteien, noch besser organisiert und spannender als Baseball- und Footballspiele mit ihren plötzlichen Aktivitätsausbrüchen, die das statische Bild verändern, einen Boxkampf, bei dem die gentlemanhaften Regeln des Marquis of Queensbury selten eingehalten werden und Schläge unter den Gürtel erlaubt sind, einen Ringkampf nach den regellosen Regeln des Catch-as-catch-can, manchmal auch eine Bärenhetze – ein einstmals in Amerika beliebter Sport, bei dem ein Bär in einen Kreis von mit Stöcken und Äxten bewaffneten Männern getrieben, mit Schlägen und Stichen gereizt und verwundet wurde; je wütender der Bär, um so näher rückten ihm die Peiniger auf den Leib, bis er endlich zusammenbrach. Die Puritaner hatten diesen Sport verboten, einem Scherz zufolge nicht etwa deshalb, weil sie die grausame Mißhandlung des Bären mißbilligten, sondern weil sie den Zuschauern das königliche Amüsement neideten. Legitim bleibt dieser Sport weiterhin als Hetze eines Politikers, der sich gegen die geltenden Spielregeln vergangen hat; während er abgeschlachtet wird, muß er wenigstens, der letzten Spielregel folgend, noch eine fröhliche Miene zeigen.

Jeder Bürger kann bei diesem unterhaltsamen, sportlichen Wahlkampf mit einer Fingerbewegung die Helden zum Abtreten zwingen wie einst die Römer ihre Gladiatoren oder sie von der Galerie mit Blumensträußen bewerfen, was sein Vergnügen erhöht. Ein Spiel, bei dem er nur Zuschauer bleibt, interessiert ihn nicht besonders. Ungeachtet des Eigeninteresses eines Wählers verlangt die politische Ethik seiner Gemeinschaft seine Beteiligung als Reverenz vor dem demokratischen Prozeß, weshalb sie ihm – wie ein von der überparteilichen »Liga der Wählerinnen« weit und gratis verbreitetes Plakat – ins Gewissen ruft: »Es kommt nicht darauf an, wen du wählst, wenn du nur wählst.« (»Es kommt nicht darauf an, in welche Kirche du gehst, wenn du nur zur Kirche gehst.«) »Mag der bessere Mann gewinnen«, mit der Formel, mit der ein Ringrichter jeden Boxmeisterschaftskampf eröffnet, gehen die Amerikaner auch in den Wahlkampf.

Aber Amerikaner sind zu erfahren und verständig, um sich vorzumachen, daß ihre Stimme Gottes Stimme und der Sieger stets der bessere Mann sei. Sie wissen, daß der Kandidat mit der besseren Reklamemaschine oder »Masche« und den größeren Geldmitteln einen Vorsprung vor seinem Gegner hat; und die Theorie, nach der die größeren Mittel eben dem besseren Mann zur Verfügung gestellt werden, wird zur Fiktion, wenn dieser nur der reichere Mann ist und aus dem Familienvermögen das Trommelfeuer seiner Publizität und Organisation finanziert.

Damit beginnt erst die lange Reihe amerikanischer Reservationen: Sie ahnen, daß der beste Wahlkämpfer nicht notwendigerweise der beste Führer ist – in beiden Fällen braucht er recht verschiedene Talente, und die Wahrscheinlichkeit, der gleiche Mann habe sie im selben Maße, ist nicht überwältigend hoch. Der siegreiche Kandidat selbst erkennt dies an: Die Männer, die die eigentlichen

Ingenieure und Manager seines Wahlkampfes waren, pflegt er fast stets mit nebensächlichen Ämtern zu belohnen, weil er weiß, daß der beste Wahlkampfstratege bestenfalls einen akzeptablen Postmeister, häufiger nur einen Botschafter in einem Kleinstaat abgibt; der Parteipolitiker und der Regierungspolitiker sind entfernte Vettern ohne viel Familienähnlichkeit. Ein prominenter Kandidat wurde einmal von der Liste gestrichen, weil er zwischen zehn Uhr abends und neun Uhr vormittags sich nicht am Telefon habe sprechen lassen, was auf seine Fähigkeit zum Regieren negative Schlüsse ziehen ließ. Amerikaner geben zwar kaum jemandem ihre Stimme, weil er so fleißig im Wahlkampf von Versammlung zu Versammlung eilte und dazwischen jede erreichbare Hand schüttelte, doch vermuten sie, der Mann werde auch im Amt sein Letztes für die Gemeinschaft hergeben. Etwas komisch, oft rührend, durchaus bedeutungsvoll muß er, durch Stadt und Land rasend, überall, wo er menschliche Wesen erspäht, das heißt wo seine Gehilfen deren Anwesenheit in größeren Mengen festgestellt haben, sich jedem einzelnen mit freundschaftlicher Begrüßung vorstellen, die Hände des Volks drücken, dessen Babys küssen und dessen Speisen essen – in einem ethnisch gemischten Bezirk am gleichen Nachmittag die Pizza der Italiener, die Knackwurst der Deutschen, die Knisches der Juden, dazwischen die allamerikanischen Frankfurter und bei den wenigstens zweimal täglichen »Banketten« das unveränderlich ungenießbare Fruchtsalat-Hühnchen-Eiscreme-Menü. So erwirbt er sich die Berufskrankheiten des amerikanischen Politikers: ausgerenktes Handgelenk und verdorbenen Magen, hat aber seinen Wählern bewiesen, daß er nicht Obrigkeit ist, sondern Nachbar, und sich nicht auf Autorität stützt, sondern auf Zutrauen. Das Zeremoniell des demokratischen Prozesses ist nicht minder anstrengend, zeitraubend, ausgeklügelt als das Zeremomiell altfränkischer Höfe.

Viel weniger, was der Kandidat im Wahlkampf verheißt, als wie er sich in diesem verhält, bestimmt den Amerikaner zu seiner Stimmabgabe. Viel weniger, was eine Partei auf ihr Programm gesetzt hat, als was sie während der vorherigen vier Jahre an der Macht zuwege gebracht hat, läßt ihn entscheiden, ob er wieder fur sie oder für die Gegenpartei stimmen wird. Ob die meisten Amerikaner die meisten Erklärungen ihrer Kandidaten einigermaßen ernst nehmen, darf man bezweifeln. Sie nickten verständnisvoll, als 1941 der zuvor von Franklin D. Roosevelt geschlagene Republikaner Wendell Willkie den Vorwurf, vor der Wahl habe er sich für ganz andere Ziele eingesetzt als danach, zwinkernd beiseite wischte: Dies sei »Wahlrhetorik« gewesen. Nur der Machtlose kann sich solche Ehrlichkeit leisten, nicht die Sieger, wenn ihnen die Widersprüche ihrer Handlungen im Amt zu ihren Worten im

Kampf um dieses Amt vorgeworfen werden. Die Kandidaten Woodrow Wilson, F. D. Roosevelt, Lyndon Johnson versprachen ihrem Volk »wieder und wieder und wieder« (wie Roosevelt formulierte), sie würden keinen amerikanischen Jungen auf die Schlachtfelder des Ersten, des Zweiten, des Vietnamkrieges schicken; doch als Präsident konnten sie sich wenig daran halten, weil sie andere Aufgaben erfüllen mußten als im Wahlkampf. Die Wähler wissen, daß der Weg ins Weiße Haus mit wohltönenden und schnell gebrochenen Versprechungen gepflastert ist, doch während des Wahlkampfes versuchen sie es zu vergessen, wenn eine halbjährige Euphorie mit partiellem Gedächtnisschwund sie überkommt. Und die Mitglieder des Parteiausschusses, die die »Plattform«, Programm und Prognose des Kandidaten, schreiben, bemühen sich verzweifelt, scharfe und enge Formulierungen zu vermeiden; übrigens weiß man, daß außer speziellen Interessenten niemand diese Plattform liest, vor allem nicht der Kandidat selbst, der Wichtigeres zu tun hat, nämlich um den Sieg kämpfen.

Das Verhältnis von Amerikanern zu ihrer Partei unterscheidet sich von ihren Gefühlen für die Baseballmannschaft ihrer Wahl. Im Gegensatz zu diesen sind die Anhänger oder gar Wähler einer Partei keine »Fans« – eine amerikanische Wortbildung, die, wie man meist vergißt, eine Abkürzung von »Fanatikern« ist; mit einer Mischung von blindem Enthusiasmus und leichter Selbstironie lieben die »Fans« ihr Team durch dick und dünn, während die Parteigänger eben nur »Wähler« bleiben, vielleicht »eingeschriebene Wähler«, möglicherweise sogar »lebenslängliche Wähler«, jedenfalls aber ohne festere Bindungen, es sei denn, sie seien beruflich an die Partei gebunden; dann werden sie recht hochmütig »Party hacks« geheißen – das gleiche Wort, das auch für Droschkengäule, Prostituierte, vulgäre Langeweiler gilt. Jede Besessenheit, diese Urform des »Fanatismus«, fehlt gegenüber der Partei; auch traditionell einer Partei zuneigende regional-soziale »Blöcke« – die vorzugsweise republikanischen Farmer des Mittelwestens und Neu-Englands oder die vorzugsweise demokratischen ethnischen Minderheiten der Großstädte und demokratische Südstaatler – sagen »ihrer« Partei ade, wenn deren Kandidat oder Politik ihnen mißbehagt, wie es alle vier Jahre wieder irgendwo folgenreich geschieht.

Ich übergehe die Sonderlinge, die einer der zwei Dutzend Sonderlingsparteien – von mehreren kommunistischen und sozialistischen bis zur Prohibitionspartei – ihre Stimmen geben; ihr Fanatismus entspricht ihrer Bedeutungslosigkeit. Doch muß man sich davor hüten, sie mit jenen »Extremisten« zu verwechseln, die, ohne es zu sein, von den Gegnern als solche denunziert werden, während diese sich selbst als vernünftige und fortschrittliche Leute hinstellen. Extremismus hat einen solch schlechten Ruf in Amerika, daß mit diesem Etikett ein Charaktermörder sein Opfer politisch erledigen kann. An Zahl wie an Einfluß schwach, versuchen Extremisten dauernd, einen gefährlich starken Extremismus auf ihrer Gegenseite an die Wand zu malen, um damit die eigene Rolle zu rechtfertigen. Rechts- und linksradikale Extremisten brauchen einander, beziehen ihre Kräfte voneinander, leben voneinander. Je schriller und lauter die Warnungen gegen eine Gruppe, um so stärker wird jeweils die vor ihr warnende Gegengruppe. Gäbe es jene nicht, so müßte diese sie erfinden.

Wie sich immer wieder beobachten läßt, stimmen viele Amerikaner, die sich nicht von vornherein an eine Partei gebunden fühlen, in erster Linie gegen einen Kandidaten und aus Abneigung, Angst, Ablehnung – *faute de mieux* – für seinen Gegner; haben sie diesen Entschluß in sich reifen lassen, dann verlangt ihre Selbstachtung, einigen Enthusiasmus für den Mann ihrer Wahl aufzubringen. Der intelligente Kandidat, sein Manager, seine Redenschreiber bemühen sich deshalb eindringlicher um die Verteufelung des Rivalen als um die eigene Glorifizierung. Ganz ernst werden auch die schlimmen Denunziationen im Wahlkampf von Amerikanern selten genommen (um so ernster hingegen von vielen ausländischen Beobachtern, die sie noch als bare Münze nehmen, wenn ihre Autoren sie schon längst vergessen haben). Doch Amerikaner sind empfänglich für übertriebene Kritik; jeder kommt als Mitglied einer loyalen Opposition zur Welt, während er ungern uneingeschränkt zustimmt, weil dies (in ihm und anderen) den Verdacht erwecken würde, er beuge sich einer Autorität oder halte gar Disziplin, was beides als gleich verwerflich gälte. Der Kandidat, der den Gegner am besten herabzusetzen versteht, kann sich Selbstlob ersparen, um zu siegen.

Weder die Baseball-Teams noch die Parteien wollen den Gegner auf immerdar vernichten, im Gegenteil. Sie kämpfen nur um den nächsten Sieg, wenn die Parteigämger vor der Wahl in die Welt rufen, die Gegenpartei bestehe aus Schwachsinn, Irrsinn und Unsinn, so, wie die Fans beim Baseballspiel die gegnerische Mannschaft mit fürcherlichem Geheule verfluchen und verhöhnen. Kein Amerikaner nimmt es ernst, es gehört zum Spaß; nach dem Sieg verstummt der Lärm, die unterlegene Partei gibt ihre Waffen in der Garderobe ab und »dem Sieger seine Chance«: Die Flitterwochen beginnen, sie dauern nicht lange.

Der Trieb, die Gegenpartei zu zermalmen, könnte ja nur aufwachsen, wenn sich eine Partei als Träger der allein gültigen, richtigen, wahren Weltanschauung ausgäbe – und Weltanschauungen spielen im amerikanischen Wahlkampf selten mehr als eine fünftrangige Rolle, wenn auch die Parteien ihre Flaggen und Banner mit Weltanschauungsfetzen dekorieren. Mißtrauisch und widerwillig reagieren Amerikaner auf politische Appelle, die sich hinter einer Weltanschauung verschanzen wie in einem Schützengraben, aus dem der Gegner angegriffen wird. Solch totaler Stellungskrieg widerspricht den Ideen des Sports, in dem beide Mannschaften nach den gleichen Spielregeln für das gleiche Ziel kämpfen; sie widerspricht auch der amerikanischen Idee der Politik, in der beide Parteien nach den gleichen Geboten um die gleichen letzten Ziele ringen, wenn auch mit verschiedener Taktik und verschiedener Dringlichkeit. Dabei brauchen sie einander und setzen voraus, daß der Wähler von Zeit zu Zeit die Oppositionspartei zur Regierungspartei macht, wenn wieder »die Zeit für einen Wechsel« kommt. Auch Baseballmannschaften, die kontinuierlich gewinnen, werden bald weniger beliebt. Die Theorie des deutschen Staatsphilosophen Karl Schmitt, Politik sei die Scheidung zwischen Freund und Feind, die einander vernichten wollen, bleibt Amerikanern fremd, unverständlich, bedrohlich.

Um so weniger kann die Weltanschauung die Wähler kontrollieren, als ihre Parteien Allianzen sind, die sich aus unterschiedlichen, oft gegensätzlichen Elementen verbinden, um gemeinsam einen Anteil an der Macht zu gewinnen. Roosevelt etwa schmiedete eine demokratische Allianz aus Südstaatlern, ethnischen Minderheiten, Gewerkschaftsführern, Intellektuellen, aus Erzkonservativen und Erzreformern, die von Mitte der dreißiger Jahre bis zur Mitte der sechziger Jahre funktionierte und 1976 in Jimmy Carters Wahlkampf neu und wirksam wiederbelebt wurde. Bei den Republikanern hält ein gleich seltsames Bündnis liberalen Großbürgertums der Ostküste mit mittelwestlichen und neu-englischen Farmern die Partei am Leben. Alles ist ihnen gemeinsam, nur keine Ideologie ihrer Partei. Bei jeder Präsidentenwahl formieren sich die Parteien aufs neue und werden fast neue Parteien. Daß die Demokraten viel größere Anteile an der Politik der Veränderung für sich in Beschlag nehmen konnten, hat sie seit einer Generation zur stärkeren Partei gemacht.

»Moderne Politik ist im Grund nicht ein Kampf von Männern, sondern von Kräften«, meinte 1907 Henry Brooks Adams, Nachkomme von Präsidenten und skeptischer Aristokrat der Demokratie. Mit jedem Wahlsieg beginnen die Amerikaner ein neues Experiment von befristeter Dauer. Als nicht immer harmlose Nebenwirkung wird der Wahlkampf in Permanenz geführt. Kaum sind dessen letzte Ergebnisse verkündet, richtet der Sieger schon seine neue Politik, und der Verlierer seine neue Opposition, auf den nächsten Abstimmungstag ein. Dafür zeigen Amerikaner Verständnis, aber wenig Achtung. Es ist ein hartes Verdikt, wenn sie etwa einem Präsidenten, der lebenswichtige Entschlüsse der Innen-, Finanz-, Sozial- oder gar Außenpolitik den Wünschen seiner Wählergruppen unterordnet, vorwerfen, er »spiele Politik«. Sie gestatten dieses Spiel, ja sie erwarten es in Fragen der Machtverteilung zwischen den Kräftegruppen der Nation, wenn deren Stärke, Sicherheit, Gerechtigkeit und Freiheit wenig beschädigt wird. Doch wer wahlpolitischen Versuchungen widerstrebt und dem nationalen Interesse Vorrang gibt, dem gestehen sie widerstrebend und zögernd Größe zu. Merkwürdigerweise wurde diese Größe oft von Präsidenten bewiesen, die nach fast lebenslänglichen Lehr- und Meisterjahren in der Parteipolitik sie am wenigsten erwarten ließen.

Oft erweist sich die vermeintliche Forderung des Tages als die Versuchung des Tages. Die pragmatischen Verbesserer neigen dazu, auch das, was sich bewährt, nicht zu bewahren. Sie vergessen gar zu leicht die Vorzüge des Althergebrachten und Bestehenden. Aber trotz all ihres Optimimus setzen Amerikaner voraus, daß ihr Weg nicht ohne schmerzhafte und kostspielige Irrtümer begangen werden kann. Das ganze Land dient als Laboratorium, in dem der einzelne zugleich den Versuch unternimmt und sein Nutznießer oder Opfer wird. Leid, Mißlingen, Niederlage werden nicht als Schicksal hingenommen, sondern als Herausforderung zum erneuten, tätigen Versuch. Das Tragische leugnend, tröstet man sich mit dem unsäglich amerikanischen Satz: »Es muß schlimmer werden, damit es besser werden kann.« Und noch das furchtbarste Unglück sei, so macht ein anderer ebenso amerikanischer Ausdruck hoffen, »ein Segen in Verkleidung«. Der einzigartige politische und soziale Erfolg des Landes, das aus einer Versammlung armer Kolonien zu Macht und Reichtum dieser Welt aufstieg und beide gerecht unter seine Bürger verteilte, dieser Erfolg nimmt dem Optimismus seinen illusionären Klang: Er baut auf Erfahrungen.

Lieber begehen diese Optimisten eine Torheit, als gar nichts zu tun. Ein Fehler erscheint ihnen verzeihlicher als ein Vergehen und auch folgenfreier. Als die sozusagen amerikanischste Erfindung, als die Geheimwaffe der Amerikaner, als das Sinnbild ihrer Art erscheint der ihnen selbstverständlich dünkende Bleistift, der in einem Radiergummi endet. Was soeben notiert wurde, kann mit einer Handbewegung wieder ausgelöscht werden, um – wiederum mit derselben Bewegung – von Besserem ersetzt zu werden. Das lässige Bewußtsein, daß jeder Fehler getilgt werden könne, führt leicht zu Extremen. Die Weisheit der Vorsicht und des kühlen Abwägens gehört kaum zu den amerikanischen Nationaltugenden. In seinem Bericht über die »Jahre mit Kennedy« bemerkt der amerikanische Historiker Arthur Schlesinger, Kennedys häufige Berufung auf *prudence*, die kluge Vorsicht, habe seine katholische (im Gegensatz zur normalamerikanischen) Erziehung verraten. Die Amerikaner, die ihre Regierung kritisieren, weil sie eine Maßnahme nicht radikal genug träfe, und ihre Mitbürger, die mit gleicher Schärfe verlangen, daß jene Maßnahme überhaupt abgebrochen werde, halten sich oft an Zahl die Waage und bilden gemeinsam die Mehrheit. Die Regierung, die auf dem Mittelweg laviert, darf auf wenig sofortigen Dank der Mehrheit rechnen, erst der Erfolg gibt ihr recht.

»Eine momentane Einstellung des Krieges zwischen entgegengesetzten Prinzipien, von denen keines vorherrschen könnte«, Lord Actons Beschreibung des amerikanischen Föderalismus, erklärt auch alle anderen amerikanischen Einrichtungen, ja den *way of life* der Amerikaner selbst. Ständig stehen ihre pluralistischen Prinzipien und Gruppen miteinander in Widerstreit, ihr Waffenstillstand führt nur zu kurzfristigem Kompromiß, bis das entgegengesetzte Prinzip wieder vorstößt – *e pluribus novum*. Ein dauernder dialektischer Prozeß, wird er von der freien Gemeinschaft experimentierender Bürger betrieben, nicht von materiellen, unpersönlichen Gewalten erzwungen. Im Gegensatz zum europäischen Sprachgebrauch nennen Amerikaner jede große, auch die gewaltlose, unblutige Veränderung eine Revolution; ihre Politik, ihr *way of life* ist eine wohltätige permanente Revolution.

Während der demokratische Prozeß der Held bleibt, wundern nicht nur Ausländer, sondern die Amerikaner selbst sich immer wieder, wie dank ihm ihr System funktionieren kann, obschon es so unsystematisch, dem Zufall untertan, schlampig und verwirrt scheint und oft auch wirklich ist. Eine Maschine aus fast zweihundert Millionen ineinander verzahnter eigenwilliger Teilchen, von Zehntausenden hochkomplizierten Organisationen und Institutionen aktiviert, betrieben von Mechanikern und Managern, die oft ohne Vorbildung und Erfahrung auf Grund sozusagen berufsfremder Fähigkeiten ihre Stellung erwerben – wie kann sie fruchtbar und erfolgreich sein? Mit einem bestenfalls dilettantischen, häufig demagogischen Klischee klagen Reformer, die Amerikaner hätten es in der Entwicklung von Raumschiffen und anderen Maschinen so viel weiter gebracht als in der Entwicklung ihrer eigenen Gesellschaft, für die deshalb mehr Energie, Wagemut, Intelligenz, Investitionen eingesetzt werden müßten. Sie verstehen nicht, daß dieser politische Organismus unvergleichlich feiner konstruiert ist als die feinste Maschine. Und im Gegensatz zu ihr kann die amerikanische Ordnung keine Perfektion erreichen, da sie für Menschen mit ihren Widersprüchen und Irrtümern geschaffen ist; künstlich muß sie Spielraum für das Experiment lassen. Beruht doch der Fortschritt ihrer Ordnung selbst auf dem *Trial and Error*, auf Versuch und Irrtum, wobei der letztere bei der Jagd nach dem Neuen geradezu wünschenswert wirkt, da er von Neuem und Besserem abgelöst wird.

Nur wenn Amerikaner die Furcht ergreift, sie hätten keine Kontrolle mehr über ihre Vertreter in der Regierung, dem Parlament, den Gerichtshöfen, und ihre Institutionen seien deshalb schadhaft geworden, sehen sie eine Gefahr für ihr Gemeinwesen. Das Jahrzehnt von 1965 bis 1974 schuf die Grundlagen einer solchen Haltung. Aber zugleich blieb der Wille bestehen, nach der Krise wieder zu gesunden – ein Wille, den Präsident Jimmy Carter ausdrückte, als er in seiner Inauguralrede verkündete, er bringe keinen neuen Traum, sondern einen neuen Glauben an den alten Traum, und eine neue Hoffnung seiner Verwirklichung: stetiger Wandel, stetige Grundsätze. Die Emphase und Auslegung jedes der sechs Grundgebote der Verfassung wandelt sich mit den sozialen, politischen, wirtschaftlichen Gegebenheiten ihrer Zeit. Die Ziele bleiben die gleichen, und auch die Prinzipien: Jeder Amerikaner sieht sich persönlich verpflichtet, aber auch berechtigt, gemäß den Geboten seiner Verfassung und seines Gewissens sein Gemeinwesen zu regieren.

18 Zwischen Weltmission und Weltpolitik

Die Vision einer freien, gerechten, wohlhabenden Gemeinschaft glücklicher Nachbarn, wie sie den Alltag der Amerikaner erfüllt, wird von der Abwesenheit aller Außenpolitik verschönt. Nicht einmal im amerikanischen Sprachgebrauch ist Außenpolitik ganz daheim. Sprechen die Amerikaner von Politik, so bedeutet sie ihnen vorab ihre »häusliche Politik«, vom Kampf um die neue Abwasserleitung im Gemeinderat bis zum Wahlkampf um die Präsidentschaft der Vereinigten Staaten. Daneben hängen die »fremdländischen Beziehungen« – so wird Außenpolitik meist bezeichnet – wie ein Blinddarm, der lebenswichtige Körperteile fortsetzt, aber eigentlich überflüssig, nicht selten gereizt, oft gestört, manchmal lebensgefährlich ist. Außenpolitik berührt Amerikaner nur dann, wenn sie ihre häusliche Sicherheit und Ordnung, ihren Frieden, ihre persönlichen Rechte auf Freiheit und Fortschritt bedroht. Dem einzelnen legt sie erhöhte Steuern auf, zwingt ihn zum Militärdienst, lenkt von der Verbesserung der eigenen Gemeinschaft ab, verlangt Opfer, bedient sich vieler Methoden, die man nicht gutheißt und zu Hause nicht duldet; Außenpolitik ist eine Belastung.

Auf den ersten Blick scheint dieses amerikanische Unbehagen an der Außenpolitik in verwirrendem Gegensatz zur amerikanischen Anteilnahme am ausländischen Geschehen zu stehen. Ständig bekunden Amerikaner ihr Interesse an der Ordnung anderer Staaten und der Freiheit anderer Menschen. Als Kronzeuge höre man den Präsidenten Lyndon B. Johnson: »Unsere Nation wurde geschaffen«, verkündete er 1965, »damit sie die Ketten der Unwissenheit, der Not und der Tyrannei sprenge, wo immer sie die Menschen geringer machen, als Gott es will.« Die amerikanische Vision umgreift die Welt, wie schon vor hundert Jahren Präsident Abraham Lincoln verkündet hatte: »Unsere Sicherheit beruht auf der Erhaltung des Geistes, der die Freiheit als Erbschaft aller Menschen in allen Ländern überall preist.« Und Präsident Franklin D. Roosevelt dachte nicht viel anders, als er am 6. Januar 1941 seinem Parlament das amerikanische Leitbild vorlegte: »In der Zukunft, deren Kommen wir sichern wollen, erwarten wir eine Welt, die auf vier wesentlichen menschlichen Freiheiten beruht. Die erste ist die Freiheit der Rede und des Ausdrucks – überall in der Welt ... Die zweite ist die Freiheit jedermanns, Gott auf seine eigene Art anzubeten – überall in der Welt ... Die dritte ist die Freiheit von materieller Bedrohung – überall in der Welt ... Die vierte ist die Freiheit von Furcht – überall in der Welt ...« Damit nicht die Welt den amerikanischen Traum zum Alpdruck werden lasse, träumen Amerikaner von der Verwandlung der Welt in ein weltweites Amerika. Natürlich folgt das böse Erwachen; bald nach Roosevelts Verkündung etwa wurde jede seiner »vier Freiheiten« in den vom russischen und chinesischen Kommunismus unterworfenen Nationen, die zuvor freier und furchtloser gewesen waren, niedergestampft; aber nur einen kurzen Augenblick konnte dies die hoffnungsvolle Perspektive der Amerikaner verdunkeln, sie gehört zu ihrer Natur.

An ihre weltmissionarische Aufgabe haben Amerikaner geglaubt, seit Benjamin Franklin im ersten Jahr der amerikanischen Republik, am 1. Mai 1777, als ihr erster Pariser Gesandter seinem Freund Samuel Cooper schrieb: »Die Europäer, die unter Willkürherrschaften leben, billigen trotzdem unsere Freiheit und sehnen sich nach ihr ... Es ist hier die allgemeine Ansicht, daß unsere Sache die Sache der ganzen Menschheit ist und daß wir für deren Befreiung kämpfen, während wir die unsrige verteidigen ... Es ist eine ruhmvolle Aufgabe, die uns die Vorsehung aufgetragen hat.«

In diesem Glauben an die providentielle Mission Amerikas priesen damals die Bewohner ihre Neue Welt gelegentlich als *»God's own country«*, Gottes eigenes und liebstes Land, weil es als erstes mit jener neuen, besseren Ordnung gesegnet worden war, ehe sie auch anderswo – »überall in der Welt« – verwirklicht würde. Die calvinistisch beseelte Formel entbehrte der pharisäischen Überheblichkeit, die ihr Ausländer so oft unterlegt haben, zumeist mit jenem Ressentiment, das einem sich als auserwählt betrachtenden Volk verständlicherweise vom Rest der Menschheit entgegengebracht wird. Heute ist dieser Ausdruck in Europa erheblich geläufiger als in Amerika selbst, wo niemand ihn kennt; selbst in Barletts »Familiar Quotations«, dem amerikanischen Gegenstück von Büchmanns »Geflügelten Worten«, wird er auf 1600 engbedruckten Seiten nicht einmal erwähnt.

Der scheinbar rätselhafte Widerspruch zwischen dem brennenden amerikanischen Interesse an ausländischen Zuständen und den amerikanischen Hemmungen gegenüber eigener außenpolitischer Aktivität verschwindet in dieser weltmissionarischen Vision. Der glückhafte Fortschritt der Amerikaner im eigenen Land soll von allein als Initialzündung des Fortschritts der Welt wirken. Immer noch sind sie überzeugt, daß sie für die Befreiung aller Völker kämpfen, indem sie die ihrige verteidigen; sie zögern, ihre eigene Freiheit zu gefährden, indem sie zum Kampf in fremde Länder ziehen.

Nicht am amerikanischen Wesen soll die Welt genesen, sondern am amerikanischen Experiment, aus dessen Gelingen die Welt ihre Lehre ziehen und es nachvollziehen, wenn nicht gar nachahmen wird. Den Amerikanern stellt sich nur die Frage, was sie selbst für diesen Erfolg tun – oder auch unterlassen – müssen. So, wie sie im eigenen Land immer wieder neue Wege zu ihrem Ziel einschlagen, haben sich auch ihre Antworten auf diese Fragen mehrmals und gründlich verändert, während sich die Welt – innerhalb wie außerhalb der amerikanischen Grenzen – gewandelt hat. Nur das Unbehagen an der Außenpolitik blieb, und zugleich ihr letztes Ziel, die Freiheit und Menschenwürde – »überall in der Welt«.

Ursprünglich und lange Zeit sahen Amerikaner den besten Weg zur Weltverbesserung im weltpolitischen Unterlassen. Sie waren überzeugt, daß die Triebe, Ziele, Träume, aus denen sie ihr Land erschaffen und erkämpft hatten, auch alle anderen Völker zur gleichen Revolution führen würden. Vom Beispiel Amerikas befeuert, würden sie dann ihre Ordnung nach amerikanischem Schnittmuster erneuern, um wie Amerika den Weg des Fortschritts einzuschlagen. Wenn erst die Alte Welt ihre Ketten abgeworfen habe, werde sie sich auf gleiche Weise regieren, und so, wie sich hier die dreizehn nordamerikanischen Kolonien zur Union zusammengeschlossen hatten, würden auch die bisherigen Nationen die Vereinigten Staaten der Welt formen. Diese eine Welt, demokratisch, egalitär, gerecht und neuerungsfroh, war die Endstation auf dem Wege des Fortschritts.

Von der weltweiten Überzeugungskraft ihres amerikanischen Beispiels waren die Amerikaner überzeugt. Damit es »überall in der Welt« wie zuerst bei ihnen die Völker freier und glücklicher mache, brauchten sie selbst nur das Prinzip des Laisser-faire walten zu lassen. Es entsprach der Philosophie der Zeit: Je weniger staatliche Eingriffe, um so fruchtbarer der Fortschritt der Nationen nicht anders als der einzelnen. Dieses weltpolitische Laisser-faire der Vereinigten Staaten wurde vom gewichtigen praktischen Überlegungen getragen. George Washington und die anderen Vertreter des Landes wußten, daß die junge amerikanische Republik viel zu schwach war, um durch tätige Eingriffe in Angelegenheiten des Auslandes dessen Fortschritt voranhelfen zu können. Damit hätten sie nur ihren europäischen Feindmächten die Gelegenheit geboten, ihrerseits intervenierend den neuen überseeischen Freistaat zu besiegen, seine neue Ordnung aufzuheben, seinen Raum wieder als Kolonien zu annektieren. Isolationismus, wie ihn Amerika in seinen Kinderjahren proklamierte, war alles andere als eine Kinderkrankheit oder kindischer Autozentrismus, noch weniger aber ein ewiges Prinzip, sondern nur eine pragmatisch und historisch bedingte Phase der neuen weltrevolutionären Idee. In seiner Abschiedsbotschaft unterstrich George Washington, während er Amerikas Abwendung von den Händeln und Bündnissen der Welt empfahl, diesen provisorischen Charakter der weltpolitischen Passivität seiner neuen Nation: »Das vorherrschende Motiv ist, Zeit zu gewinnen, um unser Land zu besiedeln und seine noch jungen Einrichtungen reifen zu lassen, ununterbrochen fortschreitend bis zu jenem Maß der Stärke und Dauerhaftigkeit, die für die Beherrschung unserer eigenen Geschicke notwendig sind.« Unter dem Zwang der Verhältnisse beschieden sich die Amerikaner – bis auf weiteres – auf die »Demokratie in einem Lande«, so, wie später zu Beginn der Sowjetherrschaft die russischen Kommunisten vorübergehend sich zum »Sozialismus in einem Lande« bekannten. Aber selbst in jener isolationistischen Haltung glaubten die Amerikaner an ihre Vision, »ex America lux«; in der Zukunft, wenn der Fortschritt seine Bahn vollendet habe, werde dieses Licht eine Welt nach ihrem Vorbilde erleuchten. Darauf warteten sie voller Ungeduld und suchten beständig die Welt nach Zeichen ihrer endlichen Bekehrung ab. Wie andere frühe Besucher berichtete Tocqueville, bei Siedlern mitten im Urwald habe er genauere Kenntnisse der europäischen Politik angetroffen als bei vielen Eingeborenen Europas.

Nur Benjamin Franklin sah mit der ihm eigenen Originalität eine andere Straße zum gleichen Ziel der Weltbefreiung als Weltamerikanisierung voraus: So viele Europäer würden, angezogen von Glanz, Würde und Wohlstand Amerikas, dorthin auswandern, daß die Herrscher Europas freiwillig ihre Staaten amerikanisieren müßten, um deren völlige Entvölkerung zu verhindern.

Jedenfalls schien die amerikanische Erwartung einer demokratischen Weltrevolution keinen sie voranstoßenden Eingriff der Amerikaner in die Außenwelt zu rechtfertigen. Das Beispiel Amerikas lehrte nicht zuletzt die Notwendigkeit eines selbständigen Befreiungskampfes jeder Nation. Da das amerikanische Experiment auf der freien Übereinkunft der Bürger, die ihr Leben und Vermögen eingesetzt hatten, beruhte, müßten auch alle anderen Völker aus eigenen Stücken hingehen und desgleichen tun: Ihre Befreiung von außen her, also von Amerika erzwingen zu wollen, schien Amerikanern ein Widerspruch in sich selbst. (Zweckmäßigerweise vergaßen sie allmählich, wie wirksam auch ihre Revolution von manchen ausländischen Diplomaten, Freiwilligen und Krediten unterstützt worden war.)

Völlig unterschied sich diese amerikanische Weltrevolution mit ihrem aus politischer Notwendigkeit und ideologischer Bestätigung erzeugten Isolationismus von anderen Revolutionen. Zwar erhoben auch die französischen Revolutionäre zwölf Jahre nach den

Amerikanern den universalen Anspruch ihrer Revolution mit einer Erklärung der Menschen- und Bürgerrechte, deren Entwurf sie in der Wohnung des amerikanischen Gesandten in Paris, Thomas Jefferson, aufgesetzt hatten: »Die Nationalversammlung erklärt feierlich, daß sie die ganze Menschheit als einzige Gemeinschaft ansieht, deren einziger Zweck Friede und Wohlfahrt jedes einzelnen Mitglieds ist.« Aber bald danach schickten sie ihre »bewaffneten Missionare«, wie Robespierre die französische Revolutionstruppe nannte, und die ihnen folgenden Heere Napoleons zur Eroberung in die Welt, um die Freiheitsbäume zu pflanzen: »Und willst du nicht mein Bruder sein, so schlag' ich dir den Schädel ein.« Damit machten sie die Idee des Fortschritts zu einer nationalistischen und imperialistischen Ideologie Frankreichs, während die Amerikaner durch ihre Abstinenz sie als universelles Prinzip retteten.

George Washington war während seiner Präsidentschaft der bestgehaßte Mann des Landes; mehrfach wurde er auf der Straße fast von Lynchmobs gemordet, weil er es ablehnte, mit der bewaffneten Macht Amerikas dem gefährdeten revolutionären Frankreich zur Seite zu treten. Erst nachdem Frankreich von der Heiligen Allianz besiegt und die Französische Revolution wieder ausradiert worden war, wurde Washington als Vater des Vaterlandes gefeiert. Der Einladung, statt und nach der Französischen Revolution sich der siegreichen Allianz anzuschließen, folgten die Amerikaner ebensowenig, wie George Washington in seiner Abschiedsrede begründete: »Warum unseren eigenen Boden verlassen, um auf fremdem zu stehen? Warum sollten wir, wenn wir unser Geschick mit dem von Europa verwebten, unseren Frieden und Wohlstand in den Netzen des Ehrgeizes, der Rivalitäten, Interessen, Launen und Kapricen Europas verstricken?«

Doch ganz verstummte gegenüber dieser isolationistischen Haltung in Amerika niemals die Stimme des politischen Gewissens, die tätige Hilfe für die Weltrevolution verlangte. Man hörte ihren Protest schon, als 1820 die Griechen gegen ihren türkischen Souverän aufstanden; während manche Amerikaner von ihrem Land Waffenhilfe für die Freiheitskämpfer verlangten, wies sie der damalige Außenminister John Quincy Adams zurück: »Amerika wünscht die Freiheit und Unabhängigkeit aller, aber kämpft nur für seine eigene.« Und als im tollen Jahr 1848 endlich der von den Amerikanern ungeduldig erhoffte Augenblick gekommen schien, in dem die Völker Europas, dem amerikanischen Vorbild folgend, ihre Freiheit erklärten, forderten einige Amerikaner wieder die Unterstützung der Aufständischen, zumal da sich ihre Schwäche schnell herausstellte. Doch Amerika beschied sich mit ermunternden Reden. Seine Waffenhilfe, um die damals ungarische Freiheitskämpfer in aller Form gegen die sie niederknüppelnden habsburgischen und zaristischen Truppen baten, verweigerte es; sogar einen Antrag, zum Protest die diplomatischen Beziehungen der USA zur Donaumonarchie abzubrechen, lehnte der amerikanische Kongreß ab. Der ungarische Rebellenführer Lajos Kossuth, der selbst nach Amerika kam, um dessen Hilfe zu erbitten, wurde begeistert begrüßt, bei einem Bankett zu seinen Ehren erklärte der Außenminister Daniel Webster: »Wir werden jubeln, wenn wir unser amerikanisches Vorbild an der Donau und in den Bergen Ungarns verwirklicht sehen.« Gleichzeitig schrieb er in einem Privatbrief: »Wenn Kossuth zu mir von einer Politik amerikanischer Intervention sprechen sollte, werde ich tauber sein als eine Natter.« Genau diese Stellung nahm er ein, als die polnischen Freiheitskämpfer in ihrer Revolution gegen die russischen Herren geschlagen wurden. So leicht diese Mischung aus laut bezeigter Sympathie der Gefühle und gleichzeitig neutralem Beiseitestehen den Anschein von Heuchelei oder gar von Aufmunterung fremder Nationen zum Kampf, in dem man ihnen dann nicht beisteht, erwecken konnte, sie entsprach der Ethik politischer Verantwortung. Ehe Amerikaner andern helfen konnten, mußten sie erst sich selbst helfen und stark werden, zumal die eigene Erfahrung nie ganz die Zweifel löschte, ob man andern durch Intervention einen Gefallen leiste – zur »Lust am Selbstregieren« gehörte als Ausgangspunkt der Sieg beim Selbstbefreien.

Der pragmatische Hauptgrund für selbstgenügsame Neutralität wurde fragwürdiger, nachdem um die Wende zum 20. Jahrhundert Amerikas Stärke eindrucksvoll angewachsen war. Sie erlaubte das auswärtige Engagement, sie gebot es sogar. Das Laisser-faire war zu Ende: Wie der Staat das freie Spiel der Kräfte beschränken mußte, um mit immer häufigeren und stärkeren Eingriffen das innere Geschehen Amerikas zu lenken, so auch in der Weltpolitik.

Als die Amerikaner selbst ihre Machtmuskeln zu spüren begannen, imitierten sie zuerst – wie Halbwüchsige, die zum Mannestum erwachen – die Politik der traditionellen europäischen Großmächte mit der jener Altersstufe eigenen Täppischkeit. Aber jene halbkolonialen Vorstöße in den Süden des Kontinents, Annexionen und Besetzungen in Zentralamerika und den Philippinen, naive Nachahmungen des europäischen Imperialismus unter den Präsidenten William McKinley (1897–1901) und Theodore Roosevelt (1901–1909), wurden von vielen Amerikanern abgelehnt und bekämpft; ihr schlechtes Gewissen schlug jedesmal, wenn hundert Marinesoldaten südlich der Grenze landeten, oft genug im Interesse der Eingeborenen selbst und zum Schutz der Vereinigten Staaten. Dieses schlechte Gewissen hat sich seither nicht mehr beruhigt.

Beim Ausbruch des Ersten Weltkrieges im August 1914 bekannte sich Präsident Wilson noch einmal zur herkömmlichen Haltung, als er in seiner Botschaft an den Kongreß erklärte: »Amerika muß in Wort und Tat neutral bleiben.« Aber schon zwei Jahre später führte er sein Land in den Krieg: »Der Tag ist gekommen, an dem Amerika berechtigt ist, sein Blut und seine Macht für jene Prinzipien einzusetzen, denen es selbst seine Geburt, sein Glück, seinen Frieden verdankt.« Mit Gefühlen, die ebenso widerspruchsvoll gemischt waren wie zuvor während ihrer langen Neutralität, verwarfen jetzt die Amerikaner diese Neutralität, um tätig ins Weltgeschehen einzugreifen.

Mit dem Völkerbund, der Selbstbestimmung aller Nationen, der Demokratie in ganz Europa wurde Amerikas Friedensprogramm, wie der Chicagoer Historiker Daniel J. Boorstin beobachtete, »eine Projektion des amerikanischen Leitbildes auf Europa«. Doch Europa widerstrebte diesem amerikanischen Versuch, wie sich bei der Friedenskonferenz von Versailles schnell und schrecklich erwies; es war weder willens noch fähig, Wilsons Weltbeglükkungsplan zu akzeptieren. Schon auf dieser Konferenz selbst begann deshalb die amerikanische Ernüchterung. Man höre etwa General Tasker H. Bliss, den Militärvertreter der Vereinigten Staaten in Versailles, der in einem Brief im Juni 1919 nach Hause wetterte: »Was für eine elende Schweinerei ist hier alles! Wenn der Rest der Welt uns in Ruhe läßt, dann wird es besser sein, meine ich, wenn wir auf unserer Seite des Wassers bleiben und den Zivilisationsfunken erhalten, um die Fackel wieder anzuzünden, nachdem sie hier ganz ausgelöscht sein wird. Wenn ich jemals Illusionen hatte, so sind sie hier alle vernichtet worden.«

Der General sprach seinen Landsleuten aus dem Herzen. Nicht lange danach und zum ersten Mal in ihrer Geschichte verwarfen sie die Außenpolitik ihrer eigenen Regierung, als eine genügend starke parlamentarische Minderheit Amerikas Eintritt in den Völkerbund verhinderte. Von ihrem ersten Abenteuer tätiger Weltverbesserung in der Alten Welt waren die Amerikaner mit einem Katzenjammer nach Hause gekommen, der sie auf einige Zeit mit Ekel an allen ähnlichen Unternehmungen erfüllte. Zwei Jahrzehnte lang ergaben sie sich wieder dem alten Isolationismus, der jetzt jedoch neuer Art war; jetzt entbehrte er der Hoffnung auf den Weltfortschritt, jetzt war er überzeugt, die Alte Welt sei vergreist und zum Fortschritt unfähig, jetzt glaubten die Amerikaner stolz an die alleinige Begabung und Begnadung ihres eigenen Landes zur besseren Ordnung. Zum ersten und einzigen Mal in der Geschichte waren sie Isolationisten nicht aus Hoffnung, sondern aus Resignation. Wie ihr Wortführer, der mittelwestliche Senator George Borah, 1934 bitter erklärte, habe die Geschichte »im überbevölkerten Europa seit tausend Jahren nur immer wieder das gleiche bewirkt ... Sie hat dort die Völker nicht weiser gemacht und ihren Gemeinschaftsgeist nicht gestärkt.«

Die damals aufkommenden Meinungsumfragen bestätigten, daß die Mehrheit der Amerikaner ihm zustimmte, auch noch während sie in den Zweiten Weltkrieg getrieben wurden. Ihr altes Dilemma – Neutralität oder Weltintervention – wurde mit dem japanischen Überfall auf Pearl Harbour gegenstandslos. Als eines Vormittags der Krieg zu Ende war, wachten die Amerikaner auf und waren eine Weltmacht. Ihr Traum des Isolationismus war ausgeträumt, doch wie ein Mann, der beim Erwachen seinen letzten Traum schwer abschütteln kann, schien er immer noch wirklich und die Weltmacht ein Alpdruck.

Unter Roosevelt und seinen Nachfolgern fiel dem Land die Führung der Welt zu, wenigstens der freien Welt. Truman und Eisenhower ebenso wie Kennedy und Johnson verstanden, daß die neue Macht neue Formen der alten Weltrolle erlaubte und verlangte, wie Kennedy vor seinem Amtsantritt programmatisch umschrieb: »Die USA haben stets die Hoffnungen der Völker der Welt dargestellt. Ich hoffe, daß sie auch in Zukunft die Führung und die Vision besitzen werden, die der Welt Hoffnung bieten.« Während die neue Macht es nicht mehr erlaubte, jenseits der eigenen Grenzen die Welt ihren Lauf nehmen zu lassen, fügten sich zögernd, widerstrebend, doch ihrem idealistischen Gebot gehorchend und opferbereit, die Amerikaner in ihrer großen Mehrheit der neuen Aufgabe.

»Das amerikanische Jahrhundert«, wie der Missionarssohn, Meinungsmagnat und Multimillionär Henry R. Luce es im Februar 1941 taufte, die Ära amerikanischer Führungspolitik »überall in der Welt«, war jetzt angebrochen. Gehässig, ironisch und, sobald Amerika ein Rückschlag drohte, voller Schadenfreude verfälschten seither Amerikagegner den Inhalt dieses »amerikanischen Jahrhunderts« zu einer imperialistischen Proklamation, während doch Luce und die überwiegende Mehrheit der Amerikaner ihm einen ganz anderen Sinn gaben. In Luces eigenen Worten: »Amerika als der dynamische Mittelpunkt des sich stetig ausweitenden Unternehmungsprogramms, Amerika als Schulungszentrum tüchtiger Diener der Menschheit, Amerika als der gute Samariter, der wirklich wieder glaubt, daß Geben seliger ist als Nehmen, und Amerika als das Kraftwerk der Freiheits- und Gleichheitsideale – aus diesen Elementen kann sicherlich eine Vision des zwanzigsten Jahrhunderts geformt werden, der wir uns freudig und begeistert widmen.« Amerikaner sehen nicht Herrschaft über Fremde, sondern Dienst am Nachbarn als die Verheißung »ihres« Jahrhunderts.

Die Jahrzehnte seither illustrierten Ernst und Erfolg dieses Vorsatzes. Marshallplan und Punkt Vier und militärische, technische, wirtschaftliche Auslandshilfe ohne Unterbruch – kein Volk zuvor hat jemals die Caritas als außenpolitisches Gebot erkannt und befolgt, um die Nachbarn – alle Nationen – vor Not zu retten und ihre Freiheit zu fördern, wie die Amerikaner es in den Jahrzehnten nach dem Zweiten Weltkrieg unternahmen. Zum ersten Mal in der Weltgeschichte – und zum einzigen Mal – hat ein Volk nicht von seiner Weltmacht profitiert, sondern ihr aus dem freien Willen seiner Bürger gewaltige Opfer gebracht – eine idealistische, moralistische Weltmacht.

Den Amerikanern fiel es schwer, sich damit abzufinden, daß sie nicht mehr wie George Washingtons schwächliche neue Republik zur Selbstbescheidung begnadet waren, sondern mit ihrer neuen Stärke zur tätigen Weltteilnahme verpflichtet. Und während neue Enttäuschungen sie an dieser Pflicht zweifeln ließen, wurden sie von neuen Bedrohungen zu ihrer Erfüllung gezwungen. Im gleichen Zeitpunkt, da sie ihre neue Weltmacht entdeckten, wurde ihnen eine neue Erkenntnis eingehämmert: Die Rolle einer Nation, die, den Fortschritt der Welt verkörpernd, deren Entwicklung nach dem eigenen Vorbild erwartete, fiel ihnen nicht mehr wie bisher allein zu. Neuere Neue Welten waren entstanden; sie traten jetzt der alten Neuen Welt entgegen mit der These, Amerika und seine alte Ordnung gehörten in den Schutteimer der Geschichte, was Amerika lange Zeit selbst von den noch älteren Ordnungen Europas behauptet hatte. Wie die Amerikaner erwarteten jetzt auch die Kommunisten eine Welt nach dem eigenen Ebenbild, wobei sie mit einer Sicherheit, die sich auf den Fetisch der Wissenschaft berief, vom Endsieg ihrer Ideologie überzeugt waren. Damit war als Gegenspieler Amerikas an die Stelle der Alten Welt die neueste Neue Welt getreten.

Amerika war bereit, jede alte oder neue Idee, die sein eigenes Experiment herausforderte, hinzunehmen, um sie im freien Wettbewerb der Denkart und der Praxis erfolgreich zu überwinden. Aber dem kommunistischen Herausforderer gegenüber konnte dieser Vorsatz nicht angewandt werden; denn im Gegensatz zur amerikanischen Ideologie versuchte dieser seinen Sieg zu erzwingen: Durch Gewalttätigkeit, durch pausenlose und gnadenlose, erklärte und unerklärte, militärische, psychologische, politische Kriege mit Einsatz aller geeigneten Waffen, zu denen nach Lenins Vorschrift (in »Kinderkrankheit des Kommunismus«) der Gebrauch jeder List, Ungesetzlichkeit, Ausflucht, Verschleierung der Wahrheit gehörte, planten die Kommunisten ihr Ziel zu erreichen. Wo die Amerikaner an die Selbstbestimmung jeder Nation glaubten, lehrten und praktizierten die Kommunisten die bestimmende Führung eines berufsrevolutionären Zentrums, der »Vorhut des Proletariats«, mit der Aufgabe, sich »überall in der Welt«, wo es aussichtsreich schien, einzumischen, um zu herrschen. Dieser kommunistischen Aggressionsmacht gegenüber konnte das alte amerikanische Prinzip des weltpolitischen Laisser-faire nicht aufrechterhalten werden, weil es nicht zum Sieg der Freiheit in der freien Konkurrenz, sondern zu ihrem Selbstmord geführt hätte. Amerika mußte sich verteidigen und schwächeren Nationen bei ihrer Verteidigung beistehen. Der Weltanspruch der kommunistischen Macht verlangte den Weltwiderstand der amerikanischen Macht.

Daß mit der Herrschaft des Kommunismus die bisherige Methode der amerikanischen Außenpolitik außer Kraft gesetzt wurde, verstanden viele Amerikaner lange Zeit nicht, manche haben es nie erfaßt. Sie wähnten, jede Revolution gegen eine alte Ordnung sei vom amerikanischen Geist inspiriert und folge dessen Gesetzen; sie begrüßten »das russische Experiment«, dessen neuer Takt ihnen wie Echos der eigenen Musik klangen. Sosehr sie Unterdrückung, Verfolgung, Atheismus, Despotismus im bolschewistischen Rußland verwarfen, sie entschuldigten es doch halbherzig als »zeitweilige Wahnsinnsausbrüche, deren Ursachen in der Geschichte jahrhundertelanger Unterdrückung liegen«, wie etwa die »New York Times« 1918 beschwichtigend erklärte; hingegen meinten sie immer wieder zu entdecken, sie selbst und die Russen, auch und besonders die Kommunisten, ähnelten einander in Anlage und Anliegen. Noch 1944 beschrieb der als Sowjetexperte angesehene Sowjetpropagandist Owen Lattimore in dem unpolitischen, vielverbreiteten »National Geographic Magazine« die Konzentrationslager Sibiriens als »Kombination von Hudsons Bay Company und Tennessee Valley Authority«, zwei ehrwürdigen Meilensteinen amerikanischen Fortschritts, dessen Weg jetzt auch die Russen eingeschlagen hätten. »So, wie ich die Geschichte verstehe, ist das russische Experiment des Sozialismus kaum radikaler unter modernen Umständen, als es unsere Unabhängigkeitserklärung in den Tagen Georgs III. war«, sagte 1945 in seiner Jungfernrede ein neugewählter Senator namens William Fulbright. Daß dieses russische Experiment die Gegenziele der amerikanischen Unabhängigkeitserklärung verfolgte, schien ihm nicht der Rede wert. Weite Kreise der öffentlichen Meinung Amerikas, in den ersten Nachkriegsjahren ihre Mehrheit, vorab ihre nach Ausbildung und Sozialstellungen gehobenen Schichten und ihre Intellektuellen, stimmten ihm voll zu. In ihren Augen war Lenin ein neuer Lincoln, die Mitglieder des Politbüros der Kommunistischen Partei der Sowjetunion gottes- und fortschrittsgläubige demokratische Parteifunktionäre und Antikommunismus ein Ausdruck reaktionärer, wenn nicht faschistischer Obsession.

Und die Kommunisten förderten diese Selbsttäuschung, sobald ihre Führer den guten Willen Amerikas zu ihrer eigenen Konsolidierung und Stärkung benötigten. Ehe sie zum neuen Vorstoß ausholten, brauchten sie nur durch ihre Propagandisten das Bild zunehmender »Liberalisierung« und »Demokratisierung« ihres Staats auf die amerikanische Leinwand malen zu lassen – so Lenin während der NEP-Periode der frühen zwanziger Jahre, Stalin während des Zweiten Weltkriegs, Chruschtschow und seine Nachfolger in der Periode der »friedlichen Koexistenz« und der Entspannungspolitik. Niemals verfehlten sie ihre Wirkkraft auf viele Amerikaner mit ihrer unweigerlichen Bereitschaft, an »Wandlung« – gleichbedeutend mit Wandlung zum Besseren – zu glauben, bis dann neue kommunistische Vorstöße sie zum neuen Widerstand zwangen, von der Verteidigung Griechenlands, der Türkei, West-Berlins und Koreas unter Truman, Libanons unter Eisenhower, der Dominikanischen Republik unter Johnson, Südostasiens unter Kennedy, Johnson und Nixon. Doch bei den Aufständen in Ostdeutschland 1953 und Ungarn 1956 behielt das alte Prinzip der Nichtintervention trotz aller Sympathien die Oberhand, wenn auch die Begründung modernisiert war: Wollte man hundert Jahre vorher die eigene Existenz vor fremden Mächten bewahren, so jetzt vor deren Atombomben; auch der Prioritätsanspruch des inneren – sozialen und wirtschaftlichen – Fortschritts Amerikas vor seinem Weltengagement wurde immer noch geltend gemacht: Besonders in den Debatten um den Vietnamkrieg plädierten viele seiner Gegner nicht zuletzt deshalb für seinen Abbruch, weil, wie sie sagten, die ihm zukommenden Energien dem Aufbau der »Großen Gesellschaft« im eigenen Haus verlorengingen. Präsident Johnson selbst hatte sein Amt angetreten mit der Hoffnung, in außenpolitischer Waffenruhe sich ganz diesem inneren Fortschritt widmen zu können; doch seine kommunistischen Gegner und sein gesunder Instinkt zwangen ihn in die Weltpolitik.

Nicht nur die kommunistische Welt, der Großteil der Welt reagierte anders auf das amerikanische Experiment, als die Amerikaner erwartet hatten. Ihr ursprünglicher weltpolitischer Optimismus wurde weiterhin enttäuscht, als sich ihre Hoffnung nicht erfüllte, sie brauchten nur anderen Völkern zu helfen, um sie auf den Weg des eigenen Fortschritts zu führen und mit den neuen Weggenossen zum gemeinsamen gleichen Ziel fortschreiten zu können. Diese Enttäuschung erlebten sie »überall in der Welt« – im alten Europa nicht anders als in dessen einstigen Kolonien, die man jetzt neue Nationen, Entwicklungsländer, die dritte Welt zu nennen liebte. Weil Amerika durch seine Unabhängigkeitserklärung von der britischen Kolonialmacht gegründet worden war, unterstellte es, daß alle für unabhängig erklärten Kolonien genau die gleiche Entwicklung einschlagen würden wie Amerika. Seit Roosevelt wurde darum deren Loslösung von den mit Amerika verbündeten europäischen Kolonialmächten energisch betrieben. Aber die Amerikaner mußten eines Tages erkennen, daß die Unabhängigkeit jener Gebiete nicht notwendigerweise Demokratien amerikanischen Typs erschuf, sondern viel öfter zu neuen Diktaturen, zu neuen Selbstbestimmungsausbrüchen und territorialen Absonderungen, zu wirtschaftlichem Rückschritt, zu Angriffskriegen gegen Nachbarnationen und Verfolgungen von Minderheiten führte. Ihnen fehlten die geistigen, sozialen, wirtschaftlichen Nährböden des amerikanischen Vorbilds, das sich weder exportieren noch imitieren ließ.

Zwar wurde die Hoffnung nicht betrogen, amerikanische Hilfe befähige die Europäer zur Selbsthilfe, aber gerade deren Erfolg erzeugte unter General de Gaulle als Führer und Symbol einen neuen europäischen Nationalismus, der gegen die »Amerikanisierung« seines Kontinents protestierte; da sich viele jener europäischen Ressentiments und Widersprüche nicht so sehr gegen die amerikanische Ordnung als gegen die moderne technisierte Massengesellschaft wehrten, waren sie an den falschen Adressaten gerichtet. Daß selbst aus den europäischen Schlüsselparolen – Wieder! Weiterhin! Immer noch! – die Lust am Neuen klingen und Neues gewonnen werden konnte, ging der amerikanischen Denkweise schwer ein.

Zwischen Weltmission und Weltpolitik stießen die Amerikaner beständig auf schmerzhafte Konflikte. Die Weltpolitik verlangt Verbündete, mit denen eine zeitweilige Interessengemeinschaft besteht, die Weltmission Jünger, die, den Geboten des Glaubens nacheifernd, dessen Ordnung verwirklichen. Deshalb prüfen Amerikaner die innere Ordnung fremder Nationen mit einem Interesse, das gelegentlich zur fixen Idee ausartet. Überzeugt, daß die Demokratie amerikanischer Art zu Frieden und Freundschaft zwischen den Völkern führt, neigen sie dazu, ihre eigene Freundschaft und Friedensbereitschaft nur jenen Völkern zuteil werden zu lassen, deren innere Ordnung ihrer eigenen möglichst weitgehend ähnelt. Früher, vor dem Eintritt Amerikas in die aktive Weltpolitik, hatte dieser Glaube nur ihre Sympathien für andere Völker bestimmt. Aber wenn deshalb etwa während des ganzen 19. Jahrhunderts die Neigungen der Amerikaner zu Frankreich und Deutschland je nach deren jeweiligem inneren Regime, das bald im einen, bald im anderen Land wieder dem amerikanischen Vorbild zuzusteuern schien, schwankten, blieb dies doch harmlos: Man lebte seine Gefühle nur in Leitartikeln aus.

Nach dem Zweiten Weltkrieg führte die innenpolitische Bewertung anderer Völker zu ernsteren Folgen: Jetzt ging es nicht mehr um Sympathie, sondern um Diplomatie und Strategie. Als Angehörige einer Weltmacht hatten Amerikaner zu prüfen, ob Freundschaft mit einer fremden Nation im eigenen nationalen Interesse läge; ob diese fremde Nation der eigenen ähnlich regiert werde, gehörte auf ein anderes Blatt. Aber die Amerikaner schwankten zwischen beiden Richtlinien. Zwischen einer Priorität moralischer Gebote in der Haltung zu fremden Staaten und einer Priorität des nationalen Interesses in der Außenpolitik ging ein steter Kampf, in dem nicht selten der Kongreß als Stimme der Moral die Realpolitik der Regierung zu blockieren suchte, manchmal mit Erfolg. Immer wieder wurden und werden fremde Regierungen, die eine positive Rolle für Amerikas Sicherheit spielten und Amerika in der Welt unterstützten, im Innern aber auf einer keineswegs demokratischen Ordnung nach amerikanischem Geschmack beruhten, als Gegner behandelt oder ihnen zumindest eine eiskalte Schulter gezeigt. Wurde damit dort auch keine amerikanische Demokratie geboren, so doch die Bündnisstärke Amerikas spürbar geschwächt. Vor dem Vorwurf, mit »reaktionären« Regimes verbündet zu sein, haben Amerikaner die gleiche Höllenangst wie vor der Anklage, »fortschrittliche« Regimes zu befeinden.

Auch fällt Amerikanern das Verständnis dafür schwer, daß nicht alle »fortschrittlichen« Regimes proamerikanisch noch alle »reaktionären« Regimes antiamerikanisch sind. Weil sich Henry Kissinger, dessen Weltbild von den großen Realpolitikern Europas geformt war, als Nixons und Fords Außenminister, ebenso wie Eisenhowers Außenminister, der trockene Anwalt der Moral, John Foster Dulles und Trumans Außenminister Dean Acheson, ein witziger Grandseigneur britischer Tradition – zwei Staatsmänner, die sich im Lebensstil stärker unterschieden als in ihrer kritischen Weltansicht und ihrem bedeutenden Talent –, bemühten, fremde Staaten zu stützen, wenn es strategisch oder diplomatisch im nationalen Interesse Amerikas lag, wurden sie bitter kritisiert: Ein großer Teil des Volkes war noch nicht zur Weltpolitik bereit.

Die Innenpolitik kommt in Amerika zuerst und behält Vorrang, auch wenn die Außenpolitik unvermeidlich wird. Lyndon Johnson, dieser ungemein amerikanische (und deshalb Intellektuellen wie Ausländern oft antipathische) Amerikaner, ließ daran keinen Zweifel, nachdem er, zum Präsidenten gewählt, im November 1964 sein Programm vorlegte: »Erst muß ich beweisen, daß ich meine eigene Nation führen kann, bevor ich die Welt führen kann.« Knapp zwei Jahre später, am 26. August 1966, präzisierte er, »daß unsere Außenpolitik stets eine Ausdehnung unserer Innenpolitik sein muß. Unser sicherster Wegweiser zu dem, was wir im Ausland tun müssen, ist immer das, was wir zu Hause tun.« Die Tradition Amerikas, die, wie wir sahen, im Gegensatz zur Alten Welt von seinem Experiment im Innern bestimmt wird, wirkt weiter. Jimmy Carter unterstrich jene traditionellen amerikanischen Prioritäten der Innenpolitik ebenso wie der Moral, als er in seiner Antrittsrede als neuer Präsident – wie oft zuvor schon – proklamierte: »Unsere Nation kann im Ausland nur stark sein, wenn sie zu Hause stark ist, und wir wissen, daß der beste Weg zur Erweiterung der Freiheit in anderen Ländern darin besteht, hier im eigenen Land zu beweisen, daß unser demokratisches System der Nacheiferung wert ist.« Und dann fuhr er fort: »Wir werden uns in fremden Ländern so betragen, daß wir dort keine der bei uns zu Hause gültigen Regeln und Wertmaßstäbe verletzen werden.«

Da im amerikanischen Denken die Außenpolitik die Innenpolitik nur verlängert, trachtet man beide mit gleichen Mitteln zu betreiben, als seien beide denselben Gesetzen untertan und denselben Zielen dienstbar. Dies führt zu Widersprüchen, an denen die Beziehung der Amerikaner zur Welt leidet.

Zwischen der traditionellen amerikanischen Ideologie und den Geboten der Machtpolitik lassen sich nur Notbrücken schlagen, über die die Diplomaten voran- und wieder zurücktänzeln müssen; lebenslänglich bedroht sie die Gefahr des Absturzes in die Tiefen der öffentlichen Meinung. Der Einsatz der eigenen Macht gilt immer noch als etwas unmoralisch und deshalb unamerikanisch.

Auch damit übertragen die Amerikaner ihre häusliche Haltung auf die Weltebene. Im Innern hatten sie ja von Anfang an ihr Experiment darauf angelegt, die Macht der Regierung, der Volksvertreter, einzelner Gruppen zu beschränken und durch sorgfältig ausgeklügelte »checks and balances« Gegengewichte zu schaffen, damit keine Vormacht oder gar Übermacht entstehe. So schlecht war der Ruf der Macht, daß er an ihr auch haftenblieb, sobald sie im internationalen Bereich ihr »häßliches Haupt erhob«. Eine Vor- oder gar Übermacht Amerikas in der Welt, so notwendig und natürlich sie auch sein mochte, empfanden sie als sündhaft.

Wie wenig Amerikaner von ihr hielten und wissen wollten, zeigt sich am Gegenbeispiel europäischer Denker; mit der Kategorie der Macht vertraut, hatten sie die kommende amerikanische Weltmachtrolle schon zu einer Zeit vorausgesehen, als sie niemand in Amerika sich auch nur ahnen ließ. Der zu Unrecht vergessene deutsche Baron Friedrich Melchior Grimm (1723–1807), ein politischer Freund und amouröser Rivale Diderots und Rousseaus, der aus dem Pariser Exil Briefe – eigentlich *newsletters* – an die gekrönten Häupter Europas über die politischen und literarischen Zeittendenzen ausschickte, ahnte sie als erster, als er 1790 an die Zarin Katharina die Große schrieb: »Zwei Reiche werden alle Vorteile des Geistes, der Wissenschaften, Künste, Waffen und Industrie unter sich teilen: Rußland auf der östlichen Seite und Amerika, in unseren Tagen frei geworden, auf der westlichen...«

1835, zu einer Zeit also, da die Amerikaner noch gänzlich mit dem Aufbau des eigenen Hauses befaßt und an einer Weltrolle wenig interessiert waren, sah in scharfem Brennpunkt Tocqueville voraus, daß »zwei große Mächte gleichzeitig aus dem Dunkel der Zeiten hervortreten und auf das gleiche Ziel hinmarschieren werden«: »Ich spreche von den Russen und den Nordamerikanern. Das Hauptwerkzeug des einen ist die Freiheit, das des anderen die Knechtschaft. Ihr Ausgangspunkt ist verschieden, ihre Bahn ist nicht die gleiche, und doch scheint jedem von ihnen Gott die halbe Erdkugel beschieden zu haben.«

Mit der eigentümlichen Theorie, »der Weltgang des Menschen gehe von Osten nach Westen«, sagte 1856 der Vorgänger aller Toynbees und Spenglers, Ernst von Lascaulx, in seinem »Neuen Versuch einer alten auf die Wahrheit der Tatsachen gegründeten Philosophie der Geschichte« die Verlagerung aller kulturellen und politischen Macht von Europa auf die Neue Welt Amerikas voraus. Der Gedanke von Amerikas kommender Macht lag in der Luft, nur nicht in der amerikanischen.

»Sie haben niemals genügend vorausgesehen, wie enorm reich an Mitteln und Menschen Sie sein werden!« rief den Amerikanern noch am 23. März 1914 James Bryce zu, nachdem er sie eine Generation lang in ihrem Lande beobachtet hatte.

Selbst die besten Propheten behalten nie ganz recht. In den Großmachtkategorien ihrer Zeit befangen, konnten die europäischen Propheten amerikanischer Macht nicht den globalen Expansionsdrang und Totalitätsanspruch ideologischer Weltmächte vorausahnen. Und diesen war jene den europäischen Machtdenkern vorschwebende traditionsgemäße Teilung der Interessensphären in friedlicher Koexistenz nicht möglich, wenn auch Amerika sie ehrlich erhoffte: Sie hätte seine eigene Macht beschnitten und balanciert. Die Bereitschaft, sich in die Weltmacht mit fremden Partnern zu teilen, die Welt in stabile Machtsphären aufzuteilen, ein globales Gleichgewicht der Kräfte zu schaffen, machte sich seit dem Zweiten Weltkrieg immer wieder, und nicht immer schüchtern, in der amerikanischen Diplomatie bemerkbar: Solche Ziele schienen moralischer als die eigene Vormacht.

Wissen die Amerikaner heute auch, daß sie eine ungeheuere Macht besitzen, so zögern sie, diese einzusetzen, geschweige denn, wie eine Weltmacht zu handeln. Die scharfe Scheidung zwischen individueller Moral und staatlicher Realpolitik, wie sie die europäische Geschichte vervollkommnet hat, ist Amerikanern fremd und verhaßt in Beziehungen mit dem Ausland genau wie im demokratischen Prozeß zu Hause. Umgekehrt erregen sie mit ihrem Missionsidealismus im Ausland, das niemals seine Machtpolitik moralisch zu begründen trachtete, den Verdacht hypokritischer Tarnung: Die fremde Welt sucht versteckte selbstische Hintergedanken eines vermeintlichen Heuchlers, während Amerika zu seinem Unglück nur zu ehrlich zu sein pflegt. Deshalb stößt der amerikanische Idealismus, während er mit seinen grenzenlosen Hilfsleistungen und seinem überquellenden guten Willen tätig in die Welt eingreift, auf Mißtrauen, dessen Intensität mit wachsenden Opfern Amerikas sich verstärkt. Und die Verdächtigungen wuchern noch wilder, wenn Amerikaner nicht nur mit finanziellen, sondern auch mit militärischen Opfern zur Hilfe für fremde Nationen ausziehen. In jedem Fall sucht die Welt nach heimlichen Motiven imperialistischer Machterweiterung – Absatzmärkte, Flottenstützpunkte, neokolonialistische Annexionen –, was in ausländischen Ohren, die in ihrer Vergangenheit daran gewöhnt waren, überzeugend klingt. Amerikanern hört sich dies alles wie Phantasie oder Verleumdung an, was es auch ist. Für ihre Weltpolitik gibt es keinen Präzedenzfall, sowenig wie einst für die innere Ordnung ihres Landes.

Amerikaner können keinen Willen zur Macht in der Welt kennen: Sie unterstellen, daß alle Nationen Nachbarn seien, nach den Regeln amerikanischer Gutnachbarlichkeit handelnd und zu behandeln – eine zweite Täuschung, die sich aus der Übertragung innenpolitischer Bilder und Regeln auf die Welt ergibt. Aus der religiös begründeten Wahrheit, daß alle Menschen »gleich geschaffen sind«, und aus der Erfahrung der amerikanischen Gemeinschaft, daß ihre meisten Mitbürger sich in Denkart, Ethik und Verhaltensweise ähneln, ziehen sie den politisch verhängnisvollen Schluß, jedermann »überall in der Welt« gleiche ihnen selbst.

Wo trotzdem tiefe Unterschiede in den politischen Zielsetzungen fremder Nationen nicht geleugnet werden können, erklären Amerikaner sie als Folgen unbewältigter Vergangenheit, materieller Mängel, unvollkommener Regierungsformen und Schulsysteme. Deshalb sind sie bereit, auch ihre Gegner zu behandeln, als seien sie ihre Freunde, damit sie sich am Ende dank dieser Freundwilligkeit und amerikanisch finanzierter Aufklärung in gute Nachbarn verwandeln. Amerikaner brennen geradezu darauf, den Fremden, auch wenn er sich als ihr Feind bekannte, mit gutem Willen und weit ausgestreckter Hand zu begrüßen. Bald, so erwarten sie, wird sich sein herzliches Wesen unter der rauhen Schale durchsetzen. Er muß ihnen schon sein Messer auf die Brust drücken, ehe sie dem Verdacht Glauben schenken, er sei anders als sie selbst, kein *regular fellow*, ein böser Nachbar. Um den Störenfried zum friedlichen Nachbarn zu machen, gilt es nur, wie Amerikaner meinen, ihm Erziehung (oder Wiedererziehung) zuteil werden zu lassen, seinen Wohlstand zu fördern, neuestens, den Sozial-Freudianismus als weltpolitisches Werkzeug benutzend, durch liebevolle Wärme ihm ein Gefühl der »Sicherheit« zu verschaffen und, wie der ungemein amerikanische William James gelehrt hatte, seinen Angriffstrieb friedlichem Aufbau nutzbar zu machen, indem man den Kampf zum Wettbewerb, ja zum Sport veredelt.

Das Leitbild der amerikanischen Suburbia wird auf den Globus gepaust. Dann sieht es so aus, als ob zwischen Nationen nur Zäune, nicht Mauern stünden und als ob die Welt eine »Gemeinschaft der Nationen« sei, wie Suburbia einig in ihren Zielen. Während die Welt, wie Suburbia in Republikaner und Demokraten, in zwei (oder mehr) »Lager« geteilt ist, gilt zwischen ihnen keine Feindschaft, sondern gelten die internationalen Spielregeln – eine Illusion, die selbst von zahlreichen und kostspieligen, das Gegenteil beweisenden Erfahrungen nicht ganz ausgelöscht wird.

Weil die Politik zu Hause dem Votum der Mehrheit untertan ist, wähnen die Amerikaner, die »internationale Politik müsse die Zustimmung der Weltmeinung« gewinnen, der zu Ehren ja schon die eigene Unabhängigkeitserklärung redigiert worden war. Oft gegen die eigenen Interessen, manchmal fast servil, versuchen sie ihre Weltpolitik in Einklang mit dieser Weltmeinung zu bringen, die sich doch schnell nur als die Meinung winziger Gruppen erweist. Aber wie in dem Saloon, der Cocktailparty, der eigenen Nachbarschaft verspürt man auch unter den Nationen das oft verspottete, manchmal rührende, schwer zu überwindende Bedürfnis, »populär«, beliebt zu sein; deshalb das Entsetzen, wenn man auf jenen »Antiamerikanismus« stößt, der mit subtiler Überheblichkeit oder brutaler Aggression und Zerstörung der amerikanischen Einrichtungen die Schwierigkeiten guter Nachbarschaft in der Welt artikuliert.

Amerikaner sind schlechte Hasser; das einzige Volk, das sie jemals haßten, waren die Briten, denen im ersten halben Jahrhundert der USA die Rolle des Erbfeindes zugefallen war; sie wich ein Jahrhundert später dem Gegenteil, als die »Hände über den Ozean« eine *special relationship* einleiteten, weil »Blut dicker als Wasser« sei. Trotz des gewaltigen, auf Hochtouren laufenden amtlichen Propagandaapparats wurde während des Zweiten Weltkrieges Haß gegen den deutschen Feind nur bei Minderheiten erzeugt, wie die Lenker der Propaganda beklagten und die Meinungsumfragen bestätigten. Das gleiche galt später gegenüber den vom Kommunismus beherrschten Völkern. Einen Augenblick lang können amerikanische Emotionen fast bis zur Hysterie aufgepeitscht werden, aber eben doch nur einen kurzen Augenblick lang; auf diesem Gebiet ist die Aufmerksamkeitsspanne der Amerikaner noch kürzer als in anderen öffentlichen Bereichen; in der Weltpolitik erscheint ein Krieg zuerst als Kreuzzug, aber bald vermindert er sich zu einem »Job, mit dem man schnellstens fertig werden will«.

Der Kampf erscheint Amerikanern als letzte Zuflucht, die wie in der inneren Ordnung auch in der Weltpolitik prinzipiell abgelehnt wird, weil ihr Gebrauch nur beweist, daß die friedliche Lösung eines »Problems« durch Experiment und Kompromiß vorübergehend mißlang. Der ewige Friede als Ordnung einer Welt, deren Staaten sich verhalten wie Amerikaner zueinander, gilt Amerikanern nicht als Utopie.

Als Held eines der beliebtesten amerikanischen Kinderbücher wirkt der Bulle Ferdinand wie ein Symbol amerikanischer Weltpolitik. Wie jedes amerikanische Kind verwundert und vergnügt erfahren hat, zeichnet er sich durch seine gewaltige Friedlichkeit und Freundlichkeit aus; anders, als es sich eigentlich für Riesentiere seiner Art gehört, läßt er sich von kleinen Quälgeistern und Tunichtguten im Tierreich alles gefallen und lächelt nur dazu. Bis jene eines Tages zu weit gehen, ihm die Geduld reißt und er sie mit gewaltigen Prankenhieben wegwischt. Die Deutschen im Ersten Weltkrieg, die Nazis im Zweiten Weltkrieg, Stalin in den Nachkriegsjahren, dann die rotchinesischen Machthaber – sie alle haben die Erzählung vom Bullen Ferdinand nicht gelesen und hätten sie auch kaum verstanden, jedenfalls nicht beherzigt. Lieber zählten sie auf die friedwillige Trägheit des amerikanischen »Papiertigers«, der erst und endlich zur Gewalt greift, nachdem der letzte Zweifel beseitigt ist, daß auch der Frömmste nicht in Frieden leben kann, wenn es dem bösen Nachbarn nicht gefällt. Dann tritt er in den Krieg: Im Interesse, so heißt es, während er noch andauert, eines dauerhaften und gerechten Friedens. Auch im Krieg wollen Amerikaner den Feind nicht vernichten, sondern nur befreien, erziehen, bessern.

Dem entspricht die ungemein amerikanische Theorie des begrenzten Krieges. Niemals, so lehrt sie, dürfe der Feind schwerer geschlagen werden, als unbedingt notwendig sei, um eine klare und gegenwärtige Bedrohung auszuschalten; Aufgabe der amerikanischen Strategie als amerikanischer Politik mit anderen Mitteln sei es, jederzeit dem Feind einen Ausweg zu schaffen, auf dem er sein Gesicht wahren, seine Feindschaft beenden, zum Gleichgewicht in Frieden und Freundschaft zurückfinden könne.

Als Amerika zum ersten Mal tätig in die Weltpolitik marschierte, wurde dieses Ziel zuerst postuliert. Wilson, der den Krieg erklärte, um die Welt »sicher für Demokratie« zu machen, rief zuvor (am 22. Januar 1917) und danach nach einem »Frieden ohne Sieg«; denn »Sieg würde einen dem Verlierer aufgezwungenen Frieden bedeuten«, und Wilson wollte die Samen künftiger Konflikte, wie sie ein Siegfrieden bringt, nicht legen, auch wenn er die älteren Mächte Europas weder überzeugen noch führen konnte. Im

Grunde sollte die Welt sicher für einen neuen amerikanischen Isolationismus gemacht werden, aber nur der Isolationismus erwies sich als unsicher für Amerika.

Truman im Koreakrieg, Kennedy in der Kubakrise, seine beiden Nachfolger im Vietnamkrieg handelten getreu dieser Doktrin des begrenzten Krieges. Die – unamerikanische – Ausnahme erlebte man im Zweiten Weltkrieg. Auch er wurde zu Beginn nur geführt, um die Naziherrschaft zu stürzen und die Nachbarn vor ihrer Vormacht zu retten, doch als gegen sein Ende der Kampf den Deutschen überhaupt erklärt wurde, war dies bei der großen Mehrheit der Amerikaner sowenig populär wie der dieses Kriegsziel zur Friedensordnung fortsetzende Morgenthauplan; wie später bekannt wurde, war er nicht aus amerikanischer Denkweise geboren, seine Autoren waren geheime kommunistische Agenten wie Harry Dexter White, der seinem nicht besonders gescheiten Chef, dem Finanzminister Henry Morgenthau, seinen Plan made in Moskau zur Unterschrift vorgelegt hatte. Die kurze, unglückliche Geschichte des Morgenthauplans war in weniger als einem Jahr abgeschlossen; die Mehrheit der Amerikaner billigte und duldete ihn nicht, und ihre Politiker folgten dem volkstümlichen Widerwillen, indem sie zu einer freundnachbarlichen Politik umschwenkten.

In jedem anderen Krieg, den die Amerikaner bisher führten, beschränkte sich die Opposition im eigenen Land nicht wie im Zweiten Weltkrieg nur auf leisen Widerspruch gegen Kriegsziele, sondern auf lärmenden Protest gegen den Krieg selbst. Im Krieg gegen England 1812, im Mexikanischen Krieg 1846, im Spanisch-Amerikanischen Krieg 1898, im Ersten Weltkrieg – jeder der sie führenden Präsidenten wurde von starken Volksteilen gehaßt, lächerlich gemacht, beschimpft; jeder dieser Kriege wurde als Verbrechen gegen die amerikanische Idee und als von vornherein verlorene Sache denunziert; die Friedensdemonstranten tobten durch die Straßen; man nannte sie »Mobs«, und so benahmen sie sich auch. Daß Amerika seinen Krieg in Vietnam verlor – der erste verlorene Krieg seiner Geschichte –, war zum Gutteil – wenn auch keineswegs allein oder auch nur vorwiegend – das Werk der Protestdemonstranten, die gemeinsam mit vielen Massenmedien den Durchhaltewillen des Landes schwächten, bis er brach.

Wenn die Amerikaner voraussetzen, daß auch das feindliche Volk im Innersten zur guten Nachbarlichkeit geneigt und bereit ist, überkommt sie manchmal eine gewisse Konfusion: Einerseits, so haben sie gelernt, entspricht eine Regierung und deren Politik dem Willen des Volkes, das deshalb für jene verantwortlich gemacht wird. Andererseits glauben sie, daß Regierungen, wie einstmals der britische König Georg III. in seinen amerikanischen Kolonien oder heute hin und wieder Gangster und Gauner in ihren eigenen

Stadtverwaltungen, die friedliche und freie Gesinnung ihres Volkes unterdrücken; sie brauchen nur beseitigt zu werden, damit sich die Demokratie durchsetzen wird. Zwischen beiden Ansichten hin und her geworfen, entscheiden sich die Amerikaner am Ende doch weithin für die zweite, optimistische Vorstellung, die ihre eigene innere Erfahrung verallgemeinert: Eine Reform oder Revolution an der Spitze, und das Volk wird seine Treue zur Demokratie ohne Fehl und Tadel an den Tag legen. Dabei wollen sie helfen. Deshalb fällt Amerikanern das Kämpfen leichter als das Hassen und Zerstören.

Da die Amerikaner eine große weltpolitische Konzeption weder haben noch haben wollen und da sie nach Möglichkeit innere Unternehmungen den auswärtigen vorziehen, bleibt das Gesetz des Handelns beim Gegner. Erst wenn dieser sich allzuweit vorwagt, weil er keinen amerikanischen Widerstand angetroffen hat und keinen erwartet, schafft er die Krise, die das amerikanische Interesse erregt und die amerikanische Reaktion erzwingt: Pragmatisch und experimentell will diese nur die Forderung des Tages erfüllen. Erst angesichts einer Krise wird die Notwendigkeit außenpolitischen Handelns in den Augen der Amerikaner sichtbar; ohne Krisenbewußtsein ziehen sie vor, die Dinge ihren Lauf nehmen zu lassen, ohne einzugreifen.

Weltpolitik wird damit zum Krisenmanagement der Fachleute, denen die Amerikaner jenes Geschäft weithin überlassen. Trotzdem ist das Schlagwort von der demokratischen Außenpolitik kein leeres Wort; jeder amerikanische Staatsmann muß damit rechnen, daß seine Mitbürger ihm vorwerfen, er habe eine Krise entstehen lassen oder sie nicht zu meistern verstanden, was seine politische Karriere beenden und seine Pläne über den Haufen werfen kann. Vorsichtig muß er sich durch das Kreuzfeuer der verschiedenen Interessen-, ethnischen, Meinungsgruppen schlängeln, auch wenn er ihren Wünschen entgegenhandelt. Ist seine Politik wenig populär, dann verleugnet er sie oft bis zum nächsten Wahlgang, um sie in der folgenden vollen Amtsperiode – angesichts »neuer« Notwendigkeiten, die er erst schafft oder als solche vorstellt – um so wirksamer verfolgen zu können. Niemals darf der amerikanische Staatsmann sein Auge lang und gänzlich von dem Rückspiegel abwenden, vom Blick auf die ihm folgende öffentliche Meinung, wenn er nicht von ihr überfahren oder allein gelassen werden will; sein politisches Fahrtempo hängt von der Volksstimmung ab, seine politische Richtung kann er nicht gegen jene durchhalten; der politische Opportunist folgt der öffentlichen Meinung, der politische Führer gewinnt sie für sich, indem er sie überzeugt, wenn er sie nicht durch selbstgeschaffene neue Tatsachen oder durch definitive

Erfolge verändert. Gelingt ihm dies nicht, dann wird er von ihr weggespült und bleibt nur der Held eines »Profile in Courage« (John F. Kennedy, deutsch: »Zivilcourage«), das ein weniger tapferer und politisch geschickterer Nachfolger über ihn schreiben mag.

Aus der traditionellen Haltung des Isolationismus und der neueren Bestimmung der Weltmacht formen sich die zwei Seelen, die, ach, in jeder amerikanischen Brust walten. Beide befolgen moralische Gebote. Der isolationistische Impuls verlangt immer noch, daß Amerika vor allem seine heimische Ordnung verbessere, um der Welt als Beispiel zu dienen: »Ein jeder kehr' vor seiner Tür, rein wird das ganze Stadtquartier.« Es sei unmoralisch, für die Freiheit der Welt zu kämpfen, solange im eigenen Land auch nur der geringste Makel bleibe, wie die neuen Isolationisten erklären. Es sei unmoralisch, nicht mit der eigenen Macht und den eigenen Mitteln den Nächsten, den anderen Völkern, bei der Verteidigung ihrer Freiheit zu helfen, erwidern ihnen die Interventionisten: Die Welt könne nicht halbfrei, halbversklavt bleiben, sowenig wie die Vereinigten Staaten, als mit dieser Begründung Lincoln den Bürgerkrieg führte, um im ganzen Land die Freiheit zu retten; auch Amerika laufe Gefahr, seine Freiheit an die Sklavenwelt zu verlieren, wenn es sie nicht gegen diese verteidige. Sowohl Interventionisten wie Isolationisten sprechen immer noch als Weltmissionare.

In diesem Zwiespalt und Zwiegespräch schützt der isolationistische Impuls die Amerikaner vor der Arroganz der Macht, während umgekehrt der interventionistische Aufruf sie vor Selbstsucht und Flucht aus der Verantwortung bewahrt. Auch der außenpolitische Idealismus der Amerikaner ist pluralistisch, während bald der alte isolationistische Impuls, bald die neue Weltmachtverantwortung die Oberhand gewinnt. Wenn auch der Internationalismus als Politik und Gesinnung vorherrschend geworden ist, ganz vertreiben kann er den Isolationismus nicht. Auf dem Gebiete der Außenpolitik ist den Amerikanern jene Wandlung zum Neuen, die sie auf anderen Gebieten erjagen, gegen ihren Willen vom Schicksal aufgezwungen worden. Es entbehrt nicht der Ironie, daß die sonst so neuerungsfrohen Liberalen ihm mehr Widerstand entgegensetzen als die Konservativen, die, um Amerikas Ordnung zu erhalten, seine neue Rolle als welttätige Macht bejahen. Wo das nationale – strategische und politische – Eigeninteresse der Amerikaner, wo ihre moralische Verantwortung ihren Einsatz im Ausland erfordern, wird von Fall zu Fall bitter umstritten, oft verbergen sich alte Abneigungen gegen die tätige Beteiligung außerhalb der eigenen Grenzen hinter sachlichen Einwänden. Doch die traditionellen regionalen und ethnischen Unterschiede verlieren sich immer mehr: Lange Zeit galt das Axiom, daß nur die Bewohner der Ostküste, die alten anglophilen Familien, die Abkömmlinge der frühen Einwanderer, ihr Augenmerk auf Europa gerichtet hielten, während die Bewohner der Westküste nach Asien schauten; je weiter man sich ins Innere des Landes entfernte, um so geringer wurde das Interesse am Ausland – es schien zu fern, zu unwichtig, zu unwirklich. In den endlosen Feldern und Prärien des Westens konnte man die Isolierung physisch empfinden und bekannte sich zu ihr als Politik. Aber die neuen Waffen, die von »überall in der Welt« innerhalb von Minuten in das ganze Land hinein abgeschossen werden könnten, haben die Zuflucht in eine »Festung Amerika« zur Illusion werden lassen, und mittelwestliche Farmer – manche steuern ihr persönliches Flugzeug, andere bereisten die Welt – fühlen sich dem Ausland nicht viel ferner als die Kosmopoliten von New York. Die mittelwestliche Presse, die noch 1939 kaum jemals über das Ausland berichtet hatte, informiert ihre Leser heute ausführlich und täglich über alles, was dort geschieht. Kein Amerikaner bekennt sich mehr zum Isolationismus, wenn auch seine Kritik an jeder Intervention noch aus dessen Geist und Argumenten schöpft.

Das Erlebnis des Vietnamkriegs wirkte auf die Amerikaner als ein Trauma, dessen Folgen sich auf ihre Weltpolitik, ja ihre Weltansicht sichtbar auswirkten. Sie zogen den Schluß, daß sie keineswegs, wie sie zuvor noch geglaubt hatten, »überall in der Welt« ihr Ziel erreichen könnten, und daß ihrer Kraft Grenzen gesetzt seien. Ferner folgerten sie, daß aktive Interventionen im Ausland nicht notwendigerweise – und viele wähnten sogar, niemals – eine nationale Pflichterfüllung bedeuteten, sondern vorab ein gefährliches, unglückseliges Abenteuer, das es zu vermeiden gälte. Aber schon 1977 hatten sie begonnen, auch diese Haltung wieder zu revidieren und die Frage, ob tätige, bewaffnete Hilfeleistung an bedrohte Fremdstaaten geleistet werden solle, offenzulassen, um sie pragmatisch von Fall zu Fall zu beantworten. Das unschuldige Gefühl weltweiter Allmacht ist ihnen fremd geworden.

Während zum ersten Mal in der Geschichte eine Weltmacht ihre Rolle wider ihren eigenen Willen spielen muß, kontrollieren die Amerikaner selbst deren Wirken mit größerem Mißtrauen als ihre bittersten Feinde. Bei aller Neuerung in den Methoden und Mitteln wollen sie ihrer providentiellen Weltbefreiungsaufgabe treu bleiben, nach deren Gesetz sie angetreten waren. Das Ziel bleibt, ihre eigene Ordnung zu erhalten und den anderen zu helfen. Dabei ist es ihnen gelungen, der Gewaltherrschaft der Diktaturen auf vier Kontinenten Schranken zu setzen und den Raum der Freiheit zu retten, trotz aller Schwächen, Schlappen, Irrtümer, Unterlassungssünden, Zweifel, Illusionen, Rückschläge. Mit bitterem Hohn, mit ruhigem Stolz, unruhig, unsicher, ungeduldig hören Amerikaner die Denunziation – oder ist es ein Lob? –, ihre Außenpolitik habe sie zum Polizisten, Feuerwehrmann, Sozialpfleger, Kindergärtner, Sündenbock, Unterhaltspflichtigen, Vormund, Ausbeutungs-, Witz- und Wutobjekt der ganzen Welt gemacht. Sie wissen, daß alles dies nicht völlig unrichtig ist und doch nicht die ganze Wahrheit. Dieser kommen sie näher, wenn sie ihr State Department betreten. In seinem Ehrenhof, unter den mehr als hundert Fahnen anderer Staaten, steht eine Riesenskulptur des Atlas, der auf seinen Schultern die Welt trägt. Sie scheint fast zu schwer für ihn. Sichtlich weiß er kaum, wie er der Aufgabe Herr werden soll; von einem Bein ist er gerade zum anderen gewechselt, leicht verrenkt, mitten in der Bewegung, unsystematisch trägt er seine Last. Er tut seine Pflicht, und er glaubt an seinen Erfolg.

Der Stimme des persönlichen Gewissens, das die unverlierbaren Naturrechte – Leben, Familie, Eigentum und die Freiheit des Gewissens selbst – erkennt und erhält, bleibt amerikanische Außen- wie Innenpolitik unterworfen. Vielleicht war es die größte Neuerung und Errungenschaft der Amerikaner, daß sie eine Ordnung schufen und erhielten, in der das individuelle Gewissen »an die Macht« kam, statt die Macht über das Gewissen regieren zu lassen.

Da Amerikaner nicht zuletzt deshalb ihr Land lieben, weil sie es verbessern können, müssen sie ständig dessen Schwächen suchen, bis zur Übertreibung. Jeder fühlt sich verantwortlich für seine Mängel und – von den calvinistischen bis zu den diesseitigen Amerikanern – schuldig an diesen Mängeln. Wie er weiß, verlangt Vaterlandsliebe neben Vaterlandslob die Vaterlandskritik; schweigende Hinnahme des Bestehenden verriete nur Gleichgültigkeit, aber extreme Angriffe führen zur Korrektur. Und unendlich viel gibt es in Amerika zu kritisieren – Dummheiten, Irrtümer, Auswüchse, Vermessenheiten, wie jedes Kapitel dieses Buches zeigte, übrigens im gleichen Geist, in dem 1839 der in Europa geborene amerikanische Patriot Francis Joseph Grund »den Amerikanern« erklärt hatte, er kritisiere, ja satirisiere sie »nur, um Irrtümer zum Zweck der Reform, nicht der Lächerlichmachung aufzudecken«.

Man verwechselte mit dieser moralischen Selbstkritik der Amerikaner nicht viele ausländische Angriffe des sogenannten Antiamerikanismus: Gar zu oft verraten sie nur Neid, Minderwertigkeitskomplexe, Stolz, Haßliebe, Vorurteil und Unwissenheit, Mißverständnisse, Mißtrauen. Politische Feinde Amerikas fördern und gebrauchen diesen Antiamerikanismus als weltwirksame Waffe, um die Macht Amerikas in ihre Hände zu reißen und den Geist des Landes, das Streben nach Freiheit und Gleichheit und Würde der Person, zu überwinden.

Denn alle Veränderungen der neuerungssüchtigen Amerikaner

dienen vor allem doch nur diesen Grundprinzipien. Darum sind sie im Grund ein konservatives Volk. Ihre permanente Revolution soll die permanente Geltung ihrer Ziele sichern und der permanenten Bedrohung ihrer ständig neu aufsteigenden, sich stetig wandelnden Feinde begegnen. Das ewige Experiment erhält die ewigen Werte. Erfahrungen und Überzeugungen der Amerikaner rüsten sie zum Bestehen in einer sich rapide verwandelnden Welt, dieweil sie das dritte Jahrhundert ihrer Republik begonnen haben.

Statt vom Fortschritt sprechen sie heute zumeist – vorsichtiger, illusionsfreier – vom Wechsel, der in ihrem Denken die Klangfarben einer guten, notwendigen Sache angenommen hat. Während die Amerikaner ein älteres Volk werden, verlieren sie ihren einstigen überschwenglichen Optimismus, ehe er sich in Träumereien zu verlaufen droht. Zur Endstation der Vollkommenheit steuert er nicht mehr. Kaum ein Amerikaner schwärmt noch vom säkularisierten Gottesstaat in seinem Land, vom Paradies auf der amerikanischen Erde, geschweige denn auf Erden überhaupt, vom neuen Jerusalem mit oder ohne Hauptstadt in Washington. Die pubertären Allmachtsträume hat er vergessen, sein Vertrauen in den Fortschritt ist bescheidener geworden und mit einigen Tropfen Skepsis gemischt, was seine Wirkkraft nicht mindert – im Gegenteil. Unverändert aber wollen die Amerikaner eine Welt errichten, in der ihre Kinder – und alle Menschen – dem Willen des Schöpfers gemäß ein lebenswertes Leben führen können. Aus ihren Experimenten, ob sie glückten oder nicht, ob sie voran- oder zeitweilig zurückführten, bis dann ihr Mißerfolg korrigiert wurde, schöpfen sie die Kraft zu diesem Unterfangen, das ihre Methoden ermöglichen und ihr Glaube verlangt. Ihre bisherigen, beispiellosen Erfolge ermutigen sie, ihre Vitalität erfüllt sie mit Selbstvertrauen und Hoffnung, ihre Prinzipien bleiben ihr Wegweiser, ihre Hoffnung hat nicht an Leuchtkraft verloren: Immer noch fühlen sie sich als Träger einer besseren Zukunft.

Während sie älter werden, stehen sie immer noch in den besten Jahren.

Namen- und Sachregister

Länder und Leute

Diese Sammlung besteht vorerst aus fünf Bänden, die in stilistisch wohlgelungener Mischung aus Feuilleton und Wissenschaft „typische" Eigenschaften von Land und Leuten vorstellen.

Band 1901

Band 1902

Band 1903

Band 1904

Band 1905

FISCHER
TASCHENBÜCHER

FISCHER WELTGESCHICHTE

1 **Vorgeschichte**

2 **Die Altorientalischen Reiche I**
Vom Paläolithikum bis zur Mitte des 2. Jahrtausends

3 **Die Altorientalischen Reiche II**
Das Ende des 2. Jahrtausends

4 **Die Altorientalischen Reiche III**
Die erste Hälfte des 1. Jahrtausends

5 **Griechen und Perser**
Die Mittelmeerwelt im Altertum I

6 **Der Hellenismus und der Aufstieg Roms**
Die Mittelmeerwelt im Altertum II

7 **Der Aufbau des Römischen Reiches**
Die Mittelmeerwelt im Altertum III

8 **Das Römische Reich und seine Nachbarn**
Die Mittelmeerwelt im Altertum IV

9 **Die Verwandlung der Mittelmeerwelt**

10 **Das frühe Mittelalter**

11 **Das Hochmittelalter**

12 **Die Grundlegung der modernen Welt**
Spätmittelalter, Renaissance, Reformation

13 **Byzanz**

14 **Der Islam I**
Vom Ursprung bis zu den Anfängen des Osmanenreiches

15 **Der Islam II**
Die islamischen Reiche nach dem Fall von Konstantinopel

16 **Zentralasien**

Fischer Taschenbuch Verlag